사도가 자랑한 복음의 진수

로마서 下

사도가 자랑한 복음의 진수眞髓

로마서 下

7장-16장

서문 강 지음

청교도신앙사

7부 '율법 조문의 묵은 것'과 '영의 새로운 것'

8부 생명의 성령의 법

9부 하나님의 택하심의 신비

10부 구원받을 만한 믿음

contents

먼저 '로마서' 말씀의 주인이시고 이 책을 내도록 허락하시고 섭리하신 성삼위 하나님께 감사하오며 모든 영광을 돌려 드리나이다.

실로 하나님께서 그 아들 우리 주 예수 그리스도 안에서 우리를 택하시고 구원하실 뜻을 창세전에 정하시고 그 뜻을 창조 이후의 시간 세계 속에서 이루셨고, 또 그 구속(救贖)의 효력을 성령님으로 말미암아 교회의 사역을 통하여 적용하고 계시다니요! 그리고 그 예정하신 때가 되면 우리 주님 다시 오시어 그 뜻을 완성하실 것이라니요! 그 성삼위 하나님의 뜻과 행사 속에서만 우리의 존재의 의미와 목적과 가치가 있음을 아무리 강조하여도 지나칠 수 없습니다. 그것이 성경이 말하는 복음의 진수입니다. 사도가 바로 성삼위 하나님의 이끄심을 따라서 로마서로 '그 복음의 체계'를 정돈하여 놓았고, 지금도 성령께서는 이 로마서로 지상 순례길 속에 있는 당신의 백성들을 구원하시고 먹이시고 기르십니다. 부족한 종으로 감히 이런 로마서를 강론하여 책으로 펴내게 된 영광과 특권을 제게 허락하신 성삼위 하나님께 삼가 존귀와 영광 올려 드리나이다.

부족한 종의 「사도가 자랑한 복음의 진수 로마서 上」을 처음 받아본 몇 분의 목사님들과 성도님들로부터 온 큰 감동의 표현들이 주님의 격려인줄로 알고 '하권(下卷)'을 서둘러 내기로 하여 이렇게 선을 보이게 되니 감사와 기쁨이 여간 크지 않습니다. 아산의 예광교회 김 덕기 목사님은 책을 처음 받으시고 그날 밤을 새워 읽으시고 나서 바로 오전 중에 메시지를 주셨습니다. '너무 감동적이라서 성도들 주일 오후 학습교재로 삼으려고 36권을 주문하려 합니다.' 김 목사님은 복음의 정로를 견지하면서 성령 충만하고 확신과 감동에 찬 목회를 하시는 분입니다. 그분은 '성경과 함께 성경을 바르게 풀어놓은 영적 고전들'을 스스로 부단하게 연구하고 묵상하며, 그것을 강단 설교를 통하여 성도들과 함께 나누기를 주저하지 않는 방식을 취하고 계십니다. 그 방식이 바로 대설교가 로이드 존스 목사님을 세우신 하나님의 방식이었습니다. 로이드 존스 목사님은 제도적인 신학교에서 공부하신 적이 없습니다. 오직 성령께서 그분으로 하여금 교회사 중에서 영적으로 충만한 시대의 하나님의 사람들의 책을 물마시듯 읽고 연구하여 성경의 권위와 능력을 발견하게 하셨습니다. 그리고 그분은 하나님의 성령께서 역사하시는 설교의 전형을 발견하여 당신 목회와 강단 사역에 확신에 차 적용하셨습니다. 그분은 책을 내시려고 원고를 쓰신 적이 없습니다. 그런데 그분은 20세기 기독교 저자 중에서 가장 많은 책을 내신 저자의 반열에 서신 분입니다. 그분의 책들은 다 '입으로 증거한 설교' 녹음을 녹취하여 만들어낸 것들입니다. 정말 성령께서 그런 방식을 통하여 그분을 20세기 최고의 강해설교자로 서게 하셨고, 지금도 그로 말하게 하십니다. 우리 목사님들 중에 그런 분들이 더 많아졌으면 하는 바람 간절합니다. 저와 늘 친숙한 교제를 하는 정릉의 성신교회 류 재훈 목사님도 그런 방식의 목회를 통하여 성령님의 이끄심을 받고 계십니다. 그분과 같은 영성을 견지하시기를 기뻐하시는 백봉용 목사님도 제 로마서 강해 상권을 받으시고 밤새워 단숨에 읽으셨다고 하셨습니다. 복음의 은혜와 그 영광에 늘 감격해 하시는 충현교회 K 권사님은 상권을 읽으시고 이런 메시지를 보내 오셨습니다. "존경하는 귀한 목사님, new 로마서 강해서 다시 펴서 보며 좋고 기뻐 말할 수 없어 이렇게라도 표현해야만 하네요." 제가 속한 노회 교육부에서 목사님들을 상대로 이 책을 가지고 5월 28,29일 양일 간 총 14시간에 걸쳐 집중 강의를 해 주십사는 부탁을 해 왔습니다. 목사님들로 하여금 '사도가 증거한 복음의 진수'를 재학습하는 계기를 만들겠다는 취지로 연 특별 세미나입니다. 분당중앙교회 최 종천 목사님의 격려를 통하여 주님께서 제게 큰 힘을 주심 또 감사합니다. 이런 격려들이 하권을 서둘러 내라는 주님의 명령인줄 알고 주님의 도우심으로 이렇게 선을 보이게 되었습니다. 원고는 이미 지난 해 10월 긴 연휴 기간 중에 상권과 함께 탈고가 된 상태였으니 하권을 내는데 많은 시간이 걸리지 않았습니다.

상권의 내용인, 로마서 1장에서 6장까지의 강해는 복음의 절대적 필요와 그 복음의 정곡(正鵠)에 관한 것입니다. 하권의 내용인, 로마서 7장에서 16장까지의 강해는 구원받은 자들의 삶에 그 복음의 은혜와 능력이 어떻게 적용되어야 할지를 다룹니다. 로마서 7장과 8장은 '칭의(稱義)' 이후에 성화(聖化)의 실제와 관련된 것입니다. 로마서 9장에서 11장까지는 복음의 수혜자와 관련하여 제기되는 난제(難題)에 대한 성령님의 가르침이 다루어집니다. 복음을 듣는 모든 이들이 다 예수님을 믿어 구원받는 것이 아닙니다. 그 효력이 '하나님의 주권적 은혜로 택하심을 입은 이들에게만' 미치는 현실이 이해의 대상이 아니라 여전히 믿음으로 받아야 함을 우리는 배우게 됩니다. 12장부터는 복음 안에 있는 하나님의 자녀들의 실제 삶과 직접 연관되는 문제를 대합니다. 성도의 전인적 헌신과 순종, 교회생활이 12장의 내용입니다. 13장은 사회생활, 14장은 그리스도 안에 있으면서 그 믿음의 성숙도나 이해력의 정도로 생길 수 있는 형제들 간의 마찰을 해소하는 길을 보여줍니다. 그것은 '성령 안에서 의와 평강과 희락'의 특성을 가지고 있는 '하나님 나라'의 기조로 풀어낼 문제입니다. 거기서 화평과 덕(德) 세우기의 섬세함이 요청됩니다. 15장에서는 성도가 성경에서 안위와 소망을 자기 것으로 적용하는 믿음의 지혜를 배웁니다.

로마서 16장은 로마교회 성도들과 사도 바울 편의 일꾼들과의 문안을 내용으로 합니다. 언뜻 우리와 상관없어 보일 수 있습니다. 그러나 필자는 로마서 16장을 강해하면서 매우 큰 감동과 도전을 받았습니다. 복음의 행로는 공중이 아니라 '하나님의 은혜를 받은 이들의 심령'이고, 거기서 나온 복음적 헌신을 통하여 하나님의 이름이 거룩히 여기심을 받게 되고 하나님의 나라가 확장되고 하나님의 뜻이 이루어집니다. 택한 백성들의 구원은 바로 그 복음의 행로를 통하여 일하시는 성삼위 하나님의 기이한 신비의 소산이 아니면 무엇이겠습니까?

진정 로마서 전체 본문은 아주 섬세하면서 조밀하고 탄탄하게 짜진 거룩한 '신적 논리의 피륙'입니다. 지상에 있으나 '하늘 시민권을 가진 자'로서 이 '피륙으로 만든 의복'을 입고 세상과 죄와 사탄의 시험을 이기게 하시는 주님을 찬미합니다.

'로마서의 본문 자체'가 위대하시고 살아계시는 하나님의 말씀입니다. 필자의 강해가 그 본문의 권위와 영광을 찬연하게 펼쳐내는데 조금이라도 기여를 했다면 더 무엇을 바라겠습니까! 혹시 제 연약과 부족으로 그 영광을 가리지 않았을까 두려울 따름입니다. 그럼에도 불구하고 성령께서 당신의 사랑하시는 독자들에게 은혜를 주실 줄 믿습니다. 그래서 상, 하 두 권으로 된 이 책을 읽은 독자들이 이렇게 고백하게 하시기를 바랍니다. '나는 이 책을 통하여 복음의 영광과 능력과 그 은혜를 더 깊고 높고 넓게 알게 되었다.' 다시 한 번 이 책의 출간을 기뻐하며, 이런 일을 위하여 늘 기도하여 주시는 모든 분들에게 주님의 이름으로 감사드리는 바입니다.

아버지 하나님, 하나님과 아들의 복음이요, 사도로 말미암아 증거하게 하신 이 로마서의 복음으로 당신의 사랑하시는 택한 백성들을 구원하시고 먹이시고 기르심을 찬미하나이다. "내가 복음을 부끄러워하지 아니하노니 복음은 모든 믿는 자에게 구원을 주시는 하나님의 능력이 됨이라… 복음에는 하나님의 의가 나타나서 믿음으로 믿음에 이르게 하나니 기록된바 오직 의인은 믿음으로 말미암아 살리라 함과 같으니라."(롬 1:16.17)

주후 2018년 5월 라일락이 향기를 토하는 날에

녹번동 중심교회 목양실 서재에서

part 7 '율법 조문의 묵은 것'과 '영의 새로운 것'

하나님의 구원의 궁극적 목적은 우리로 하여금 그리스도의 형상을 본받게 하시려는 데 있습니다. 그리스도 형상의 진수는 무엇입니까? 하나님을 기뻐하시고 그 뜻에 즐거움으로 절대 순종하는 데 있습니다. 그러므로 그리스도를 믿음으로 말미암아 '죄 사함을 받고 의롭다 하심을 받고 하나님의 자녀가 된 이들'은 그런 그리스도를 본받고자 하는 실천적 행보를 보이기 마련입니다. 그런데 그것이 무엇으로 나타날까요? 하나님의 말씀에 순종하고 그 명하신 '계명 지키기'로 나타납니다. 그것이 성화(聖化)의 내용입니다. "너희가 나를 사랑하면 나의 계명을 지키리라."(요 14:15) "이와 같이 행함이 없는 믿음은 그 자체가 죽은 것이라."(약 2:17) 야고보서는 '칭의의 조건'으로서의 '행함'을 말하는 것이 아니라 '칭의'를 받은 자가 그 속에 계신 성령님으로 말미암아 보이기 마련인 '행위의 열매'를 말합니다. 진실로 구원받은 그리스도인 중에 그 '행위의 열매'가 보이지 않는 자는 존재할 수 없습니다. 살아있는 나무가 봄에 꽃과 새 잎을 틔우지 않을 수 있겠습니까?

그런데 '그리스도인의 계명 지키기'는 이전 율법 아래 있을 때와 같이 자신의 '도덕적 의지(意志)'만의 발로가 아닙니다. 도리어 '계명의 참된 정신을 가르치시며 그 계명의 요구를 능히 이루게 능력 주시는 보혜사 성령님을 전적으로 의존하는 새로운 것'입니다. "이러므로 우리가 영의 새로운 것으로 섬길 것이요 율법 조문의 묵은 것으로 아니할지니라."(롬 7:6) 그 놀라운 이치를 7장과 8장의 논리를 따라 배우도록 합시다.

30

'영의 새로운 것'으로 '계명 지키기'

7:1 형제들아 내가 법 아는 자들에게 말하노니 너희는 그 법이 사람
이 살 동안만 그를 주관하는 줄 알지 못하느냐
7:2 남편 있는 여인이 그 남편 생전에는 법으로 그에게 매인 바 되
나 만일 그 남편이 죽으면 남편의 법에서 벗어나느니라
7:3 그러므로 만일 그 남편 생전에 다른 남자에게 가면 음녀라 그
러나 만일 남편이 죽으면 그 법에서 자유롭게 되나니 다른 남자에
게 갈지라도 음녀가 되지 아니하느니라
7:4 그러므로 내 형제들아 너희도 그리스도의 몸으로 말미암아 율
법에 대하여 죽임을 당하였으니 이는 다른 이 곧 죽은 자 가운데
서 살아나신 이에게 가서 우리가 하나님을 위하여 열매를 맺게 하려
함이라

7:5 우리가 육신에 있을 때에는 율법으로 말미암는 죄의 정욕이 우리 지체 중에 역사하여 우리로 사망을 위하여 열매를 맺게 하였더니
7:6 이제는 우리가 얽매였던 것에 대하여 죽었으므로 율법에서 벗어났으니 이러므로 우리가 영의 새로운 것으로 섬길 것이요 율법 조문의 묵은 것으로 아니할지니라

우리가 로마서를 공부할 때 각 장(章)의 구별이 우리에게 도움을 주는 것이 사실입니다. 누가 이런 구별을 해 놓았는지는 알려지지 않았지만 매우 선한 일을 하였습니다. 그런데 우리가 유념해야 할 것은 이 로마서가 본래는 그런 구분이 없었다는 점입니다. 그 말은 각 장의 구분이 우리에게 도움은 주지만 그것에 꼭 매일 필요는 없다는 말입니다. 6장과 7장은 서로 따로 떨어진 것이 아니라 연속된 논리임을 기억해야 합니다.

6장에서 사도는 그리스도인들이 새 사람으로서 자신의 속에 있는 죄를 다스리고 이기고 거룩함에 이르기 위하여 어떤 의식(意識)을 가져야 할지를 다루었습니다. 그리스도를 믿는 이들은 그리스도 안에서 하나님께 죄사함을 받고 의롭다 하심을 받아 더 이상 정죄(定罪)는 받지 않는 새 사람이 되었습니다. 그런데 아직은 구원의 최종 목표에 이르지 않아서 여전히 죄가 그의 내면에 있어 영향을 미치고 있습니다. 그리스도인은 새 사람으로서 그 죄에 대하여 어떤 관계인지를 알아야 합니다. 그리고 더 적극적으로 하나님의 부르심의 목적을 따라 자신을 하나님의 뜻에 복종시키는 의의 사람으로 자라가야 합니다. 사도는 로마서 6장에서 그리스도인들로 하여금 그 요점에 대한 바른 의식을 가지게 하였습니다.

이제 7장부터는 죄를 이기고 거룩함에 이르는 실제를 다루기 시작합니다. 거룩함에 이르는 실제의 기준은 '계명 지키기'입니다. 흔히 그리스도인의 '영성(靈性, spirituality)'의 문제를 다루면서 '계명 지키기'의 문제에 집중하지 않고 다른 '신비로운 체험이나 은사'로 시선을 돌리기 십상입니다. 그러나 그리스도 안에서 의롭다 하심을 받은 새 사람으로서 '계명 지키기'의 문제는 그의 믿음의 실제 삶의 중심에 와 있어야 합니다.

우리 주 예수님께서 산상설교(마태복음 5-7장)에서 그리스도인을 '팔복의 사람'으로 묘사하셨습니다. 그런 다음에 바로 그를 가리켜 '세상의 소금과 빛이라' 말씀하시며 그 사명을 말씀하십니다. 그리고 그 사명의 실제는 결국 '계명 지키기'임을 강조하셨습니다. "내가 율법이나 선지자를 폐하러 온 줄로 생각하지 말라 폐하러 온 것이 아니요 완전하게 하려 함이라 진실로 너희에게 이르노니 천지가 없어지기 전에는 율법의 일점일획도 결코 없어지지 아니하고 다 이루리라 그러므로 누구든지 이 계명 중의 지극히 작은 것 하나라도 버리고 또 그같이 사람을 가르치는 자는 천국에서 지극히 작다 일컬음을 받을 것이요 누구든지 이를 행하며 가르치는 자는 천국에서 크다 일컬음을 받으리라."(마 5:17-19) 그러신 후 바로 '바리새인과 서기관들의 계명 지키기'와 '그리스도인의 계명 지키기'를 대조하시며 참된 '계명 지키기'가 무엇인지를 말씀하십니다. '계명의 문자적 의미' 정도에서 머무는 것은 참된 계명 지키기가 아니라고 말씀하십니다. 그리고 그 '계명을 통하여 하나님께서 요구하시고 의도하시는 요점과 정신'의 차원에서 계명을 설명하시면서 '참된 계명 지키기'를 말씀하십니다. 예수님께서는 최후의 만찬석에서도 '계명 지키기'를 강조하셨습니다. "나의 계명을 지키는 자라야 나를 사랑하는 자니 나를 사랑하는 자는 내 아버지께 사랑을 받을 것이요 나도 그를 사랑하여 그에게 나를 나타내리

라."(요 14:21)

그런데 그리스도인의 '계명 지키기'는 그저 일반인들의 도덕적 행동과 같다고 여겨서는 안됩니다. 사도는 바로 이 로마서 7장에서 그 문제의 실제를 다루고 있습니다. 우리는 본문을 따라서 사도의 논리를 주목하여 '참된 계명 지키기의 논리적 기반'을 구축해야 할 것입니다.

옛 남편과 새 남편

"7:1**형제들아 내가 법 아는 자들에게 말하노니 너희는 그 법이 사람이 살 동안만 그를 주관하는 줄 알지 못하느냐.**" 사도는 '계명 지키기'의 문제를 다루면서 먼저 '율법'이 '사람'에게 가지는 권위와 효력의 한계를 말합니다. '율법'은 사람이 사는 날 동안에만 그를 통제할 권위를 가집니다. 일반적으로 '법'의 권위와 효력은 죽은 자에게는 해당되지 않습니다. 사람이 죽으면 나라의 어떤 법도 그 사람을 따라가서 그에게 복종을 요구하며 듣지 않으면 벌책을 가하겠다고 으름장을 놓을 수 없습니다. 사람이 죽으면 그로 인하여 그를 통제하던 법의 세력에서 자유하는 것입니다. 사도가 어째서 그 점을 말합니까? '율법과 계명'이 '그리스도인에게 가지는 권위의 한계'를 알기 전에는 주님께서 요구하시는 '바른 계명 지키기'가 불가하기 때문입니다. 그러면서 사도는 '결혼 관계를 설정한 법'을 예로 듭니다.

"7:2**남편 있는 여인이 그 남편 생전에는 법으로 그에게 매인 바 되나 만일 그 남편이 죽으면 남편의 법에서 벗어나느니라** 7:3**그러므로 만일 그 남편 생전에 다른 남자에게 가면 음녀라 그러나 만일 남편이 죽으면 그 법에서 자유롭게 되나니 다른 남자에게 갈지라도 음녀가 되지**

아니하느니라." 결혼 관계를 설정한 법은 남편과 아내가 사는 날 동안에만 효력과 권위를 가집니다. 그 둘이 살아 있는 동안에는 서로 매이게 하였습니다. 그래서 그 남편에 대하여 아내는 그 법이 정하는 정조(貞操)의 요구를 지켜야 합니다. 만일 그렇게 하지 않으면 그녀를 '음녀(淫女)'라고 규정하고 그에 대한 벌책을 부과합니다. 그러나 남편이 죽으면 더 이상 아내는 법이 정하는 남편에 대한 의무를 지킬 필요가 없습니다. 그는 남편의 법에서 자유하게 되었습니다. 그런 예증을 통하여 사도는 율법과 그리스도인의 관계에 대한 다음 구절 진술의 근거를 마련한 셈입니다.

"7:4**그러므로 내 형제들아 너희도 그리스도의 몸으로 말미암아 율법에 대하여 죽임을 당하였으니.**" 사도는 그리스도인들이 "그리스도의 몸으로 말미암아 율법에 대하여 죽었다"고 선언합니다. 여기서 '그리스도의 몸으로 말미암아'란 '자기 몸을 십자가의 죽음에 내어 주신 일'을 가리키는 표현입니다. "무릇 그리스도 예수와 합하여 세례를 받은 우리는 그의 죽으심과 합하여 세례를 받은 줄을 알지 못하느냐."(롬 6:3) 우리가 죽었으니 '우리를 통제하고 명하고 지키지 못하면 그에 상응하는 형벌을 부과하겠다'고 덤비던 '율법'에 대하여 죽었습니다. 마치 우리가 '그리스도와 함께 죽기 전에 율법은 우리의 남편'과도 같았습니다. 그러므로 이제 우리가 그 '율법'이라는 남편에게 매인 데서 완전하게 해방되었습니다. 그러니 '율법은 죽은 우리에게 더 이상 무엇을 요구하며 불순종에 대한 벌책의 단서로 위협할 수' 없습니다.

우리가 여기서 잠시 멈추어 생각해야 합니다. 우리가 '계명을 지키는 것'은 '이전 율법 아래 있을 때와 같은 구조 속에서 진행되는 일'이 아니라는 것을 명심해야 합니다. 율법은 '그리스도와 합하여 죽은 우리'에게 무엇을 요구하며 위협할 수 없습니다. '계명 지키기'는 더 이상 '율법이 명하기 때문에서 하는 일'이 되어서는 안 됩니다. 오늘날 우리 그리스도인들이 여전히 그런 식으로 '계명 지키기'를 이해하여 고통을 당합니다. 다시 강조하거니와, 우리가 '계명을 지키는 것'은 '계명을 못 지키면 벌 받을까 두려워서 하는 일'이 아닙니다. 이제 '계명 지키기'는 그 차원과는 전혀 다른 차원의 일입니다. 사도의 논리를 더 따라가 보세요.

"이는 다른 이 곧 죽은 자 가운데서 살아나신 이에게 가서 우리가 하나님을 위하여 열매를 맺게 하려 함이라." 우리가 이미 6장에서 보았듯이 우리는 '그리스도와 함께 죽은 우리가 그리스도와 함께 다시 살아났습니다.' "그러므로 우리가 그의 죽으심과 합하여 세례를 받음으로 그와 함께 장사되었나니 이는 아버지의 영광으로 말미암아 그리스도를 죽은 자 가운데서 살리심과 같이 우리로 또한 생명 가운데서 행하게 하려 함이라."(롬 6:4) 우리는 옛 남편이 율법에 대하여는 죽임을 당하였고 새 남편인 그리스도, "죽은 자 가운데서 살아나신 이"와 결혼한 셈입니다. 그럼으로써 우리가 "하나님을 위하여 열매를 맺을 수 있게" 되었습니다. 그러니 그리스도인의 '계명 지키기'는 '그리스도와 연합한 새 사람으로서 하나님께서 기뻐하시는 의의 열매를 맺는 일'입니다. 우리가 '옛 남편인 율법'에 속하여 있었을 때에는 '하나님을 위하여 어떤 열매'를 맺었습니까? 사도는 5절에서 이 질문에 대한 답을 줍니다.

"7:5우리가 육신에 있을 때에는." "우리가 육신에 있을 때"는 예수 그리스도를 믿지 않고 있을 때를 가리킵니다. "육신"이란 문자적으로는 우리의 몸을 이루고 있는 살을 가리키는 어휘입니다. 그러나 사도는 로마서에서 '육신'이란 말을 '나면서부터 가진 우리의 죄악된 본성, 하나님이 없다는 전제 하에서 마음과 육체의 정욕을 따라서 행하는 성향'을 가리키는 어휘로 곧잘 사용합니다. 그러니 "우리가 육신에 있을 때"는 우리가 "그리스도 밖에 있었고… 약속의 언약들에 대하여는 외인이요 세상에서 소망이 없고 하나님도 없는 자"(엡 2:12)로 있었던 때입니다.

"율법으로 말미암는 죄의 정욕이 우리 지체 중에 역사하여 우리로 사망을 위하여 열매를 맺게 하였더니." 그리스도 밖에 있을 때에는 우리를 통제하고 주장하는 남편은 '율법'이었습니다. 그때 "죄의 정욕이 우리 지체 중에" 역사하였습니다. 그 말은 '육신을 따라 하나님을 불순종하는 정욕'이 우리 인격의 모든 요소에 작용하였다는 의미입니다. 그래서 결국 '하나님과의 교제가 단절된 상태인 사망'을 위한 열매만 맺었습니다.

"율법으로 말미암는 죄의 정욕…." 이 대목만 취하면 마치 '율법이 사람의 정욕을 일으켜 죄를 짓게 한 것이니 율법이 나쁘구나'라는 식으로 오해할 수 있습니다. 그래서 얼른 '결국 율법이 죄라는 말이군'이라는 식의 결론을 내릴 수 있습니다. 사도가 절대 그 말을 하고 있는 것이 아닙니다. '율법'은 "이를 행하라 그러면 살리라, 반면에 이를 어기면 죽으리라" 하면서 계속 '죄를 경고하며 죄의 정욕이 우리 인격에 작용하지 못하게 위협'합니다. 그런데 그런 율법의 작용이 '사람의 정욕을 제압하기는커녕 그 정욕으로 하여금 우리 지체 속에 역사할 기회'를 만드는 실상을 가져옵니다. 그래서 결국 "죄를 지어 사망을 위하여 열매를 맺게 하는" 결과를 가져왔습니다. 그러면 율법 자체에 문제가 있다는 말입니까? 아닙니다. 우리의 '육신,' 곧 '죄악된 성향이 왕노릇하는 우리의 본성'의 악독에 문제가 있는 것입니다.

흔히 '우리가 율법에 대하여 죽임을 당하였다'는 말을 의지하여 '율법이 문제라'는 식의 의식을 가지기 쉽습니다. 그러나 사도는 여전히 율법의 선함과 그 요구의 정당성을 강력하게 옹호하고 있습니다. "그런즉 우리가 무슨 말을 하리요 율법이 죄냐 그럴 수 없느니라 율법으로 말미암지 않고는 내가 죄를 알지 못하였으니 곧 율법이 탐내지 말라 하지 아니하였더라면 내가 탐심을 알지 못하였으리라."(롬 7:7)

그러므로 사도가 하는 말은 무엇입니까? '율법 자체는 선하고 거룩하나, 우리의 죄악된 본성의 악독 때문에 그 율법이 명하고 요구하는 의의 열매를 맺을 수 없다.' 그러니 우리가 '우리 속에서 일어나는 죄의 정욕을 이기고 하나님의 기뻐하시는 바를 행하는 일'은 이전 '율법 아래' 있었을 때와는 전혀 다른 방식이어야 한다는 것입니다. 하나님의 기뻐하시는 바는 '하나님의 계명대로 행하는 것'입니다. 그러나 예수님을 믿지 않았을 때에 하던 방식으로 '계명 지키기'를 하면, 그것은 마치 '그리스도 안에서 산 새 사람'이 '죽은 옛 사람의 옷을 입고 행세'하는 것이나 마찬가지라는 것입니다. 그러면 '세상의 소금과 빛의 역할'을 못하는 데서 더 나아가서 '하나님의 영광과 그리스도의 이름의 영예'를 누추하게 하는 격입니다. 우리의 실제 삶 속에서 그런 적이 얼마나 많은지요! 그러니 우리는 이 사도의 논리를 머리로 이해하면 다 되었다고 생각하지 말고 계속 우리 자신에게 적용하는 '경건에 이르는 연습(반복 학습)'을 해야 합니다. 그러는 중에 계속 실패하고 넘어지는 일이 있을 것입니다. 그런다고 실망과 낙담과 우울에 빠지지 말고 '의인은 일곱 번 넘어져도 일어나게 하시는 하나님과 그 은혜의 방식'을 의지하고 다시 서서 그 연습을 해야 합니다. "대저 의인은 일곱 번 넘어질지라도 다시 일어나려니와 악인은 재앙으로 말미암아 엎드러지느니라."(잠 24:16)

영의 새로운 것으로 섬기라

"**7:6이제는 우리가 얽매였던 것에 대하여 죽었으므로 율법에서 벗어났으니.**" 그리스도 안에서 함께 죽고 함께 산 우리는 그런 옛 사람이 처한 굴레에 대하여 죽었습니다. 이제는 우리를 주장하고 군림하는 것이 더 이상 율법이 아닙니다. 우리는 이렇게 말해야 합니다. '내가 그리하는 것은 율법이 하라고 해서 하는 것이 아니다. 내가 그리하는 것은 나를 사랑하시는 우리 주 예수 그리스도의 기뻐하시는 바이기 때문이다.' "내가 율법으로 말미암아 율법에 대하여 죽었나니 이는 하나님에 대하여 살려 함이라 내가 그리스도와 함께 십자가에 못 박혔나니 그런즉 이제는 내가 사는 것이 아니요 오직 내 안에 그리스도께서 사시는 것이라 이제 내가 육체 가운데 사는 것은 나를 사랑하사 나를 위하여 자기 자신을 버리신 하나님의 아들을 믿는 믿음 안에서 사는 것이라."(갈 2:19,20)

"**이러므로 우리가 영의 새로운 것으로 섬길 것이요 율법 조문의 묵은 것으로 아니할지니라.**" 그러므로 우리는 이제 '율법 조문이 그렇게 하라니 그리 하는 것이라'는 식의 '계명 지키기'와 이별해야 합니다. 이제 우리는 "영의 새로운 것"으로 해야 합니다.

"**영의 새로운 것.**" 여기서 사도는 "율법의 조문(條文, letter)의 묵은 것"과 대조적으로 "영(spirit)의 새로운 것"이란 말을 쓰고 있습니다. 우리가 그리스도 밖에 있을 때에는 거듭나지 않은 자연인의 상태에 있었습니다. 그 때 우리는 옛 사람으로서 율법과 계명의 문자적 의미, 곧 '계명의 표면적 의미'만을 취할 수밖에 없었습니다. 영적으로 죽어 영안(靈眼)이 닫혀 있어 '율법의 문자'만 보였습니다. 그러나 이제 성령님으로 말미암아 거듭나 회개하고 예수님을 믿어 영적으로 산 자가 되었습니다. 그래서 이제 '그리스도 안에서 하나님의 율법과 계명의 조문이 함축하는 영적 의미, 곧 하나님의 요구하시는 의도와 정신을 탐색하는 일을' 시작합니다.

예수님께서 마태복음 5:20-22에서 "율법의 조문의 묵은 것"과 "영의 새로운 것" 사이를 대조하시며 '그리스도인의 계명 지키기'를 가르치십니다. "내가 너희에게 이르노니 너희 의가 서기관과 바리새인보다 더 낫지 못하면 결단코 천국에 들어가지 못하리라." 바리새인들과 서기관들이 가르치는 '계명 지키기'가 바로 "율법 조문의 묵은 것"을 따른 것입니다. "옛 사람에게 말한바 살인하지 말라 누구든지 살인하면 심판을 받게 되리라 하였다는 것을 너희가 들었으나." 여기서 '심판을 받게 된다'는 말은 '지방 재판소에 제소를 당한다'는 말이었습니다. 바리새인들과 서기관들이 백성들을 그렇게 가르쳤습니다. 당시 일반 대중들은 히브리어로 된 구약성경을 직접 읽을 능력과 기회가 없었습니다. 그래서 서기관들과 바리새인들이 성경을 읽고 이해한 대로 백성들을 가르쳤습니다. 물론 그들 거듭나지 못한 이들이 '율법과 계명의 문자적 의미' 이상을 볼 눈이 없었습니다.

그러나 예수님께서는 여기 사도가 말하는 "영의 새로운 것"을 따라 가르치십니다. 무어라 가르치셨습니까? "나는 너희에게 이르노니 형제에게 노하는 자마다 심판을 받게 되고 형제를 대하여 라가라 하는 자는 공회에 잡혀가게 되고 미련한 놈이라 하는 자는 지옥 불에 들어가게 되리라." "그 형제를 미워하는 자마다 살인하는 자니 살인하는 자마다 영생이 그 속에 거하지 아니하는 것을 너희가 아는 바라."(요일 3:15)

흔히 예수님께서 '모세의 십계명'에다 '다른 것을 더하여 주셨다'는 식으로 이해합니다. 그러나 그렇지 않습니다. '모세의 십계명의 영적인 의미와 그 정신'을 풀어 밝히신 것입니다. 이와 관련하여 성령의 인도하심을 받은 사도 요한의 논리가 어떠한지 그의 요한일서 2:7,8에서 확인하는 것이 좋습니다. "사랑하는 자들아 내가 새 계명을 너희에게 쓰는 것이 아니라 너희가 처음부터 가진 옛 계명이니 이 옛 계명은 너희의 들은 바 말씀이거니와." 사도 요한은 구약의 모세를 통하여 주신 십계명과 다른 계명을 말하지 않음을 분명하게 밝히고 있습니다. 그런데 바로 뒤이어 사도가 하는 말은 놀라운 반전을 이룹니다. "다시 내가 너희에게 새 계명을 쓰노니 저에게와 너희에게도 참된 것이라 이는 어두움이 지나가고 참 빛이 벌써 비췸이니라." 언뜻 사도 요한의 말은 모순되어 보입니다. 바로 앞에서 한 말을 뒤집는 정 반대의 논리를 제시하는 것 같기 때문입니다. 그러나 요한일서의 그 말씀은, 사도 바울이 로마서 7장에서 "율법 조문의 묵은 것"과 "영의 새로운 것"의 대조한 것에 대한 주석과도 같습니다. 사도 요한이 요한일서 2:7에서 말한 것은 모세의 십계명 이상의 다른 계명은 없다는 것을 말하고 있으며, 2:8의 '새 계명'은 '그리스도 안에서 영의 새로운 것으로 계명을 알고 지키는 방식'을 가리키는 말입니다. 옛 모세를 통하여 주신 십계명을 그리스도의 사랑과 은혜의 빛으로 조명하여 그 계명을 통하여 하나님의 요구하시는 의의 수준을 지시합니다.

그렇습니다. 우리가 '율법이 우리를 주장하는 권위에 대하여 죽었다'는 의미에서 우리는 율법에 대하여 해방되었습니다. 그러나 이제 우리는 그리스도께 속한 자로서 '하나님과 영적인 화평 관계' 속에 있습니다. 그러므로 우리가 이제는 '율법이 명하는 대로 하지 않으면 벌을 받을까 무서워 계명을 지키는 것'이 아닙니다. 우리가 '하나님의 계명을 지키는 것은 그것이 우리를 사랑하시어 구원하신 하나님의 기뻐하시는 바이고, 그것이 우리가 죄의 종이 아닌 의의 종으로 거룩에 이르는 열매를 얻기 때문입니다.' 그리고 우리가 '계명을 지키는 것은 영적으로 죽어 있던 옛 사람의 수준에서 계명의 문자적 의미를 취하여 행하는 정도'가 아닙니다. 도리어 우리는 '계명을 통하여 우리에게 말씀하시는 하나님의 영적인 의도를 기뻐하고 존중하는 새로운 영적 의식'으로 행하는 것입니다.

실로 우리는 이제 "영의 새로운 것"으로 섬겨야 합니다. '우리는 그리스도를 믿음으로 말미암아 성부와 성자와 성령, 성삼위 하나님과의 새로운 생명과 교제의 관계 속에서 거룩하게 섬겨야 합니다.' 지옥에 가지 않기 위하여가 아니고 천국의 백성이 되었고 우리의 시민권은 하늘에 있기 때문입니다(빌 3:20). "하나님의 나라는 먹는 것과 마시는 것이 아니요 오직 성령 안에 있는 의와 평강과 희락이라."(롬 14:17) 아멘.

31

'율법이 죄냐'

7:7 그런즉 우리가 무슨 말을 하리요 율법이 죄냐 그럴 수 없느니라
율법으로 말미암지 않고는 내가 죄를 알지 못하였으니 곧 율법이
탐내지 말라 하지 아니하였더라면 내가 탐심을 알지 못하였으리라
7:8 그러나 죄가 기회를 타서 계명으로 말미암아 내 속에서 온갖 탐
심을 이루었나니 이는 율법이 없으면 죄가 죽은 것임이라
7:9 전에 율법을 깨닫지 못했을 때에는 내가 살았더니 계명이 이르
매 죄는 살아나고 나는 죽었도다
7:10 생명에 이르게 할 그 계명이 내게 대하여 도리어 사망에 이르
게 하는 것이 되었도다
7:11 죄가 기회를 타서 계명으로 말미암아 나를 속이고 그것으로 나
를 죽였는지라

7:12 이로 보건대 율법은 거룩하고 계명도 거룩하고 의로우며 선하도다
7:13 그런즉 선한 것이 내게 사망이 되었느냐 그럴 수 없느니라 오직 죄가 죄로 드러나기 위하여 선한 그것으로 말미암아 나를 죽게 만들었으니 이는 계명으로 말미암아 죄로 심히 죄 되게 하려 함이라
7:14 우리가 율법은 신령한 줄 알거니와 나는 육신에 속하여 죄 아래에 팔렸도다

바울 사도는 자기의 서신을 읽는 이들이 자기의 논리를 따라 오면서 가질 수 있는 의문(疑問)을 예기하며 그에 대한 답을 제시합니다. 복음 설교자가 그날 자기가 전하는 메시지를 듣는 회중의 입장에서 궁금해 할 것을 미리 짚어 그에 대한 적절한 설명을 하는 것은 매우 중요합니다.

사도는 앞에서 '율법에 대하여 우리가 죽었다, 율법 조문의 묵은 것으로 하지 아니하고 영의 새로운 것으로 해야 한다'는 식의 논리를 끌어 왔습니다. 사도의 논리를 여기까지 따라 온 이들의 마음속에서 '율법을 방호(防護)하려는 생각'이 일어나 항의성 의문을 가질 수 있다고 사도는 예측하고 있었습니다. '그러면 율법이 잘못되었다는 말인가? 율법을 주신 이가 하나님이시지 않은가? 그런데 우리가 율법을 원수같이 여겨야 한다는 말인가?' 그래서 사도는 독자의 그런 마음의 의문을 풀어줄 필요성을 절실하게 느낀 것입니다.

"7:7**그런즉 우리가 무슨 말을 하리요 율법이 죄냐 그럴 수 없느니라.**" 사도의 이런 방식에 대하여 로이드 존스 목사는 '탁월한 교사의 방식'이라고 지적합니다. 교사가 혼자서 주입식으로 학생들에게 자기가 가르치고자 하는 바를 던지는 것이 아니라 학생들도 학습에 적극적으로 참여하도록 유도하는 방식입니다. 사도는 앞에서 자기의 진술을 들어온 독자들이 가질 수 있는 반론(反論)을 능히 인식하여 미리 도전적인 질문을 던지고 답하는 형식을 취합니다. "율법이 죄냐?"는 질문은 독자들 편에서 충분히 나올 만합니다. 그에 대하여 사도 바울은 "그럴 수 없느니라"고 단호하게 대응합니다. 그리고 그에 대한 이유를 설명해 나갑니다.

절대로 필요한 율법

"7:7… **율법으로 말미암지 않고는 내가 죄를 알지 못하였으니 곧 율법이 탐내지 말라 하지 아니하였더라면 내가 탐심을 알지 못하였으리라.**" 하나님께서 율법을 주신 목적은 율법을 지키게 하시어 그 자체로 사람을 구원하기 위한 것은 아님을 우리는 로마서 3장을 강론하면서 알았습니다. 그러나 하나님께서 그리스도 안에서 믿는 자들을 구원하시는 그 거룩한 경륜 속에서 율법의 등장은 필수적인 일이었습니다. 왜냐하면 율법이 아니고는 '하나님의 기뻐하시는 의(義)'의 표준이 무엇임을 알 도리가 없겠기 때문입니다. '의의 표준'이 없으면 우리가 죄인인 줄을 어떻게 알 수 있었겠습니까? "율법으로 말미암지 않고는 내가 죄를 알지 못하였으니." 물론 '의의 표준'으로서의 율법이 죄인된 사람을 착하게 만들지는 못합니다. 그것은 앞에서 누누이 지적한 바와 같이 율법 자체가 나빠서가 아닙니다. 우리 죄의 극악함 때문입니다. 그러니 율법은 복음의 절대 필요성을 위하여 반드시 필요합니다. 예수님께서 보혜사 성령께서 오시면 "죄에 대하여, 의에 대하여, 심판에 대하여 세상을 책망하시리라"(요

16:8)라고 말씀하셨습니다. 성령께서 율법을 사용하시어 그 일을 하신다고 보아야 합니다. 종교개혁자 루터는 그것을 가리켜 '율법의 작용(Law Work)'이라고 하였습니다. 그래서 설교자들에게 율법을 말하지 않고 복음만 말하는 것의 위험성을 경고하기도 하였습니다. 칼빈도 그의 「기독교 강요」에서 율법, 특히 도덕법인 '십계명의 위치'를 공고히 강조합니다. 그러므로 복음을 증거하는 설교자는 하나님께서 율법을 주신 의도에 대하여 바르게 알 필요가 있습니다. 성령께서 '말씀'을 통하여 사람을 거듭나게 하실 때에 회심이 일어나는데, 그 때 자기가 죄인인줄 알고 회개하는 것은 바로 '율법의 요구'에 비추어 보기 때문입니다. 그러니 성경대로 하면, 율법이 없이 '복음의 복음 됨'의 기반은 형성될 수 없습니다.

"율법이 탐내지 말라 하지 아니하였더라면 내가 탐심을 알지 못하였으리라." '탐심'의 정체를 율법이 말하지 않았으면, 어떻게 알 수 있습니까? 그처럼 율법은 우리에게 '하나님 앞에서 죄와 의와 심판의 표준'을 제시하며, 우리가 본래 추구하고 목표했어야 할 '의'의 정당성을 말해 줍니다. 그러므로 사람이 율법이 명하는 대로 할 수만 있다면 율법으로 말미암아 '영생을 얻게 되는 것'입니다. "모세가 기록하되 율법으로 말미암는 의를 행하는 사람은 그 의로 살리라 하였거니와."(롬 10:5) 그런 입장에서 사도는 2장에서 "하나님께서 각 사람에게 그 행한 대로 보응하신다."(롬 2:6)고 하였습니다. 그런 의미에서 사도는 말합니다. "참고 선을 행하여 영광과 존귀와 썩지 아니함을 구하는 자에게는 영생으로 하시고 오직 당을 지어 진리를 좇지 아니하고 불의를 좇는 자에게는 노와 분으로 하시리라."(롬 2:7,8) 하나님의 모세를 통하여 명하신 율법은 그 자체로는 항상 옳습니다. 율법의 모든 조문이 다 거룩하고 의롭습니다. 사람에게서 난 것이 아니고 하나님께서 주신 것이기 때문입니다.

계명을 죄 지을 지렛대로 삼을 정도의 우리 본성의 악독

"7:8그러나 죄가 기회를 타서 계명으로 말미암아 내 속에서 각양 탐심을 이루었나니." 실로 누가 우리 죄성의 깊이를 제대로 알 수 있겠습니까? 우리 속에 있는 죄의 성향은 '죄 짓지 말고 계명에 순종하여 정당한 의를 행하라'는 명을 들으면, 다소곳이 가만히 있지 않습니다. 도리어 그 계명을 죄 지을 '기회로' 활용합니다. 그래서 '계명'이 사람을 선하고 거룩하게 만들기는커녕 도리어 악을 행할 기회와 빌미를 제공한 것 같은 형국이 되어 버립니다. 사도는 말합니다. '탐하지 말라는 계명의 요구'를 기회 삼아 "내 속에서 각양 탐심을 이루었다"고 말하지 않습니까? 문제는 율법이 아니라 그 율법과 계명을 만나면 그것을 어기려는 '우리 인간의 악독한 죄의 성향'입니다.

"이는 법이 없으면 죄가 죽은 것임이니라." 여기서 사도가 "죄가 죽은 것임이니라" 한 것은 사실적인 묘사가 아니라 의태어(擬態語)적으로 빗대어 한 말입니다. '죄성(罪性)'은 우리 내면에 항상 상존합니다. 그러므로 '죄가 죽은 것임이니라' 한 것은 '실제로 죄가 죽었다'는 것이 아닙니다. '죄가 죽은 것 같이 잠잠하게 있다'는 말입니다. '죄성'의 특성은 '법'을 어기는 것입니다. 그러니 '법'이 존재하지 않을 때에는 '그 법을 어기려는 성향'이 발동할 때를 얻지 못하여 잠자코 있는 것 뿐입니다. 그러나 '법'만 나타나면 '죄의 성향'이 대번에 발동을 시작합니다. '법'이 나타나서 '이것을 행하라' 하면, '그것을 하지 않고 정반대로 어기려는 소욕'이 우리 속에서 금방 일어난다는 것입니다. 또는 '이것은 하지 말라'하면 '그것을 하고 싶은 욕심'이 즉시 발동합니다. 그러니 '죄가 죽어 아예 존재를 멈추었던 것'이 아닙니다. 도리어 '죽은 듯 잠잠하게 있었다가 법이 나타나면 즉시 깨어 일어나서 그 법을 어기려' 합니다. 그래서 사도는 바로 다음 구절에서 그것을 재차 반복 설명합니다.

"7:9**전에 율법을 깨닫지 못할 때에는 내가 살았더니.**" 여기서 사도는 '살았다, 죽었다'하는 동사를 앞에서와 같은 뉘앙스로 사용하였습니다. 그렇게 이해하지 않고 '사실적인 묘사'로 보면 말이 안 됩니다. 만일 그런 식으로 보면, '전에 율법을 깨닫지 못할 때에는 내게 생명이 있었다'는 말이 될 터이니 말입니다. '살았다'는 말은 '활발하였다'는 의미입니다. '죽었다'는 것은 '넉 다운(knock down) 상태에 빠졌다'는 말입니다.

그리고 사도가 "전에 율법을 깨닫지 못할 때"는 언제입니까? 거듭나기 전, 나면서부터 가진 본성 안에 있을 때를 가리킵니다. 사람이 거듭나기 전에는 하나님을 아는 지식도 없고 자신이 하나님 앞에 얼마나 큰 죄인인지도 모릅니다. 자신이 얼마나 죄인이며 자신이 영적으로 하나님 앞에서 어떤 존재인지 모릅니다. 영적으로 죽은 상태입니다. 그런 경우에는 하나님께서 율법과 계명을 통하여 요구하시는 '의의 수준'이 무엇인지 알지 못합니다. 그래서 '율법과 계명의 문자적인 의미'를 자기 나름대로 취하여 자신의 도덕적 의지로 지키려고 하고, 또 '내가 그 모든 것을 지키었다'고 생각하기도 합니다.

바울 자신이 그리스도를 알기 전에는 스스로 "율법의 의로는 흠이 없는 자로라"고 자랑하였습니다. 그런 의식으로 예수님을 힘입어 구원을 받는 것을 주장하는 교회에 대한 반감이 극에 달하였습니다. "내가 팔 일 만에 할례를 받고 이스라엘의 족속이요 베냐민의 지파요 히브리인 중의 히브리인이요 율법으로는 바리새인이요 열심으로는 교회를 핍박하고 율법의 의로는 흠이 없는 자로라."(빌 3:5,6)

또 예수님 앞에 나와서 "선한 선생님이여 내가 무엇을 하여야 영생을 얻으리이까?"라고 물은 부자 청년의 경우도 자신의 힘으로 '하나님의 계명을 지키어 왔고 지금도 지키고 있다'고 생각하였습니다. 그러니 부자 청년은 예수님께 영생의 길을 배워 알기 위하여 온 것이 아니라 '자기 의'로 충분하게 영생을 얻고 천국에 들어간다는 것을 자랑하고 뽐내려고 온 것입니다. 그래서 우리 주 예수님께서 두 가지의 요점을 그 청년에게 주지시키셨습니다. 하나는 '선(善)의 기준'입니다. "네가 어찌하여 나를 선하다 일컫느냐 하나님 한 분 외에는 선한 이가 없느니라." 그 청년은 '선의 기준'을 '사람의 판단'에 두고 있었습니다. 예수님을 가리켜 '선한 선생님'이라 부른 것도 그런 차원에서 한 일입니다. 그래서 예수님께서는 '선에 대한 네 기준을 버리고 하나님의 기준을 취하라' 하신 것입니다. 다른 하나의 요점은 '그 선한 기준을 따라서 계명 지키기'의 수준을 제시한 것입니다. 처음에는 예수님께서 십계명을 나열하셨습니다. 그랬더니 그 청년은 "여짜오되 선생님이여 이것은 내가 어려서부터 다 지키었나이다" 라고 자신 있게 대답합니다. 예수님께서는 '네가 사실은 계명을 지킨 것이 아니라'고 직설적으로 말씀하는 대신 "네게 오히려 한 가지 부족한 것이 있으니 가서 네 있는 것을 다 팔아 가난한 자들을 주라 그리하면 하늘에서 보화가 네게 있으리라 그리고 와서 나를 좇으라." 그 말씀은 마치 이렇게 말씀하심과 같습니다. '네가 계명을 지키었고 지금도 지키고 있다 하는데, 네 그 말을 입증할 만한 한 가지를 네게 요구할 테니 해 보라. 네 있는 것을 다 팔아 가난한 자들에게 주라 그리하면 하늘에서 보화가 네게 있으리라.' 물론 '그렇게 하는 것이 영생의 조건이라'고 말씀하지는 않으십니다. 다만 '자기의 의지로 계명을 지키어 영생을 얻을 수 있다'고 여기는 그 청년의 잘못을 깨우치고 계셨던 것입니다. "그리고 와서 나를 따르라." 영생을 얻는 방도는 주 예수님을 믿고 따르는 것입니다. 그러나 "그 사람은 재물이 많은 고로 이 말씀으로 인하여 슬픈 기색을 띠고 근심하며 가니라." '하나님의 계명을 다 지키었다'고 스스로 자랑하던 그에게 재물이 하나님보다 더 컸습니다(막 10:17-20).

거듭나지 않는 자의 상태가 그러합니다. 거듭나지 않은 본성의 상태에만 머물러 있는 이는 '율법 조문의 문자적인 뜻만 취하고 사람들을 가르쳤던 바리새인들과 서기관들의 가르침'에 감격합니다. 그 가르침이 '자신의 죄인됨'을 드러내지 않고 '자신의 의인됨'을 확증하기 때문입니다. 그래서 그들은 '율법의 진의를 모른 채 매우 활발합니다.' 그래서 사도가 그것을 가리켜 "율법을 깨닫지 못할 때에는 내가 살았더니"라고 말합니다.

"계명이 이르매 죄는 살아나고 나는 죽었도다." 여기서 사도가 "계명이 이르렀다"는 것은 '계명을 깨닫게 되었다'는 말입니다. '계명을 통하여 하나님께서 요구하시는 순종의 수준이 어떠함을 알게 되었다'는 말입니다. 그러니 "죄는 살아나고 나는 죽었도다." '죄는 살아나고'는 '죄가 힘을 써 일어서는 형국'을 이름입니다. 사도는 '죄성'을 의인화(擬人化)하여 말하고 있습니다. 그러니 '죄는 살아난다'는 것은 '죄성이 활동을 시작하였다'는 것입니다. "나는 죽었도다." 사람이 거듭나서 율법과 계명을 통하여 하나님의 요구하시는 '의'가 무엇인지를 비로소 알고 최선을 다하여 '계명을 순종하여 보려고' 애를 쓰게 됩니다. 그러나 이제는 계명을 순종하려는 '마음'은 있으나 그것을 행할 능력이 전혀 없음을 알고 낙담하게 됩니다. 사도는 그것을 가리켜 "나는 죽었도다"로 표현하고 있습니다.

"**7:11죄가 기회를 타서 계명으로 말미암아 나를 속이고 그것으로 나를 죽였는지라.**" '율법과 계명의 의도를 알고 그것에 순종하려는 마음'은 있으나 '인격의 요소들 속에 내재하여 세력을 부리는 죄성이 일어나서 계명을 지렛대로 삼아' 본심과는 다른 방향으로 나아가게 됩니다. 그래서 그 사람을 넉 다운 시킵니다. 사도는 그 점을 이 구절에서 지적하고 있습니다.

그러므로 사람이 거듭나면 계명을 잘 순종할 성향과 능력을 가지고 하나님의 요구하시는 의를 이룹니까? 아닙니다. 거듭난 사람의 마음은 하나님의 계명의 정당성을 알고, 마땅하게 그 계명을 지키어야 한다는 점은 철석같이 인정합니다. 그래서 그는 이전과는 달리 하나님의 계명을 지키려고 애를 쓰는 것입니다. 만일 그러한 거룩한 소욕이 전혀 일어나지 않는다면, 그 사람은 거듭났다 할 수 없습니다. 그 점에 대하여 오해하는 이들이 많습니다. 사람이 거듭나게 되면 마치 성자(聖者)의 반열에 들어가는 줄로 착각합니다. 예수님의 말씀대로 '사람이 거듭나지 않으면 하나님의 나라를 볼 수 없다'는 것이 사실입니다. 그러나 사람이 거듭나게 되면, 율법에 비추어 자신이 하나님 앞에 마땅하게 정죄를 당하여 영원한 하나님의 진노의 지옥불에 던져졌어야 했다는 의식을 가지는 놀라운 일이 시작된 것입니다. 그러니 거듭나면 '영적으로 갓난 아이'와 같을 뿐입니다.

선한 그것으로 악을 행하는 죄의 본성

"7:12**이로 보건대 율법은 거룩하고 계명도 거룩하고 의로우며 선하도다.**" 사도의 논증 방식은 주제를 반복하면서 점증적으로 자신이 말하려는 요점에 독자가 함께 도달하게 만드는 것입니다. 사도는 자기의 편지를 읽는 믿는 독자들이 율법과 계명의 거룩성과 의로움을 조금이라도 낮게 평가하는 어리석음에 빠지는 것을 강하게 차단하고 있습니다. 이렇게 사도가 이 로마서에서 반복 강조하는데도 불구하고 교회사에서는 율법의 가치를 낮추는 일이 잦았습니다. 사도는 지금 율법의 가치를 절하시키는 것이 아니라 사람의 죄의 본성을 대처하여 개선하여 마음을 새롭게 하는 데는 그 율법으로는 한계가 있음을 말하고 있을 뿐입니다.

"7:13**그런즉 선한 것이 내게 사망이 되었느냐 그럴 수 없느니라.**" 율법이 악해서 "내게 사망의 열매"를 맺었느냐고 다그쳐 묻고 있습니다. 결코 그런 논리는 가당치 않습니다. 율법을 부과하여 지키게 하는 일반 도덕적 방식을 통해서는 반드시 '사망의 열매'를 맺게 되는 이치는 율법 자체에 문제가 있어서가 아니라 인간의 죄성이 문제입니다. 그러니 여기서 사도는 율법의 부당성을 말하지 않고 인간의 죄성을 제어하여 생명으로 나아가게 하기에는 율법이 역부족이라는 말입니다. 로이드 존스 목사는 로마서 7장을 강론할 때 반복적으로 말합니다. '하나님께서 율법으로 사람을 구원하고 개선하려는 의도로 율법을 주신 것이 아닙니다. 율법을 주신 것은 하나님께서 요구하시는 의의 표준 앞에서 사람이 얼마나 큰 죄인인지를 보여주기 위함입니다. 그래서 율법을 통하여 자신의 죄인 됨을 알고 하나님의 긍휼의 소산인 그리스도를 바라보게 하려 하심이었습니다.

그래서 사도 바울은 갈라디아서에서 율법은 그리스도께 인도하는 초등 교사라 하는 것입니다(갈 3:24).

"오직 죄가 죄로 드러나기 위하여 선한 그것으로 말미암아 나를 죽게 만들었으니 이는 계명으로 말미암아 죄로 심히 죄 되게 하려 함이라." 문제는 우리 속에 있는 죄성입니다. 그것이 얼마나 악한지 "선한 그것으로 말미암아 나를 죽게 만들었으니." 그래서 결국 율법과 계명 만으로는 죄를 제어하여 드러나지 못하게 하는 쪽으로 열매를 내지 않고 거꾸로 "죄로 심히 죄 되게 하는" 쪽으로 열매를 맺게 하는 것입니다.

"7:14우리가 율법은 신령한 줄 알거니와 나는 육신에 속하여 죄 아래에 팔렸도다." 사도의 논지는 죄성을 가진 우리의 본성 때문에 '율법의 조문을 우리의 도덕적 의지만으로 지키려는 노력' - "율법 조문의 묵은 것"(7:6) - 으로는 '반드시 죄를 짓게 마련이라'는 것입니다. 그러니 하나님의 자녀답게 하나님의 기뻐하시는 의롭고 거룩한 열매를 맺기 위하여 그리스도 안에 있는 "영의 새로운 것"으로 해야 한다는 말입니다. 만일 우리가 '영의 새로운 것'으로 하지 않고 '율법 조문의 묵은 것'으로 하면 '우리의 죄성을 가진 본성(육신)에 속하여 죄 아래 팔리게 되는' 형국을 피할 수 없습니다.

'새 언약'과 '옛 언약'의 차이는 무엇입니까? 바로 '율법 조문의 묵은 것'으로 하는 사람을 '영의 새로운 것'으로 하는 그리스도 안에 있는 새 사람을 창조하시는 하나님의 행사에 그 차이가 있습니다. "여호와의 말씀이니라 보라 날이 이르리니 내가 이스라엘 집과 유다 집에 새 언약을 맺으리라 이 언약은 내가 그들의 조상들의 손을 잡고 애굽 땅에서 인도하여 내던 날에 맺은 것과 같지 아니할 것은 내가 그들의 남편이 되었어도 그들이 내 언약을 깨뜨렸음이라 여호와의 말씀이니라 그러나 그 날 후에 내가 이스라엘 집과 맺을 언약은 이러하니 곧 내가 나의 법을 그들의 속에 두며 그들의 마음에 기록하여 나는 그들의 하나님이 되고 그들은 내 백성이 될 것이라 여호와의 말씀이니라."(렘 31:31-33)

사도가 이 문제를 그냥 스치고 지나가는 식으로 다루지 않고 아주 상세하게 다루는 데는 그만한 이유가 있습니다. 이 문제에 대한 이해가 충분하지 않으면, 8장에서 말하려는 '성령의 인도하심을 받아 영의 새로운 것으로 섬기는 실제'에 대한 사도의 논의를 따르지 못하기 때문입니다. 그러면 '의롭다 하심'을 받고 하나님의 자녀가 된 우리가 자신을 하나님께 거룩하게 드리는 일에 실패하게 됩니다. 물론 우리의 실패로 우리의 구원이 아주 떨어져 다시 이전 하나님의 진노 아래 처하게 되는 것은 아닙니다. 그러나 예수님께서 말씀하신 '풍성한 생명'에는 이르지 못하고 '살았다 하는 이름은 가졌으나 죽은 자와 같은 실제'를 보이기 마련입니다. 그러니 '성화(聖化)'의 진전은 없어 하나님께도 영광이 되지 못하고 자신의 영혼도 파리하여 '그리스도의 형상'에 까지 자라지 못하는 '영적 갓난아이'의 수준을 벗어나지 못합니다. 히브리서 기자가 히브리서를 받아 보는 히브리 그리스도인의 상태가 그러함을 진단하였습니다. "때가 오래되었으므로 너희가 마땅히 선생이 되었을 터인데 너희가 다시 하나님의 말씀의 초보에 대하여 누구에게 가르침을 받아야 할 처지이니 단단한 음식은 못 먹고 젖이나 먹어야 할 자가 되었도다."(히 5:12)

이제 15절 이후에서 사도는 '율법 조문의 묵은 것'으로 하여 실패한 것을 자신의 간증 형식으로 진술하고 있습니다. 그 부분은 다음 강론에서 다루려 합니다.

32

그리스도인을 주장하려는 두 법

7:15 내가 행하는 것을 내가 알지 못하노니 곧 내가 원하는 것은
행하지 아니하고 도리어 미워하는 것을 행함이라
7:16 만일 내가 원하지 아니하는 그것을 행하면 내가 이로써 율법
이 선한 것을 시인하노니
7:17 이제는 그것을 행하는 자가 내가 아니요 내 속에 거하는 죄니라
7:18 내 속 곧 내 육신에 선한 것이 거하지 아니하는 줄을 아노니
원함은 내게 있으나 선을 행하는 것은 없노라
7:19 내가 원하는 바 선은 행하지 아니하고 도리어 원하지 아니하
는 바 악을 행하는도다
7:20 만일 내가 원하지 아니하는 그것을 하면 이를 행하는 자는 내
가 아니요 내 속에 거하는 죄니라

7:21 그러므로 내가 한 법을 깨달았노니 곧 선을 행하기 원하는 나에게 악이 함께 있는 것이로다
7:22 내 속사람으로는 하나님의 법을 즐거워하되
7:23 내 지체 속에서 한 다른 법이 내 마음의 법과 싸워 내 지체 속에 있는 죄의 법으로 나를 사로잡는 것을 보는도다
7:24 오호라 나는 곤고한 사람이로다 이 사망의 몸에서 누가 나를 건져내랴
7:25 우리 주 예수 그리스도로 말미암아 하나님께 감사하리로다 그런즉 내 자신이 마음으로는 하나님의 법을 육신으로는 죄의 법을 섬기노라

우리가 지난 강론에서도 언급한 바와 같이, 로마서 7장에서 말하는 논리를 이해하는 것은 매우 중요합니다. 로마서 7장에서 말하는 내용은 '그리스도 밖 육신에 있던 옛 사람의 방식으로 하지 않고 새 사람의 방식, 곧 영의 새로운 것으로 섬기지 않으면 하나님을 위해 열매를 맺는 것이 불가능함'의 이치를 말하고 있습니다. '옛 사람의 방식'은 무엇입니까? '하나님의 진노 아래서 하나님과 생명 있는 교통에서 단절되어 자신의 힘으로 율법의 조문을 지키어 의를 이루려는 것'을 내용으로 하고 있습니다. 그 결과는 '사망을 위하여 열매 맺는 것'이었습니다(롬 7:5). "(그러나) 이제는 우리가 얽매였던 것에 대하여 죽었으므로 율법에서 벗어났으니 이러므로 우리가 영의 새로운 것으로 섬길 것이요 율법 조문의 묵은 것으로 아니할지니라."(롬 7:6)

만일 사도가 그 정도로만 하고 바로 로마서 8장의 내용으로 나아갔다면, 마치 비행 조종술을 이론으로 안 사람을 비행기 조종석에 앉히고 이제 비행하여 날아 보라고 하는 격이었을 것입니다. 사람이 자기 죄악적 본성의 작용과 그 활동 양상을 제대로 익히지 않고 성령님의 인도하심을 따라 '영의 새로운 것으로 행하라' 해도 하지 못하게 되어 있습니다. 그러니 로마서 7장은 그리스도 안에서 의롭다 하심을 받아 하나님의 자녀가 된 이들에게 있어서 절대로 중요한 장입니다. 그래서 우리는 사도가 로마서 7장에서 길게 논의한 내용을 익히 알고 받아들인 후에야 로마서 8장의 내용으로 나아갈 준비가 된 셈입니다. 부연하여, 로마서 7장의 논리가 '거듭난 그리스도인을 두고 하는 것이냐, 아니면 율법 아래 있는 모든 인생들 전체를 두고 하는 것이냐'에 대한 논란이 없지 않습니다. 그러나 로마서 6장과 8장으로 이어지는 문맥을 살피면 그 문제는 어렵지 않게 풀립니다. 사도가 여기서 '그리스도를 믿음으로 말미암아 의롭다 하심을 받은 사람, 곧 거듭나 회심하여 그리스도를 믿음으로 말미암아 구원에 이른 사람'의 그 이후 문제를 거론하고 있습니다. 사도는 로마서 3장 21절 이후에서 '율법의 정죄로 하나님의 진노 아래 있는 일반 불신자들의 영적 상태'를 거론하지 않습니다.

우리는 지난 강론에서 '율법이 죄냐?'는 제목으로 살펴보았습니다. 언뜻 로마서 7장을 건성으로 읽으면 '문제가 율법에 있다'는 식의 인상을 받기 쉽습니다. 그래서 사도는 '율법이 문제가 아니고 우리 자신의 본성이 문제라'고 말합니다. 그러나 율법은 우리 본성의 문제의 실상을 노출하는 데는 매우 긴요하게 작용하나 그 문제를 해결하는 데까지 가지를 못합니다. 어떻게 해서 그런지 그 이치를 14절까지 말하였습니다.

이제 15절부터 7장 마지막 까지는 그리스도인들을 주장하려는 '두 법'

이 우리 내면에서 작용하는 것에 집중하고 있습니다. 그 점을 염두에 두면 이 대목을 이해하는 데 빛을 얻은 셈입니다.

'나'와 '죄'

"7:15**내가 행하는 것을 내가 알지 못하노니.**" 바울 사도가 로마서 7장을 이끌어 나가는 방식은 간증 형식입니다. 물론 그것이 사도 자신에게만 해당되지 않고 모든 그리스도인들에게 해당되는 요점을 일반적인 진술이 아닌 간증 형식으로 말하여 듣는 이로 하여금 그것을 자신의 것으로 실감 있게 받게 합니다. 사도는 자기 생각과 행동을 마음의 원하는 대로 조종하고 통제할 능력이 자기에게 없다는 사실을 자기 행위의 실상을 통해서 뼈저리게 알게 되었습니다.

"**곧 내가 원하는 것은 행하지 아니하고 도리어 미워하는 것을 행함이라.**" 자기가 마음으로 원하는 것과 실제 행하는 것이 상반되니 괴롭기 한량없었습니다. "내가 원하는 것"이란 자기가 그리스도 안에서 새롭게 받은 마음의 성향으로 '하나님 앞에서 옳고 거룩한 것을 하고 싶은 열망'을 의미합니다. 그러나 자기 인격 활동의 실상은 '그 마음의 원하는 것'과는 전혀 상반됩니다. "도리어 (그 마음으로) 미워하는 그것을 행함이라." 사도는 자기에게만 해당되는 파행을 말하는 것이 아닙니다. 모든 그리스도인들이 겪게 되어 있는 실상을 대변하고 있습니다. 그래서 이 대목을 읽는 거듭난 참된 그리스도인들은 '사도가 내 이야기를 하고 있다'는 느낌을 가지게 되어 있습니다. 그러므로 누구든지 '나는 정말 하나님을 사랑하니 하나님께서 기뻐하시는 일을 하겠다' 마음을 먹으면 그대로 되는 것이 아니란 말입니다. 하나님의 은혜와 사랑에 감격하여 하나님을 위해 자신을 거룩하게 드리고 싶은 모든 그리스도인들이 사도처럼 말하게 되어 있습니다. 하나님의 기뻐하시는 실제를 행하려면 사도가 로마서 8장에서 말하는 바를 자신에게 적용시켜야 합니다. 그것을 알기 위해서는 자신의 '의지의 자유의 한계'를 절감해야 합니다. 많은 이들이 그것을 모르고 '거룩한 결심'을 실행에 옮겼다가 '처참한 실패로 말미암아 자신을 깊은 낙담의 나락'으로 곤두박질치게 만들기 일쑤입니다. 사도는 16절 이하에서 어째서 그런 일이 일어나는지를 설명해 나갑니다.

"7:16**만일 내가 원하지 아니하는 그것을 행하면 내가 이로써 율법이 선한 것을 시인하노니.**" 다시 사도는 문제가 율법 자체에 있는 것이 아님을 강조합니다. '내가 마음으로 진실로 원하는 것은 율법의 선한 요구에 부응하는 것입니다. 그러나 내 마음을 제어하고 율법이 명하는 것의 정반대를 행하게 하는 다른 법이 나의 인격을 주장합니다.' 그것이 무엇인가요? 율법이 아닙니다. 율법은 '악을 행하라' 요구한 적이 없습니다. 항상 '하나님 앞에 거룩하고 의롭고 선한 것'만 요구합니다. 그러니 율법의 선한 요구는 항상 옳은 것입니다. 사도는 그 점을 조금도 의심하지 않습니다. 모든 그리스도인들은 바로 그 점에 있어서 분명한 자세를 취해야 합니다. 흔히 복음을 설교한다 하면서 '율법이 우리를 못 쓰게 만드는 장본인이라'는 식의 인상을 끼치기 십상입니다. 그런 식의 발상은 가히 이단적입니다. 율법이 하나님께서 명하신 것인데 악한 요소가 있을 리 없습니다.

"7:17**이제는 그것을 행하는 자가 내가 아니요 내 속에 거하는 죄니라.**" 여기서 사도는 '죄'를 의인화(擬人化)하고 있습니다. 사도가 이 구절에서 채용하는 수사법을 오해하여 '그리스도인의 죄'를 바르지 못하게 해석하는 이들이 있습니다. '그리스도인 자신은 죄를 짓는 것이 아니고 그리스도인 속에 있는 죄가 죄를 짓는 것이다. 내 영혼은 죄를 짓는 것이 아니고 내 속에 있는 죄가 죄를 짓는 것이다. 거듭난 그리스도인은 그런 의미에서 죄를 짓는 것이 아니다.' 그런 해석은 사도가 여기서 쓰는 '의인화(擬人化)' 수사법을 오해함으로 생긴 것입니다. 누가 어떤 경로로 죄를 짓더라도 '그 사람' 자신이 죄를 짓는 것입니다. 마치 이웃집에 있는 감나무 가지가 내 집 담을 넘어와 있어 감나무 주인의 허락도 없이 팔을 벌려 감을 따 놓고 '내가 딴 것이 아니라 내 팔이 땄다'고 하면 안되는 것과 같습니다.

사도는 여기서 의인화(擬人化) 수사법을 쓰되, '나'와 '죄'를 하나의 주체로 삼고 있습니다. '나'는 하나님의 영광을 위하여 자신을 드리고 싶어 하는 '마음'의 주체인 '나'입니다. 그 '나'는 그리스도를 믿음으로 말미암아 은혜로 새롭게 된 '나'입니다. 그 '나'는 '그리스도 안에 있는 새 생명의 원리(씨앗)'를 중심에 둔, 이른바 '그리스도 안에서 거듭나고 새롭게 지음 받은 자아(自我)'입니다. "우리를 구원하시되 우리의 행한 바 의로운 행위로 말미암지 아니하고 오직 그의 긍휼하심을 따라 중생의 씻음과 성령의 새롭게 하심으로 하셨나니."(딛 3:5) 그 '자아'는 하나님의 기뻐하시는 바를 추구하는 성향을 가집니다. 베드로 사도는 그것을 이렇게 묘사합니다. "그의 신기한 능력으로 생명과 경건에 속한 모든 것을 우리에게 주셨으니 이는 자기의 영광과 덕으로써 우리를 부르신 이를 앎으로 말미암음이라 이로써 그 보배롭고 지극히 큰 약속을 우리에게 주사 이 약속으로 말미암아 너희가 정욕 때문에 세상에서 썩어질 것을 피하여 신성한 성품에 참

여하는 자가 되게 하려 하셨느니라."(벧후 1:3,4)

반면에 '죄'는 '옛 사람의 본성을 사로잡아 죄로 기울어지게 하는 죄성, 또는 정욕'입니다. 그리스도인은 지상에 거하는 동안은 이 '옛 사람의 본성'에서 완전하게 자유롭지는 못합니다. 물론 그리스도의 십자가로 말미암아 '옛 사람'은 그리스도와 함께 죽었습니다. "우리가 알거니와 우리의 옛 사람이 예수와 함께 십자가에 못 박힌 것은 죄의 몸이 죽어 다시는 우리가 죄에게 종 노릇 하지 아니하려 함이니."(롬 6:6) 그러나 '옛 사람이 죽었다'는 것은 '옛 사람이 죄로 말미암아 하나님과 가졌던 이전의 불화 관계'가 청산되었다는 의미입니다. 그래서 이제 그리스도인은 하나님과 새로운 관계, 새 생명의 관계 안에 있습니다. '칭의'로 인하여 그 사실이 법정적으로 확인되었습니다. 그런데도 지상에 있는 동안 그리스도인의 인격 자체 속에는 여전히 '옛 사람의 죄의 성향'이 존재합니다. 그 성향이 하나님의 계명을 어기고 죄로 기울어지게 합니다. 그러니 '옛 사람의 죄의 성향과 정욕'을 죽여 나가는 것이 지상에 있는 그리스도인의 과제입니다. 그것이 바로 '성화'의 실질입니다. "그러므로 형제들아 우리가 빚진 자로되 육신에게 져서 육신대로 살 것이 아니니라 너희가 육신대로 살면 반드시 죽을 것이로되 영으로써 몸의 행실을 죽이면 살리니."(롬 8:12,13) 그 문제는 8장을 강해할 때 더 섬세하게 다루어질 것입니다.

예수님을 믿기 전에는 '죄'가 우리 '내면의 보좌'를 차지하여 왕 노릇하였습니다. 그러나 그리스도인의 내면의 보좌에는 앞에서 사도가 말한 '나'가 앉아 있습니다. 그러나 '죄'가 그리스도인의 내면의 주변부, 곧 인격의 모든 요소(사도는 7:23에서 그것을 가리켜 '내 지체'라고 표현함)에서 완전하게 추방된 것이 아닙니다. 그런 경우라면 '완전 성화(聖化)'에 이른 것이겠지요. 우리가 지상에 있는 동안에 그런 일은 일어나지 않습니다. 그래서 지상에 살고 있는 동안에 그 '죄'와 싸워야 합니다. 그리스도를 믿음으로 말미암아 의롭다 하심을 받아 하나님과 더불어 화목하고 하나님의 자녀의 신분을 얻은 우리 속에서 그 '죄'가 세력을 부리지 못하게 해야 합니다. 거듭 강조하거니와 '죄'가 세력을 부려도 우리로 다시 이전의 '하나님의 진노의 대상으로 돌아가게 하여 지옥에 떨어지게 할' 가능성은 전혀 없습니다. 그리스도의 사람들은 이제는 더 이상 '하나님의 법정에서 정죄를 받아 지옥 형벌로 떨어지는 일'은 결코 없습니다. 다만 그리스도인의 지상 행로는 바로 그 '죄'와 싸우는 일의 연속입니다. 그것이 성화(聖化)의 실제 내용입니다. '성화'는 지옥에 가지 않기 위한 몸부림이 아니라 '하나님의 자녀요 천국의 백성' 된 자가 그 신분에 걸맞게 행할 필연입니다. '죄'가 우리를 지옥에 가게 하지 못합니다. 그러나 '죄'가 우리를 약화시켜 하나님을 향한 우리의 마음의 생명력을 왕성하게 갖지 못하게 합니다. 이것을 생각해 보십시오. 어느 나라에 선한 새 왕이 등극한 뒤에도, 악한 옛 왕의 세력이 그 나라 곳곳에서 봉기를 일으켜 이전의 보좌를 탈환하려고 세력을 부리고 영향을 끼치려 한다 합시다. 마치 '죄'가 그런 식으로 우리를 주관하려고 기를 쓰는 형국입니다.

그리스도 밖에 있는 불신자들에게는 사도가 여기서 말하는 그런 '나'는 존재하지 않습니다. 그리스도 밖에 있는 사람은 오직 그 내면을 장악하여 죄 가운데 먹고 마시게 하는 '죄'만 있을 뿐입니다. 그러므로 그리스도인들은 죄를 지으면 괴롭습니다. 내면에서 '죄'가 '나'를 이겨내고 죄를 지었으니 분하지요. 그러나 그리스도를 믿지 않는 이들은 '죄'가 주장할 뿐 사도가 '나'라고 표현한 것이 존재하지 않습니다. 그러므로 죄를 짓고도 괴로워하지 않습니다. 그리스도인들 안에서 '두 법'이 부단하게 싸웁니다. 그러나 불신자들은 오직 한 법, '죄의 법'만 존재하니 그리스도인이 겪는 갈등은 모릅니다. 그들의 양심의 소리가 저항을 해 보나 그 힘이 쇠미하여 아무 힘도 쓰지 못합니다.

내 육신(본성)의 악독

"7:18내 속 곧 내 육신에 선한 것이 거하지 아니하는 줄을 아노니." 사도는 이제 의인화를 멈추고 직설법으로 앞에서 말한 의도를 설명합니다. "내 육신"은 우리의 '살과 뼈'를 의미하지 않고 우리 내면에서 우리를 주장하려는 '한 성향'을 가리킵니다. 사도가 '죄'로 의인화한 성향, 곧 '우리가 나면서부터 가진 옛 사람의 본성'을 의미합니다. 그 '본성'은 하나님의 법에 달게 순종하기를 원하기는커녕 하나님을 대항하여 불순종하는 성향을 가지고 있습니다. 그런 의미에서 "내 속 곧 내 육신에 선한 것이 거하지 아니하는 줄을 아노니"라고 말한 것입니다. 그러므로 사람이 그 '본성'만으로 하나님의 법에 순종하여 의를 이루는 일은 절대 없습니다.

"원함은 내게 있으나 선을 행하는 것은 없노라." 사도는 자기의 내면의 실상을 말합니다. '그리스도 안에서 하나님께서 내게 주신 새 생명의 원리로 인해 하나님의 법을 순종하기 원하는 성향이 내게 있다. 그러나 하나님의 법을 순종하고 선을 행할 능력은 내게 없다.' 그러므로 우리가 자신의 도덕적이고 종교적인 본성과 의지력으로 하나님을 기쁘게 해 드릴 수 없습니다. 사도는 그 점을 앞으로도 여러 차례 반복적으로 언급합니다. "육신의 생각은 하나님과 원수가 되나니 이는 하나님의 법에 굴복하지 아니할 뿐 아니라 할 수도 없음이라 육신에 있는 자들은 하나님을 기쁘시게 할 수 없느니라."(롬 8:7,8)

"7:19**내가 원하는 바 선은 행하지 아니하고 도리어 원하지 아니하는 바 악을 행하는도다.**" 사도는 자기의 행실을 보고 탄식합니다. 우리가 '속에 있는 죄의 성향을 가진 육신의 원리대로 하면,' '선을 행하지 못하는 데서 머무는 것이 아니라 하나님께서 미워하시는 악을 행하는 데로 나아간다'는 말이지요. 우리 인격은 '영적인 점이지대(漸移地帶)'에 있을 적이 없습니다. '하나님을 기쁘게 해 드리는 것도 아니고 그렇다고 하나님을 대적하는 것도 아닌 영적인 중립지대?' - 그런 것은 존재하지 않습니다. '하나님을 기쁘게 해 드리지 못하고 있다면 벌써 하나님을 대항하는 자리에 있는 셈'입니다. 그래서 엘리야는 당시 이스라엘 백성들에게 외쳤습니다. "너희가 어느 때까지 두 사이에서 머뭇머뭇 하려느냐 여호와가 만일 하나님이면 그를 따르고 바알이 만일 하나님이면 그를 따를지니라."(왕상 18:21)

"7:20**만일 내가 원하지 아니하는 그것을 하면 이를 행하는 자는 내가 아니요 내 속에 거하는 죄니라.**" 사도는 다시 의인화 표현법으로 다시 돌아옵니다. '하나님의 기뻐하시는 선, 곧 계명을 지키기를 원하는 나'와, '계명을 어겨 하나님의 미워하시는 것을 행하는 죄'가 모든 그리스도인들의 내면에 존재하여 각기 작용을 멈추지 않고 서로 대항합니다. 그런데 그 갈등 속에서 어느 누구도 자력으로는 '죄'를 이기고 '선을 행하기 원하는 나' 쪽으로 기울어져 하나님을 기쁘시게 할 자가 없습니다. 그리스도인들이 죄를 짓는 모든 경우는 '하나님께 순종하는 원하는 내가' 이겨낸 '죄'에 끌려가는 형국입니다.

상반되는 두 원리가 함께 있는 실상

"7:21**그러므로 내가 한 법을 깨달았노니 곧 선을 행하기 원하는 나에게 악이 함께 있는 것이로다.**" 사도는 이제 앞에서 길게 말한 것을 종합하여 공리적(公理的)으로 정리하고 있습니다. "내가 한 법을 깨달았노니." 사도는 앞에서 말한 것 속에서 '하나의 법칙, 하나의 이치(理致), 하나의 교리'를 추출하여 냅니다. 그것은 무엇입니까? 그리스도를 믿음으로 말미암아 의롭다 하심을 받아 하나님과 더불어 화평하고 하나님의 자녀가 된 자의 내면의 실상에 관한 교리입니다. 그리스도인의 내면에 서로 상반되어 대항하는 '두 법, 또는 두 원리가 함께 있다'는 것입니다. "선을 행하기 원하는 나"와 '죄를 짓게 하는 악'이 함께 있다는 것입니다.

'속사람'과 내 지체들

"7:22**내 속사람으로는 하나님의 법을 즐거워하되.**" 사도는 앞에서 '선을 행하기 원하는 나'로 묘사한 것을 여기서는 '속사람'으로 표현하고 있습니다. 그리스도인 안에 있는 새 생명의 원리가 주장하는 '새로운 자아'를 '속사람'으로 표현하는 것은 사도 바울의 독특성입니다. "그러므로 우리가 낙심하지 아니하노니 우리의 겉사람은 낡아지나 우리의 속사람은 날로 새로워지도다."(고후 4:16) "그의 영광의 풍성함을 따라 그의 성령으로 말미암아 너희 속사람을 능력으로 강건하게 하시오며."(엡 3:16) 그 '속사람은 거듭남으로 주어진 그리스도 안에 있는 새 생명의 원리를 중심한 사람'입니다. 그 "속사람은 하나님의 법을 즐거워"합니다. 그러나 그것을 대항하는 '다른 법'이 우리 속에 존재합니다.

"7:23**내 지체 속에서 한 다른 법이 내 마음의 법과 싸워 내 지체 속에 있는 죄의 법으로 나를 사로잡는 것을 보는도다.**" "내 지체들"이란 우리 몸의 '팔과 다리와 손' 자체를 의미하지 않습니다. 우리의 인격을 이루고 있는 '여러 요소들'을 가리킨다고 보아야 합니다. 우리는 '지성과 정서와 의지'의 요소를 가진 인격체입니다. 사도는 그 "내 지체 속에서 한 다른 법이 나를 사로잡아 주장한다"고 말합니다. "내 마음의 법"은 앞에서 말한 '속사람의 성향'입니다. "내 지체 속에 있는 한 다른 법이 내 마음의 법과 싸워 지체 속에서 (작용하는) 죄의 법으로 나를 사로잡는 것을 보는도다."(I see another law at work in the members of my body, waging war against the law of my mind and making me a prisoner of the law of sin at work within my members.-NIV) 그러니 우리가 우리 인격을 이루고 있는 지체들, 인격의 각 요소들 속에도 죄가 오염되어 있음을 유념해야 합니다. 그러니 우리가 자신의 힘만 의지하면 우리의 지성(이지)이나 정서(감정)나 의지(결심) 등의 작용을 통하여 죄를 짓기 마련임을 유념해야 합니다. 그래서 은혜의 방식을 떠나서 '내 생각에는… 내가 느끼기로는… 내 마음이 정해졌다'는 식은, 내가 벌써 '죄'의 조종을 받고 있음을 드러내고 있는 셈입니다.

곤고한 자신의 입지에도 불구하고 감사하는 사람

"7:24**오호라 나는 곤고한 사람이로다 이 사망의 몸에서 누가 나를 건져내랴.**" 사도는 여기서 자신의 인격 내면에서 '두 법이 서로 싸우는 것'

을 보나 그 싸움을 조종하여 선한 결과는 낼 능력이 자신에게는 없음을 토로합니다. 자신이 마치 '시신(屍身)이 자기 몸에 붙어 있어 떨어지지 않는 상태를 인하여 괴로워하는' 형국에 처한 것 같다는 심정을 토로하고 있는 것입니다. 하나님의 은혜로 구원받은 하나님의 자녀의 신분을 얻어 그에 합당하게 하나님의 법과 계명에 순종하려는 간절한 열망을 가지고 있습니다. 그러나 실제로는 그 소원과 열망과는 달리 하나님을 거역하는 죄를 행하는 실상 앞에서 울부짖습니다.

"이 사망의 몸에서 누가 나를 건져내랴." 이 말은 '오호 통재라, 이제 나는 지옥에 가게 되었구나'라는 절망의 탄식이 아닙니다. 왜냐하면 그리스도 안에 있는 자들에게는 '지옥'은 더 이상 힘을 쓰지 못하기 때문입니다. '율법의 정죄와 지옥의 공포'로부터 벗어난 사람이 누구입니까? '그리스도를 믿음으로 말미암아 값없이 은혜로 의롭다 하시는 하나님의 선고'를 받은 이는 즉시 그 공포에서 완전하게 벗어납니다. 그러니 사도가 무엇을 뜻하지요? '나는 더 이상 지옥에는 가지 않으나, 은혜의 방식을 따르지 않으면 내 실제 인격 활동은 시신에 묶여 있는 듯하다'는 것입니다.

사도는 이로써 로마서 7장 5,6절에서 말한 것이 무엇인지를 실증적으로 논증한 셈입니다. "'우리가 육신에 있을 때에는 율법으로 말미암는 죄의 정욕이 우리 지체 중에 역사하여 우리로 사망을 위하여 열매를 맺게 하였더니' 이제는 우리가 얽매였던 것에 대하여 죽었으므로 율법에서 벗어났으니 '이러므로 우리가 영의 새로운 것으로 섬길 것이요 율법 조문의 묵은 것으로 아니할지니라.'" 그 이하에서 말한 사도의 논리는 무엇입니까? '그리스도 안에서 하나님께서 마련하신 영의 새로운 것으로 하지 않고 옛 사람 식으로 율법 조문의 묵은 것으로 행하면' 반드시 만나게 되어 있는 필연이 바로 '죄의 법에 사로잡히는 것이라'는 것입니다.

"7:25**우리 주 예수 그리스도로 말미암아 하나님께 감사하리로다.**" 사도는 앞에서 말한 모든 것에 비추어 '그리스도 안에서 구원하신 하나님의 은혜'의 영광을 찬미할 마음이 더해진 셈입니다. 우리가 예수님을 믿음으로 말미암아 죄용서와 의롭다하심으로 영생을 얻고 하나님의 자녀가 되었다는 확신이 들었을 때, 우리는 천지가 개벽하는 것 보다 더 큰 변혁이 우리 자신에게 일어났다는 느낌을 가지게 되지요. 그래서 우리도 사도와 같이 "우리 주 예수 그리스도로 말미암아 하나님께 감사하리로다"하지 않을 수 없었습니다. 그런데 우리가 본격적인 믿음생활, 곧 '성화'의 삶을 시작하자마자 사도가 여기 로마서 7장에서 말한 실패를 경험하고 참담하고 낙심하게 되고, 그리고 그 줄기에서 다시 우리를 그리스도 안에서 전적인 은혜로 구원하신 하나님 아버지의 사랑에 감격하게 됩니다. 정말 그리스도 안에 있는 하나님의 은혜의 방식으로 우리를 구원한 것이 아니었다면, 우리가 믿고 나서의 우리의 행실 여부에 따라서 우리의 구원이 무효화될 수 있다면, 누가 구원을 확신하고 즐거워할 수 있겠습니까? 그러면 복음은 더 이상 복음이 될 수 없습니다. 그런데 우리의 연약과 실패와 넘어짐에도 불구하고 그리스도 안에서 우리를 향하여 '의롭다' 하신 하나님 아버지의 법정적인 선고는 여전히 유효합니다. 그래서 '성화'에 힘쓰는 자마다 다 "우리 주 예수 그리스도로 말미암아 하나님께 감사하리로다" 라고 외치지 않을 수 없습니다.

사도는 믿는 자가 어떤 경우에도 회귀하게 되어 있는 원점(原點)으로 돌아온 셈입니다. 그리스도인의 원점은 무엇입니까? "나 같은 죄인을 우리 주 예수 그리스도의 속량으로 말미암아 하나님의 은혜로 값없이 의롭다 하시어 율법의 정죄에서 영원히 자유하게 하시고 우리의 연약과 허물에도 불구하고 자신과 화목하게 하시고 자녀로 삼아 주신 하나님, 영원한 하나님 나라의 기업을 물려받게 하신 그 말로 다 할 수 없는 아버지 하나님의 은혜에 감사하고 감격하는 것"이 아니면 무엇이겠습니까? 그것은 그리스도인의 사유(思惟)의 시작 원점이요 또 사유의 종착점이기도 합니다. 만일 그것이 아니고 조금이라도 우리 자신의 '행사' 여부에 따라서 우리에게 주어진 구원의 은혜, '의롭다 하심'의 효력에 변동이 생길 수 있다는 식의 논리를 펴면 대번에 '다른 복음'이 되는 것입니다. 그리스도의 완전하고 충분한 대속의 효력, 그리고 그리스도의 완전한 순종으로 이룩된 '완전한 의'에 다른 것을 조건적으로 첨가하여야 우리의 영원한 영적 행로의 안전성이 보존된다는 식으로 하면 '다른 복음'이 되는 것입니다. 사도가 전하지 않은 '다른 복음'은 '모든 믿는 자에게 구원을 주시는 하나님의 능력'이 결코 될 수 없습니다. "우리나 혹 하늘로부터 온 천사라도 우리가 너희에게 전한 복음 외에 다른 복음을 전하면 저주를 받을지어다."(갈 1:8)

사도는 로마서 7장에서 그리스도를 믿는 신자가 자기 행실 여부에 따라서 그 은혜나 구원에서 떨어질 가능성이 있음을 말하고 있지 않습니다. 도리어 7, 8장에서 은혜로 구원을 받은 자로서 '하나님을 위하여 거룩하고 의로운 열매를 맺는 삶의 실천의 방도, 곧 성화(聖化)의 방도'를 알려주고 있습니다. '그리스도인의 성화의 삶의 실천은 이전의 방식을 따르는 것이 아니고, 하나님께서 그리스도 안에서 성령님으로 말미암아 새롭게 허락하신 은혜의 방식을 따르는' 것입니다.

7장에서는 그렇지 않으면 도달하게 되어 있는 필연의 실패를 경계하고 있습니다. 8장에서는 사도가 성령님으로 말미암아 제시하는 '영의 새로운 것,' 곧 '그리스도 안에 있는 생명의 성령의 법'을 말하고 있습니다. 이런 사도의 논리는 '그리스도 안에서 구원하신 하나님의 은혜의 영광'을 전제한 논리이지 '잘 행하면 복을 주시고 그렇지 않으면 저주하실 것이라'는 식의 위협이 담긴 논리가 아닙니다.

우리는 어떤 경우에서도, 혼자 있을 때에나 여러 사람 앞에서 "우리 주 예수 그리스도로 말미암아 하나님께 감사하리로다."는 감사 찬미를 발해야 마땅합니다. "내게 주신 모든 은혜를 내가 여호와께 무엇으로 보답할까 내가 구원의 잔을 들고 여호와의 이름을 부르며 여호와의 모든 백성 앞에서 나는 나의 서원을 여호와께 갚으리로다."(시 116:12-14)

"그런즉 내 자신이 마음으로는 하나님의 법을 육신으로는 죄의 법을 섬기노라." 사도는 지금까지 7장에서 말한 바를 간추려 요약하고 있습니다. 그리스도를 믿음으로 말미암아 의롭다 하심을 받은 하나님의 자녀 된 내 속에 나를 주장하려는 두 법이 있으니, '하나님의 법을 즐거워하고 섬기는 마음의 법'과 '죄의 법을 섬기는 육신의 성향'이 있다는 것입니다. 이것은 갈라디아서 5장에서 사도가 말하는 '성령의 소욕'과 '육체의 소욕' 사이의 대비와 같은 내용입니다. "육체의 소욕은 성령을 거스르고 성령은 육체를 거스르나니 이 둘이 서로 대적함으로 너희가 원하는 것을 하지 못하게 하려 함이니라."(갈 5:17)

이상과 같이, 사도는 7장의 진술로 말미암아 8장에서 말하려는 바를 듣도록 독자들을 준비시킨 셈입니다. 로마서 8장에서는 '적극적 성화의 방도,' 곧 하나님을 위하여 열매를 맺는 '영의 새로운 것'의 실제에 대하여 말합니다.

그와 같이 '그리스도인의 선행'은 단순한 '도덕적 의지의 결실'이 아닙니다. '그리스도 안에서 의롭다 하심을 받은 사람이 성령으로 말미암아 주신 영적인 새 마음의 원리를 따르되, 성령님의 인도하심과 능력을 힘입은 결과'입니다. "내 안에 거하라 나도 너희 안에 거하리라 가지가 포도나무에 붙어 있지 아니하면 스스로 열매를 맺을 수 없음 같이 너희도 내 안에 있지 아니하면 그러하리라."(요 15:4) 아멘.

part **8**

생명의 성령의 법

사도는 로마서 7장에서 '그리스도인이 율법 조문의 외적인 의미만 취하고 자신의 도덕적 의지로 계명 지키기를 시도하는 옛 방식과 결별해야 함'을 역설하였습니다. 이제 사도는 8장에서 '영의 새로운 것으로 섬기는 비밀'을 역설합니다. '그리스도 예수 안에 있는 생명의 성령님의 역동적인 이끄심'에 순종하는 비밀에 눈을 뜨고 실천할 때, 비로소 성화의 열매가 맺히기 시작합니다.

실로 '성도의 성화의 비밀과 능력'을 크게 외칩니다. 하늘의 소망을 가진 성도가 지상 행로 속에서 어떻게 하나님 아버지의 기뻐하시는 삶을 실천할지, 그 원리와 실천적 능력을 이 로마서 8장은 선명하게 밝혀냅니다. 그렇습니다. 성령께서 사도로 하여금 이 로마서 8장을 기록하게 하신 목적은 분명합니다. '칭의로 말미암아 영원한 정죄와 지옥 형벌의 굴레에서 완전하게 벗어난 하나님의 자녀들이 자신의 내면의 죄성을 실제로 제어하고 하나님의 기뻐하시는 순종의 자녀로 능히 서게 하시는 생명의 성령의 법'을 실천하게 하려 하심입니다.

로마서 8장은 '하나님 아버지께서 우리를 향하여 창세전에 그리스도 안에서 예정하신 목적'이라는 큰 그림 속에서 우리 지상행로의 의미를 찬란하게 조명합니다. 그래서 성도가 그리스도 예수님 안에 있는 하나님의 사랑 안에서 구원을 확신하고, 하나님의 영광을 바라고 지상 행로의 난제를 극복합니다. 이런 우리를 마귀가 세상과 우리 속의 죄의 정욕을 다 동원하여 하나님의 손에서 낚아채 이전으로 돌아가게 하는 일은 절대 불가합니다. "그러나 이 모든 일에 우리를 사랑하시는 이로 말미암아 우리가 넉넉히 이기느니라."(롬 8:37)

33

그리스도인 안에 있는
생명의 성령의 법

8:1 그러므로 이제 그리스도 예수 안에 있는 자에게는 결코 정죄함
이 없나니
8:2 이는 그리스도 예수 안에 있는 생명의 성령의 법이 죄와 사망의
법에서 너를 해방하였음이라
8:3 율법이 육신으로 말미암아 연약하여 할 수 없는 그것을 하나님
은 하시나니 곧 죄로 말미암아 자기 아들을 죄 있는 육신의 모양으
로 보내어 육신에 죄를 정하사
8:4 육신을 따르지 않고 그 영을 따라 행하는 우리에게 율법의 요
구가 이루어지게 하려 하심이니라

사도는 로마서에서 '법'이라는 말을 많이 씁니다. '법'은 어떤 일이나 사물(事物)의 존재를 규정하고 통제하는 이치(理致)입니다. 개나리는 봄에 핍니다. 그래서 봄기운과 같은 그런 기후와 온도와 습도의 조건을 만나면 피어납니다. 그것이 하나님께서 개나리에게 부여한 '법'입니다. 우리의 구원을 위한 믿음도 우리 자신의 종교성에 따르지 않아야 할 이유가 거기 있습니다. 하나님께서 우리를 구원하실 때에 하나님의 보시기에 '완전하고 의롭고 적확한 이치와 법'을 따른 것임을 우리는 이제까지 보아왔습니다. 사람의 의식, 특히 현대인의 사고구조 속에 '옳고 유익한 통제도 싫어하고 선한 규범의 굴레'도 벗어 던지고 '제 멋에 겨워 사는 것'을 선호하는 것이 들어 있습니다. 그런 성향은 '하나님을 마음에 두기를 싫어하는 인간의 죄의 본성'에서 나는 의식입니다.

사도는 로마서 8장에서 '의롭다 하심'을 받은 하나님 자녀들의 성화의 적극적 방식을 제시합니다. 그들은 사망과 흑암의 권세에서 벗어나 영생을 얻었고, 하나님의 아들의 나라로 옮겨졌습니다. 그러니 성화의 목표는 하나님께서 예정하신 대로 그리스도의 형상을 본받아 '의의 거하는 바 새 하늘과 새 땅으로서의 하나님 나라에 합당한 자'가 되는 것입니다. 성도는 지상에 있는 동안 그 목표를 향하여 자라가고 변화되어야 합니다. 그것을 영생 얻은 자가 지상에서 누리는 최상의 가치로 여겨야 합니다. 그런 의식을 가지고 로마서 8장을 들어야 합니다.

"**8:1그러므로 이제 그리스도 예수 안에 있는 자에게는 결코 정죄함이 없나니.**" 사도가 여기서 "그러므로"라는 접속사를 쓴 것은 앞의 어떤 대목과 논리적으로 연결하여 결론을 내리고 있음을 보여줍니다. 그런 경우 흔히 직전의 진술 내용과 연관되어 그 말을 쓰기 마련입니다. 그런데 로마서 7장의 마지막 대목과 바로 연결해 보면 이 구절의 진술과 석연하게 이어지지 않습니다. 앞의 어느 대목과 연결이 될지를 생각하면서 더듬어 보려면 사도가 이 구절에서 '이신칭의' 교리를 부정문으로 강조하고 있음을 유념해야 합니다. 그러면 앞의 대목에서 '이신칭의'를 말하는 대목은 3:20-31이고 4장은 그에 대한 구약적인 예증이고, 5장은 '이신칭의'의 효력으로 말미암아 구원의 확신의 문제를 다루고 있습니다. 구원의 확신은 '이신칭의' 교리를 기반으로 한 것입니다. 그러니 여기 8:1의 "그러므로"라는 접속사는 5장 이전에서 사도가 말한 것과 논리적 연관을 가지고 있다고 보는 것이 좋습니다. "이는 죄가 사망 안에서 왕 노릇 한 것 같이 은혜도 또한 의로 말미암아 왕 노릇 하여 우리 주 예수 그리스도로 말미암아 영생에 이르게 하려 함이라."(롬 5:21) 6장과 7장은 어떤 의미에서 '삽화적인 대목'입니다. 6장과 7장에서 사도가 한 일은 무엇이라 할 수 있나요? '이신칭의'의 효력 안에 있는 자에게 '내주하는 죄를 어떻게 보아야 하는지, 또 어떤 식으로 그것을 다루어야 할 지'를 보여주기 위한 기초 작업을 한 셈입니다.

이제 사도는 '율법 조문을 자기 식으로 이해하고 지키려는 묵은 방식'과는 판이하게 다른 '영의 새로운 것으로 섬기는 방식'을 가르치려 합니다. 그런데 '영의 새로운 것'으로 섬기는 일의 실제를 말하기 전에 '이신칭의' 교리를 다시 상기시킵니다. 오늘날 '성화의 열매' 운운하면서 그것이 마치 '이신칭의' 교리에 영향을 줄 수 있는 것 같이 말하는 신학자들이 여럿 있습니다. 야고보서를 들어 그런 논리를 주장합니다. 그러나 야고보서도 여전히 '이신칭의'의 효력 아래 있는 자들에게 말하는 것임을 잊어서는 안됩니다. '이신칭의'의 은혜 아래 있다 자랑하면서도 '성화 생활'로 나아가지 않고 육체의 본성에 따라 방종으로 기울어질 가능성이 사람들에게 있음을 너무나 잘 아시는 성령께서 야고보로 하여금 일침을 가하게 하신 것입니다. "내 형제들아 영광의 주 곧 우리 주 예수 그리스도에 대한 믿음을 너희가 가졌으니."(약 2:1) 그리고 그 믿음의 실증, 곧 믿음에 부합한 행실을 보이지 않는 믿음의 거짓됨을 지적하며 '구원받을 만한 참된 믿음'을 가진 자의 예를 보여주고 있습니다. 아브라함과 라합의 '믿음에 부합한 행실'이 그들의 '믿음에 무엇을 더한 것'이 아니라 '그들의 믿음의 참됨을 실증한 것'임을 야고보는 강력하게 말합니다. 그래서 그가 "이로 보건대 사람이 행함으로 의롭다 하심을 받고 믿음으로만은 아니니라"(약 2:24)고 한 것이 로마서에서 말하는 '이신칭의' 교리에 무엇을 더하고 있는 것이라고 여기면 '다른 복음'이 되는 것입니다. 야고보가 말하는 '행함'은 믿음에서 우러나온 행함이지 '믿음+행함'의 도식을 말하고자 함이 아닙니다. 그리고 그 '행함'이 '의롭다 하심'을 받는 조건에 포함되는 것이 아니라 '의롭다 하심'을 받은 믿음의 참됨을 드러내는 하나의 실증입니다. 아브라함의 삶 전체를 관조(觀照)하면 여전히 '믿음으로 행하지 않고 육체의 생각을 따라 행한 행실'도 보입니다. 그러나 그것이 그가 '의롭다 하심'을 받은 효력을 약화시키지 못하였습니다. 왜냐하면 그의 '의롭다 하심'의 근거는 그 자신의 '행실'이 아니라 '하나님의 언약대로 이루실 그리스도의 구속(救贖)'이기 때문입니다. 야고보서는 '칭의'의 효력 안에 있는 그리스도인들로 하여금 '성화'에 힘쓰게 '거룩하게 위협하시고 격려하시는' 성령님의 교훈입니다.

'칭의'의 효력을 가지고 일하시는 생명의 성령

"8:1그러므로 이제 그리스도 예수 안에 있는 자에게는 결코 정죄함이 없나니." 그런데 사도 바울은 '칭의'의 효력을 먼저 상기시키고 있습니다. 실로 '칭의'는 복음의 정곡이요, 그리스도인에게 있어서 엘림의 오아시스입니다. "그들이 엘림에 이르니 거기에 물 샘 열둘과 종려나무 일흔 그루가 있는지라 거기서 그들이 그 물 곁에 장막을 치니라."(출 15:27) 영적으로 목마르거든 '그 샘'으로 달려가야 합니다. 그러면 흐릿하였던 영적인 시야를 회복하여 '하늘의 보좌에 앉아 계신 우리 하나님 아버지와 영원한 아버지의 집'을 바라볼 힘이 생깁니다. 영적인 풍부로 유명한 성경주석을 쓴 매튜 헨리(Matthew Henry, 1662-1712)는 로마서 8장을 열면서 이렇게 말하였습니다. "따라서 하나님의 많은 사람들은 살아 있을 때에나 죽어가면서도 이 로마서 8장을 자기 영혼을 만족하게 하는 위로의 젖가슴과 같은 샘으로 여겨 여기서 '구원의 우물물'을 기쁨으로 들이킨다." 그렇습니다. 우리는 그런 조망을 가지고 이 대목을 살펴보아야 합니다. 그럴 때 우리의 순례길을 힘있게 갈 능력을 이 장에서 얻게 됩니다. 그러니 그리스도인의 삶을 말하려면 먼저 '칭의'의 은혜와 그 효력과 영광을 먼저 생각해야 합니다. 그런데 사도는 여기서 '칭의'의 효력을 단순하게 말하지 않고 성령님의 역사와 연관시켜 말하고 있습니다. 사도는 '칭의'의 효력을 가지고 우리 속에 역사하시는 성령님의 행사를 따르는 '영의 새로운 것'을 말하기 위한 포석을 놓고 있는 셈입니다.

"8:2이는 그리스도 예수 안에 있는 생명의 성령의 법이 죄와 사망의 법에서 너를 해방하였음이라." 여기 "죄와 사망의 법"이 무엇을 가리키느냐에 대한 해석이 분분합니다. 어떤 주석가들은 '죄와 사망의 법'을 '죄악적인 본성 자체'로 보기도 하고, 또 다른 주석가들은 '하나님의 율법' 자체로 보기도 합니다. 칼빈은 '죄와 사망의 법'을 바로 '하나님의 율법'이라고 말해버리면 너무 과격한 표현으로 들릴 수 있다고 하면서도 여전히 '하나님의 율법'을 가리키는 것으로 볼 수밖에 없다는 태도를 취합니다. 로이드 존스 목사도 사도가 '하나님의 율법'을 그렇게 표현하고 있는 이유를 길게 강해하였습니다. 그는 만일 이 '죄와 사망의 법'을 '죄악된 본성 자체'로 여기면 '칭의와 성화의 질서'에 문제가 생길 수 있음을 경고하기도 하였습니다. '죄와 사망의 법'을 '죄악된 본성' 자체로 보는 대표적인 사람은 '스코필드 관주 성경'으로 유명한 세대주의적인 관점을 가진 스코필드(Cyrus I. Scofield)입니다.

그러나 필자가 보기에, "죄와 사망의 법"을 그렇게 '죄악된 본성 자체'라고 하거나 '하나님의 율법'이라고 단정해 버리면 문맥에 무리를 가하는 것이라는 생각이 듭니다. 우리는 로마서 8장에서 다루는 것을 여전히 로마서 7장의 문맥과 연결하여 생각해야 무리가 없음은 부인할 수 없습니다. 또 로마서 7장은 로마서 6장에서 말한 것의 연장선 위에 있습니다. 로마서 6장은 '은혜를 빙자하여 죄에 거하는 생활을 청산하고 그리스도 예수님 안에서 영생 얻은 새 사람 답게 하나님께 순종하는 새 사람의 길로 행할 당위성'을 말합니다. 그런 다음에 로마서 7장에서는, '그리스도를 믿기 이전 자신의 힘으로 율법(계명)의 조문을 지키어 내려는 방식으로 하지 말고 그리스도 안에서 영의 새로운 방식으로 계명을 지키어 하나님을 위하여 열매를 맺는 성화의 생활을 하라'고 촉구합니다. "이제는 우리가 얽매였던 것에 대하여 죽었으므로 율법에서 벗어났으니 이러므로 우리가 영의 새로운 것으로 섬길 것이요 율법 조문의 묵은 것으로 아니할지니라."(롬 7:6) 그런 다음에 '어째서 자력으로 율법 조문을 지키는 것이 반드시 사망을 위하여 열매를 맺는지'에 대하여 길게 논의합니다. 그 결론이 로마서 7장의 마지막 대목이 아니었습니까? "내 속사람으로는 하나님의 법을 즐거워하되 내 지체 속에서 한 다른 법이 내 마음의 법과 싸워 내 지체 속에 있는 죄의 법으로 나를 사로잡는 것을 보는도다 오호라 나는 곤고한 사람이로다 이 사망의 몸에서 누가 나를 건져내랴."(롬 7:22-24) 이와 같이 사도는 '하나님의 율법'과 '육신적 본성'이 만나면 반드시 '죄와 사망'을 이루는 이치를 길게 논증한 것입니다. '하나님의 율법'이 '죄를 지으라'고 말해서 그렇습니까? 아닙니다. "죄가 기회를 타서 계명으로 말미암아 나를 속이고 그것으로 나를 죽였는지라 이로 보건대 율법은 거룩하고 계명도 거룩하고 의로우며 선하도다 그런즉 선한 것이 내게 사망이 되었느냐 그럴 수 없느니라 오직 죄가 죄로 드러나기 위하여 선한 그것으로 말미암아 나를 죽게 만들었으니 이는 계명으로 말미암아 죄로 심히 죄되게 하려 함이라."(롬 7:11-13) 그러므로 "죄와 사망의 법"을 규정하면 이러합니다. '율법과 사람의 육신적 본성이 만나면 반드시 죄와 사망을 이루는 이치'라고 규정해야 마땅합니다. 그러니 '율법 조문의 묵은 것의 체계'를 '죄와 사망의 법'으로 표현하고 있습니다. 왜냐하면 그리스도 밖에서 자력(自力)으로 '율법의 조문이 요구하는 바를 행하는 것'은 7장에서 살펴 본바와 같이 반드시 '죄와 사망'으로 떨어질 이치를 가지고 있기 때문입니다. 그것을 '법'이라는 말로 표현한 것은 아무도 거부할 수 없이 적용되는 강력한 이치이기 때문입니다.

"그리스도 예수 안에 있는 생명의 성령의 법." 성령께서 우리에게 일하실 때 '아버지의 뜻을 따라 그리스도의 것을 가지고' 일하신다는 것이 이 대목을 이해하는 열쇠입니다. "그가 내 영광을 나타내리니 내 것을 가지고 너희에게 알리시겠음이라 무릇 아버지께 있는 것은 다 내 것이라 그러므로 내가 말하기를 그가 내 것을 가지고 너희에게 알리시리라 하였노라."(요 16:14,15) 성령께서 우리 속에 그리스도의 은택을 가지고 일하시되, 말씀으로 부르시고 거듭나게 하시고 하나님께 회개하게 하시고 믿음을 가지게 하시어 그 믿음으로 말미암아 아버지께로부터 '죄 사함을 받고 의롭다 하심'을 받게 하십니다. 그럼으로써 그리스도 안에 있는 믿음으로 말미암아 하나님과 화평하여 죄로 인하여 단절되었던 생명의 교통이 시작된 것입니다. 그러므로 이제 그리스도 안에 있는 이들에게는 이전 '죄가 왕노릇하는 데서 정죄를 당하고 생명 없는 상태'로 회귀하는 일은 절대 없습니다. 오직 그리스도 예수님 안에 있는 '은혜와 생명'이 왕 노릇하게 되었습니다. 그래서 사도는 이미 로마서 5장 21절에서 그 점을 웅변적으로 광포한 바 있습니다. "이는 죄가 사망 안에서 왕 노릇 한 것 같이 은혜도 또한 의로 말미암아 왕 노릇 하여 우리 주 예수 그리스도로 말미암아 영생에 이르게 하려 함이라." 그러므로 그리스도 안에 있는 우리는 '죄와 사망의 저주'에서 완전하게 벗어났습니다. 그러니 '율법과 육체의 본성으로 인한 죄와 사망의 법'에서 완전하게 벗어난 것입니다. 그러니 "그리스도 예수 안에 있는 생명의 성령의 법"은 이렇게 정의할 수 있습니다. '그리스도로 말미암아 은혜로 값없이 의롭다 하심을 받을 만한 믿음을 우리 가운데서 일으키시며 견지하시는 보혜사 성령님의 일하시는 이치'입니다. 그러니 이 정의를 더 줄여 말하라면 '살아 있는 구원받을 만한 믿음의 법'입니다. 사도는 로마서 3:27에서 '믿음의 법'이라는 말을 썼습니다. "그런즉 자랑할 데가 어디뇨 있을 수가 없느니라 무슨 법으로냐 행위로냐 아니라 오직 믿음의 법으로니라."(롬 3:27)

"해방하였음이라." 이 말의 원어 '엘류세로센'은 이미 동작이 끝나버려 다시 돌이킬 수 없이 된 상태를 지시하는 동사형입니다. 그것은 앞으로 하는 것을 보아가며 변동될 여지나 기미가 전혀 없이 된 사실을 지시합니다. 그리스도 안에 있는 자는 신분상 '그리스도의 것'을 가지고 역사하시는 성령님의 역사로 말미암아 '죄와 사망의 법에서 완전하게 해방되어' 자유인이 된 것입니다.

거듭 강조하거니와, 우리 속에서 역사하시는 보혜사 성령께서는 예수 그리스도의 구속(救贖)의 효력, 곧 그리스도의 피를 가지고 우리 영혼에 뿌리십니다. 사도 베드로는 예수 그리스도를 믿는 자들을 가리켜 "성령이 거룩하게 하심으로 순종하고 예수 그리스도의 피 뿌림을 얻기 위하여 택하심을 받은 자들"(벧전 1:2)이라 한 것과 같습니다. 그러니 '죄와 사망의 법'이 내처 주장하여 파멸에 떨어지게 할 수 있는 범주 밖으로 우리를 안전하게 건져내셨습니다. 그래서 사도는 "너를 해방하였다"는 표현을 쓴 것입니다.

이 요점의 이해를 돕기 위해서 비행기가 날아가는 원리를 생각해 봅시다. 그 무거운 비행기 동체(動體)와 승객들과 그 승객들의 소지품이나 화물(貨物)의 무게에도 불구하고 비행기가 높이 떠서 날아가 원하는 공항에 착륙하게 하는 이치는 무엇입니까? 그 거대한 중력(重力)을 능가하여 비행기를 뜨게 하고 빨리 날아가게 하는 또 다른 '힘의 이치'가 내내 작용하기 때문이 아닙니까? 비행기는 그 엔진의 터빈(turbine)에서 발생하는 강력한 추진력(推進力)과 함께 날개에서 발생하는 양력(揚力)의 작용으로 그 거대한 무게(크게는 대형 수송기 640톤에서 보잉 B777 쌍발 여객기는 351톤)를 들어 올리고 목적지를 향해 날아가는 것입니다. 아주 작고 가볍기 한량없는 먼지와 같은 것도 땅에 가라앉게 하는 중력(重力)의 법칙은 그 큰 무게를 꼼짝달싹 못하게 붙잡아 놓습니다. 그러나 강력한 추진력과 양력이 합세하여 그 중력을 이기고 비행기를 이륙하여 날아가게 하는 것입니다.

그와 같이 사도는 "죄와 사망의 법"에 결박당하여 하나님을 향하여 생명에 속한 것을 전혀 낼 수 없는 우리를 해방시킨 "그리스도 예수 안에 있는 생명의 성령의 법"을 제시하고 있는 것입니다. 그리스도 예수님을 믿지 않았을 때에는 율법과 계명이 우리에게 '이것을 행하라 그리하면 살리라, 만일 행하지 않으면 너는 죽으리라'고 말하여도 우리 죄의 본성(육체) 때문에 '죄와 사망'으로 떨어지게 하였습니다. 그래서 율법과 계명 자체는 거룩하고 의로운 것이기는 하나 우리의 본성 때문에 궁극적으로 우리 속에서 '죄와 사망의 법'으로 작용하였습니다. 그러나 그리스도 예수님을 구주로 믿게 하시고 그리스도 예수님의 구속의 효력, 곧 그리스도의 피의 효력을 가지고 우리 영혼 속에서 보혜사로 일하시는 '성령님의 역사'로 말미암아 우리가 '영원히 죽지 않는 생명, 영생'을 얻게 되었습니다. 그래서 그 성령님의 역사를 가리켜 사도는 "그리스도 예수 안에 있는 생명의 성령의 법"이라 하는 것입니다. 그러니 '의롭다 하심'을 받아 하나님과 더불어 화목하여 '새 생명' 가운데서 성령님의 인도하심을 받는 이들은 이제 이전 그리스도 밖에 있을 때의 "율법 조문의 묵은 것으로 하지 말고 영의 새로운 것"으로 해야 합니다.

연약한 우리 속에서 능력으로 일하시는 하나님

"8:3율법이 육신으로 말미암아 연약하여 할 수 없는 그것을 하나님은 하시나니." 사도는 2절에서 말한 것을 부연하여 설명하고 있습니다. 율법은 그 자체로는 거룩하며 의로우며 선하지만 '육신,' 곧 '인간의 죄의 본성(sinful nature)'을 제어하고 거기서 사람을 건져내지 못합니다. 하나님께서 율법을 주실 때에 그 율법에 사람을 죄에서 건져낼 능력을 함께 부여하여 주신 것이 아닙니다. '하나님께서 마땅하게 요구하시는 의'의 표준과 척도로서 율법을 주신 것입니다. 그 율법은 사람을 선하고 의롭게 만들지는 못합니다. 율법 앞에서 사람은 하나님 앞에 마땅하게 '의'를 제출할 채무 아래 있는 자로 발견됩니다. 하나님께서 사람을 판단하실 때에 여전히 '율법의 척도'를 사용하십니다. 그래서 '율법'은 그것을 지키지 못하는 이를 하나님의 법정에 고발하고 '정죄(定罪)'를 주문합니다. 그러니 사람 혼자 내버려 두면 반드시 망하게 되었습니다. 하나님의 법정에서 반드시 '정죄 선고'로 영벌, 곧 지옥의 저주를 받게 되어 있었습니다. 그러나 이미 우리가 반복적으로 학습한 것 같이 긍휼에 풍성하신 하나님께서 죄와 죄책과 그 죄의 모든 결과와 영향에서 우리를 구원하시는 일을 하나님께서 친히 계획하시고 실행하셨습니다. 진정 구원은 하나님께 속한 것으로 성삼위 하나님의 도모와 실행 속에서 행하신 일입니다. 그래서 우리 구원에 관하여 오직 '하나님의 은혜의 영광'만 자랑하고 나타내어야 합니다(엡 1:3-14). 그리스도 예수님 안에 있는 '구원의 전 체계'를 말하면서 인간의 '협력, 또는 공로의 첨가'를 조금이라도 말하면, 그것은 사도 바울이 저주를 명한 '다른 복음'을 전하는 것이 되는 것입니다. 구원은 오직 '하나님께서 하신 일'입니다. 이제 사도는 그 내용을 다시 말합니다.

"곧 죄로 말미암아 자기 아들을 죄 있는 육신의 모양으로 보내어 육신에 죄를 정하사." 사도는 하나님께서 "자기 아들을 죄 있는 육신의 모양으로 보내셨다"고 했습니다. 여기서 '죄 있는 육신의 모양'이란 무엇을 가리킵니까? 예수님의 '인성(人性)의 양식(樣式)'을 그렇게 표현하고 있습니다. 예수님의 인성(人性)은 '본질로는' 완전합니다. 예수님께서는 '성령으로 동정녀에게서 나심'으로 말미암아 아담이 후손이 아니라서 원죄(原罪)도 없으십니다. 또 죄를 한 번도 지으신 적이 없습니다. 다시 말하면 예수님께서는 율법의 모든 요구를 완성하였습니다. 그러니 예수님께서는 '완전한 의인'이십니다. 그런데도 '예수님'은 '영화로운 몸'이 아니라 '낮은 몸'을 입으셨습니다. '낮은 몸'은 아담이 본래 처음 하나님께 지으심 받을 때에 입고 있었던 몸이 아닙니다. 아담이 만일 범죄하지 않았으면 그 몸은 '영원히 죽지 않을 몸'이었습니다. 그러나 아담의 범죄로 인하여 그 후손 모두 '낮은 몸,' 곧 '죽을 몸(mortal body)'이 되었습니다. 예수님께서 처음 입었던 몸은 '낮은 몸'이었습니다. 그래서 예수님께서는 죄가 없으셨지만 '낮은 몸'을 입은 인생들이 겪는 각종 시험에 노출되셨습니다. 그렇게 하심으로써 당신이 대속(代贖)하실 우리 모두의 연약을 친히 경험하시어 그 아픔이 무엇인지 아셨습니다. "우리에게 있는 대제사장은 우리의 연약함을 동정하지 못하실 이가 아니요 모든 일에 우리와 똑같이 시험을 받으신 이로되 죄는 없으시니라."(히 4:15)

"육신에 죄를 정하사." 이 대목을 이렇게 풀어 말할 수 있습니다. '육신,' 곧 '죄의 본성을 가진 인성'의 모양을 따른 예수님께서 자신이 마치 죄를 지으신 것 같이 죽으심을 당하셨습니다. 예수님의 죽음은 '죄의 삯'입니다. "죄의 삯은 사망이요."(롬 6:23) 물론 예수님 자신의 죄가 아니라 당신이 대신 지신 백성들의 죄의 삯으로 죽으신 것입니다. "우리는 다 양 같아서 그릇 행하며 각기 제 길로 갔거늘 여호와께서는 우리 모두의 죄악을 그에게 담당시키셨도다."(사 53:6) "하나님이 죄를 알지도 못하신 이를 우리를 대신하여 죄로 삼으신 것은 우리로 하여금 그 안에서 하나님의 의가 되게 하려 하심이라."(고후 5:21)

여기서 사도는 예수님의 죽으심을 '예수님께서 대속하시는 자들의 죄의 본성'에 대한 하나님의 정죄의 선고와 형벌로 보고 있습니다. 그러므로 '예수 그리스도를 믿음으로 말미암아 의롭다 하심'을 받은 이들은 자기들의 의가 아닌 예수 그리스도의 대속의 피로 죄 씻음 받습니다. 그리고 예수 그리스도의 능동적인 율법 완수로 인하여 성립된 '완전한 의(義)'의 전가로 의롭다 하심을 받아 '정죄'에서 영원히 해방되었습니다. 그러니 예수 그리스도를 믿는 이들은 '죄의 책임'에서 완전하게 자유하게 된 것입니다. 심지어 예수 그리스도를 믿는 이들이 '넘어져 실족하고 죄를 지어도' '하나님의 법정에서 정죄 당하는 일'은 없습니다.

육신을 따르느냐 성령님을 따르느냐

"8:4육신을 따르지 않고 그 영을 따라 행하는 우리에게 율법의 요구가 이루어지게 하려 하심이니라." '이제 죄의 책임에서 자유하게 되었으니 하고 싶은 대로 살아도 무방함'의 근거로 '의롭다 하심'의 효력을 사용할 수 있습니까? 없습니다. 도리어 성령님으로 말미암아 그리스도의 대속의 십자가의 죽으심과 부활의 은택을 알게 되면, "육신을 따라서 나오는 죄"를 이기고 그리스도 안에서 하나님께서 위에서 부르신 상을 얻기 위해서 달려갈 자세를 갖추어 나가는 것이 정상입니다(빌 3:9-15). 복음 진리의 어떤 국면도 '우리 옛 사람의 원리인 육체, 곧 죄의 본성'의 도구나 빌미로 사용하면 다 악한 것입니다. 그러면 우리 안에 계신 보혜사 성령님을 근심시켜 드리는 것입니다. 우리는 항상, 우리로 하여금 그리스도 예수님을 믿음으로 말미암아 의롭다 하심을 받게 하신 성령께서 보혜사로 계심을 의식해야 합니다.

그러니 성령님의 인도하심을 받는 우리는 '육신, 곧 우리의 죄의 본성'을 따라 '율법 조문의 묵은 것'으로 하지 않고, 도리어 '그리스도 예수님 안에 있는 생명의 성령의 법과 그 권능'에 참여하게 됩니다. 그래서 '하나님께서 율법을 통해서 요구하시는 바를 순종할 수 있게' 되는 것입니다. "그러므로 내 형제들아 너희도 그리스도의 몸으로 말미암아 율법에 대하여 죽임을 당하였으니 이는 다른 이 곧 죽은 자 가운데서 살아나신 이에게 가서 우리가 하나님을 위하여 열매를 맺게 하려 함이라 우리가 육신에 있을 때에는 율법으로 말미암는 죄의 정욕이 우리 지체 중에 역사하여 우리로 사망을 위하여 열매를 맺게 하였더니 이제는 우리가 얽매였던 것에 대하여 죽었으므로 율법에서 벗어났으니 이러므로 우리가 영의 새로운 것으로 섬길 것이요 율법 조문의 묵은 것으로 아니할지니라."(롬 7:4-6)

그래서 시편 119편 기자는 자신의 도덕적 의지만 가지고 하나님의 계명과 율례를 지킬 수 없음을 알고 '은혜'를 위해 부르짖은 것입니다. "여호와는 나의 분깃이시니 나는 주의 말씀을 지키리라 하였나이다 내가 전심으로 주께 간구하였사오니 주의 말씀대로 내게 은혜를 베푸소서."(시 119:56,57) 물론 시편 기자가 구하는 은혜는 여기 사도가 말하는 '그리스도 예수 안에 있는 생명의 성령의 법'으로 묘사된 바로 그 은혜입니다. 구약 시대에는 아직 그리스도 이전이었지만 하나님께서는 구약의 성도들에게도 성령의 감동을 통하여 그 은혜를 주셨습니다. 그것을 알고 있는 다윗은 자신의 죄를 회개하면서 마치 그리스도의 갈보리 사건 이후의 사람같이 기도할 수 있었습니다. "하나님이여 내 속에 정한 마음을 창조하시고 내 안에 정직한 영을 새롭게 하소서 나를 주 앞에서 쫓아내지 마시며 주의 성령을 내게서 거두지 마소서 주의 구원의 즐거움을 내게 회복시켜 주시고 자원하는 심령을 주사 나를 붙드소서."(시 51:10-12)

물론 구약의 경륜과 신약의 경륜 사이에는 차이가 있습니다. 그러나 그 차이는 본질의 차이가 아니라 '구속(救贖)의 완성' 이전과 이후의 경륜상의 차이입니다. 오순절 성령님의 강림은 '그리스도 구속의 완성의 효력'을 선포적으로 확증함과 아울러, 신약 이후 성도들로 하여금 구약의 성도들에 비하여 완성된 구속의 효력의 영광을 더 충만하고 일관성 있게 누리게 한 사건이었습니다. 구약 성도들도 자신들을 '감동하시어 그리스도를 대망하는 믿음으로 죄의 본성을 이기게 하시는 성령님의 역사'를 여전히 맛보기는 했습니다. 그러나 신약 이후의 성도들처럼 '성령께서 보혜사로 내주(內住)하심'은 아직은 누리지는 못하였습니다. 우리 주님께서 "새 포도주는 새 부대에 담으라"(마 9:17 ; 막 2:22 ; 눅 5:37)고 하신 것은 구약의 경륜의 시대가 지나고 당신께서 여신 '새 언약'의 경륜을 고하신 것입니다. 그리고 구속(救贖)의 완성과 그 효력이 당도함을 알리는 '영적인 대 헌장'을 광포하신 셈입니다. 사도 요한은 자기의 요한일서 2:7,8에서 두 경륜의 차이를 계명과 관련하여 말합니다. 7절에서 "사랑하는 자들아 내가 새 계명을 너희에게 쓰는 것이 아니라 너희가 처음부터 가진 옛 계명이니 이 옛 계명은 너희가 들은 바 말씀이거니와." 예수 그리스도의 명을 따라 사도가 명하는 '계명'은 신약 시대에 와서 새롭게 주어진 것이 아니라 이전 구약 시대에 모세를 통하여 이미 주어진 '바로 그 계명'이라는 것입니다. 그런 의미에서 사도는 "사랑하는 자들아 내가 새 계명을 너희에게 쓰는 것이 아니라" 한 것입니다. 그러나 바로 뒤이어 8절에서 사도는 언뜻 앞의 말을 정면으로 뒤집는 듯한 표현을 합니다. "다시 내가 너희에게 새 계명을 쓰노니." 사도는 이 말을 듣는 이들의 의구심을 알고 있다는 듯이 그 의도를 바로 설명하고 있습니다. "그에게와 너희에게도 참된 것이라 이는 어둠이 지나가고 참빛이 벌써 비침이니라." 여기서 요한 사도가 말하는 '그'는 누구입니까? 우리 주 그리스도와 그 구속의 경륜을 가리키는 말입니다. '너희'는 그 그리스도의 구속의 완성과 그 효력 안에 있는 그리스도인들을 가리킵니다. 그래서 계명의 대 강령인 '서로 사랑하라'는 것은 '그리스도와 그 구속의 완성' 안에서 더 이상은 없는 완전한 '조명(照明)'을 얻게 된 것입니다. 그래서 사도 요한은 "이는 어둠이 지나가고 참 빛이 벌써 비침이니라" 한 것입니다. "우리가 아직 죄인 되었을 때에 그리스도께서 우리를 위하여 죽으심으로 하나님께서 우리에 대한 자기의 사랑을 확증하셨느니라."(롬 5:8) 그런 차원에서 우리 주 예수님께서 말씀하셨습니다. "새 계명을 너희에게 주노니 서로 사랑하라 내가 너희를 사랑한 것 같이 너희도 서로 사랑하라 너희가 서로 사랑하면 이로써 모든 사람이 너희가 내 제자인 줄 알리라."(요 13:34,35)

그러므로 지금 우리가 율법과 계명의 대 강령인 '하나님을 전심으로 사랑하고 내 이웃을 내 몸 같이 사랑할 수' 있는 것은 '그리스도의 구속의 효력을 가지고 우리 속에서 역사하시는 성령님'을 따를 때뿐입니다. 우리가 말씀과 기도로 깨어 있게 하시는 성령님의 인도하심에 우리 자신을 복종하는 것이 그리스도 안에서 우리를 향하여 세우신 창세전의 아버지의 목적에 부합한 것이요, 그것이 성경에서 말하는 '하나님과의 동행'입니다. 이제 우리는 본문을 따라 다음 강론에서 그 문제를 더 심도 있게 다룰 것입니다.

34

영의 생각과 육신의 생각

8:5 육신을 따르는 자는 육신의 일을, 영을 따르는 자는 영의 일을
생각하나니
8:6 육신의 생각은 사망이요 영의 생각은 생명과 평안이니라
8:7 육신의 생각은 하나님과 원수가 되나니 이는 하나님의 법에 굴
복하지 아니할 뿐 아니라 할 수도 없음이라
8:8 육신에 있는 자들은 하나님을 기쁘시게 할 수 없느니라
8:9 만일 너희 속에 하나님의 영이 거하시면 너희가 육신에 있지 아
니하고 영에 있나니 누구든지 그리스도의 영이 없으면 그리스도의
사람이 아니라
8:10 또 그리스도께서 너희 안에 계시면 몸은 죄로 말미암아 죽은

것이나 영은 의로 말미암아 살아 있는 것이니라

8:11 예수를 죽은 자 가운데서 살리신 이의 영이 너희 안에 거하시
면 그리스도 예수를 죽은 자 가운데서 살리신 이가 너희 안에 거하
시는 그의 영으로 말미암아 너희 죽을 몸도 살리시리라
8:12 그러므로 형제들아 우리가 빚진 자로되 육신에게 져서 육신대
로 살 것이 아니니라
8:13 너희가 육신대로 살면 반드시 죽을 것이로되 영으로써 몸의 행
실을 죽이면 살리니

거듭 말씀드리거니와 사도는 로마서 6장 이후에 '그리스도 안에서 믿음으로 말미암아 은혜로 값없이 의롭다 하심을 받아 하나님의 자녀'가 된 그리스도인들로서 마땅한 바가 무엇인지를 다루고 있습니다. 흔히 로마서의 내용을 크게 구분할 때 1-11장까지를 '교리적인 부분'이라 하고 12장 이후를 '실천적인 부분'이라고 합니다. 그렇게 구분하는 것이 정통적입니다. 그 점에 대하여 이의를 제기할 필요는 없습니다.

그러나 '교리'와 '삶의 실천'을 엄격하게 구분하여 '여기까지는 교리요, 이후부터는 실천이라' 하는 것을 절대적 도식으로 삼을 필요는 없습니다. '교리'는 '무엇을 믿을 것인가'의 문제라면, '삶의 실천'은 '어떻게 행할 것인지'의 문제입니다. 그런데 그리스도인들의 '삶의 실천'은 '무엇을 믿을 것인가를 자신에게 적용하여 그에 합당한 생각과 마음과 행실의 문제'입니다. 곧 '교리의 적용'이 '삶의 실천'입니다. '교리는 교리요, 삶의 실천은 별개의 문제라'는 식의 발상은 비복음적이고 반성경적입니다. 그러므로 '교리를 우리가 어떻게 이해하고 우리에게 적용하느냐의 원리'를 다루면 별써 '삶의 실천'의 문제를 다룰 준비를 하고 있는 셈입니다.

그런 점에서 본다면 5장까지는 순전한 교리입니다. '죄로 인하여 전적으로 타락하고 부패한 죄인을 진노로 멸하지 않으시고 친히 예정하신 뜻대로 그리스도 안에 있는 구속(救贖)으로 인하여 의롭다 하시어 자신과 화목하게 하시는 하나님의 은혜의 방식'에 대한 교리라는 말입니다. 6장 이후부터는, 의롭다 하심을 입어 정죄에서 완전하게 벗어나 하나님과 더불어 영원한 화평을 얻게 된 사람이 '자신 속에 여전히 내주하는 죄'의 문제를 어떻게 대처할까를 다룹니다. 그러니 사실 6장부터 '죄를 이기고 하나님의 기뻐하시는 열매를 맺는 성화의 실천을 위한 원리'를 다루고 있는 셈입니다. 그러니 6장부터 벌써 '그리스도인의 삶의 실천의 영역'으로 진입한 셈입니다. 우리가 이 강론에서 다룰 로마서 8:5-9의 대목은 '그런 의미의 영적인 삶의 실천을 위한 핵심적이고 적극적인 원리, 그리고 그 실행의 요점'을 다루고 있습니다. 그래서 이 대목은 실로 하나님의 자녀인 우리의 신령한 열심과 호기심을 촉발하기에 충분합니다. 이 강론에 성령께서 필자와 독자 모두를 인도하시고 주장하시기를 기원하는 바입니다.

'육신'을 따르는 자와 '영'을 따르는 자

"8:5육신을 따르는 자는 육신의 일을, 영을 따르는 자는 영의 일을 생각하나니." 이전에 여러 번 언급한 바와 같이 강조하거니와, 여기서 사도가 "육신을 따르는 자들"과 "영을 따르는 자들"이라고 구분하여 말한 것이 '불신앙자와 신앙인'의 구분을 언급하는 것이 아닙니다. 사도의 그런 구분은 '이미 그리스도 안에서 의롭다 하심을 입은 자의 내면의 두 성향'을 염두에 둔 것입니다. 우리가 모든 행실에서 '육신'을 따를 수도 있고 '영'을 따를 수도 있습니다. 그러니 여기서 사도가 말하는 것은 '영생을 얻느냐 아니면 지옥에 가느냐'의 문제가 아니라, '하나님의 자녀에게 허락된 풍성한 생명에 이르러 하나님을 위한 거룩과 의의 열매를 맺느냐 아니냐'의 문제입니다. "내가 온 것은 양으로 생명을 얻게 하고 더 풍성히 얻게 하려는 것이라."(요 10:10) 다시 말하거니와, 이 로마서 8장은 '죽은 자가 생명 얻는 문제'를 다루는 것이 아니라 '이미 얻은 생명의 풍성함에 이르는 거룩하고 의로운 길'을 제시하고 있습니다.

"육신을 따르는 자는 육신의 일을… 생각하나니." 여기서 사도는 그리스도 안에 있는 자라도 그 사람의 내면에는 여전히 '육신'이 있다는 것입니다. 그가 '육신'이라 한 것은 우리의 살과 뼈로 이루어진 몸을 가리키는 말이 아니라 '하나님과 그리스도를 믿지 않던 옛 사람의 본성과 그 성향'을 가리킵니다.

사도는 로마서 6장에서 그리스도를 믿기 이전의 사람을 가리켜 '옛 사람'이라 하였습니다. "우리가 알거니와 우리의 옛 사람이 예수와 함께 십자가에 못 박힌 것은 죄의 몸이 죽어 다시는 우리가 죄에게 종 노릇 하지 아니하려 함이니."(롬 6:6) '옛 사람'은 '허물과 죄로 말미암아 영적으로 죽어 있던 사람'(엡 2:1)으로서 그 '본성'의 성향이 죄악적입니다.

우리가 로마서 1장을 공부할 때 알았던 것을 다시 반추해 봅시다. 로마서 1:19,20에 의하면, 사람이 나면서부터 본성적으로 '하나님을 알만한 것'을 가지고 태어났습니다. 하나님께서 창조시에 인간에게 부여한 이른 바 '하나님의 의식'입니다. 이것이 '종교성'의 근원입니다. 그리고 "창세로부터 그의 보이지 아니하는 것들 곧 그의 영원하신 능력과 신성이 그가 만드신 만물에 분명히 보여 알려졌나니." 그러니 범죄하지 않았으면 그 의식으로 사람은 하나님을 경외하는 살아 있는 경건을 가질 수 있었을 것입니다. 그러므로 그들이 '우리는 하나님이 계신 것을 전혀 몰랐다'는 핑계를 대지 못하게 되어 있습니다(롬 1:20). 도리어 사람들은 그냥 내버려 두어 그리스도 밖에 있으면, 반드시 어떤 방향으로 나아가게 되나요? "하나님을 알되 하나님을 영화롭게도 아니하며 감사하지도 아니하고 오히려 그 생각이 허망하여지며 미련한 마음이 어두워졌나니 스스로 지혜 있다 하나 어리석게 되어 썩어지지 아니하는 하나님의 영광을 썩어질 사람과 새와 짐승과 기어다니는 동물 모양의 우상으로 바꾸었느니라."(롬 1:21-23) 그런 '경건하지 않음'에서 '각종 불의와 악독이 나와' 하나님의 노를 격발합니다.

그와 같이 '옛 사람의 본성'은 본질상 하나님을 싫어하고 대적합니다. 그러니 사람이 '옛 사람의 본성, 곧 육신을 따르면,' 그 생각하는 것이나 행하는 것에서 하나님을 완전하게 배제시키기 마련입니다. 그런 경우 오직 그의 눈에는 자기, 그리고 자기와 관련된 사람들과 세상과 피조물만 보입니다. 그러니 모든 생각이 "그 마음에 하나님이 없다"는 전제 하에서 진행되니 그 추구하는 것이 '세상과 세상에서의 생활' 자체에 집중되어 있기 마련입니다. "어리석은 자는 그의 마음에 이르기를 하나님이 없다 하는도다 그들은 부패하고 그 행실이 가증하니 선을 행하는 자가 없도다."(시 14:1) 그러니 그런 사람의 소욕과 그 추구하는 바가 오직 '하나님의 진노'의 대상입니다. "또한 그들이 마음에 하나님 두기를 싫어하매 하나님께서 그들을 그 상실한 마음대로 내버려 두사 합당하지 못한 일을 하게 하셨으니… 그들이 이같은 일을 행하는 자는 사형에 해당한다고 하나님께서 정하심을 알고도 자기들만 행할 뿐 아니라 또한 그런 일을 행하는 자들을 옳다 하느니라."(롬 1:28,32)

그러므로 사람이 자신의 '옛 사람의 본성'대로 행하면 반드시 '하나님의 미워하시는 경건하지 않음과 각종 불의'에 빠지기 마련입니다. 그리스도를 믿음으로 말미암아 '죄 사함을 받고 의롭다 하심을 받은' 후에도 '육신을 따르면 불신앙자들의 사고(思考)나 행동과 동일한 방향으로 나아갈 수 있다.'는 점을 유념해야 합니다. 그리스도인들이 죄를 범하고 악을 행하는 것은 바로 "육신을 따라 육신의 일을 생각하기" 때문입니다. 그런 자세는 우리의 '하나님 자녀' 신분을 정면으로 충돌하여 하나님의 이름에도 누를 끼치고 우리 자신도 더러움을 둘러쓰는 격입니다. 갈라디아서 5장에서 '육체의 소욕과 성령의 소욕'을 대조시키는 것도 이 점에서 입니다. "내가 이르노니 너희는 성령을 따라 행하라 그리하면 육체의 욕심을 이루지 아니하리라 육체의 소욕은 성령을 거스르고 성령은 육체를 거스르나니 이 둘이 서로 대적함으로 너희가 원하는 것을 하지 못하게 하려 함이니라."(갈 5;16,17)

"생각하나니." 단순하게 우리가 마음의 생각에 무슨 일이 '잠시' 떠올랐다 사라지는 것 같은 '간헐적 생각'을 말함이 아닙니다. 여기서 '생각한다'는 것은 그 마음을 주장하여 행동에 이르게 하고 삶의 실질을 결정짓는 '이지(理智, mind)의 줄기찬 작용'을 가리킵니다. 이 문제에 대하여 더 전문적으로 알아보기를 원하면, 존 오웬(John Owen)의 「영의 생각, 육신의 생각(On Spiritual Mindedness)」[1]을 읽으십시오. 여기서 '따라'는 '의존

1) 필자가 번역하여 청교도신앙사에서 발매되고 있으며 실로 많은 애독자를 둔 스테디셀러다. 로마서 8:5-6절의 말씀을 기초 본문으로 삼아 '영의 생각'과 '육신의 생각' 의 차이를 선명하게 분석하고 적용한 보배 같은 기독교 고전이다.

하여 붙좇아 가는 동작'을 연상하게 하는 부사입니다. 그러니 그 인격이 내면의 육체의 성향과 소욕을 따라서 움직여 나가는 것을 가리켜 "생각하나니"라고 한 것입니다.

"영을 따르는 자는 영의 일을 생각하나니." 여기서 "영"은 우리 자신의 '영혼'을 말하는 것이 아닙니다. 영어 역본들은 이 '영'을 믿는 우리 속에 거하시는 '보혜사 성령님'을 가리킴을 알리기 위하여 대문자로 'the Spirit'라고 표기하였습니다(KJV, NIV, NAS, ESV 등). '영을 따른다' 함은 '하나님의 뜻대로 그리스도의 것을 가지고 우리 속에서 역사하시는 성령님의 감동과 인도와 능력 주심에 의존한다'는 것입니다. 그러면 우리 '생각(mind)과 정서와 의지'가 성령님의 소욕을 따라서 움직이게 되어 '하나님과 자신의 영적인 관계'에 집중하게 됩니다. 그리하여 그 '생각의 대상'은 성삼위 하나님의 뜻과 그 행사가 됩니다. 그리고 '하나님의 뜻과 그 행사'에 대하여 기쁘고 감사한 마음을 가지게 됩니다. 죄와 그 죄책과 영벌에서 건져주시고 하나님의 자녀로 삼으시어 영원한 하나님의 나라를 상속하게 하신 하나님께 대하여 한없는 감사가 솟아납니다. 아울러 자신 속에 있는 옛 사람의 성향, 곧 '육신의 정욕'에 대한 혐오가 일어나고 더 적극적으로는 자신을 구원하신 하나님의 계명과 뜻에 온전하게 복종하려는 열정이 솟아납니다.

사도 바울은 이 요점을 이해하는 매우 중요한 조명을 갈라디아서에서 제공하고 있습니다. "내가 이르노니 너희는 성령을 따라 행하라 그리하면 육체의 욕심을 이루지 아니하리라."(갈 5:16) 그리고 '성령을 따라 행하는 것'과 '육체를 따라 행하는 것'이 서로 대적하여 서로를 방해한다는 것을 말합니다. "육체의 소욕은 성령을 거스르고 성령은 육체를 거스르나니 이 둘이 서로 대적함으로 너희가 원하는 것을 하지 못하게 하려 함이니라."(갈 5:17) 그러므로 사람이 '성령을 따라서 행하는 동안에는 육체의 욕심이 작용하지 못하고, 육체의 소욕을 따르는 동안에는 성령을 따라 행할 수 없다'는 논리가 나옵니다. 그래서 사도는 말합니다. "육체의 소욕은 성령을 거스르고 성령은 육체를 거스르나니 이 둘이 서로 대적함으로 너희가 원하는 것을 하지 못하게 하려 함이니라 너희가 만일 성령의 인도하시는 바가 되면 율법 아래에 있지 아니하리라."(갈 5:17,18) 여기서 사도가 "율법 아래 있지 아니하리라" 한 것은, '율법의 조문의 묵은 것으로 행하지 않게 되리라'는 말입니다. 만일 우리가 '육체의 소욕'을 따르게 되면, 대번에 우리가 율법 조문을 우리 식으로 이해하고 우리 자신의 도덕적 의지만으로 그것을 지키려고 시도하게 됩니다. 그러면 대번에 '육체의 소욕'을 이기지 못하고 '죄에 팔리게' 됩니다. 우리는 이미 그 점에 대하여 로마서 7장에서 배운 바입니다. "우리가 율법은 신령한 줄 알거니와 나는 육신에 속하여 죄 아래 팔렸도다… 내 지체 속에서 한 다른 법이 내 마음의 법과 싸워 내 지체 속에 있는 죄의 법으로 나를 사로잡는 것을 보는도다 오호라 나는 곤고한 사람이로다 이 사망의 몸에서 누가 나를 건져내랴."(롬 7:14,24,25)

그러므로 우리는 어떤 상황 속에서도 우리를 향하여 손짓하며 '나를 따르라'는 '두 부름' 앞에 서게 됩니다. 그래서 그 둘 중 어느 하나의 부름에 반응해야 합니다. 그 둘에 다 반응할 수도 없고 둘 다 거부할 수도 없습니다. 그 둘 중 하나를 택해야 합니다. 사도는 그 '두 부름' 앞에서 무엇을 택해야 할지를 우리로 알게 하려고 각각의 경우에 어떤 결말을 맞게 되는지를 다음 구절에서 보여줍니다.

그리스도인 앞에 놓여있는 '사망과 생명'

"8:6 **육신의 생각은 사망이요 영의 생각은 생명과 평안이니라.**" '사망과 생명' - 이 둘은 우리가 평생 직면하여 반드시 그 중에 하나를 선택해야 하는 '필연의 항목'입니다. 물론 다시 말하거니와, 이 대목에서 '사망과 생명'은 '지옥에 가느냐 영생을 얻느냐'가 걸린 절체절명의 위기의 문제는 아닙니다. 이 로마서 8장은 그리스도 안에서 '지옥과 율법의 정죄'에 대하여 영원한 결별을 고하고 '영생을 얻은 하나님의 자녀들'의 문제에 관한 것입니다.

"**육신의 생각은 사망이요**" '옛 사람의 본성인 육신의 정욕을 따라 마음의 생각을 이어가고 그에 따라 행하는 것'은 하나님께 순종하는 사람의 참 모습이 아닙니다. 그것은 '죄와 허물로 죽어 있던 옛 사람'의 모양입니다. 그러니 그것은 그리스도 안에서 은혜로 주신 '영원한 참 생명의 원리와 그 활발한 작용'을 저해하여 죽이는[2]쪽으로 나아가는 일입니다. 그것은 마치 우리의 영혼의 '호흡'을 막아 질식하게 하려는 것과 같습니다. 그래서 우리 영적인 상태는 '쇠약하고 파리하게' 됩니다. 민수기 11장에 보면, 이스라엘이 광야에서 자기들의 육체의 정욕을 따라 만나는 싫고 고기가 먹고 싶다 하면서 모세를 대적하고 하나님을 원망하였습니다. 그에 따라 모세가 하나님께 울부짖으니 하나님께서 그들에게 메추라기를 주시어 물리도록 먹게 하셨습니다. 그러나 그런 일이 있고 나서 그들

---

2) 여기서 '죽인다'는 것은 그 생명의 근원을 없이 하는 식의 '죽임(killing)'을 말하는 것은 아니다. 그런 일은 진정 그리스도를 믿음으로 말미암아 의롭다 하심을 받은 하나님의 자녀들에게는 전혀 불가하다. 다만 그 생명의 힘을 약화하여 그 작용과 활동을 저해하는(mortifying) 쪽으로는 가능하다. 이 개념은 로마서 8장에 언급되는 '사망, 죽임'의 경우에 적용된다.

의 영혼이 어떤 상태에 들어갔습니까? 그 일을 추억하면서 시편 78편 기자는 성령님의 감동을 받아 이렇게 기술합니다. "그러나 그들은 그가 행하신 일을 곧 잊어버리며 그의 가르침을 기다리지 아니하고 광야에서 욕심을 크게 내며 사막에서 하나님을 시험하였도다 여호와께서는 그들이 요구하는 것을 그들에게 주셨을지라도 그들의 영혼은 쇠약하게 하셨도다."(시 106:13-15)

사도는 여기서 "육신의 생각은 사망이요"라고 한 것은, 바로 그런 육체의 생각을 따라 반드시 들어가게 되는 '영적인 행로'를 염두에 둔 표현입니다. 그리스도를 믿는 자들은 이미 '의롭다 하심'을 받아 영생을 얻게 되었으니 지옥에 다시 가는 일은 없습니다. 그러나 영적 생명의 활발한 작용이 그런 '육신의 생각'을 따라 심하게 방해를 받습니다. "내가 온 것은 양으로 생명을 얻게 하고 더 풍성히 얻게 하려는 것이라."(요 10:10) 우리가 '육신의 생각을 따라' 죄를 지을 때 마다 '우리 속에 계신 보혜사 성령님을 근심시켜 드리고(엡 4:30) [3] 아울러 우리 영혼은 그 만큼 쇠약해 진다'고 보는 것이 좋습니다. 그러니 하나님의 자녀 된 우리가 '육신을 따라 죄를 짓는 일'은 정말 '괜하게 자기 몸을 해하여 피가 나오게 하는 사람과 같은 정신 나간 일'을 하는 셈입니다. 그런데도 우리가 그런 실제에 빠지는 적이 얼마나 많습니까! 오 주여, 우리의 죄와 그 부패의 깊이가 어떠하니이까! 그래서 우리는 사도 바울 같이 항시 크게 외쳐야 합니다. "이 사망의 몸에서 누가 나를 건져내랴 우리 주 예수 그리스도로 말미암아 하나님께 감사하리로다."(롬 7:24,25)

3) "하나님의 성령을 근심하게 하지 말라 그 안에서 너희가 구원의 날까지 인치심을 받았느니라."(엡 4:30)

"영의 생각은 생명과 평안이니라." 성령께서 선지자들과 사도들을 통하여 성경을 기록하게 하실 때 대조법(對照法)을 활용하는 지혜를 주신 것이 분명합니다. 그래서 신, 구약 성경 모두에 이러한 대조법이 널려 있습니다. 잠언에는 지혜로운 자와 어리석은 자를 대조하는 방식이 주를 이루고 있습니다. 시편에도 그러합니다. 바울 사도도 이 부분에서 대조법을 쓰고 있습니다. 우리가 앞에서 이미 안 바와 같이, 사도는 여기서 '사망에서 생명으로 옮겨지는 사건'을 염두에 둔 것이 아니라 '이미 얻은 생명의 풍성과 활발한 작용'을 염두에 두고 있습니다.

"영의 생각은…" 이 말은 '영적인 차원의 사고와 그에 따른 실제 인격 활동 전반'을 가리킵니다. 누가 '우리에게 영향을 미쳐 하나님과의 영적인 관계에 주목하며 생각을 이어가도록 지각을 열어 주시나요?' 믿는 우리 안에서 보혜사로 우리를 주장하시는 성령님이십니다. "보혜사 곧 아버지께서 내 이름으로 보내실 성령 그가 너희에게 모든 것을 가르치시고 내가 너희에게 말한 모든 것을 생각나게 하시리라."(요 14:26)

그러니 "영의 생각"은 그리스도 안에서 성령님의 인도하심과 능력 주심을 따라 하나님과의 관계에 주목하며 생각을 이어가 결국 행동에까지 나아가는 인격 활동 전반을 가리킵니다. 곧 그리스도의 은혜로 구원받아 하나님의 자녀가 된 자로서 마땅하게 가져야 하는 의식의 차원에서 생각을 이어가는 것을 가리켜 사도는 '영의 생각'이라고 하였습니다. 그 '영의 생각'은 하나님의 말씀인 성경을 따라서 모든 생각을 이어가는 것을 내용으로 삼기 마련입니다.

사도 바울은 로마서 8장 마지막 대목에서 '우리의 죄인됨에도 불구하고 그 아들 안에서 의롭다 하시어 영생 얻은 자녀 삼으신 하나님의 사랑'

에 비추어 우리의 현실을 재조명하여 절망할 수밖에 없는 처지에서 소망을 잃지 않고 '궁극적 승리'를 확신하고 있습니다. "그러나 이 모든 일에 우리를 사랑하시는 이로 말미암아 우리가 넉넉히 이기느니라 내가 확신하노니 사망이나 생명이나 천사들이나 권세자들이나 현재 일이나 장래 일이나 능력이나 높음이나 깊음이나 다른 어떤 피조물이라도 우리를 우리 주 그리스도 예수 안에 있는 하나님의 사랑에서 끊을 수 없으리라."(롬 8:37-39)

구약성경에 나타난 '영의 생각'의 한 실례를 들어 설명하자면, 앞에서도 언급한 하박국의 경우가 그러합니다. 하박국은 선지자로서 하나님께서 바벨론을 들어 유다를 징치하시려는 뜻을 계시로 알고 앞으로 일어날 참상을 내다보며 심히 두렵고 괴로웠습니다. "내가 들었으므로 내 창자가 흔들렸고 그 목소리로 말미암아 내 입술이 떨렸도다 무리가 우리를 치러 올라오는 환난 날을 내가 기다리므로 썩이는 것이 내 뼈에 들어왔으며 내 몸은 내 처소에서 떨리는도다."(합 3:16) 그러나 선지자는 사람으로서 자연스럽게 일어나는 자기의 정서를 대항하는 '믿음의 사유'를 시작합니다. "비록 무화과나무가 무성하지 못하며 포도나무에 열매가 없으며 감람나무에 소출이 없으며 밭에 먹을 것이 없으며 우리에 양이 없으며 외양간에 소가 없을지라도."(합 3:17) 이는 가상(假想)이 아니라 금방 불시에 반드시 임박한 현실입니다. 정말 지상의 삶을 받혀주는 외적인 인생 조건이 다 망가진 상태가 이제 막 도래할 것입니다. 그 현실을 대항하여 '믿음의 논리,' 곧 '영의 생각'을 들이댑니다. "(그럴지라도) 나는 여호와로 말미암아 즐거워하며 나의 구원의 하나님으로 말미암아 기뻐하리로다 주 여호와는 나의 힘이시라 나의 발을 사슴과 같게 하사 나로 나의 높은 곳에 다니게 하시리로다."(합 3:19) 실로 그리스도 밖에 있는 자연인에게 있어서 이런 사유는 상상이 되지 않습니다. 자연인에게는 다른 '인생조건'이 다 없어지면 모든 것이 다 끝났다고 생각합니다. 거듭나지 않은 본성의 사람(자연인)은 자기 속에 오직 '육신의 원리' 밖에 없기 때문입니다. "진실로 진실로 네게 이르노니 사람이 거듭나지 아니하면 하나님의 나라를 볼 수 없느니라… 육으로 난 것은 육이요 영으로 난 것은 영이니 내가 네게 거듭나야 하겠다 하는 말을 놀랍게 여기지 말라."(요 3:3,6,7)

자연인은 하나님께서 살아계신 것도 알지 못하고, 자기가 하나님의 진노 아래 있는 죄인인 것도 모릅니다. 그러니 구주 예수 그리스도를 통해서 은혜로 구원을 주시는 하나님의 방식에 관심을 가질 이유가 없습니다. 그러니 그런 자는 눈에 보이는 피조물의 한도 내에서만 생각을 이어갑니다. 그러나 그리스도인들은 자기 속에 계신 성령님의 인도하심을 따라서 그리스도를 믿음으로 말미암아 하나님과의 관계 속에서 자기를 향하신 하나님 아버지의 영원한 계획과 목적, 곧 복음 안에 있는 구원의 보배로운 약속의 차원에서 모든 것을 생각합니다. 그래서 하박국은 아직 그리스도를 통한 하나님의 구원의 약속을 붙들고 '마음의 생각'을 이어나갑니다. 눈에 보이는 현실이 어떠하여도 반드시 그리스도 안에서 구원하시는 하나님의 행사의 차원에서 '기쁨의 이유'를 발견합니다. "나는 여호와로 말미암아 즐거워하며 나의 구원의 하나님으로 말미암아 기뻐하리로다."(합 3:18)

"영의 생각은 생명과 평안이니라." 우리의 '영적인 절대적인 조건은 오직 하나님과의 정상적인 교제'입니다. "진실로 생명의 원천이 주께 있사오니 주의 빛 안에서 우리가 빛을 보리이다."(시 36:9) '우리의 이지와 정서와 의지, 곧 우리의 인격 활동'이 하나님과의 관계 안에서 정상적으로 운용될 때에만 '우리의 영적인 생명은 평안하고 힘'을 가집니다. 우리 몸의 기능들이 서로 조화를 이루어 작용할 때 '우리 몸이 안정되고 편하고 생명력이 강화되는 이치'와 같습니다. 그러나 몸의 기능들 중에 하나만 문제가 있어도 '몸은 불편하고 대번에 고통을 느끼게' 됩니다. 그 문제가 해소되면 다시 원상의 안정된 건강을 찾게 됩니다.

하나님과 원수가 되는 생각

"8:7육신의 생각은 하나님과 원수가 되나니 이는 하나님의 법에 굴복하지 아니할 뿐 아니라 할 수도 없음이라." 사도는 앞에서 말한 것을 설명하고 있습니다. '육신의 생각'은 당연하게 '하나님과 원수가 될 수' 밖에 없습니다. '육신의 생각'의 전제는 '하나님의 존재를 부인하거나 안중에 두지 않고 피조물만 염두에 둔' 의식 활동이기 때문입니다. 그러니 '육신의 생각'은 그 원천에서 하나님과 대적하고 하나님의 법을 대항합니다. 그리스도인이라 하더라도 '육신의 생각'을 하는 동안에는 자기 속에 계신 성령님의 감화와 인도하심을 외면하고 다른 것을 중요하게 여기고 있기 마련입니다. "육체의 소욕은 성령을 거스르고 성령은 육체를 거스르나니 이 둘이 서로 대적함으로 너희가 원하는 것을 하지 못하게 하려 함이니라."(갈 5:17)

"8:8육신에 있는 자들은 하나님을 기쁘시게 할 수 없느니라." 여기서 사도가 "육신에 있는 자들"이란 누구를 가리킵니까? 그리스도인으로서 '육신의 생각에 머무는 자들'을 가리킵니까? 문맥상으로 그렇게 이해할만합니다. 그러나 사도는 여기서 '육신의 생각을 하는 자들'이라고 말하지 않고 "육신에 있는 자들"이라고 하였습니다. 그 말은 '죄악적인 옛 사람의 본성이 주장하는 사람들'이란 의미입니다. 그러니 여기서 사도는 그리스도를 믿는 믿음 안에 있으나 '육신의 생각'에 빠져 있는 사람을 가리키지 않고 '오직 육신적 죄의 본성의 조종만을 받는 이들'을 말합니다. 곧 자연인, 거듭나지 않아 그리스도 밖에 있어 그 속에 보혜사 성령님을 모시고 있지 않은 사람들을 가리킵니다. 자연인들은 태어날 때부터 가진 죄의 본성, 곧 '육신에 있는 자들'입니다. 그런 이들은 '하나님을 기쁘시게 하기는커녕 날마다 하나님의 노를 격동하는 죄만 짓는 자들'입니다.

그럼 어째서 사도가 여기서 갑자기 '자연인'의 성향을 말하는가요? 하나님의 자녀인 그리스도인이라 하면서 '육신의 생각'에 빠지는 것이 얼마나 꼴사나운 모습인지를 미루어 짐작하게 하려 함이 아니겠어요? 그래서 바로 뒤이어 사도는 그리스도인의 영적인 이치와 영예를 상기시키면서 '육신의 생각'을 버리고 '영의 생각'으로 매진할 것을 격려하고 종용합니다.

영의 부활과 몸의 부활

"8:9만일 너희 속에 하나님의 영이 거하시면 너희가 육신에 있지 아니하고 영에 있나니 누구든지 그리스도의 영이 없으면 그리스도의 사람이 아니라." 그리스도를 믿는 자들도 아직은 여전히 '옛 사람의 연약'을 자기 지체 속에 가지고 있어 자주 넘어지고 '육신의 생각'에 빠집니다. 그럼에도 불구하고 그리스도의 사람들이 '육신에 있는 자들'은 아닙니다. 여기서 사도가 '만일'이라는 가정법을 도입한 것은 '조건적인 가정'을 하기 위함이 아닙니다. 이미 기정사실인 것을 더 강조할 양으로 쓴 것입니다. 마치 사도는 이렇게 말하고 있는 셈입니다. "너희 속에 하나님의 영이신 성령께서 보혜사로 계시어 너희 믿음을 견지하고 너희의 마음과 생각을 주장하고 계신다. 그 사실을 없이할 것이 없다. 그렇다면 너희가 육신 안에 있는 자연인들과 달리 너희는 '성령님 안에' 있는 것이 틀림없다. 어느 누구든지 '그리스도의 영이신 성령께서 계시지 않으면' 그리스도를 믿어 구원을 받은 그리스도의 사람일 수가 없다. 성령님의 역사로 거듭나지 아니한 상태에서 그리스도를 믿는 참된 믿음에 이르는 사람은 없다. 너희가 참된 그리스도인이라면 마땅하게 너희 속에 계신 보혜사 성령님의 인도하심에 따라 '영의 생각'으로 하나님께 복종하여 하나님을 기쁘시게 해 드려야 마땅하다."

"**8:10또 그리스도께서 너희 안에 계시면 몸은 죄로 말미암아 죽은 것이나 영은 의로 말미암아 살아 있는 것이니라.**" 사도는 앞 구절에서는 "너희 속에 하나님의 영이 거하시면"이라고 하더니 여기서는 "또 그리스도께서 너희 안에 계시면"이라고 하였습니다. 사도는 여기서 그리스도께서 이루신 '구속의 효력'을 가지고 믿는 택한 백성들에게 역사하시는 성령님의 행사를 그리스도 자신의 행사로 이해하고 있음에 분명합니다. 그러합니다. 우리 예수님께서는 최후의 만찬석에서 보혜사로 오실 성령님에 대하여 제자들에게 가르치실 때에 그런 개념으로 말씀하셨습니다. "그가 내 영광을 나타내리니 내 것을 가지고 너희에게 알리시겠음이라 무릇 아버지께 있는 것은 다 내 것이라 그러므로 내가 말하기를 그가 내 것을 가지고 너희에게 알리시리라 하였노라."(요 16:14,15) 이와 같이 예수님께서 최후의 만찬석에서 하신 '다락방 강화(요한복음 13-16장)'에서 성부와 성자와 성령, 곧 성삼위께서 본체적으로나 예정하신 뜻을 이루심에 있어서 하나임을 강조하셨습니다. 그러므로 "그리스도께서 너희 안에 계시면"이라는 말이 문맥에 어긋나지 않습니다.

그런데 여기서 사도가 '그리스도께서 너희 속에 계시다'는 사실을 상기시키는 것은 '그리스도 안에 있는 우리의 영적인 지위와 소망'을 주목하게 하시려 함입니다. 그런 지위와 소망을 가진 자들이 소극적으로는 '육신의 생각'을 한다는 것은 얼마나 천부당만부당 한지를 알게 하고, 적극적으로는 '영의 생각'이 얼마나 이치에 적합한지를 알게 하려 함입니다.

"또 그리스도께서 너희 안에 계시면 몸은 죄로 말미암아 죽은 것이나 영은 의로 말미암아 살아 있는 것이니라." 그리스도를 믿음으로 그리스도와 연합한 우리의 지상적인 조건은 '몸은 죄로 말미암아 죽으나 영은 그리스도의 의를 전가 받아 의롭다 하심을 얻어 하나님과 화목하고 살아있는' 것입니다. 아담의 죄로 말미암아 우리의 몸은 '낮은 몸, 죽을 몸'이 되었습니다. 그러나 우리의 영적인 지위는 어떠합니까? '죄와 허물로 죽었던' 자리에서 살아났습니다. "허물과 죄로 죽었던 너희를 살리셨도다."(엡 2:1) "그러므로 너희가 그리스도와 함께 다시 살리심을 받았으면 위의 것을 찾으라 거기는 그리스도께서 하나님 우편에 앉아 계시느니라… 이는 너희가 죽었고 너희 생명이 그리스도와 함께 하나님 안에 감추어졌음이라."(골 3:1,3)

"8:11예수를 죽은 자 가운데서 살리신 이의 영이 너희 안에 거하시면 그리스도 예수를 죽은 자 가운데서 살리신 이가 너희 안에 거하시는 그의 영으로 말미암아 너희 죽을 몸도 살리시리라." 사도는 다시 예수님 안에서 역사하시던 성령께서 우리 속에서 역사하심으로 말미암아 장차 우리에게 나타날 영광을 가리킵니다. 사도는 우리에게 그 소망에 비추어 살라고 격려하고 강권합니다. 곧 '육신의 생각'에서 벗어나 '성령님을 따라 영의 생각'으로 자신의 인격 활동을 영위하라고 말입니다. 예수님을 죽은 자 가운데서 살리신 이는 성부 하나님이십니다. 예수님께서 죽으신 것은 자신의 죄 때문이 아니라 택한 백성들 모두의 죄를 속(贖)하기 위함이었습니다. 아버지 하나님의 공의(公義)는 우리 죄에 대해 '죽음'을 요구하였습니다. 그래서 우리 구주되신 아들은 죽으심으로 아버지의 그 공의를 만족하게 하셨습니다. 그리고 아버지께서는 그 그리스도의 피를 받으시고 흡족하게 여기시고 아들을 죽은 자 가운데서 다시 살리셨습니다.

죄로 인하여 사망이 들어오고 모든 사람이 죽게 되었습니다. "그러므로 한 사람으로 말미암아 죄가 세상에 들어오고 죄로 말미암아 사망이 들어왔나니 이와 같이 모든 사람이 죄를 지었으므로 사망이 모든 사람에게 이르렀느니라."(롬 5:12) 그러나 이제 그리스도 예수님 안에 있는 자들은 '그리스도의 의를 전가 받아 의롭다 하심'을 받았습니다. 그러니 이제 그들의 '영은 의로 말미암아 살리심을 받아 죽음에 더 이상 매이지' 않습니다. 이제 우리 믿는 자들 속에 계신 보혜사 성령께서 그리스도의 구속의 효력을 가지고 역사하십니다.

이제 성부 하나님께서 **"너희 안에 거하시는 그의 영으로 말미암아 너희 죽을 몸도 살리시리라."** 그러므로 그리스도를 믿는 자들은 '영'은 이미 부활했습니다. "그러므로 너희가 그리스도와 함께 다시 살리심을 받았으면 위의 것을 찾으라 거기는 그리스도께서 하나님 우편에 앉아 계시느니라."(골 3:1) 그리고 때가 이르면 '몸의 부활'도 필연적으로 주어지게 됩니다. 그래서 그리스도 안에 있는 이들은 '몸과 영혼이 그리스도의 형상을 본받게 하시려는 하나님의 거룩한 목적에' 걸려 있는 자들입니다. "하나님이 미리 아신 자들을 또한 그 아들의 형상을 본받게 하기 위하여 미리 정하셨으니 이는 그로 많은 형제 중에서 맏아들이 되게 하려 하심이니라 또 미리 정하신 그들을 또한 부르시고 부르신 그들을 또한 의롭다 하시고 의롭다 하신 그들을 또한 영화롭게 하셨느니라 그런즉 이 일에 대하여 우리가 무슨 말 하리요 만일 하나님이 우리를 위하시면 누가 우리를 대적하리요."(롬 8:29-31)

그런 영광의 소망에 비추어 보면 우리가 '성령의 인도하심을 따라 그리스도 안에서 하나님을 기쁘시게 하는 영의 생각'으로 일관함이 마땅합니다. 그래서 우리의 영적인 상태가 '생명과 평안의 풍성함'에 이르러야 합니다. 물론 우리의 연약 때문에 자주 넘어지고 완전한 일관성을 견지하지 못하나 경건에 이르는 연습을 부단하게 해야 마땅합니다. "망령되고 허탄한 신화를 버리고 경건에 이르도록 네 자신을 연단하라 육체의 연단은 약간의 유익이 있으나 경건은 범사에 유익하니 금생과 내생에 약속이 있느니라."(딤전 4:7,8) 이런 '경건의 능력'을 실제 삶에 적용하여 활용하는 사람이 이 세상과 내 속의 육신의 정욕과 사탄의 시험과 유혹을 이길 수 있습니다.

'빚진 자'의 의식

"8:12그러므로 형제들아 우리가 빚진 자로되 육신에게 져서 육신대로 살 것이 아니니라." 우리가 그리스도 안에서 하나님께 대해 가진 영광의 소망과 그 지위는 오직 우리의 공덕을 따른 것이 아니라 '순전한 은혜'로 말미암은 것이니 '우리는 빚진 자'입니다. 사도 바울은 언제나 자신을 '하나님의 복음과 그 은혜의 빚진 자'로 인식했습니다. "헬라인이나 야만인이나 지혜 있는 자나 어리석은 자에게 다 내가 빚진 자라."(롬 1:14) 그것이 이방의 사도로서 자신의 모든 헌신과 섬김의 추진력으로 작용하였습니다. 아울러 우리 개인 경건에 있어서도 '은혜에 빚진 자로서의 자의식'은 그리스도인에게 아주 합당한 것입니다. 그러나 그 '채무자'의 의식은 '육신'에 대한 것이 아니라 '하나님의 은혜와 부르심'에 대한 것입니다. 그래서 "우리가 빚진 자로되 육신에게 져서 육신대로 살 것이 아니니라" 한 것입니다.

"8:13너희가 육신대로 살면 반드시 죽을 것이로되." 여기서 반드시 '죽을 것이로되'라 한 것은 다시 이전 믿기 전의 생명 없는 상태로 돌아간다는 것이 아닙니다. 영적 생명력이 약화되고 쇠미하게 되어 '살았다 하는 이름은 가졌으나 실상 죽은 자'와 같이 된다는 말입니다. "사데 교회의 사자에게 편지하기를 하나님의 일곱 영과 일곱 별을 가진 이가 가라사대 내가 네 행위를 아노니 네가 살았다 하는 이름은 가졌으나 죽은 자로다."(계 3:1) 그런 상태에 머물러 있으면, '그리스도를 믿음으로 말미암아 은혜로 값없이 의롭다 하심을 받아 하나님의 자녀의 신분을 얻은 상태가 되물려지는 것이 아니라 그 지위와 걸맞지 않은 상태의 사람'이 된다는 것입니다.

"영으로써 몸의 행실을 죽이면 살리니." 여기서 '몸의 행실'은 '육신의 생각과 그 정욕에서 나는 것'입니다. 그러니 그런 행실은 성령님을 따르지 않고 육신의 정욕을 따라 나온 것이니 그 자체가 하나님 보시기에 '죄

행'이 되는 것입니다. 그런 것을 차단하고 막는 오직 유일한 방책은 '성령님을 따라 그리스도를 믿는 믿음으로 생각을 이어가는 것'입니다. 여기서 "몸의 행실을 죽인다"는 표현에 대한 해석이 매우 중요합니다. 이 부분에 대한 해석 여하에 따라서 '성화(聖化)의 방식'에 대한 이해가 달라질 수 있기 때문입니다. 중세의 로마 가톨릭의 전통에서는 이 대목을 의지하여 '실제 몸을 괴롭게 하는 식의 고행과 금욕의 방식'을 성화 생활에 채용해 왔습니다. 그러나 이 점에 대하여 존 오웬(John Owen)이 그의 명저 「죄 죽이기(The Mortification of Sin)」[4]에서 잘 비판하고 바르게 해석하고 있습니다. "여기서 사도가 '죽인다'고 한 것이 영어의 kill(아예 목숨을 끊어 버리는 의미의 살해)로 이해하지 말고 않고 mortify(억제하여 못살게 군다)로 이해해야 한다"고 지적하였습니다. 그리고 뒤이어 "그리스도인이 이 지상에 있는 동안에 '완전 성화'의 경지에 오르는 것은 불가하니 '몸의 행실을 억제하고 제어하여 활동하지 못하게 압박하는 차원'의 몸의 행실을 죽여야 한다." 그럴 경우 '그리스도인이 성령님을 따라 영적인 생명이 더욱 활성화될 것이라'는 말입니다. 그것을 가리켜 사도는 "몸의 행실을 죽이면 살리니"라고 묘사한 것입니다.

"영으로써 몸의 행실을 죽이면 살리니." 그러면 성령을 따르면 어떻게 해서 '몸의 행실을 억제하여 활동하지 못하게 제어하여' 영적 활력을 얻게 되는 것입니까? 성령께서는 '그리스도의 것을 가지고 일하시는' 그리스도의 영이십니다(요 16:14). 그 말은 '그리스도의 십자가의 죽으심과 부활의

---

4) 이 책은 필자에 의해 번역되어 도서출판 sfc가 발행하여 널리 읽혀지고 있으니 일독을 권하는 바이다. 이 책은 필자에 의해 번역되어 청교도신앙사에서 발행하여 여러 애독자를 둔 그의 「영의 생각, 육신의 생각(On the Spiritual Mindedness)」과 함께 '그리스도의 성화(聖化)의 교리와 실제'를 위한 최상의 고전으로 평가받고 있다.

효력'을 가지고 일하신다는 말이 되는 것입니다. 그러니 '몸의 행실을 죽이는 성령님의 도구는 바로 그리스도 예수님의 보혈의 능력'입니다. 필자에게 처음 복음을 전해 준 전도자가 필자에게 제 속에 일어나는 죄의 욕심을 제어하는 것에 대하여 일러 준 말이 생각납니다. "죄의 마음이 일어나거든 즉시로 그리스도의 십자가에서 흘리신 피를 생각하세요." 그래서 필자는 그 말을 믿고 그 말대로 해 보았습니다. 정말 놀랍고 신비하게도 '제 속에 일던 죄의 정욕이 힘을 잃어가는 체험'을 하였습니다. 그것이 단순한 '심리적인 요법이 아닌가'하는 의구심이 없지 않았으나 그런 적용을 할 때마다 똑같았습니다. 그 전도자도 누군가에게서 들어 그 말을 한다고 하였습니다. 누가 그 말을 하였는지는 몰라도 여기 사도 바울을 통해서 주시는 '죄 죽이기의 방안'과 잘 맞아 들어갑니다. 존 오웬도 그의「죄 죽이기」에서도 '죄 죽이기의 방안으로 제시하는 여러 경우의 중심에 바로 그리스도의 십자가의 피'를 두고 있습니다. 실로 성령을 따르면 정말 '육체의 소욕'을 죽이고 하나님께서 원하시는 바에 순종할 능력을 얻게 되는 것입니다. 아멘.

35

양자養子의 영과 하나님의 자녀

8:14 무릇 하나님의 영으로 인도함을 받는 사람은 곧 하나님의 아
들이라
8:15 너희는 다시 무서워하는 종의 영을 받지 아니하고 양자의 영
을 받았으므로 우리가 아빠 아버지라고 부르짖느니라
8:16 성령이 친히 우리의 영과 더불어 우리가 하나님의 자녀인 것을
증언하시나니
8:17 자녀이면 또한 상속자 곧 하나님의 상속자요 그리스도와 함
께 한 상속자니 우리가 그와 함께 영광을 받기 위하여 고난도 함
께 받아야 할 것이니라
8:18 생각하건대 현재의 고난은 장차 우리에게 나타날 영광과 비
교할 수 없느니라

'그리스도를 믿음으로 말미암아 의롭다 하심을 받고 우리에게 은혜로 주어진 모든 영광의 풍성'을 사람의 말로 어찌 다 묘사할 수 있겠습니까! 하나님의 진노로 영원한 지옥 형벌에 처해졌어야 마땅한 우리가 영생을 얻어 영원한 낙원인 천국의 백성이 되었다니요! 그 은혜의 영광을 무엇으로 표현해야 마땅하겠습니까! 그런데 너무나 놀랍게도 믿는 우리가 하나님의 자녀가 되는 '법적 권세'를 가지게 되었습니다! "영접하는 자 곧 그 이름을 믿는 자들에게는 하나님의 자녀가 되는 권세를 주셨으니."(요 1:12) 그런데 그 믿음도 우리 자신의 결심이나 선택이 우선하여 난 것이 아니라 오직 하나님의 주권적인 택하심과 거듭나게 하심으로 된 일이라니요! "이는 혈통으로나 육정으로나 사람의 뜻으로 나지 아니하고 오직 하나님께로부터 난 자들이니라."(요 1:13) 그래서 주님을 믿어 하나님의 자녀가 된 일이 크고 놀라운 것입니다. 사도 바울은 이제 우리 그리스도인이 '옛 사람의 본성인 육신을 따라 율법 조문의 묵은 것'을 청산하고 '새 사람으로서 우리 안에 보혜사로 계신 성령님의 새로운 것'으로 섬겨야 할 이유에 대해서 더 강조하여 말하되, '하나님의 자녀'된 우리의 신분과 지위의 차원에서 다루고 있습니다.

하나님의 영과 하나님의 아들들

"8:14무릇 하나님의 영으로 인도함을 받는 사람은 곧 하나님의 아들이라." 우리 믿는 이들은 하나님의 자녀의 신분을 얻었고, 아울러 하나님의 자녀들은 반드시 그 안에서 역사하시는 보혜사 성령님의 인도하심을 받고 있습니다. "누구든지 그리스도의 영이 없으면 그리스도의 사람이 아니라."(롬 8:9) "그러므로 내가 너희에게 알리노니 하나님의 영으로 말하는 자는 누구든지 예수를 저주할 자라 하지 아니하고 또 성령으로 아니하고는 누구든지 예수를 주시라 할 수 없느니라."(고전 12:3) 그러므로 세상에서 '하나님의 영'이신 성령님의 인도를 받는 이들은 예수님을 믿음으로 말미암아 하나님의 자녀의 권세를 얻은 이들 뿐입니다. 우리 주 예수님께서 최후의 만찬석상에서 하신 '다락방 강화의 말씀'(요한복음 14-16장)의 주요한 주제가 무엇이었습니까? 자신이 떠나신 후 아버지께 요청하여 하늘로서 보내실 보혜사 성령님과 그 행사에 관한 것이었습니다. "그는 진리의 영이라 세상은 능히 그를 받지 못하나니 이는 그를 보지도 못하고 알지도 못함이라 그러나 너희는 그를 아나니 그는 너희와 함께 거하심이요 또 너희 속에 계시겠음이라."(요 14:17) "그러하나 내가 너희에게 실상을 말하노니 내가 떠나가는 것이 너희에게 유익이라 내가 떠나가지 아니하면 보혜사가 너희에게로 오시지 아니할 것이요 가면 내가 그를 너희에게로 보내리니."(요 16:7)

"8:15**너희는 다시 무서워하는 종의 영을 받지 아니하고 양자의 영을 받았으므로 우리가 아빠 아버지라고 부르짖느니라.**" 그리스도 안에 있는 자들과 하나님과의 관계는 이제 단순한 창조주와 피조물의 관계에 머물지 않습니다. 또는 '상전과 종'의 관계가 아닙니다. '상전과 종'사이에는 '상전을 기쁘게 하거나 유익하게 하는' 차원에서만 종의 지위가 유지됩니다. 만일 종이 상전을 거스르거나 무익하게 행하면 상전은 종을 내어 쫓습니다. 그러므로 '종은 항상 상전을 무서워하는 긴장 어린 정신' 속에 존재합니다. 무엇을 하든지 '상전이 그 일에 대하여 어떤 판단을 할 것인지' 생각하면서 무서워합니다. 만일 하나님 앞에서 우리의 지위가 그러하다면, 우리와 하나님 사이는 오래 갈 수 없습니다.

그러나 보혜사 성령께서 우리 안에 임하시어 '양자(養子)의 영'으로 일하십니다. '양자의 영'이란 우리 속에서 '양자의 의식을 불어넣으시어 하나님을 아버지로 부르게 하시는 영'이란 의미입니다. '양자'란 본래 '친자(親子)'는 아니나 '법적으로 입양(入養)하여 친자와 동일한 지위를 가지게 된 사람'을 가리킵니다. 사도 바울이 이 대목을 쓸 때 당시 '양자 제도'에 관한 로마법을 염두에 두었으리라 봅니다. 당시 로마법에서 양자 제도에 관하여 어떤 규정이 있었는지요? A가 자기의 양자 삼을 B를 법정에 데리고 가서 절차를 밟고 그에 서약을 하면, 법정의 판사는 그 일의 증인 7인 앞에서 'B가 A의 양자임을 선언'합니다. 그러면 B는 즉시 A의 양자가 되어 친자와 동일한 자녀의 권세를 가지게 되었습니다. 심지어 아들이 없는 자가 누구를 양자 삼은 뒤에 친자가 태어나도 그 양자는 장남으로서의 지위가 그대로 보전이 되었다 합니다. 양부가 죽은 뒤에 양자의 지위에 대해 친자와 양자 사이에 법적 분쟁이 날 때 '양자 의식(儀式)'에 증인으로 참여하였던 7인 중 1인 만이라도 '이 사람이 죽은 누구의 양자가 맞다'고 하면 그 증언이 그대로 법적인 효력을 가졌다고 합니다.

"양자의 영을 받았으므로 우리가 아빠 아버지라고 부르짖느니라." 여기서 '부르짖다'는 말은 단순하게 '큰 소리로 울부짖는다' 하는 말이 아닙니다. 칼빈은 이 대목을 주석할 때 다음과 같은 논조로 주해합니다. '이 말은 그리스도의 대속의 은혜와 긍휼을 힘입어 하나님을 아버지로 확신에 차서 부르는 심정을 표현한 것이라.' 특히 '양자'는 친자가 아니나 법적으로 친자와 동일한 권세를 가지게 됩니다. 그러니 여기서 '부르짖다'는 것은 '정당한 법적 권리를 가진 자의 당당한 확신의 자세'를 가리키는 것이 분명합니다. '하나님의 법정에서 그리스도 안에서 의롭다 하심을 입은 우리를 하나님께서 자녀로 받아 주신 것을 의지하여 하나님을 아버지로 부르되, 확신 있고 당당한 자세로 부르는 것'을 가리킵니다. 그러합니다. "우리가 그 안에서 그를 믿음으로 말미암아 담대함과 확신을 가지고 하나님께 나아감을 얻느니라."(엡 3:12) 예수님을 믿는 우리에게 '너희는 내 자녀라 선포하신' 하나님의 선언을 뒤엎을 것이 천상천하에 없습니다.

우리 주 예수님께서도 제자들에게 하나님을 항상 '너희 아버지, 너희 천부'라고 계속 소개하셨습니다. "너희는 이렇게 기도하라 하늘에 계신 우리 아버지…"(마 6:9) "너희가 악한 자라도 좋은 것으로 자식에게 줄 줄 알거든 하물며 하늘에 계신 너희 아버지께서 구하는 자에게 좋은 것으로 주시지 않겠느냐."(마 7:11) "예수께서 이르시되 나를 붙들지 말라 내가 아직 아버지께로 올라가지 아니하였노라 너는 내 형제들에게 가서 이르되 내가 내 아버지 곧 너희 아버지, 내 하나님 곧 너희 하나님께로 올라간다 하라 하시니."(요 20:17)

자녀의식을 충만하게 불어넣으시는 성령님

"8:16성령이 친히 우리의 영과 더불어 우리가 하나님의 자녀인 것을 증언하시나니." 이제 하나님의 영이시오 그리스도의 영이신 성령께서 우리 안에 보혜사로 계시면서 계속 '하나님을 아버지로 부르짖게 하시는 양자의 영'으로 일하십니다. 성자께서 하나님을 '너희의 아버지'로 소개하셨고, 성부께서 성령님을 보내시어 우리 속에서 '우리가 하나님의 자녀인 것을 증거하게' 하셨습니다. 그러므로 그리스도 예수님을 믿는 우리가 지상에 있는 동안에 최상의 위로는 '우리가 하나님의 사랑하시는 자녀'라는 사실입니다.

사도가 이 대목에서는 보혜사 성령께서 우리 속에 '하나님의 자녀 의식을 물 붓듯 부어 주시는' 것을 의미합니다. 로이드 존스 목사는 이 대목을 강론하면서 이렇게 말하였습니다. "우리가 그리스도 안에서 베풀어 주신 하나님의 구원의 은혜를 의지하여 논리적으로 우리가 하나님의 자녀임에 분명하다는 의식을 가집니다. 그러나 여기서 사도가 '성령이 친히 우리 영과 더불어 우리가 하나님의 자녀인 것을 증언하신다'는 것은 단순한 논리의 귀결로 받은 의식의 차원을 훨씬 뛰어 넘는 것입니다. 마치 아버지가 자기 어린 아들의 손을 잡고 걸어가고 있습니다. 그런데 아버지가 아들을 번쩍 들어 올리더니 입을 맞추고 사랑스러워서 어쩔 줄을 몰라 합니다. 그 어린 아들은 그 전에도 아버지가 자기 아버지라는 의식이 있었습니다. 그러나 아버지의 그런 모습을 보고 아들은 정말 자기가 아버지의 아들임을 더욱 더 새롭고 충만하게 인식하게 될 것입니다. 사도 바울이 이 대목에서 '성령이 친히 우리 영과 더불어 우리가 하나님의 자녀임을 증언하신다'는 것은 바로 그와 같은 것입니다."

"**8:17자녀이면 또한 상속자 곧 하나님의 상속자요 그리스도와 함께 한 상속자니.**" 일반적으로 자녀의 영광은 그 아버지가 누구냐에 따라서 달라집니다. 악인의 자녀들은 그 악업(惡業)을 이어받게 됩니다. 의인의 자녀들은 그 의인의 '의로운 기업'을 물려받습니다. 하나님의 자녀들은 '하나님의 나라, 그 영광과 그 복된 기업'을 물려받을 상속자들입니다. "우리 주 예수 그리스도의 아버지 하나님을 찬송하리로다 그의 많으신 긍휼대로 예수 그리스도를 죽은 자 가운데서 부활하게 하심으로 말미암아 우리를 거듭나게 하사 산 소망이 있게 하시며 썩지 않고 더럽지 않고 쇠하지 아니하는 유업을 잇게 하시나니 곧 너희를 위하여 하늘에 간직하신 것이라."(벧전 1:3,4) 그러니 '하나님의 자녀' 된 자들의 영예를 무엇에 비유해도 성이 차지 않습니다! 더구나 우리가 '그리스도와 함께 한 상속자'라니요!

"그리스도와 함께 한 상속자니." 물론 '그리스도의 신적 본질의 영광'을 공유하는 것은 아니지요. 그리스도는 본체로는 '하나님 되심에 있어서 아버지와 하나'이십니다. 그리고 그리스도께서 아버지의 뜻을 완성하심으로 아버지로부터 큰 상급을 받으셨습니다. 무엇입니까? "예수께서 나아와 말씀하여 이르시되 하늘과 땅의 모든 권세를 내게 주셨으니."(마 28:18) "이러므로 하나님이 그를 지극히 높여 모든 이름 위에 뛰어난 이름을 주사 하늘에 있는 자들과 땅에 있는 자들과 땅 아래 있는 자들로 모든 무릎을 예수의 이름에 꿇게 하시고 모든 입으로 예수 그리스도를 주라 시인하여 하나님 아버지께 영광을 돌리게 하셨느니라."(빌 2:9-11)

그러나 우리는 하나님의 자녀로서 '그리스도와 함께 완성된 하나님의 나라의 영예와 복락'을 영원히 누릴 것입니다. "미쁘다 이 말이여, 우리가 주와 함께 죽었으면 또한 함께 살 것이요 참으면 또한 함께 왕 노릇 할 것이요."(딤후 2:11,12)

장차 나타날 영광의 소망에 비추어 고난을 보라

"8:17 … 우리가 그와 함께 영광을 받기 위하여 고난도 함께 받아야 할 것이니라." 사도는 지상에서 우리에게 주어진 아픔의 현실을 반드시 주어질 영광에 비추어 이해하라고 가르치고 있습니다. 그러합니다. 지상의 현실 자체 속에서 우리의 기쁨과 행복감을 찾으려 하면 언제나 낭패입니다. 더구나 우리가 믿음을 가지고 있다는 것은 세상이 주는 것과 다른 것을 추구하고 있다는 말이니 현실에서 우리의 기쁨을 얻으려 하지 말아야 합니다. 물론 그렇다고 현실을 무시하고 도피주의적인 발상으로 소극적으로 회피하지는 말아야 합니다. 왜냐하면 우리가 처한 현실은 '하늘에 계신 우리 아버지의 이름이 거룩히 여김을 받고 아버지의 나라가 임하고 아버지의 뜻이 이루어져야 하는 대상'도 되기 때문입니다. 그럼에도 불구하고 현실은 우리 믿음을 항상 대적하고 세상은 우리를 환영하지 않습니다. 아니 세상이 우리를 미워합니다. 우리 주님께서 이미 제자들에게 말씀하셨습니다. "세상이 너희를 미워하면 너희보다 먼저 나를 미워한 줄을 알라 너희가 세상에 속하였으면 세상이 자기의 것을 사랑할 것이나 너희는 세상에 속한 자가 아니요 도리어 내가 너희를 세상에서 택하였기 때문에 세상이 너희를 미워하느니라."(요 15:18,19) 그리고 성령께서 사도를 통해 재차 그 요점을 강조하셨습니다. "무릇 그리스도 예수 안에서 경건하게 살고자 하는 자는 박해를 받으리라."(딤후 3:12)

그러므로 우리가 이 세상에서 '하나님의 자녀로 산다'는 것은 '주님을 위한 고난'에 동참한다는 말이기도 합니다. 그 '고난'은 고행주의나 금욕주의가 말하는 '고행'이 아닙니다. 성경은 그 어디에도 '고행' 자체를 권장하지 않습니다. 또 '고난' 자체를 권하거나 추천하지도 않습니다. 다만 주님을 믿고 소망하는 자가 세상의 조건에서 불가피하게 만나게 되는 것이 바로 '고난'입니다. 사도는 그리스도와 함께 영광을 받기 위하여 '고난도 함께 받아야 한다'고 말하고 있습니다. 그리스도께서 이 세상에서 아버지의 뜻대로 우리를 구원하시기 위하여 불가피하게 고난과 죽으심을 당하셨습니다. 그런 그리스도를 생각하면 우리가 이 세상에서 '주님 안에서, 주님을 믿음으로 말미암아 오는 고난'은 우리가 '그리스도의 영광에 동참할 것'을 미리 보여주는 표증이기도 합니다.

사도 바울은 고린도후서 1장에서 그리스도인들의 고난의 문제를 그런 차원에서 다루고 있습니다. "우리의 모든 환난 중에서 우리를 위로하사 우리로 하여금 하나님께 받는 위로로써 모든 환난 중에 있는 자들을 능히 위로하게 하시는 이시로다 그리스도의 고난이 우리에게 넘친 것 같이 우리가 받는 위로도 그리스도로 말미암아 넘치는도다 우리가 환난 당하는 것도 너희가 위로와 구원을 받게 하려는 것이요 우리가 위로를 받는 것도 너희가 위로를 받게 하려는 것이니 이 위로가 너희 속에 역사하여 우리가 받는 것 같은 고난을 너희도 견디게 하느니라 너희를 위한 우리의 소망이 견고함은 너희가 고난에 참여하는 자가 된 것 같이 위로에도 그러할 줄을 앎이라."(고후 1:4-7)

"8:18**생각하건대 현재의 고난은 장차 우리에게 나타날 영광과 비교할 수 없느니라.**" 우리 주 예수 그리스도를 믿음으로 말미암아 죄 사함 받고 의롭다 하심을 받은 이들은 하나님의 자녀로서 내주하시는 보혜사 성령님의 감화 아래서 '하나님의 자녀 의식'으로 충일한 사람들입니다. 그러니 이 세상에서 그들이 어떤 모양의 처지에서 살든지 간에 '그리스도와 함께 받기로 되어 있는 영광'을 인하여 모든 것을 참아낼 수 있습니다. 왜냐하면 '현재 당하는 고난이 아무리 무거워도' "장차 우리에게 나타날 영광"의 광대함에 비추어 보면 '작은 먼지 알갱이' 정도에 지나지 않을 것이기 때문입니다.

그러므로 우리가 이 세상에 살 때 당하는 고난이나 여러 압박하는 현안을 만날 때마다, 우리는 사도가 여기서 우리에게 소개하는 '영적 천평칭[5] 저울'에 달아 보는 지혜를 써야 합니다. 우리의 환난이나 고난의 무게를 견디기에 힘에 겨우면, '이 영적인 저울'로 그것을 가져가 천평칭 한 쪽 저울판에 올려놓고 다른 쪽에는 '장차 우리에게 나타날 영광'의 추를 올려놓아 보십시오. 그러면 그 전에는 그렇게 무겁던 '환난의 무게'가 광대한 영광의 무게의 추'를 이기지 못하여 번쩍 들리게 될 것입니다. 그래서 그 환난과 고난의 무게가 '그 영광'의 무게에 비하면 '족히 비교할 수 없이 가볍다'는 것을 알게 될 것입니다. 사도를 통하여 성령께서는 그 지혜를 우리에게 가르쳐 주십니다. "그러므로 우리가 낙심하지 아니하노니 우리의 겉사람은 낡아지나 우리의 속사람은 날로 새로워지도다 우리가 잠시 받는 환난의 경(輕)한 것이 지극히 크고 영원한 영광의 중(重)한 것을 우리에게 이루게 함이니 우리가 주목하는 것은 보이는 것이 아니요 보이지 않는 것이니 보이는 것은 잠깐이요 보이지 않는 것은 영원함이라."(고후 4:16-18)

"장차 우리에게 나타날 영광." 누가 장차 우리에게 나타날 영광이 무엇이냐고 묻는다면 무어라 대답해야겠습니까? 사도가 이 로마서에서 계속 줄기차게 강조하여 온 대로 하나님의 계획과 목적이 완성되는 상태에 들어가는 것을 가리킨다고 하면 포괄적인 대답이 될 것입니다. 하나님께

5) 저울의 하나다. 가운데의 줏대에 걸친 가로장 양쪽 끝에 저울판을 달고, 한쪽에 무게를 달 물건을 놓고 다른 쪽에는 그 무게와 맞먹는 추를 놓아 수평을 이루게 하여 그 무게를 측정하게 하는 저울이다. 사도 바울이 이 대목을 기록하면서 이 천평칭을 생각하였을 것이다.

서 당신의 택하신 백성들을 죄에서 완전하게 구원하시어 '의와 평강과 희락'만으로 충일한 지복의 상태에 들어가 성부와 성자와 성령, 성삼위 하나님께 경배하고 그 뜻에 복종하고 교제하고 그 은택을 누리는 것이 아니면 무엇이겠습니까? "찬송하리로다 하나님 곧 우리 주 예수 그리스도의 아버지께서 그리스도 안에서 하늘에 속한 모든 신령한 복을 우리에게 주시되 곧 창세전에 그리스도 안에서 우리를 택하사 우리로 사랑 안에서 그 앞에 거룩하고 흠이 없게 하시려고 그 기쁘신 뜻대로 우리를 예정하사 예수 그리스도로 말미암아 자기의 아들들이 되게 하셨으니 이는 그의 사랑하시는 자 안에서 우리에게 거저 주시는 바 그의 은혜의 영광을 찬송하게 하려는 것이라."(엡 1:3-6) 우리가 하나님의 자녀가 되어 '그리스도와 함께 그 영광을 물려받는 상속자'입니다. '그리스도와 함께'라는 말은 '우리를 구원하시기 위해서 그리스도께서 지불하신 대속의 완전성과 충분성'을 근거로 우리에게 그런 영광이 주어지기 때문입니다. 성령께서 그 은혜의 영광이 무엇인지를 알게 하시는 거룩한 총명을 주십니다. 그래서 우리의 몸과 영혼 전체가 '그리스도의 형상을 본받는 자'가 되는 것입니다. 그 날의 영광을 요한계시록을 통해서 말씀하셨습니다. "또 내가 새 하늘과 새 땅을 보니 처음 하늘과 처음 땅이 없어졌고 바다도 다시 있지 않더라 또 내가 보매 거룩한 성 새 예루살렘이 하나님께로부터 하늘에서 내려오니 그 준비한 것이 신부가 남편을 위하여 단장한 것 같더라 내가 들으니 보좌에서 큰 음성이 나서 이르되 보라 하나님의 장막이 사람들과 함께 있으매 하나님이 그들과 함께 계시리니 그들은 하나님의 백성이 되고 하나님은 친히 그들과 함께 계셔서 모든 눈물을 그 눈에서 닦아 주시니 다시는 사망이 없고 애통하는 것이나 곡하는 것이나 아픈 것이 다시 있지 아니하리니 처음 것들이 다 지나갔음이러라 보좌에 앉으신 이가 이르시되 보라 내가 만물을 새롭게 하노라 하시고 또 이르시되 이 말은 신실하고 참되니 기록하라 하시고 또 내게 말씀하시되 이루었도다 나는 알파와 오메가요 처음과 마지막이라 내가 생명수 샘물을 목마른 자에게 값없이 주리니 이기는 자는 이것들을 상속으로 받으리라 나는 그의 하나님이 되고 그는 내 아들이 되리라."(계 21:1-6)

실로 사람이 예수님을 믿는 것과 믿지 않는 것과의 차이를 제대로 나타낼 말이 없습니다. 예수님을 믿지 않으면 세상의 모든 피조물 중에서 가장 비참한 존재가 됩니다. 하나님의 영원한 진노의 형벌을 받아야 하기 때문입니다. 반면에 사람이 예수님을 믿음으로 말미암아 은혜로 하나님의 자녀가 되면, 모든 피조물 중에서 가장 탁월하고 복된 영광의 소유자가 되는 것입니다. 그는 '의의 거하는 바 새 하늘과 새 땅에서 완성될 하나님의 나라에서 그리스도와 함께 왕노릇 할' 것이기 때문입니다. 오! 우리 같이 비천한 죄인이 그 영예를 안았다니 오직 성삼위 하나님의 은혜의 영광을 영원토록 찬미하는 것이 마땅하도다!

36

피조물의 고대하는 바는

8:19 피조물이 고대하는 바는 하나님의 아들들이 나타나는 것이니
8:20 피조물이 허무한 데 굴복하는 것은 자기 뜻이 아니요 오직 굴복하게 하시는 이로 말미암음이라
8:21 그 바라는 것은 피조물도 썩어짐의 종 노릇 한 데서 해방되어 하나님의 자녀들의 영광의 자유에 이르는 것이라
8:22 피조물이 다 이제까지 함께 탄식하며 함께 고통을 겪고 있는 것을 우리가 아느니라

우리가 지난 강론에서 학습한 바와 같이, 우리 예수님을 믿는 하나님의 자녀들이 가진 영광의 소망은 가상적인 것이 아니고 '완전하고 영원한 현실'입니다. 그런데 그 현실은 아직 실현되지는 않았고 다만 '소망으로 바라보는 현실'입니다. 그 현실을 사도는 로마서 8:18에서 "우리에게 장차 나타날 영광"으로 표현하였습니다. 그 영광의 소망을 무효화시킬 것이 전혀 없습니다. 그것은 우리의 힘으로 뜻을 세워 개척하여 이룩하려는 소망이 아닙니다. 그러면 기약 없고 무의미한 '희망'일 뿐입니다. 그러나 이 소망은 성부와 성자와 성령, 성 삼위께서 그 이름과 나라와 영예를 두고 세우신 계획에 뿌리를 두고 그 시행으로 실현될 '장차 반드시 나타날 영광의 현실'입니다. 이미 성자이신 그리스도 안에서 원리적으로는 필요 충만한 완전 조건을 '다 이루셨습니다.' 그래서 그것을 아무것도 아닌 것으로 되 물릴 것이 없습니다. 그 점에 대하여 하등의 의문을 남기지 않아야 합니다.

사탄이 우리의 연약을 빌미로 그 확신을 허물려고 항상 안달입니다. 그럴 때 마다 우리가 우리 주 예수 그리스도와 그 십자가 죽으심의 피의 구속(救贖)의 완전성을 제시하면, 마귀는 꼬리를 내리게 되어 있습니다. 사탄은 그리스도께서 십자가를 지시고 피 흘려 죽으실 때에 마치 자기가 이긴 것 같이 여겼고, 그래서 자기 사람들을 동원하여 무덤에서 살아나지 못하게 무덤을 지키게 하였습니다. "그 이튿날은 준비일 다음 날이라 대제사장들과 바리새인들이 함께 빌라도에게 모여 이르되 주여 저 속이던 자가 살아 있을 때에 말하되 내가 사흘 후에 다시 살아나리라 한 것을 우리가 기억하노니 그러므로 명령하여 그 무덤을 사흘까지 굳게 지키게 하소서 그의 제자들이 와서 시체를 도둑질하여 가고 백성에게 말하되 그가 죽은 자 가운데서 살아났다 하면 후의 속임이 전보다 더 클까 하나이다 하니 빌라도가 이르되 너희에게 경비병이 있으니 가서 힘대로 굳게 지키라 하거늘 그들이 경비병과 함께 가서 돌을 인봉하고 무덤을 굳게 지키니라."(마 27:62-67) 그러나 소용이 없었습니다. 주님께서는 사망을 이기시고 다시 사셨습니다. 그래서 마귀가 가장 무서워 하는 것은 '예수님과 그 십자가의 피'입니다.

그런데 우리가 지상에 살 때에는 '지상의 현실'과 우리가 믿음으로 바라보는 '영광의 현실' 사이에 서 있습니다. 그러니 '지상의 현실'을 이해할 빛이 필요한 것입니다. 어째서 '지상의 현실'이 존재하는가? 어째서 예수님께서 다시 오신다는 약속이 더디 이루어지고 있는가? 믿지 않는 이들은 우리에게 '너희 하나님이 계시면 어째서 세상이 이러하냐?'고 대들면서 치명타를 날립니다. 믿지 않는 이들 중에 소위 지성적이라 하는 이들(불신철학자들이나 문학인들과 예술인들)은 '세상의 부조리를 계속 고발'합니다. 그러면서 자기들이야 말로 세상에서 현실에 대한 가장 예리한 분석을 하는 것 같이 의기양양 자랑하는 투입니다. 물론 그들이 자기들이 분석해 놓은 현실의 문제에 대한 대안(代案)을 제시하나, 인류 역사는 그 모든 제안들이 다 무익함을 증거합니다. 사람들이 계속 지상 현실에 대한 대안을 찾고 있다는 것은 아직도 못 찾았다는 말이요 앞으로도 찾을 가능성이 없다는 것을 반증합니다.

그러나 성령께서는 사도를 통해서 여기서 지상 현실을 이해하는 빛을 우리에게 주심으로 '원수 마귀와 합세하여 하나님을 대적하여 높아진 논리'를 파하는 '강력한 논리'를 여기서 제시하십니다. "우리의 싸우는 무기는 육신에 속한 것이 아니요 오직 어떠한 진도 무너뜨리는 하나님의 능력이라 모든 이론을 무너뜨리며 하나님 아는 것을 대적하여 높아진 것을 다 무너뜨리고 모든 생각을 사로잡아 그리스도에게 복종하게 하니."(고후 10:4,5)

눈에 보이는 현실과 영광의 실현 사이

"8:19 피조물이 고대하는 바는 하나님의 아들들이 나타나는 것이니." 여기서 사도는 이 로마서에서 자주 쓰는 의인화(擬人化) 화법을 채용합니다. 로마서 7장에서도 '우리 속에 있는 죄성(罪性)과 거기서 나는 죄'를 의인화 하였습니다. "만일 내가 원하지 아니하는 그것을 행하면 내가 이로써 율법이 선한 것을 시인하노니 이제는 그것을 행하는 자가 내가 아니요 내 속에 거하는 죄니라."(롬 7:16,17) '피조물'을 의인화하여 주격으로 삼아 "피조물이 고대하는 바는 하나님의 아들들이 나타나는 것이니"라고 말합니다.

"피조물이 고대하는 바는." 칼빈은 그의 로마서 주석에서, '우리에게 인내의 본을 보여 주려고 말 못하는 피조물이 무엇인가를 소망하며 참고 있는 모습을 보게 하고 있다'고 말합니다. 사도는 피조물 전체가 '무엇'을 기다리며, '그것이 현실이 되기를 간절하게 기다리고 있다'고 말합니다. '그 소망'속에서 피조물은 자기 존재의 의미를 발견하고 있는 셈이지요. 그것이 무엇입니까?

그 날이 오면

"하나님의 아들들이 나타나는 것이니." 이는 사도가 이 로마서에서 계속 줄기차게 논리적으로 증거한 복음의 대미(大尾)가 현실화되는 날입니다. 피조물들이 그 날을 간절하게 기다리고 있다는 말입니다. 사도가 전한 복음에 따라, "창세전에 예정하신 대로 그리스도를 주로 믿는 택한 백성들이 믿음으로 말미암아 의롭다 하심을 받고 영화롭게 되어 영혼만 아니라 몸도 그리스도의 영광의 형체와 같이 변하여 그리스도 앞에 하나로 모여 나타날 것"을 기다리고 있다는 말입니다. 여기서 사도가 단순하게 '피조물이 그리스도의 다시 오실 날을 고대하고 있다'는 식으로 말하지 않습니다. 대신 "하나님의 아들들이 나타나는 것"을 강조하여 말하고 있습니다. 그 이유는 무엇입니까? 18절 이전의 문맥 속에서 '하나님의 아들들의 영광'에 대해서 말하였기 때문입니다. "자녀이면 또한 상속자 곧 하나님의 상속자요 그리스도와 함께 한 상속자니 우리가 그와 함께 영광을 받기 위하여 고난도 함께 받아야 할 것이니라."(롬 8:17) 진정 그리스도의 재림의 날에 그리스도로 말미암아 의롭다 하심을 받아 자녀가 되었던 모든 이들이 그리스도와 함께 영광을 받은 자로 나타날 것입니다. 창세 이후 모든 시대의 성도들이 몸과 영혼이 하나님의 영광의 충만으로 재림하신 그리스도 앞에 하나로 나타나게 될 것입니다. "우리의 시민권은 하늘에 있는지라 거기로부터 구원하는 자 곧 주 예수 그리스도를 기다리노니 그는 만물을 자기에게 복종하게 하실 수 있는 자의 역사로 우리의 낮은 몸을 자기 영광의 몸의 형체와 같이 변하게 하시리라."(빌 3:21) "그러므로 너희가 이제 여러 가지 시험으로 말미암아 잠깐 근심하게 되지 않을 수 없으나 오히려 크게 기뻐하는도다 너희 믿음의 확실함은 불로 연단하여도 없어질 금보다 더 귀하여 예수 그리스도께서 나타나실 때에 칭찬과 영광과 존귀를 얻게 할 것이니라."(벧전 1:6,7)

"하나님의 아들들이 나타나는 것이니." 성령님의 감동하심으로 기록된 하나님의 말씀인 성경에 나타나는 표현의 섬세함과 그 적확성을 우리 좁은 이지(理智)로 어찌 다 헤아리겠습니까? 여기서 사도가 '하나님의 아들들이 영화롭게 되는 것이라'고 말하여도 그 의도하는 바를 충분하게 나타냈을 것입니다. 그런데 어째서 사도는 "하나님의 아들들이 '나타나는 것이니.'"라고 했는지요? 여기서 '나타나는 것'으로 번역된 말의 원문을 살피면 그렇게 표현한 의도를 이해할 빛을 얻습니다. 그 말은 '아파칼립토'라는 동사의 명사형 '아파칼뤼핀'입니다. 그 동사형의 뉘앙스는 '덮개로 덮여 숨겨 있던 것을 덮개를 벗겨 열어 보게 하다'입니다. 그 말의 명사형이 성경에서는 주로 '계시(啓示, revelation)'로 번역되어 있습니다. 하나님께서만 아시는 뜻의 비밀을 백성들에게 알게 하실 때 그것을 '하나님의 계시'라 말하는 것입니다.

이런 사도의 표현 앞에서 우리는 이런 질문을 던질 만합니다. '주님께서 재림하시기 전에는 하나님의 아들들이 숨어 있다는 말인가? 여전히 지상에서 믿는 자들은 하나님을 아버지로 부르는 자들로 세상에 나타나지 않는가?' 물론 그런 의문이 나올만합니다. 그러나 현재 지상세계, 곧 세상의 보편적인 형편을 보십시오. 세상을 주도하고 있는 사상과 풍조와 가치관이 '하나님의 아들들이 믿고 소망하는 것'과 일치합니까? 또 '하나님의 아들들'이 세상의 각 처에서 '소금과 빛'의 역할을 하고 있는 것은 사실이나 세상을 주도할 정도의 막강한 영향력을 미치고 있습니까? 아닙니다. 그 정반대로 '하나님 없다'는 사상과 그 풍조가 세상을 주도하고 있습니다. 세계 모든 나라들의 지도자들을 각 나라마다 허락하신 분이 하나님이십니다. "여호와께서 그의 보좌를 하늘에 세우시고 그의 왕권으로 만유를 다스리시도다."(시 103:19) 그러나 그들은 그 진리는 안중에도 없습니다. 그러니 그 정책이 어떠하겠습니까? "어찌하여 이방 나라들이 분노하며 민족들이 헛된 일을 꾸미는가 세상의 군왕들이 나서며 관원들이 서로 꾀하여 여호와와 그의 기름 부음 받은 자를 대적하며 우리가 그들의 맨 것을 끊고 그의 결박을 벗어버리자 하는도다."(시 2:1-3) 사실 '하나님의 아들들이 믿고 소망하는 것'이 옳으나 세상에서는 인정을 받지 못하고 그리스도의 재림 때까지는 '나타나지 않고 숨어 있는 것'과 같습니다.

또 아직 하나님의 아들들인 성도들이 완전 성화(聖化)의 경지에 이른 것도 아닙니다. 또 이 세상에 사는 이들 중에 '누가 진정 하나님의 아들들인가' 판단하기가 쉽지 않습니다. 오직 성삼위 하나님께서만 아십니다. 물론 성경이 누가 하나님의 아들들이 될 것인지에 대한 분명한 기준을 제시합니다. "영접하는 자 곧 그 이름을 믿는 자들에게는 하나님의 자녀가 되는 권세를 주셨으니."(요 1:12) 그러나 '신앙을 고백하여 하나님의 교회의 지체들이 되었다' 해서 그들이 다 하나님의 아들들이라고 단정하지 말아야 할 이유가 있습니다. 그것은 지상에 있는 모든 시대의 모든 하나님의 교회들 안에는 여전히 '가라지'가 있기 때문입니다. "예수께서 그들 앞에 또 비유를 들어 이르시되 천국은 좋은 씨를 제 밭에 뿌린 사람과 같으니 사람들이 잘 때에 그 원수가 와서 곡식 가운데 가라지를 덧뿌리고 갔더니 싹이 나고 결실할 때에 가라지도 보이거늘 집 주인의 종들이 와서 말하되 주여 밭에 좋은 씨를 뿌리지 아니하였나이까 그런데 가라지가 어디서 생겼나이까 주인이 이르되 원수가 이렇게 하였구나 종들이 말하되 그러면 우리가 가서 이것을 뽑기를 원하시나이까 주인이 이르되 가만 두라 가라지를 뽑다가 곡식까지 뽑을까 염려 하노라 둘 다 추수 때까지 함께 자라게 두라 추수 때에 내가 추수꾼들에게 말하기를 가라지는 먼저 거두어 불사르게 단으로 묶고 곡식은 모아 내 곳간에 넣으라 하리라."(마

13:24-30) 그러므로 주님께서 오실 때까지 가라지가 알곡 틈에서 알곡의 행세를 하는 일이 허용됩니다. '하나님의 아들들이 나타나는 것'은 오직 그리스도의 재림의 날에 될 일입니다.

그날 그리스도께서 다시 오실 때에 대사변(大事變)이 일어나 다른 모든 것, 하늘과 땅 전체가 뜨거운 불에 녹아지고 악한 영들과 회개하지 않는 이들이 다 '불 못'에 들어갑니다. 오직 '하나님의 아들들'만이 영화로운 모습으로 나타날 것입니다. "또 내가 새 하늘과 새 땅을 보니 처음 하늘과 처음 땅이 없어졌고 바다도 다시 있지 않더라 또 내가 보매 거룩한 성 새 예루살렘이 하나님께로부터 하늘에서 내려오니 그 준비한 것이 신부가 남편을 위하여 단장한 것 같더라 내가 들으니 보좌에서 큰 음성이 나서 이르되 보라 하나님의 장막이 사람들과 함께 있으매 하나님이 그들과 함께 계시리니 그들은 하나님의 백성이 되고 하나님은 친히 그들과 함께 계셔서 모든 눈물을 그 눈에서 닦아 주시니 다시는 사망이 없고 애통하는 것이나 곡하는 것이나 아픈 것이 다시 있지 아니하리니 처음 것들이 다 지나갔음이러라."(계 21:1-4) 그러니 우리는 모든 피조물들이 존재하는 이유를 어디서 발견합니까? 하나님의 통치와 섭리 속에서 이르게 될 그 날, '하나님의 아들들이 그리스도와 함께 영광중에 나타나게 될' 날 속에서 발견해야 합니다.

피조물로 허무한데 굴복하게 하신 하나님의 의도

"8:20피조물이 허무한 데 굴복하는 것은 자기 뜻이 아니요 오직 굴복하게 하시는 이로 말미암음이라." 그 영광이 이르기 전에는 한시적(限時

的)으로 "피조물이 허무한 데 굴복합니다." 그렇게 하신 분이 하나님이십니다.

여기서 "피조물이 허무한 데 굴복하고 있다"고 한 것을 '내처 피조물은 그렇게 영원히 허무한데 굴복한다'는 식으로 이해하지는 말아야 합니다. 앞에서 말한 것과 같이 "하나님의 아들들이 나타나는" 때가 이르기 까지만 그러하다는 것입니다. 이 사도의 표현은 구약 전도서의 논리와 맥을 같이 합니다. "전도자가 이르되 헛되고 헛되며 헛되고 헛되니 모든 것이 헛되도다 해 아래에서 수고하는 모든 수고가 사람에게 무엇이 유익한가."(전 1:2,3) 내처 허무한데 굴복하는 것에 피조물의 존재 목적과 의미가 있다면, 그것을 지으신 '하나님의 행사에 문제가 있다'는 식이 됩니다. 그러니 사도는 여기서 '하나님의 뜻이 완성되어가는 도중에 한시적으로만' 그러하다 말하고 있습니다.

전도서 기자와 사도 바울이 한 성령님의 인도를 받아 '피조물이 허무한데 굴복한다'고 말할 때, 그들은 무엇을 염두에 두었을까요? 창조주 하나님을 배역한 마귀와 그에 속한 악한 영들과 그 유혹으로 범죄한 인생들의 죄와 그에 대한 하나님의 진노를 염두에 두었습니다. 하나님께서 처음 천지를 창조하셨을 때 모든 만물은 그 정하신 자리에서 완벽한 조화를 이루어 '하나님의 보시기에' 어떠하였습니까? "하나님이 지으신 그 모든 것을 보시니 보시기에 심히 좋았더라 저녁이 되고 아침이 되니 이는 여섯째 날이니라."(창 1:31) 그러니 당시 모든 피조물과 그 존재와 활동은 어느 하나도 빠짐없이 다 '의미 충만' 하였습니다. 다시 말하면 하나님께서 각 존재에게 부여하신 지위와 역할을 감당하고 있었습니다. 그러나 '죄'가 들어오고 하나님과 피조물 사이에 중대한 변이(變異)

가 생겼습니다. 그에 대한 하나님의 공의(公義)는 하나님을 거역한 존재들을 소멸할 것을 요구하였습니다. 만일 하나님께서 그리하셨다 하여도 하나님의 정당성에는 아무 문제가 없었습니다. 감히 피조물이 창조주께 불순종하고 거역하다니요! 그것은 전혀 이치에 맞지 않고, 그 어떤 논리로도 하나님을 불의(不義)하다 탓할 수 없습니다. 하나님께서는 항상 선하시고 의로우시고 정당하십니다. 그 하나님을 거역하거나 그 뜻에 불복(不服)하는 것이 죄요, 죄는 어떤 구실로도 미화될 수 없습니다. 성경은 죄에 대한 하나님의 진노가 불같음을 면면히 증거합니다. "여호와께서 사람의 죄악이 세상에 가득함과 그의 마음으로 생각하는 모든 계획이 항상 악할 뿐임을 보시고 땅 위에 사람 지으셨음을 한탄하사 마음에 근심하시고 이르시되 내가 창조한 사람을 내가 지면에서 쓸어버리되 사람으로부터 가축과 기는 것과 공중의 새까지 그리하리니 이는 내가 그것들을 지었음을 한탄함이니라 하시니라."(창 6:5-7) "우리는 주의 노에 소멸되며 주의 분내심에 놀라나이다 주께서 우리의 죄악을 주의 앞에 놓으시며 우리의 은밀한 죄를 주의 얼굴 빛 가운데에 두셨사오니 우리의 모든 날이 주의 분노 중에 지나가며 우리의 평생이 순식간에 다하였나이다."(시 90:7-9)

그런데 하나님께서는 어째서 그런 불의하고 악한 영들과 죄인들을 그냥 놓아두시는 것입니까? 어째서 불의한 인류의 역사(歷史)가 진행되게 하시는 것입니까? 노아 때에 하나님께서 지면의 모든 인생들과 코로 숨쉬는 모든 피조물들을 홍수로 다 멸하시면서도 어째서 노아와 그 일곱 식구는 남겨 두셨습니까? "그러나 노아는 여호와께 은혜를 입었더라 이것이 노아의 족보니라 노아는 의인이요 당대에 완전한 자라 그는 하나님과 동행하였으며."(창 6:8,9) 노아와 그 일곱 식구들을 홍수에서 남겨두신 것이 '노아'의 사람됨 때문이었습니까? "노아가 의인이요 당대에 완전한 자라 그가 하나님과 동행하였으며." 이는 노아 자신의 사람됨의 소산(所產)이 아닙니다. 그것은 "그러나 노아는 여호와께 은혜를 입었더라"한 말씀의 열매입니다. '그가 신실하고 의로워서 하나님께서 은혜를 베푸셨다' 하면, 하나님께서 성경에서 그리도 줄기차게 말씀 하신 바 '만물 보다 심히 부패한 사람의 마음'의 실상과 배치되는 주장입니다. 하나님께서 노아에게 은혜를 베푸시어 홍수 심판에 나타난 진노 보다 더한 무엇이 당신 안에 있음을 여실히 보여주신 셈입니다. 그런 하나님의 목적과 뜻이 없었다면, 노아 때에, 아니 아담의 범죄 후 즉시 인생의 역사는 종식되었을 것입니다. 아니 하나님께서는 공의로 '죄악된 인생이 더 이상 번성하지 못하게' 그 맥을 아예 끊어 버리셨어야 했습니다. 그런데 하나님께서는 그런 인생의 악독에도 불구하고 역사를 계속 진행시키셨습니다. 그 이유는 어디에 있습니까?

그것은 바로 하나님께서 창세전에 예정하신 뜻 때문입니다. 곧, '택한 백성들의 구원과 그들로 이루어지는 의와 평강과 희락의 나라, 곧 하나님의 나라'에 대한 하나님의 목적이 있기 때문입니다. 그 목적에 하나님께서는 당신의 이름의 영예를 다 거셨습니다. 그래서 인생들의 악독에도 불구하고 계속 역사를 진행시키시고 필요한 긍휼을 베풀어 주십니다. 하나님의 그 목적이 이루어지는 날, 곧 우리 주 예수 그리스도께서 재림하시는 날까지 역사는 계속 진행될 것입니다. 그날까지 사람들은 '어제도 그러하였듯이 오늘도 내일도, 아니 영원히 그러할 것이라'는 의식으로 '세상에서 좋은 것을 잡으려는 수고'를 아끼지 않을 것입니다. "홍수전에 노아가

방주에 들어가던 날까지 사람들이 먹고 마시고 장가들고 시집가고 있으면서 홍수가 나서 저희를 다 멸하기까지 깨닫지 못하였으니 인자의 임함도 이와 같으리라."(마 24:38,39)

세계 역사의 어느 시대 사람들이든지 대부분 하나님의 거룩하신 목적을 알지 못한 채 '해 아래서 수고하며 해 아래서 누리는 행복'을 추구해 왔고, 지금도 그러하고, 앞으로도 그럴 것입니다. 그러나 그 수고가 '하나님의 예정하신 뜻과 그 시행과 연관을 가진 것이 아니면' 다 허사가 되는 것입니다. 솔로몬은 그런 의미에서 '해 아래서 수고하는 인생들의 모든 수고'를 헛되고 헛되다고 말한 것입니다. 그러면서 솔로몬은 '해 아래 있는 인생들의 수고를 헛되지 않게 하는 오직 유일한 대안'을 제시합니다. "너는 청년의 때에 너의 창조주를 기억하라 곧 곤고한 날이 이르기 전에, 나는 아무 낙이 없다고 할 해들이 가깝기 전에 해와 빛과 달과 별들이 어둡기 전에, 비 뒤에 구름이 다시 일어나기 전에 그리하라… 일의 결국을 다 들었으니 하나님을 경외하고 그의 명령들을 지킬지어다 이것이 모든 사람의 본분이니라 하나님은 모든 행위와 모든 은밀한 일을 선악간에 심판하시리라."(전 12:1,2,13,14)

"8:21그 바라는 것은 피조물도 썩어짐의 종 노릇 한 데서 해방되어 하나님의 자녀들의 영광의 자유에 이르는 것이라." 사도는 여기서 "썩어짐"의 허사를 극복하는 대안을 제시합니다. 그것이 무엇입니까? 당신의 사랑하시는 자들을 아들로 삼아 "썩어짐의 종노릇 한데서 해방시켜 그 영광의 자유에 이르게 하시는" 하나님의 행사입니다. 죄 가운데 있는 모든 인생들의 수고로 이룩한 모든 것이 결국은 '더러워지고 쇠하여지고 썩어질' 것입니다. 그러나 하나님께서 당신의 자녀들을 '죄로 인한 그 더러움과 부패에서 완전하게 구원하시어 영광의 자유'에 이르게 하십니다. "우리 주 예수 그리스도의 아버지 하나님을 찬송하리로다 그의 많으신 긍휼대로 예수 그리스도를 죽은 자 가운데서 부활하게 하심으로 말미암아 우리를 거듭나게 하사 산 소망이 있게 하시며 썩지 않고 더럽지 않고 쇠하지 아니하는 유업을 잇게 하시나니 곧 너희를 위하여 하늘에 간직하신 것이라."(벧전 1:4,5)

모든 피조물이 죄 가운데 있는 인생들의 허사에 도구로 사용되고 있으니 썩어짐에 종노릇하고 있는 것입니다. 만일 그것이 피조물의 존재 목적 전부라면, 모든 피조물을 보존하고 관리하고 운용하시는 하나님의 행사가 다 무의미할 것입니다. 그런 경우 해가 떠서 땅을 비칠 필요가 무엇이며, 우주가 이런 모양으로 조화를 이루어 돌아갈 이유를 어디서 찾을 수 있습니까? 진정 그러합니다. 만일 하나님께서 '하나님의 자녀들(아들들)로 하여금 죄의 모든 결과와 영향과 세력에서 완전하게 자유하여 영광에 이르게 하시려는' 목적이 없다면, 피조물의 존재 의미는 제로가 됩니다. 아니, 그 피조물들을 보존하시고 운영하시는 '하나님의 행사 자체'가 허사가 되는 셈입니다. 그러면 "내일 아궁이에 던지는 들풀"을 솔로몬의 입은 모든 영광으로도 당해 내지 못할 정도로 아름답게 입히시는 하나님의 행사가 허비인 셈입니다.

그러나 하나님께서 '허사(虛事)'를 경영하실 분이십니까? 천만에요. 하나님께서는 완전하시고 충만하시고 영화로우시어 당신의 이름에 부합한 뜻을 세우시고 이루십니다. 다시 묻습니다. 하나님의 뜻은 무엇입니까? 하나님께서는 당신의 이름을 거시고 아들 안에서 당신의 택하신 백성들을 "영광의 자유에 이르게" 하시는 뜻을 세우시고 시행하십니다. 당신의 아들 그리스도 예수님 안에서 그들을 구원하사 자녀 삼으시고, 죄와는 상관없는 '그리스도의 형상을 본받은 새 사람'으로 세우실 뜻을 창세전에 세우셨습니다(엡 1:3-6 ; 롬 8:29,30). 거기서 만물이 자기 존재 의미를 갖게 되고, 그 뜻이 이루기까지 잠시 '허무와 썩어짐에 종노릇하게 하시는 하나님의 뜻'에 복종하는 것입니다. 피조물의 존재 의미는 '그리스도 안에서 택한 백성들을 구원하시고 그들로 당신의 의와 평강과 희락의 나라를 세우시려는 하나님의 뜻과 행사' 속에 있습니다.

허사와 영광의 구분점

시편 2편에서 성령께서는 '인생들의 허사'와 '하나님의 영화로운 행사'를 서로 대조하여 교훈하십니다. "어찌하여 이방 나라들이 분노하며 민족들이 헛된 일을 꾸미는가 세상의 군왕들이 나서며 관원들이 서로 꾀하여 여호와와 그의 기름 부음 받은 자를 대적하며 우리가 그들의 맨 것을 끊고 그의 결박을 벗어버리자 하는도다."(시 2:1-3) 시편 2편에 따르면, 이제 '인생들의 허사'는 '하나님의 기름 부음 받은 자, 곧 하나님의 아들 그리스도를 통하여 이루시려는 하나님의 뜻'을 알지 못하고 행하는 모든 행위라고 할 수 있습니다. 물론 여기 시편 2편에서 언급되는 '세상의 군왕들'은 '그리스도의 존재'를 거역한다는 적극적인 의사를 가지고 일하는 것은 아닙니다. 다만 자기들의 뜻대로 행할 뿐입니다. 그러나 하나님의 성령께서는 이 대목을 통하여 그들에게 주어진 힘으로 이루려는 모든 일들이 실상 무엇인지 말씀하십니다. 그들이 다 "여호와와 그의 기름부음 받은 자를 대적하고 우리가 그들의 맨 것을 끊고 그의 결박을 벗어버리려"는 작태(作態) 그 자체라고 말합니다.

그러니 다시 말하여 '허사(虛事)'는 무엇인가? '하나님께서 창세전에 그리스도 안에서 예정하신 뜻과 그 행사와는 관계없이 행하는 모든 일'입니다. 성경이 줄기차게 바로 그것을 '허사'로 규정합니다. 그러면 그 허사를 극복하고 '영광과 가치와 의미의 충만'에 이르는 지혜는 무엇입니까? "여호와를 경외하는 것이 지식의 근본이거늘 미련한 자는 지혜와 훈계를 멸시하느니라."(잠 1:7) "그런즉 군왕들아 너희는 지혜를 얻으며 세상의 재판관들아 너희는 교훈을 받을지어다 여호와를 경외함으로 섬기고 떨며 즐거워할지어다 그의 아들에게 입맞추라."(시 2:11,12) 그렇습니다. '하나님께서 그 아들을 통하여 이룩하시려는 일에 착념하고 하나님과 그 목적에 자신의 인생 모두를 거는 것,' - 그것이 오직 유일한 '참 지혜'입니다. 그 지혜를 버리면 인생은 '아무것도 아닌 것'으로 되는 데서 머물지 않고 '피조물 중에서 가장 비참한 존재'로 영원히 떨어집니다. "그렇지 아니하면 진노하심으로 너희가 길에서 망하리니 그의 진노가 급하심이라 여호와께 피하는 모든 사람은 다 복이 있도다."(시 2:12)

"8:22**피조물이 다 이제까지 함께 탄식하며 함께 고통을 겪고 있는 것을 우리가 아느니라.**" 이 말씀은 세상에 사는 인생들과 피조물들의 존재 형편을 조명하면 인생에 대한 포괄적인 이해의 눈을 제공합니다. 창조주 하나님을 부인하고 그 아들 예수 그리스도 밖에서 인생의 의미와 피조물의 존재 목적의 비밀을 발견하려고 '항해를 시작한 모든 배들'은 반드시, '예외 없이' 결국 '허무(虛無)의 암초'에 걸려 파선하기 마련입니다. 정말 이 일에 예외는 없습니다. 창조주 하나님과 그 아들 예수님 안에 있는 하나님의 목적을 배제한 인생은 필연코 '허무의 바다에서 유리하다 광풍에 전복되고' 맙니다. 그런 인생의 고통을 극복할 대안은 오직 하나님과 그 아들 우리 주 예수 그리스도 안에만 있습니다. 그에게 등을 돌리면 '그 비극의 나락'으로 떨어질 운명을 개선할 방도가 아주 없습니다. "아들을 믿는 자에게는 영생이 있고 아들을 순종하지 아니하는 자는 영생을 보지 못하고 도리어 하나님의 진노가 그 위에 머물러 있느니라."(요 3:36) 우리 모두 앞에 '영생의 복락'으로 통하는 길과, '하나님의 진노의 불이 멈추지 않는 지옥 형벌'로 통하는 길이 놓여 있습니다. "피조물이 다 이제까지 함께 탄식하며 함께 고통을 겪고 있는 것을 우리가 아느니라."

세계 역사상 모든 철학자들과 세계의 각종 종교의 창시자들의 행로를 보십시오. 서양철학은 '만물의 기원'으로부터 시작하여 그 답에서 '인생의 정체성'을 이해하는 빛을 찾으려 하였습니다. 동양철학은 더 즉각적으로 '사람' 자체를 연구하여 '인생의 정체'를 발견하려 하였습니다. 그래서 유교의 시조인 공자는 '인간 본성 속에 내재하는 도덕성' 속에서 '인생의 길'을 찾으려 하였습니다. 그러나 그의 교훈은 이 땅에 사는 한도 내에서만 사람을 붙들어 주는 데만 집중하고 있습니다. 제자들이 물었습니다. '사람이 죽으면 어떻게 되나요?' '내일 일을 모르는 데 죽은 다음의 일을 어찌 알겠는가?' 그의 교훈은 죽은 다음에 대하여는 길을 알려 주지 못합니다. 석가모니는 '인생의 행로를 붙잡고 있는 네 중요한 현안, 낳고 늙고 병들어 죽는 인생의 실상'을 주목하여 나름으로 인생을 조명할 빛을 얻으려 하였습니다. 그가 깨달았다 하는 것은 '무아(無我)의 경지에 이른 자의 희열'이었습니다. 결국 모든 것이 '무'로 귀결되니 '나'도 없는 것 같이 해야 한다는 것입니다. 그러니 하나님 없이 그들이 '깨달았다' 하며 제시한 이론들은 다 '허무주의와 회의론과 불가지론'의 제목 아래 들어 있을 것들입니다. 지금은 고인이 된 어느 철학자가 있습니다. 그는 40년 동안 대학 강단에서 철학을 강의하였고 150여권에 이르는 철학서를 저술하였습니다. 80 노경의 그에게 어느 일간지 기자가 찾아가 물었습니다. '인생이 무엇입니까?' '인생에는 답이 없습니다.' '인생에 답이 없다 하시면서 계속 책을 쓰시려고 10년은 더 사시기 원하신다 하셨잖아요. 이해가 가지 않는데요.' '예, 그저 내 나름으로 의미를 부여하면서 사는 것이지요. 그게 사는 것입니다.' 그러나 인생의 답은 인생을 지으시고 통치하시고 판단하시고 구원하시는 하나님 안에 있습니다.

문학인들도 한결같이 그런 인생의 '허무와 부조리와 썩음'을 열심히 고발하여 왔습니다. 지금도 그러합니다. 해마다 '노벨 문학상'을 수상하는 이들의 작품도 다 세상의 '허무와 부조리와 혼돈'의 주제들을 다루고 있습니다. 1952년 퓰리처상과 노벨문학상 수상작인 헤밍웨이의 「노인과 바다(The Old man and The Sea)」는 '하나님 없는 눈으로 본 인생의 허무'를 극명하게 드러낸 걸작입니다. 그 소설의 주인공인 '고기잡이 노인'의 평생의 꿈과 그것을 이루기 위한 수고, 그리고 그가 그렇게 그리던 큰 고기의 꿈이 이루어진 날 천하를 얻은 기쁨에 찬 노인의 심경, 그러나 그것이 끝이 아닌 고기를 지키기 위해 새롭게 시작된 사투어린 수고, 마지막 자기 집에 돌아온 노인에게 남겨진 모래톱에 걸려 있는 배, 그리고 그 배에 묶여 있는 거대한 앙상한 고기 뼈, 지쳐 잠에 곯아떨어진 노인의 모습, 자면서 젊은 날 아프리카에서 사자를 좇던 꿈을 꾸고 있는 그 노인을 물끄러미 바라보는 소년, 그도 그 잠든 노인과 같이 될 운명에 처할 것이다, - '하나님 없는 눈으로 본 허무한 인생을 묘사한 놀라운 그림'입니다. 그리고 그 그림을 그린 헤밍웨이는 '그 인생의 허무를 이기지 못하여 자기 생명을 스스로 끊어' 삶을 마감합니다. 하나님 없는 인생은 '그 슬픔과 고통을 해소

할' 방안이 없습니다. '이 슬픔'을 이기려고 '다른 즐거움'을 찾으려고 하나 막상 그것을 맛보면 거기는 더 깊은 슬픔과 고통의 늪입니다.

성경이 말하는 인생론

성경은 가상적인 인생론을 말하지 않습니다. 성경은 하나님의 눈으로 인생을 보고, 하나님께서 당신 자신의 목적과 계획안에서 '새 사람을 지으시려는' 열심을 줄기차게 증거합니다. 실로 '인생의 현안의 압박과 거기서 오는 허무감을 이길' 것이 무엇입니까? 오직 '그리스도 안에 있는 믿음과 소망' 뿐입니다. "믿음은 바라는 것들의 실상이요 보지 못하는 것들의 증언이니 선진들이 이로써 증거를 얻었으니라."(히 11:1,2) "우리 주 예수 그리스도의 아버지 하나님을 찬송하리로다 그의 많으신 긍휼대로 예수 그리스도를 죽은 자 가운데서 부활하게 하심으로 말미암아 우리를 거듭나게 하사 산 소망이 있게 하시며 썩지 않고 더럽지 않고 쇠하지 아니하는 유업을 잇게 하시나니 곧 너희를 위하여 하늘에 간직하신 것이라."(벧전 1:3,4).

그리스도인은 '허무의 사람'이 아니라 '산 소망으로 인내하며 현재의 고통'을 이기는 자입니다. 그러기 위하여 우리는 늘 "우리를 사랑하시는 이로 말미암아 넉넉히 이기는 법"을 배우고 반복 학습을 해야 합니다(롬 8:37). 그래서 사도는 권면한 것입니다. "망령되고 허탄한 신화를 버리고 오직 경건에 이르기를 연습하라 육체의 연습은 약간의 유익이 있으나 경건은 범사에 유익하니 금생과 내생에 약속이 있느니라."(딤전 4:7,8- 개역한글) '연습'은 '몸에 밸 정도로 익숙하기까지 같은 일을 반복하는 것'을 의미합니다. 세상에서 그럴 만한 가치가 있는 것이 무엇이겠습니까? 오직 하나, '하나님을 경외하며 그리스도 안에서 완전한 자로 서는 경건에 이르는 것'이 그것입니다. 아멘.

37

우리 몸의 속량贖良

8:23 그뿐 아니라 또한 우리 곧 성령의 처음 익은 열매를 받은 우리까지도 속으로 탄식하여 양자 될 것 곧 우리 몸의 속량을 기다리느니라
8:24 우리가 소망으로 구원을 얻었으매 보이는 소망이 소망이 아니니 보는 것을 누가 바라리요
8:25 만일 우리가 보지 못하는 것을 바라면 참음으로 기다릴지니라

사도는 자기 속에서 역사하시는 성령님의 인도하심 속에서 '그리스도를 믿음으로 말미암아 의롭다 하심을 얻고 하나님의 자녀의 지위를 얻은 우리'가 장차 그리스도의 날에 반드시 만나게 되어 있는 '영원한 영광의 현실'을 확정적으로 말하였습니다. "자녀이면 또한 상속자 곧 하나님의 상속자요 그리스도와 함께 한 상속자니."(롬 8:17) 또 사도는 그 영광의 소망의 빛으로 지상에서 만나 겪어내야 할 '고난의 현실'을 이겨낼 것을 가르칩니다. "생각하건대 현재의 고난은 장차 우리에게 나타날 영광과 비교할 수 없느니라."(롬 8:18) 아울러 지상의 조건을 이해하는 '시각'을 제공하고 있습니다. 흔히 믿음의 사람이라도 지상에서 만나는 조건을 통해서 오는 여러 각종 시험에 넘어질 때가 많습니다. 그러므로 사도가 여기서 지상 조건에 대하여 말하는 바를 잘 듣고 반복적으로 묵상하는 것이 매우 중요합니다.

우리는 지난 강론에서 현재 피조물이 '하나님의 아들들이 나타나기 까지 허무한 데 굴복하고 있는' 처지에 대해서 들었습니다. 그래서 우리 인생을 포함한 피조물 자체에 주목하면 항상 그 끝은 '허무'임을 알았습니다. 전도서 기자의 '해 아래서 인생이 무엇을 얻고자 애 쓰는 모든 수고와 노력이 결국 헛되다' 한 이유가 거기에 있습니다. 그래서 우리 자신을 포함한 눈에 보이는 피조물 자체 속에서는 인생에 대한 답을 얻지 못하게 되어 있습니다. '인생의 답'은 우리를 지으시고 그 아들 우리 주 예수 그리스도 안에서 우리를 구원하시는 하나님 안에서만 발견됩니다. 그래서 사도는 말하였습니다. "그러나 무엇이든지 내게 유익하던 것을 내가 그리스도를 위하여 다 해로 여길뿐더러 또한 모든 것을 해로 여김은 내 주 그리스도 예수를 아는 지식이 가장 고상하기 때문이라 내가 그를 위하여 모든 것을 잃어버리고 배설물로 여김은 그리스도를 얻고 그 안에서 발견되려 함이니."(빌 3:7-9)

이제 우리는 그런 시각을 가지고 본문에 나타난 사도의 논리를 따라가 봅시다. 사도는 이제 '피조물'에서 '주를 믿는 우리 자신'으로 시선을 돌려 지상의 현실을 어떤 소망으로 인내하며 극복할 수 있는 지를 가르칩니다. 그 방도로만 지상의 현실을 이기고 "선한 싸움을 싸우고 달려갈 길을 마치고 믿음을 지킬 수" 있습니다(딤후 4:7).

성령의 처음 익은 열매

"8:23그뿐 아니라 또한 우리 곧 성령의 처음 익은 열매를 받은 우리까지도." 사도는 믿는 하나님의 자녀 된 우리가 지상의 현실을 주목하려 할 때 어떤 자의식을 가져야 할지를 이 대목을 통해서 가르칩니다. 우리 하나님의 자녀들은 지상에서 영적으로 어떤 조건 속에 있는가? 우리 자신에 대해 어떤 자로 여겨야 하는가? "성령의 처음 익은 열매를 받은 우리"로 여겨야 한다는 것입니다.

여기서 '성령의 처음 익은 열매를 받았다'는 것이 무엇을 가리킵니까? 일단 이 표현을 이해하기 위해서는, 우리 주 예수님을 믿는 우리 믿음이 우리 자신에게서 난 것이 아니라 오직 하나님 아버지의 미리 아심을 따라 성령님의 역사로 말미암은 것임을 명심해야 합니다. 성경은 그 요점에 대해 반복적으로 줄기차게 강조합니다. "우리도 전에는 어리석은 자요 순종치 아니한 자요 속은 자요 각색 정욕과 행락에 종노릇 한 자요 악독과 투기로 지낸 자요 가증스러운 자요 피차 미워한 자이었으나 '우리 구주 하나님의 자비와 사람 사랑하심을 나타내실 때에 우리를 구원하시되 우리의 행한 바 의로운 행위로 말미암지 아니하고 오직 그의 긍휼하심을 좇아 중생의 씻음과 성령의 새롭게 하심으로 하셨나니 성령을 우리 구주 예수 그리스도로 말미암아 우리에게 풍성히 부어 주사 우리로 저의 은혜를 힘입어 의롭다 하심을 얻어 영생의 소망을 따라 후사가 되게 하려 하심이라.'"(딛 3:3-7) 그러니 우리의 믿음은 성부 하나님의 택하심과 우리 구주 예수님의 구속과 성령님의 인치심의 소산입니다.

'성령님의 인치심'의 방식은 무엇입니까? 사도는 에베소서에서 그 점을 이렇게 표현합니다. "그 안에서 너희도 진리의 말씀 곧 너희의 구원의 복음을 듣고 그 안에서 또한 믿어 약속의 성령으로 인(印) 치심을 받았으니 이는 우리의 기업에 보증이 되사 그 얻으신 것을 구속하시고 그의 영광을 찬미하게 하려 하심이라."(엡 1:13,14) "너희가 거듭난 것이 썩어질 씨로 된 것이 아니요 썩지 아니할 씨로 된 것이니 하나님의 살아 있고 항상 있는 말씀으로 되었느니라… 너희에게 전한 복음이 곧 이 말씀이니라."(벧전 1:23,25) 성령께서 하나님의 사랑하시는 택하신 백성들을 거듭나게 하시되 복음의 말씀을 듣게 하시고 그 듣는 말씀을 통해서 영혼을 거듭나게 하시는 것입니다.

그런데 그 '거듭남'은 '영적 새 생명의 탄생'을 의미하는 것이지 '영적 성숙'에 이르게 된 것을 의미하는 것은 아닙니다. 그래서 우리의 영적 상태는 '처음 익은 열매'의 수준이지 '완숙하게 익은 상태'는 아닙니다. 다시 말하면 '처음 예수님을 믿을 때'에 의롭다 하심을 받아 하나님의 자녀가 되고 영생을 얻은 자가 됩니다. 그러나 그것은 영적 갓난아이로 태어나는 것이지 '영적 성숙인'이 되는 것이 아닙니다. 그래서 로이드 존스 목사는 이 대목을 강론하면서 '우리의 구원의 과거와 현재와 미래'를 말하였습니다. "우리는 그리스도를 믿을 때에 하나님께 죄 사함을 받고 의롭다 하심을 받았습니다. 그런 의미에서 우리는 구원받은 것입니다. 그런 칭의적인 의미로 말하면 '우리는 구원받았다'는 과거동사형을 쓸 수 있습니다.

그런 의미의 구원은 단회적으로 완성이 된 셈입니다. 그러나 여전히 우리는 '구원을 받고 있습니다.' 우리의 인격이 죄의 오염과 영향과 세력에서 벗어나는 의미의 구원을 받고 있습니다. 사도가 빌립보서 2:12,13에서 말하는 바와 같습니다. '그러므로 나의 사랑하는 자들아 너희가 나 있을 때뿐 아니라 더욱 지금 나 없을 때에도 항상 복종하여 두렵고 떨림으로 너희 구원을 이루라 너희 안에서 행하시는 이는 하나님이시니 자기의 기쁘신 뜻을 위하여 너희로 소원을 두고 행하게 하시나니.' 그것이 바로 '성화적(聖化的) 구원'입니다. 그 구원은 계속 진행되고 있습니다. 그런 의미에서 우리의 구원은 현재진행형입니다. 물론 그런 성화적 구원은 의롭다 하심을 받은 자에게만 해당되는 것입니다. 그러나 우리는 하나님의 뜻을 따라 영혼과 몸이 죄와는 상관없는 그리스도의 형상을 따라 영화롭게 되어야 합니다. 그것이 바로 '영화적(榮化的) 구원'입니다. 영혼의 영화(榮化)는 우리가 죽어 하나님의 존전에 서기 전에 완성되고 우리 몸의 영화는 그리스도의 재림의 날에 일어납니다. 그런 의미에서 우리의 구원은 미래적인 것입니다."

우리가 지상에 있는 동안에는 '죄로 인하여 하나님과의 본질적인 관계가 단절된 것을 그리스도를 믿음으로 말미암아 의롭다 하심을 입어 복원이 되었다'는 면에서는 구원을 이미 받은 상태입니다. 그리고 우리에게 계신 성령님의 인도하심을 따라 하나님을 경외하는 '새 생명의 원리'가 우리 속에 있어 하나님을 기뻐하고 복종하는 성향이 있게 되었습니다. 그런 의미에서 "그런즉 누구든지 그리스도 안에 있으면 새로운 피조물이라 이전 것은 지나갔으니 보라 새 것이 되었도다."(고후 5:17) 이것은 성령님께서 말씀을 통하여 우리 속에서 역사하시어 이루어낸 열매입니다. 그것을 가리켜 사도는 "성령의 처음 익은 열매를 받은 우리"라고 한 것입니다. 그런데 그것이 끝이 아닙니다. 그것은 더욱 '완전하게 익은 열매를 받게 될 것'을 내다보게도 하는 보증이기도 합니다. 다시 말하면, 우리가 완전 성화(聖化)와 영화(榮化)에 대한 보증이요 전조(前兆)이기도 하다는 것입니다. 그러니 우리가 지상에 있는 동안에는 영적으로 '성령의 처음 익은 열매를 얻은 상태'입니다. 그리고 우리는 앞으로 그리스도 예수님 안에 있는 하나님의 은혜 안에서 성령님으로 말미암은 완전 성화와 영화에 반드시 도달하게 될 것입니다.

"성령의 처음 익은 열매를 받은 우리까지도 속으로 탄식하여…" 여기서 "속으로 탄식한다"는 표현은 앞에서 '피조물이 고대한다'는 표현과 병행을 이룹니다. 여기서 '탄식'은 후회와 아쉬움이 묻어 있는 '탄식'이 아니라 '앞으로 당도할 우리의 완전 성화와 영화의 경지를 향한 간절한 기다림에서 나오는 탄식'입니다. 물론 그 '탄식' 속에는, 현실에서 만나는 '피조물의 고통'과 고난과 부조리와 인생들의 허사(虛事)와 부패, 그리고 우리 자신의 내면에도 남아 있는 옛 사람의 성향에 대한 강한 혐오의 정서가 들어 있습니다. '장차 누릴 영광의 광대함'과 '현재 당하는 고통의 심대함'이 어우러져 '탄식의 정도'는 더욱 심화됩니다.

우리 몸의 속량

"양자 될 것 곧 우리 몸의 속량을 기다리느니라." 이 대목의 표현에 자못 의아한 생각이 일어날 수 있습니다. 앞에서 우리가 배운 것 같이 그리스도 예수님을 믿는 자는 '이미 하나님의 자녀가 되어 양자(養子)가 되었는데 어떻게 여기서 다시 양자 될 것을 기다린다'고 말하는가? 이에 대하여 칼빈은 이렇게 주석합니다. "언뜻 보기에 부적절해 보이는 표현이나 사실은 최선의 이유를 가진 표현이다. 양자된 우리가 누리게 될 기업의 완전한 결실을 가리키는 데는 그만한 표현이 없다. 사도가 다음과 같은 의미로 이 말을 썼기 때문이다. 하나님께서 우리를 창세전에 택하시어 아들들로 예정하셨고, 그것을 복음 안에서 증거하셨고 성령님으로 확증하셨다. 그러니 그 하나님의 영원한 경륜은 우리에게 약속된 부활의 확실성으로 보장된다. 그것을 빼고는 하나님의 뜻은 결국 공허한 것이 될 판이다. 우리 몸의 부활이 바로 그 하나님의 경륜의 완결이다. 하나님 아버지께서 우리가 지상 순례길을 마치고 하늘에 있는 기업을 누리도록 우리를 영접하지 않으시려면 무엇 때문에 그런 뜻을 세우셨으며, 바로 뒤이어 '몸의 구속(救贖, 또는 贖良)'을 부여하지 않으시려면 그 모든 뜻이 무슨 의미가 있겠는가? 우리의 구주 그리스도께서 지불하신 구속(救贖)의 대가의 효력은 우리를 죽음의 사슬에 매이게 오래 내버려 두지 못하게 하였으며, 결국 그 대가의 결실로 말미암아 우리가 천상적인 새로운 모습으로 나타날 수밖에 없게 만들었다. 만일 그런 일이 없으면 그리스도의 희생 죽음은 헛되고 무익한 것이 될 수밖에 없을 것이다."

"속으로 탄식하여 양자 될 것 곧 우리 몸의 속량을 기다리느니라." 그렇습니다. 사도는 여기서 '양자의 신분'을 얻을 것을 말하는 것이 아닙니다. 이미 그것은 지상에서 예수님을 처음 믿을 때에 주어졌습니다(요 1:12). '양자된 우리의 권리로 주어진 몸의 완전한 구속(救贖), 곧 그리스도의 영광의 형체와 같은 몸을 입고 다시 살아나는 생명의 부활'을 가리키는 것입니다. 우리가 지상에 있는 동안 우리가 하나님의 양자가 되었음을 보여주는 여러 표지가 있을 것입니다. 그 중에 아주 중요한 표지가 여기 있습니다. '지상에 있는 동안 그리스도의 날에 완성될 우리 구원의 최절정, 우리 영혼이 완전하게 성화된 것 같이 우리 몸도 썩어짐의 종노릇 한데서 해방되어 그리스도의 영광의 형체와 같게 될 것'을 고대하는 것, 그것이 하나님의 양자된 이들이 보이는 '영적 정서의 성향'입니다. 그러니 참된 믿음과 거짓된 믿음의 차이는 '그리스도의 날을 고대하느냐'의 여부로 판명이 납니다. 예수 그리스도를 믿는다 하면서 '그리스도의 재림의 날에 그리스도의 영광을 뵈옵고 그 앞에서 영화롭게 될 것'을 내다보고 기뻐하는 것이 전혀 없다면, 그 믿음의 진정성을 확증할 수 없습니다.

사도 바울은 이 대목에서 하나님의 자녀들이 그리스도와 함께 누릴 '장차 나타날 영광의 자유'를 고대하는 것이 참된 믿음의 표증임을 역실하고 있는 셈입니다. 사도 베드로도 같은 성령님의 인도하심을 받아 환난과 박해 아래서 흩어져 있는 성도들을 그런 소망으로 위로하고 격려합니다. "그러므로 너희가 이제 여러 가지 시험으로 말미암아 잠깐 근심하게 되지 않을 수 없으나 오히려 크게 기뻐하는도다 너희 믿음의 확실함은 불로 연단하여도 없어질 금보다 더 귀하여 예수 그리스도께서 나타나실 때에 칭찬과 영광과 존귀를 얻게 할 것이니라."(벧전 1:6,7)

소망으로 받은 구원

"우리가 소망으로 구원을 얻었으매 보이는 소망이 소망이 아니니 보는 것을 누가 바라리요." 사도는 '우리가 지상에서 받은 구원이 불완전하다거나 모자라서 떨어질 수 있다'는 의미로 이 말을 한 것은 아닙니다.

우리가 지상에서 받은 구원, 곧 '그리스도를 믿음으로 말미암아 은혜로 의롭다 하심을 받은 칭의적 구원'은 단회적이고 완성된 것입니다. 더 이상의 '칭의'는 없습니다. 그런 의미에서 믿는 우리는 '사망에서 생명으로' 옮겨졌습니다. "내가 진실로 진실로 너희에게 이르노니 내 말을 듣고 또 나 보내신 이를 믿는 자는 영생을 얻었고 심판에 이르지 아니하나니 사망에서 생명으로 옮겼느니라."(요 5:24) "그가 우리를 흑암의 권세에서 건져내사 그의 사랑의 아들의 나라로 옮기셨으니 그 아들 안에서 우리가 속량 곧 죄 사함을 얻었도다."(골 1:13,14) '칭의적인 구원'은 하나님께서 의도하신 우리 구원의 절대적인 기반이기도 하며 '하나님께서 의도하시는 완전한 구원'의 확실성과 충분성을 예기하는 단초(端初)임에 분명합니다. 그래서 사도는 여기서 "우리가 소망으로 구원을 받았다"고 한 것입니다. 우리가 예수님을 믿은 처음 순간에 즉시 '우리의 칭의적 구원'이 선포되었음을 이미 알고 있습니다. 그러므로 이 '칭의적인 구원'의 교리에 아주 조금이라도 다른 것을 첨가하거나 거기서 미세하게라도 빼면, 대번에 '다른 복음'이 되는 것입니다.

"우리가 소망으로 구원을 받았으니." 여기서 사도가 "소망으로 구원을 받았다" 한 것은, 우리가 '지금 현재 받은 칭의적 구원'이 하나님의 의도하시는 구원의 전체 실상은 아니라는 말입니다. '칭의적 구원'은 앞으로 '장차 그리스도의 날에 나타날 영광을 소망하게 하는 발판'이라 말할 수 있습니다. 그 '장차 나타날 영광을 바라는 산 소망'을 가지는 이는 오직 '칭의적 구원'을 받은 사람 밖에 없습니다.

"보이는 소망이 소망이 아니니 보는 것을 누가 바라리요." '칭의적 구원'을 받은 이들이 지상에 있을 동안에 보는 실상은 '모든 피조물이 허무와 썩어짐의 종노릇 하는 현실'입니다. 그러므로 여기 지상에서 만나는 것 속에서 우리 소망의 실체를 발견해야 한다면, 정말 우리의 소망은 아무것도 아니며 '칭의적 구원'의 영광은 의미가 없어지기 마련입니다. 그래서 사도는 우리의 구원이 지상 현실 속에서 만날 무슨 '세상의 영예'가 아님을 표현하기 위하여 "보이는 소망이 소망이 아니다"고 말합니다. 믿는 우리에게 허락된 영광의 소망은 하늘에 속한 것이고, '그리스도와 함께 영광을 누리는 소망'입니다. "우리가 주목하는 것은 보이는 것이 아니요 보이지 않는 것이니 보이는 것은 잠깐이요 보이지 않는 것은 영원함이라."(고후 4:18)

범죄하기 이전의 아담의 영광 보다 너한 영광

하나님께서 우리를 위하여 창세전에 계획하시고 예정하신 구원은 '우리의 영혼과 몸이 처음 창조되어 무죄한 상태에 있던 아담과 하와의 본래의 영광으로 회귀하는 것이라'고 말하는 것이 옳을까요? 한편으로는 그렇다고 할 수 있습니다. 그러면서도 그 보다 더한 것이라고 할 수 있습니다. 어째서요? 원의(原義)를 가졌던 아담과 하와가 하나님의 명령에 순종하는 한 영원히 살 수 있었으나 여전히 '선악을 알게 하는 나무의 실과'를 따먹어 범죄하여 타락하였습니다. 만일 하나님께서 의도하신 우리의 구원이 무죄 상태의 아담과 하와의 수준으로 회복하는 정도라면, 그것은 여전히 타락하고 범죄하여 떨어질 가능성을 항상 떨쳐내지 못하고 있는 셈입니다. 그러나 우리를 향하신 하나님의 계획은 그 이상이었습니다. 다시는 범죄하거나 타락할 가능성이 전혀 없는 완전무결하게 성결하고 의로운 사람, 곧 그리스도의 형상을 본받는 사람으로 높이는 것이 하나님의 구원계획의 절정입니다. "찬송하리로다 하나님 곧 우리 주 예수 그리스도의 아버지께서 그리스도 안에서 하늘에 속한 모든 신령한 복을 우리에게 주시되 곧 창세전에 그리스도 안에서 우리를 택하사 우리로 사랑 안에서 그 앞에 거룩하고 흠이 없게 하시려고 그 기쁘신 뜻대로 우리를 예정하사 예수 그리스도로 말미암아 자기의 아들들이 되게 하셨으니."(엡 1:3-5)

그리스도인 인내의 방식

"8:25만일 우리가 보지 못하는 것을 바라면 참음으로 기다릴지니라." 우리의 인내는 '스토아 철학(Stoic)이 가르치는 것과 같은 인종(忍從)'이 아닙니다. 철학자들은 '인생이 부과하는 각종 고통을 체념하여 인종하는 것'을 '참 삶'의 비결로 가르칩니다. 거기서 금욕주의 인생관이 나왔습니다. 또는 그 가르침이 극기주의(克己主義)의 기반이기도 합니다. 그러나 그것은 마치 참고 인내하다 보면 '쥐구멍에도 볕들 날 올 것이다'는 식입니다. '그리고 그런 일이 내처 일어나지 않는다면 그런대로 인종하면서 운명을 받아들일 수밖에 다른 도리가 없지 않는가?' 성경에서 말하는 성도의 인내를 그런 식으로 이해한다면 아직 그 사람은 거듭나지 않은 사람입니다. 그런 교훈은 지혜가 아니라 사람의 눈을 가리는 미련함 그 자체입니다.

하나님과 그 하나님의 성품과 속성과 그 계획과 행사를 모르거나 염두에 두지 않고 현실에서 만나는 고통을 본성으로 대처하면 그런 교훈을 따라가는 셈입니다. 그런 경우 마치 깜깜한 밤에 등불 없이 더듬어 길을 가는 것 같은 형국일 뿐입니다. 그러나 현재 당하는 고통이 하나님의 섭리 속에서 장차 누릴 영광과 연관되어 있다는 소망이 현실 속에서 인내할 빛과 힘입니다. 성령께서는 사도를 통하여 우리의 영광의 소망을 바라고 현실을 인내하라고 가르치십니다. 성령께서는 농부의 인내와 수고를 빗대어 그리스도인들의 믿음의 인내를 가르치십니다. "그러므로 형제들아 주의 강림하시기까지 길이 참으라 보라 농부가 땅에서 나는 귀한 열매를 바라고 길이 참아 이른 비와 늦은 비를 기다리나니 너희도 길이 참고 마음을 굳게 하라 주의 강림이 가까우니라."(약 5:7,8)

성령께서는 사도를 통하여 우리에게 그 소망의 빛으로 자신의 현실을 비추라고 가르치십니다. "보라 아버지께서 어떠한 사랑을 우리에게 주사 하나님의 자녀라 일컬음을 얻게 하셨는고, 우리가 그러하도다 그러므로 세상이 우리를 알지 못함은 그를 알지 못함이니라 사랑하는 자들아 우리가 지금은 하나님의 자녀라 장래에 어떻게 될 것은 아직 나타나지 아니하였으나 그가 나타내심이 되면 우리가 그와 같을 줄을 아는 것은 그의 계신 그대로 볼 것을 인함이니 주를 향하여 이 소망을 가진 자마다 그의 깨끗하심과 같이 자기를 깨끗하게 하느니라."(요일 3:1-3) 또한 성령께서는 우리로 주님을 바라고 인내할 지혜와 능력을 주십니다. "인내를 온전히 이루라 이는 너희로 온전하고 구비하여 조금도 부족함이 없게 하려 함이라."(약 1:4) 야고보는 바로 뒤이어 그렇게 하도록 지혜와 힘을 주시는 하나님의 은혜를 말합니다. "너희 중에 누구든지 지혜가 부족하거든 모든 사람에게 후히 주시고 꾸짖지 아니하시는 하나님께 구하라 그리하면 주시리라."(약 1:5) 아멘.

38

기도를 도우시는 성령님의 방식

8:26 이와 같이 성령도 우리의 연약함을 도우시나니 우리는 마땅히 기도할 바를 알지 못하나 오직 성령이 말할 수 없는 탄식으로 우리를 위하여 친히 간구하시느니라
8:27 마음을 살피시는 이가 성령의 생각을 아시나니 이는 성령이 하나님의 뜻대로 성도를 위하여 간구하심이니라

사도 바울은 자기의 서신들 속에서 '장차 그리스도의 날에 우리 영혼이 그리스도의 영광의 형체와 같은 영화로운 새 몸을 입게 될' 소망을 견지할 것을 우리에게 줄기차게 강조합니다. 그러니 우리는 그 '소망'을 견지하면서 '모든 피조물들이 부패한 인간들의 허사와 썩어짐에 종노릇하는 현실'을 극복하고 인내해야 합니다. 그런데 문제는 그 인내가 그리 쉬운 일이 아니라는 것입니다. 지상에 있는 그리스도인의 삶이 그냥 자기 일만 하고 가만히 앉아서 '그 날이 오기만' 기다리는 것도 아니니 또 쉽지 않습니다. 그러므로 소망을 가지고 있어도 그런 현실을 극복하고 인내하는 것이, 소망 중에 참고 인내하는 것이 힘에 부치기 마련입니다.

그리스도인의 지상에서의 영적 삶의 과제를 크게 두 가지로 나누어 말할 수 있습니다. 하나는 하나님의 영광의 소망에 합당하게 '성화적 구원'을 이루어 나가는 일에 관한 것입니다. "그러므로 나의 사랑하는 자들아 너희가 나 있을 때뿐 아니라 더욱 지금 나 없을 때에도 항상 복종하여 두렵고 떨림으로 너희 구원을 이루라."(빌 2:12) '성화적 구원'이란 '칭의적 구원'을 얻은 자가 '영화적(榮化的) 구원'을 내다보며, 하나님의 자녀와 하나님 나라의 백성다운 품격을 갖추어 가는 것이라 할 수 있습니다. 거기에는 '그리스도의 대속의 은혜와 성령의 감동하심을 힘입어 자기 속에 남아 있는 옛 사람과 죄의 성향을 억제하여 죽이고 점점 더 그리스도의 형상을 본받아 가는' 내용이 담겨 있습니다.

또 달리 그리스도인의 지상 생애에서 감당할 또 다른 과제는 '주님의 선한 일'에 동참하는 것입니다. '주님의 일'은 아버지께서 창세전에 계획하시고 예정하신 뜻을 이루시는 것입니다. 곧 '택한 백성들의 구원과 하나님 나라의 완성'이 바로 아버지의 뜻입니다. 그래서 우리 주님께서는 "내 아버지께서 이제까지 일하시니 나도 일한다"(요 5:17) 그 '주님의 일'에 믿는 우리도 참여하게 하시는 것이 아버지의 뜻입니다. "내가 진실로 진실로 너희에게 이르노니 나를 믿는 자는 내가 하는 일을 그도 할 것이요 또한 그보다 큰일도 하리니 이는 내가 아버지께로 감이라."(요 14:12) "우리는 그가 만드신 바라 그리스도 예수 안에서 선한 일을 위하여 지으심을 받

은 자니 이 일은 하나님이 전에 예비하사 우리로 그 가운데서 행하게 하려 하심이니라."(엡 2:10)

그런데 그 두 가지의 과제 모두 스스로의 힘으로는 감당할 수 없습니다. 그래서 반드시 성삼위의 도우심을 받아야 합니다. 아버지 하나님께서는 주 예수 그리스도 안에서 택하심을 받고 그 피로 구속함을 받은 이들 속에 '성령께서 보혜사로 계시며 일하게' 허락하셨습니다. 그 성령께서 우리의 무능함을 인하여 '성화적 구원'과 '주님의 선한 일에 동참하는 것'과 관련하여 도움을 주십니다.

성도가 그 두 과제를 위해서는 항상 은혜의 방편인 '말씀과 기도'에 깨어 있어야 합니다. 말씀은 하늘에서 우리에게 내려오는 영혼의 신령한 양식이요, 기도는 '지상과 하늘에 맞닿아 있는 사닥다리'라 할 수 있습니다. "꿈에 본즉 사닥다리가 땅 위에 서 있는데 그 꼭대기가 하늘에 닿았고 또 본즉 하나님의 사자들이 그 위에서 오르락내리락 하고 또 본즉 여호와께서 그 위에 서서 이르시되 나는 여호와니 너의 조부 아브라함의 하나님이요 이삭의 하나님이라 네가 누워 있는 땅을 내가 너와 네 자손에게 주리니."(창 28:12,13) '말씀과 기도'에 충실하지 못하면 '영혼의 성화'나 '주님의 선한 일'에 동참하는 것 모두 온전할 수 없습니다. 특히 기도와 관련한 우리의 연약과 관련하여 하나님의 도우심을 받아야 합니다. 그럼으로써 말씀에 더 가까이 하고 순종하는 은혜를 받게 됩니다. 그래서 사도는 성령님의 인도하심을 받아 '아버지 하나님께 드리는 기도'에서 우리를 도우시는 성령님의 역사를 말하지 않으면 안 되었던 것입니다.

우리의 연약을 도우시는 성령님의 방식

"8:26**이와 같이 성령도 우리의 연약함을 도우시나니.**" 사도는 앞에서 말한 것을 연관시키기 위하여 "이와 같이"라고 하였습니다. 앞에서 사도는 "만일 우리가 보지 못하는 것을 바라면 참음으로 기다릴지니라"고 말하였습니다. 그런데 그 "믿음으로 바라고 참고 기다리는 일"이 우리 자신의 힘으로는 어림도 없습니다. 이 세상의 불신앙의 세력과, 우리 자신의 내면에 있는 죄의 정욕을 산출하는 옛 사람의 본성과, 사탄의 시험과 훼방이 합세하면 우리의 힘은 턱없이 '부족하고 연약하기' 그지없습니다. 그런데 "성령도 우리의 연약함을 도우시나니." 그래서 우리의 믿음의 동력(動力)이 떨어지지 않는 것입니다. 그러므로 우리가 우리 속에 계신 성령님을 의존하는 일이 얼마나 절대적인 일인지요!

"**성령도 … 도우시나니.**" 성령께서 우리 안에서 일하시는 방식을 보여주는 매우 중요한 표현입니다. 성경, 특히 신약성경에서는 성령께서 신자 각 사람 속에 내주하시며 역사하신다는 것을 자주 언급합니다. "내가 아버지께 구하겠으니 그가 또 다른 보혜사를 너희에게 주사 영원토록 너희와 함께 있게 하리니 그는 진리의 영이라 세상은 능히 그를 받지 못하나니 이는 그를 보지도 못하고 알지도 못함이라 그러나 너희는 그를 아나니 그는 너희와 함께 거하심이요 또 너희 속에 계시겠음이라."(요 14:16,17) 그런데 '성령께서 우리 안에 계시어 일하시는 방식'에 관한 문제가 떠오릅니다. 흔히 이런 식의 말이 나올 만합니다. "우리 스스로는 아무것도 할 수 없다. 성령께서 해주셔야 한다." 그러나 그 말을 '우리 속에 계신 성령께서 모든 것을 다 해주시고 우리는 그저 가만히 앉아 있기만

하면 된다'는 식의 주장이라면, 잘못된 것입니다. 성령께서 우리 속에 계시면서 일하시되 우리 인격 활동을 정지시키거나 '우리가 마땅하게 할 일을 성령께서 대신 해 주시는 것'으로 이해하지는 말아야 합니다. 성령께서 우리 안에 '보혜사'로 계시면서 일하시는 요점은 우리 영으로 더불어 일하시되, 우리가 하나님 앞에서 바른 믿음과 소망과 사랑에 속한 거룩한 인격 활동을 하도록 필요한 지혜와 총명과 분별력과 의지력을 공급하시는 것입니다. 그래서 성령님의 인도하심을 받는 이들은 그렇지 않은 이들과는 다른 마음과 행실을 보이게 되는 것입니다. 여기서 사도는 "성령도 우리 연약함을 도우신다"고 했을 때, 바로 그런 식으로 하는 것입니다.

그래서 '성령님의 기름 부으심'은 '하나님을 향한 전인적(全人的)인 거룩한 행사'를 위해 필요한 은혜를 우리에게 공급하시는 성령님의 행사 전체를 가리키는 것입니다. 특히 구약시대에는 '기름 부으심'이 '하나님을 위하여 구별된 거룩한 직무,' 특히 제사장과 선지자와 왕이 될 사람들에게만 허락되었습니다. "너는 그것으로 네 형 아론과 그와 함께 한 그의 아들들에게 입히고 그들에게 기름을 부어 위임하고 거룩하게 하여 그들이 제사장 직분을 내게 행하게 할지며."(출 28:41) "이에 이스라엘의 모든 장로가 헤브론에 있는 왕에게로 나아가니 헤브론에서 다윗이 그들과 여호와 앞에 언약을 맺으매 그들이 다윗에게 기름을 부어 이스라엘의 왕으로 삼으니 여호와께서 사무엘을 통하여 전하신 말씀대로 되었더라."(대상 11:3) 구약 시대에는 '외적인 기름 부음의 표지'를 갖게 하셨지만, 신약 시대 이후에는 참 믿음의 모든 성도들의 '내면에 역사하시는 성령님의 기름 부으심'의 은혜를 허락하십니다. 그것은 신약 시대 이후의 모든 성도들이 영적으로 다 '왕 같은 제사장들'이 되었기 때문입니다. "그러나 너희는 택하신 족속이요 왕 같은 제사장들이요 거룩한 나라요 그의 소유가 된 백성이니 이는 너희를 어두운 데서 불러내어 그의 기이한 빛에 들어가게 하신 이의 아름다운 덕을 선포하게 하려 하심이라."(벧전 2:9) "너희는 거룩하신 자에게서 기름 부음을 받고 모든 것을 아느니라 내가 너희에게 쓰는 것은 너희가 진리를 알지 못하기 때문이 아니라 알기 때문이요 또 모든 거짓은 진리에서 나지 않기 때문이라."(요일 2:20,21) 그러므로 '성령님의 도우심'은 우리 인격을 정지시켜 놓고 성령께서 모든 것을 대신 행하시는 것이 아닙니다. 도리어 우리로 하나님 앞에 거룩하고 바른 인격 활동을 하도록 도우시는 것입니다. 이 점에 대한 바른 인식은 사도가 기도와 관련하여 이 대목에서 말하는 것을 이해하는데 매우 긴요합니다.

기도가 결코 쉽지 않은 이유

"우리는 마땅히 기도할 바를 알지 못하나" 기도란 우리 자신의 소원을 일방적으로 아뢰는 차원이 아닙니다. 기도는 하나님 아버지와 우리 사이의 교제입니다. 그러니 바른 기도는 우리 자신의 입장에서 일방적으로 원하는 바를 아버지께 졸라대는 형식이 아닙니다. 기도는 아버지의 자녀로서 마땅한 바를 위해서 하나님께 은혜를 구하는 것입니다. 우리 자신의 입장에서 우리에게 필요한 것이 무엇인지를 결정하면 기도할 준비가 되었다 여기지 말아야 합니다. 사실 진정 우리에게 필요한 것이 무엇인지 아는 것도 우리 자신의 판단만으로는 불가합니다. 우리에게 진정 필요한 것이 무엇인지 적확하게 알 자가 누구입니까? 오직 우리를 지으시고 우리를 사랑하시는 하나님 아버지께서만 아십니다. 그래서 우리는 기도의 문제에 있어서도 여전히 하나님의 말씀인 '성경을 의존해야' 합니다. 성경 속에서 우리에게 진정 필요한 것이 무엇인지를 발견해야 합니다. 그리고 그 성경의 진리에 비추어 우리 자신에게 '지금 현재' 우리에게 필요한 것이 무엇인지 알아야 합니다. 그럴 경우에 기도를 위한 기초준비가 된 셈입니다.

그러나 누가 이 일에 스스로 능하다 할 수 있습니까? 정말 바르게 기도하는 일이 어렵습니다. 기도는 할 수 있지요. 그러나 문제는 '그 기도가 하나님께 상달되어 응답이 될 만한가' 입니다. 마치 과녁을 빗맞히는 화살과 같이 허공을 치는 기도를 하면 자기 영혼에도 힘을 얻지 못할 뿐 아니라 하나님 아버지의 이름도 모독하는 셈입니다. 이방인들의 기도는 들어줄 대상도 없어 소리 지른 자기에게 되돌아오는 '산 메아리'와 같습니다. 그러나 우리의 기도는 살아계시는 하나님 아버지께 올리는 것이니 그런 식이 되어서는 안 됩니다. 다시 강조하거니와 우리의 필요를 구한다 하여도 하나님 아버지의 뜻에 합당하게 구해야 합니다. 영적인 문제, 곧 하나님과의 관계에 속한 모든 국면 중 어느 것 하나도 우리 자신의 힘으로는 제대로 할 것이 전혀 없습니다. 그런데 우리의 연약이 매우 크게 드러나는 영역이 바로 '기도'의 문제입니다. 우리 주님께서 "너희는 이렇게 기도하라"고 하시면서 기도를 가르쳐 주신 것은 그 때문입니다. 그러므로 이 기도의 문제에도 우리 속에 계신 보혜사 성령님의 도우심이 절대로 필요합니다.

성령께서 우리 대신 기도해 주시는가?

"오직 성령이 말할 수 없는 탄식으로 우리를 위하여 친히 간구하시

느니라." 자, 이 대목의 말씀은 기도의 문제에 있어서 실로 '복음'이 아닐 수 없습니다. 성령께서 "우리를 위하여 친히 간구하신다"니 말입니다. 그러나 이 표현은 성경 중 오해의 소지가 적지 않은 부분들에 들어간다 할 수 있을 정도로 조심해서 읽을 부분입니다. 왜냐하면 성령께서 우리는 가만히 있게 하시고 우리를 위해 대신 별도로 하나님께 기도를 드리는 것과 같은 방식으로 이해할 수 있기 때문입니다. 마치 우리 주 예수 그리스도께서 하나님 우편에서 우리를 위해 친히 간구하시는 것과 같이 말입니다. 그러나 그런 식으로 이 대목을 이해하면 안 됩니다. 만일 그런 식의 이해가 옳다면 우리의 기도는 필요 없는 군더더기처럼 여겨지기 쉽습니다. '오직 성령께서 우리를 위해서 친히 옳게 간구하실 테니 무엇 때문에 우리 편에서 기도하려고 애를 쓸 필요가 있겠는가?' 그러면 이 대목에서 사도가 강조하고자 하는 요점에서 빗나가게 됩니다.

이 점에 있어서 우리가 가장 먼저 염두에 두어야 할 것이 있습니다. 여기 본문에서의 '성령께서 친히 우리를 위해 간구하시는 양식(樣式)'과 '그리스도께서 우리를 위해서 친히 간구하시는 양식' 사이에 차이가 있다는 사실입니다. 그리스도께서 하나님 우편에서 우리를 위하여 간구하시는 것은 십자가와 부활로 완성하신 대속(代贖)의 효력에 호소하여 성도들의 죄와 허물에 대한 더 이상의 정죄가 없음을 아버지께 아뢰는 중보의 간구입니다. 물론 아버지 하나님께서는 이미 그리스도의 완전하고 충분한 대속의 효력을 믿는 이들에게 적용하시어 은혜로 값없이 의롭다고 선포하셨습니다. 다시 말하면 그리스도께서 위하여 대속하신 이들의 죄의 형벌을 대신 담당하셨고, 하나님 아버지께서는 그리스도의 의(義)를 그들에게 전가(轉嫁)하심으로 '의롭다'고 선포하셨습니다. 의롭다 하심을 받은 자녀들의 그 이후 죄와 허물에 대한 율법의 정죄는 성립이 되지 않습니다. 이미 그리스도의 대속의 희생제물이 그 율법의 요구를 만족시켰기 때문입니다. 그 의롭다하심의 효력이 지속적인 것은 바로 그리스도의 대속의 효력이 영구적이기 때문입니다. 그리스도께서는 바로 자기 백성들이 여전히 당신의 대속의 효력 안에 있음을 하나님 우편에서 하나님께 아뢰는 일을 부단하게 행하시는 것입니다. "누가 정죄하리요 죽으실 뿐 아니라 다시 살아나신 이는 그리스도 예수시니 그는 하나님 우편에 계신 자요 우리를 위하여 간구하시는 자시니라."(롬 8:34) "그러므로 자기를 힘입어 하나님께 나아가는 자들을 온전히 구원하실 수 있으니 이는 그가 항상 살아 계셔서 그들을 위하여 간구하심이라."(히 7:25) 그 그리스도의 간구로 말미암아 우리의 '구원'이 영원히 무너지지 않는 확정된 사실이 되는 것입니다.

성령께서 우리를 위해서 간구하시는 양식은 앞에서 지적한 대로 그리스도의 중보의 기도 양식과는 다릅니다. 성령께서 "우리를 위해 친히 간구하시는" 방식은 우리의 인격 활동을 '돕는 양식'으로 하시는 것입니다. 그래서 사도는 "이와 같이 성령도 우리의 연약함을 도우시나니"라고 말한 것입니다. 성령께서 우리의 인격의 여러 요소들의 작용을 묶어 두시고 일하시는 분이 아닙니다. 성령께서 우리 속에 '보혜사로 계시다'는 사실이 그 점을 함축하고 있습니다. '보혜사'는 '자기가 담당한 이를 돕고 인도하고 가르치고 위로하고 격려하고 때로는 책망하는 역할'을 하는 위치입니다. 그래서 앞에서 지적한 바와 같이 보혜사 성령님의 감동하심 아래 있는 사람은 인격 활동을 정지 당하는 것이 아니라 '새롭고 거룩하고 의로운 성향의 인격 활동'을 하게 되는 것입니다. 그러니 여기서 사도가 "성령이 말할 수 없는 탄식으로 우리를 위해 친히 간구하신다"고 한 것은 그런 차원입니다. '우리로 하여금 하나님 앞에 마땅하게 행할 바를 분별하게 하시고, 그 행함에 필요한 은혜를 하나님께 기도로 구하도록 거룩한 열망도 주시고 무엇을 구할 것인지에 대한 분별력도 함께 주신다'는 것입니다. 그러니 기도의 외적인 행사는 하나님의 자녀 된 우리 자신이 합니다. 그러나 기도의 열망과 소원과 기도할 주제 등, 기도와 관련된 모든 행사가 내면에서 우리를 도우시는 성령님의 도우심의 발로입니다. 그러니 그런 점에서 참된 기도에 대하여 말할 때에 "성령께서 친히 우리를 위해 간구하시느니라"고 한 것이 과언이 아닙니다.

칼빈은 이 점에 대하여 이렇게 주석합니다. "사도가 '성령께서 말할 수 없는 탄식으로 우리를 위해 친히 간구하신다' 한 것은 '성령께서 실제로 자신을 낮추어 기도하거나 탄식하시기 때문이 아니다.' 도리어 성령께서 우리 마음을 감동하시어 마땅하게 가져야 할 소원을 갖게 하시기 때문이다. 또한 그런 소원이 뜨거운 나머지 하늘에까지 침투하여 들어갈 정도가 되게 주장하신다." 유다서에서 이점을 확증하는 대목이 있습니다. "사랑하는 자들아 너희는 너희의 지극히 거룩한 믿음 위에 자신을 세우며 '성령으로 기도하며.'"(유 1:20)

"말할 수 없는 탄식으로." 여기서 말할 수 없는 탄식을 누가 합니까? 언뜻 이 대목의 표현을 문자 그대로 취하면 '성령께서 탄식하시는 것' 같이 보입니다. 그러나 성령께서 무엇 때문에 탄식하십니까? 로이드 존스는 이 대목을 강론하면서 이렇게 말합니다. "누가 탄식하는가? 라는 질문이 떠오르게 됩니다. 어떤 이들은 '분명 성령께서 그리하실 것이다. 오직 성령께서 말로 할 수 없는 탄식으로 우리를 위해서 친히 간구하시도다'라고 하였으니 말입니다. 언뜻 그렇게 말하는 것에 하등의 문제가 없어 보입니다. 또 그 말에 찬동하면서 '우리 주 예수님께서도 탄식하지 않으셨습니까?' 라고 말하는 이들이 있습니다. 그러나 그에 대해 우리는 '주님께서는 한 사람으로서 탄식하셨다'고 대꾸할 수밖에 없습니다. 우리 주님께서는 낮아지심의 상태에서 그리하셨습니다. 그러나 하나님께서는 결코 탄식하실 일이 없습니다. 성령께서는 모든 것을 다 아시는 하나님이신데 무엇 때문에 탄식하시겠습니까? 성령께서 지식이 부족하실 리 없습니다. 복되신 성삼위의 제 3 격위(格位)이신 성령께서 전지전능하신 분으로서 무엇을 모르시겠습니까? 성령님께서 탄식하시는 것이 아닙니다. 성령님을 모시고 있는 우리 자신 속에 '탄식'이 있습니다."

그러합니다. '그런 탄식'은 불신자들에게는 전혀 없습니다. 로이드 존스는 갈라디아서 4장 6절을 이 대목의 병행구절로 제시합니다. "너희가 아들인고로 하나님이 그 아들의 영을 우리 마음 가운데 보내사 아바 아버지라 부르게 하셨느니라."(개역한글) 그 '탄식'은 성령님으로 말미암아 거듭나서 회개하고 예수님을 믿어 의롭다 하심을 받고 하나님의 영광을 알고 하나님을 아버지로 부르게 된 사람들의 정서 속에서 마땅하게 나오게 되어 있습니다. 하나님의 영광을 본 자는 그 하나님 앞에서 자기가 취할 마땅한 바를 알지 못하여 안타까워하는 심정을 토하지 않을 수 없습니다. 이사야가 하나님의 영광을 보고 어떻게 하였습니까? "그 때에 내가 말하되 화로다 나여 망하게 되었도다 나는 입술이 부정한 사람이요 나는 입술이 부정한 백성 중에 거주하면서 만군의 여호와이신 왕을 뵈었음이로다 하였더라."(사 6:5) 성령님께서 우리 속에서 역사하신 결과로 우리 속에서 '그런 탄식'이 나오는 것입니다. 우리 믿는 하나님의 자녀들에게 성령께서 주신 영적 분별력으로 말미암아 불신자들은 가질 수 없는 '탄식'

이 있다는 말입니다. 하나님 아버지께 마땅히 기도해야 할 의무감은 가지고 있습니다. 그러나 그 거룩한 도리에 합당한 기도를 드릴 능력이 없습니다. 그래서 '탄식'합니다. 그 때 성령께서 '하나님을 아바 아버지께 마땅하게 아뢸 말을 알지 못하여 탄식하는 자녀의 입장에 서서 기도할 바가 무엇인지' 알게 하시는 것입니다. 그래서 사도는 그것을 그렇게 표현한 것입니다. "오직 성령이 말할 수 없는 탄식으로 우리를 위하여 친히 간구하시느니라."

자녀의 마음을 살피시는 아버지 하나님

"8:27**마음을 살피시는 이가 성령의 생각을 아시나니 이는 성령이 하나님의 뜻대로 성도를 위하여 간구하심이니라.**" 하나님 아버지께서는 기도하는 자녀의 마음을 살피시는 분이십니다. 그래서 그 마음의 소원을 보시고 응답하시는 것입니다. 그런데 그 마음이 성령님의 인도하심을 따라 바른 소원을 아뢰면 그 기도를 응답하십니다. 이 진리는 성도의 기도생활에 큰 확신과 격려를 주는 대목입니다. 칼빈은 이 대목에서 이렇게 주석합니다. "이 말씀은 성령님으로 말미암아 드리는 우리의 기도를 하나님께서 들으신다는 우리의 확신을 강화할 근거가 된다. 왜냐하면 하나님께서는 우리가 바라는 소원을 철저하게 아시되, 마치 그 소원이 하나님의 영이신 성령님의 생각으로 아시기 때문이다. 여기서 '아신다'는 말이 얼마나 적확하게 쓰이고 있는 지를 주목해야 한다. 그 말을 통하여 하나님께서 이러한 성령님의 감동을 새롭고 이상한 것으로 여기시지 않으심을 나타내고 있다. 그리고 그 감동하심을 합당하지 못한 것으로 물리치지 않으시고 도리어 하나님께서 인정하시는 것으로 친절하게 받으심을 드러낸다. 사도 바울이 전에 하나님께서는 우리를 당신 자신의 품으로 이끌어 들이실 때 우리를 도우신다고 증거한 것 같이, 이제는 성령의 인도하심을 받는 우리의 기도가 결코 좌절되지 않는다는 위로를 더하고 있다. 사도는 즉시 그 위로의 이유를 첨가한다. 하나님께서 우리가 드리는 그 기도가 당신의 뜻과 일치함을 확증하여 주시기 때문이다. 만물을 다스리시는 하나님의 뜻에 부합한 것은 결코 헛된 데로 돌아가지 않는다는 필연적인 결론이 난다." "주께서 내 귀를 통하여 내게 들려주시기를 제사와 예물을 기뻐하지 아니하시며 번제와 속죄제를 요구하지 아니하신다 하신지라 그 때에 내가 말하기를 내가 왔나이다 나를 가리켜 기록한 것이 두루마리 책에 있나이다 나의 하나님이여 내가 주의 뜻 행하기를 즐기오니 주의 법이 나의 심중에 있나이다 하였나이다."(시 40:6-8)

실로 이 대목은 우리 모든 하나님의 자녀들에게 복된 소식이 아닐 수 없습니다. 성령께서는 하나님의 자녀들이 지상 세계의 허무맹랑하고 고통을 당하는 상황을 어떻게 믿음으로 이기고 소망 중에 즐거워하는지, 그 방식을 아시는 하나님이십니다. 지상에 있는 우리가 그리스도 안에서 성령님의 인도하심을 절대 의존하는 것은 하나님의 자녀 된 우리의 절체절명의 요건입니다. 그러면 마치 우리의 삶의 환경은 광야와 같으나 그것을 믿음으로 이기어 극복하며 소망 중에 즐거워하며 기뻐할 수 있습니다. 그러므로 우리 성도들의 지상 생애에서의 '참음으로 기다림'은 무료하고 맥없는 피동성이 아닙니다. 도리어 영적 가나안인 하늘에 있는 아버지의 집과 그리스도 재림의 날의 영광을 소망하며 나아가는 역동적인 영적 진군(spiritual progress)입니다. 그래서 존 번연은 그리스도인이 하늘에 당도하기까지의 그런 역동적인 지상 행로를 추적하며 「천로역정(天路歷程, Pilgrim's Progress)」을 제술하였던 것입니다. 그 책의 주인공 '그리스도인(Christian)'은 '하늘가는 노정(路程)'에서 믿음을 저해하고 소망을 깎아 내려 절망으로 떨어뜨리는 각종 훼방과 시험과 유혹과 고통과 박해를 이기게 하시는 하나님의 은혜, 곧 그리스도 안에 있는 하나님의 은혜를 따라 성령님의 인도를 받아 나아가고 있습니다. "내가 이같이 우매 무지함으로 주 앞에 짐승이오나 내가 항상 주와 함께 하니 주께서 내 오른손을 붙드셨나이다 주의 교훈으로 나를 인도하시고 후에는 영광으로 나를 영접하시리니 하늘에서는 주 외에 누가 내게 있으리요 땅에서는 주 밖에 내가 사모할 이 없나이다 내 육체와 마음은 쇠약하나 하나님은 내 마음의 반석이시요 영원한 분깃이시라 무릇 주를 멀리하는 자는 망하리니 음녀 같이 주를 떠난 자를 주께서 다 멸하셨나이다."(시 73:22-27) 아멘.

39

모든 것을 합력하여 선을 이루시는 하나님

8:28 우리가 알거니와 하나님을 사랑하는 자 곧 그의 뜻대로 부르
심을 입은 자들에게는 모든 것이 합력하여 선을 이루느니라
8:29 하나님이 미리 아신 자들을 또한 그 아들의 형상을 본받게 하
기 위하여 미리 정하셨으니 이는 그로 많은 형제 중에서 맏아들이
되게 하려 하심이니라
8:30 또 미리 정하신 그들을 또한 부르시고 부르신 그들을 또한 의
롭다 하시고 의롭다 하신 그들을 또한 영화롭게 하셨느니라
8:31 그런즉 이 일에 대하여 우리가 무슨 말 하리요 만일 하나님이
우리를 위하시면 누가 우리를 대적하리요

우리가 지상에서 사는 날 동안 우리 눈에 보이거나 들리거나 손에 만져지거나 일어나는 모든 일들 그 자체 속에서 우리의 위로와 기쁨과 행복을 발견하려는 시도는 그 자체가 어리석은 것입니다. 물론 사람들이 하나님의 섭리 속에서 주어진 몫이 없지 않습니다. "사람이 하나님께서 그에게 주신 바 그 일평생에 먹고 마시며 해 아래에서 하는 모든 수고 중에서 낙을 보는 것이 선하고 아름다움을 내가 보았나니 그것이 그의 몫이로다."(전 5:17) 그러나 우리 자신에게 주어진 몫이나 우리와 연관되어 일어나는 일들 자체 속에서 진정한 기쁨과 행복감을 장구하게 누리는 일은 불가합니다. '이 일로 나는 행복하다' 하면 머지않아 '그 일로 나는 결국 괴롭게 되었네'라고 말하지 않을 수 없습니다.

그럼 우리 주님을 믿는 이들은 어디서 그 위로와 기쁨과 참된 행복의 끈을 찾을 수 있습니까? '그리스도 우리 주 예수 그리스도 안에서 우리를 향하신 하나님의 영원한 목적' 속에서만 찾을 수 있습니다. 사도는 앞에서 땅에 있는 성도가 지상 생애에서 만나는 외적인 조건은 '허사와 썩어짐의 종노릇하는 피조물'의 실상과 연결되어 있습니다. 그래서 성도는 그런 조건 자체 속에서는 참된 위로를 발견할 수 없습니다. 물론 성도가 아직도 완전 성화(聖化)에 이르지 못하였기에 '육신의 생각'에 빠져 그런 조건 자체 속에서 위로와 기쁨을 찾고자 하는 시도도 하는 것이 사실입니다. 그러나 '성령의 인도를 받는 영의 생각' 속에서는 그런 시도에서 돌이키게 됩니다. 그래서 성도가 이 세상의 외적인 조건으로는 그 믿음의 행로가 저해를 받지만, 여전히 아버지께서 그리스도 안에서 보혜사로 우리에게 보내신 성령님으로 말미암아 그 믿음의 행로가 지속되는 것입니다. "이와 같이 성령도 우리의 연약함을 도우시나니 우리는 마땅히 기도할 바를 알지 못하나 오직 성령이 말할 수 없는 탄식으로 우리를 위하여 친히 간구하시느니라 마음을 살피시는 이가 성령의 생각을 아시나니 이는 성령이 하나님의 뜻대로 성도를 위하여 간구하심이니라."(롬 8:26,27)

누가 하나님을 사랑하는가?

"8:28**우리가 알거니와 하나님을 사랑하는 자 곧 그의 뜻대로 부르심을 입은 자들에게는 모든 것이 합력하여 선을 이루느니라.**" "우리가 알거니와"라는 표현은 '우리가 앞에서 알아 본 바에서 나오는 확실한 결론'을 제시하는 사도 특유의 방식입니다. 앞에서 사도는 현세의 조건이 본질상 우리 믿음과 소망과는 부합하지 않음을 말하였습니다. 그럼에도 불구하고 우리의 믿음과 소망이 견지되게 하시는 '하나님의 은혜의 방식'이 있습니다. 그러니 어떤 환경과 처지에서도 그 방식을 통해서 주시는 은혜를 받으면 능히 믿음을 지킬 수 있습니다. 사도는 그것을 바로 이 구절로 표현하고 있습니다.

"**하나님을 사랑하는 자 곧 그 뜻대로 부르심을 입은 자들에게는.**" 사도는 그 요점을 말하기 전에 먼저 구원받을 만한 믿음의 사람들이 세상에 속한 사람들과 구분되는 중요한 특징을 말하고 있습니다. 그들은 "하나님을 사랑하는 자"입니다. 물론 그들 편에서 먼저 하나님을 찾고 사랑하게 된 것은 아닙니다. "사랑은 여기 있으니 우리가 하나님을 사랑한 것이 아니요 하나님이 우리를 사랑하사 우리 죄를 속하기 위하여 화목 제물로 그 아들을 보내셨음이라."(요일 4:10) 하나님께서 그리스도 예수님 안에서 자기를 사랑하시어 죄에서 구원하여 주심을 진실로 믿는 자가 아니면, 그는 아직 '하나님의 사랑'을 모르는 자입니다. 그런 이가 무엇 때문에 하나님을 사랑할 수 있겠습니까? 우리를 포함한 모든 인생들은 본성적으로는 '하나님을 사랑하는 것이 아니라 미워합니다.' 아니, 하나님께서 진정 살아 계실 개연성(蓋然性)을 열어 놓고 '신의 존재 여부'에 대한 논의를 하는 진지함에 이르는 모습을 보이기도 하나 그 진지함은 비 없는 구름일 뿐입니다. 도리어 사람들의 속내는 하나님이 계시지 않기를 간절하게 바라는 마음입니다. 만일 하나님께서 계시다면 자기들의 행하는 바가 대번에 방해를 받을 것이라고 여겨 '신은 존재할 리가 없지' 하면서 자위(自慰)해 버립니다. 그러니 '하나님을 사랑한다'는 것은 성령님으로 말미암아 거듭나지 않는 자가 이르기에는 말로 할 수 없이 높고 높은 차원입니다. 사람이 성령님에 의하여 거듭나 하나님의 살아세심과 자신이 그 하나님 앞에서 아무것도 내어 놓을 것이 없는 철저한 죄인임을 진실로 알게 될 때에야 비로소 그리스도 예수님 안에 있는 하나님의 사랑을 믿고 알게 되는 것입니다. 우리 주님께서 말씀하신 것이 바로 그것을 가리키는 것이지요. "진실로 진실로 네게 이르노니 사람이 거듭나지 아니하면 하나님의 나라를 볼 수 없느니라."(요 3:3) "우리가 아직 죄인 되었을 때에 그리스도께서 우리를 위하여 죽으심으로 하나님께서 우리에 대한 자기의 사랑을 확증하셨느니라."(롬 5:8) "하나님의 사랑이 우리에게 이렇게 나타난바 되었으니 하나님이 자기의 독생자를 세상에 보내심은 그로 말미암아 우리를 살리려 하심이라."(요일 4:9) 그러니 구속적(救贖的)인 사랑을 믿고 알고 그 은혜로 구원받음을 알고 기뻐하고 감격하는 자가 아니면 어떻게 하나님을 사랑하는 자가 될 수 있습니까? 그런 줄기에서 여기 사도가 말하는 대로 '하나님을 사랑하는 자'의 씨를 갖지 않은 자는 '구원받을 만한 믿음(saving faith)'의 소유자가 아닙니다. 그러므로 사도가 말하는 '하나님을 사랑하는 자'는 누구입니까? 이 로마서에서 줄기차게 강조되는 대로 그리스도 예수님 안에 있는 믿음으로 말미암아 은혜로 값없이 의롭다 하심을 받고 하나님의 자녀가 되어 그 은혜에 합당하게 하나님을 사랑하고 순종하는 성화(聖化)의 삶을 살아가는 참 믿음의 사람입니다.

"곧 그 뜻대로 부르심을 입은 자들에게는." 사도는 "하나님을 사랑하는 자"는 "하나님의 뜻대로 부르심을 입은 자"라고 말합니다. 하나님의 택하심을 받고 그리스도 안에서 구속(救贖, 또는 贖良)을 받고 말씀을 통하여 거듭나게 하시고 회개하여 예수님을 믿게 된 사람들이 "하나님의 뜻대로 부르심을 입은 자들"입니다. 우리도 본래는 어떤 사람들이었습니까? "우리도 전에는 어리석은 자요 순종하지 아니한 자요 속은 자요 여러 가지 정욕과 행락에 종 노릇 한 자요 악독과 투기를 일삼은 자요 가증스러운 자요 피차 미워한 자였으나."(딛 3:3) 그러나 우리가 그리스도 안에서 어떤 사람이 되었습니까? "우리 구주 하나님의 자비와 사람 사랑하심이 나타날 때에 우리를 구원하시되 우리의 행한 바 의로운 행위로 말미암지 아니하고 오직 그의 긍휼하심을 따라 중생의 씻음과 성령의 새롭게 하심으로 하셨나니 우리 구주 예수 그리스도로 말미암아 우리에게 그 성령을 풍성히 부어 주사 우리로 그의 은혜를 힘입어 의롭다 하심을 얻어 영생의 소망을 따라 상속자가 되게 하려 하심이라."(딛 3:4-7)

'선(善)'의 정체

"모든 것이 합력하여 선을 이루느니라." 성경에서 오해하기 쉬운 대목들이 많은데 바로 이 대목도 그러합니다. 그러지 않기 위해서는 사도가 여기서 말하는 '선(善)'의 정체가 무엇인지를 알아야 합니다. 그렇지 않으면 우리 사람의 차원에서 '행복하고 유익한 열매'로 오인하여 그 뜻을 '흙'의 수준으로 내려뜨리기 마련입니다. 어떤 설교자는 이 대목을 설명할 때 '새옹지마(塞翁之馬)'라는 옛 고사성어(古事成語)를 들어 여기서 말하는 '선'을 이해시키려 합니다. 그러나 그것은 여기서 사도가 말하고자 하는 바를 왜곡하는 처사에 불과합니다. 여기서 사도는 '모든 것들을 섭리하시고 주장하시어 당신의 뜻을 이루시는' 수권적인 하나님의 행사에 초점을 맞추고 있습니다. 이 대목을 그런 식으로 접근하지 않고 '우연(偶然)의 소산' 정도로 이해하게 하면 큰 잘못입니다. 세상에 '우연'이란 말은 있으나 '우연'의 실체는 없습니다. 우리 사람이 보기에 '어떤 일이 선후과정이나 인과관계의 추적을 불허한 가운데서 예측하지 못하게 갑자기 벌어져 전혀 뜻하지 않는 결과를 가져오는 경우' 그것을 '우연(偶然)'이라 합니다. 그러나 우리 사람의 인식의 한계(限界) 내에서만 '우연'으로 보일 뿐 사실은 그렇지 않습니다. "참새 두 마리가 한 앗사리온에 팔리지 않느냐 그러나 너희 아버지께서 허락하지 아니하시면 그 하나도 땅에 떨어지지 아니하리라."(마 10:29) 하나님께서는 만유(萬有)의 주재(主宰)로 그 통치와 섭리 아래 우주와 그 중에 있는 모든 존재들을 관할하고 계십니다. 그러므로 "모든 것을 합력하여 선을 이루느니라"는 표현을 그런 전제로 접근해야 합니다.

"선을 이루느니라." '선을 이룬다'는 말은 성경에서 '하나님의 의도하신 대로 일이 되어 간다'는 뉘앙스를 가지고 있습니다. 창세기 1장에 기록된 하나님의 창조 기사(記事)를 보십시오. "하나님이 이르시되 빛이 있으라 하시니 빛이 있었고 그 빛이 하나님이 보시기에 좋았더라… 하나님이 지으신 그 모든 것을 보시니 보시기에 심히 좋았더라 저녁이 되고 아침이 되니 이는 여섯째 날이니라."(창 1:31) 그러므로 "선을 이루느니라"는 표현은 인간적인 시각으로 볼 때 '일이 잘 되어 간다'는 것이 아니라 '하나님께서 이루시려고 예정하신 뜻이 이루어져 간다'는 뜻으로 이해해야 합니다. 그런 의식을 가지고 사도가 다음 구절들에서 무어라 하는지 주목하십시오. '하나님께서 사랑하시는 우리를 위하여 세우신 하나님의 예정하신 뜻과 그 뜻의 시행'을 장엄하고 함축적으로 묘사하고 있지 않습니까?

"8:29하나님이 미리 아신 자들을 또한 그 아들의 형상을 본받게 하기 위하여 미리 정하셨으니." "하나님이 미리 아신 자들"은 바로 앞에서 말한 "하나님을 사랑하는 자 곧 그 뜻대로 부르심을 입은 자들"입니다. 여기서 '미리 하셨다'는 것은 모든 것을 아시는 하나님의 전지성(全知性)을 훨씬 뛰어 넘는 개념입니다. 하나님께서는 모든 것을 다 아십니다. 그러나 여기서 "하나님께서 미리 아셨다"는 것은 단순한 전지성이 아니라 '하나님께서 창세전부터 예정하신 뜻 속에서 사랑하시어 택하시어 아신다'는 말입니다. 칼빈은 이 점에 대하여 분명하게 말합니다. "여기서 하나님이 미리 아셨다는 것은 단순한 하나님의 전지성이 아니라 아들들로 받기로 어떤 자들을 구분하여 예정하셨음을 지시한다." 이에 대하여 '누구는 택하시고 누구는 버려두신 것은 공평하시고 의로우신 하나님의 행사에 부합하지 않는다'고 반기를 드는 일이 있습니다. 이 문제는 로마서 9

장을 다룰 때에 가서 더 자세하게 다루겠습니다. 다만 사람 편에서 자신을 분발하여 먼저 하나님을 찾고 믿는 일은 영적으로 죽은 사람에게서는 나올 수 없는 일입니다. 어떤 사람이든지 하나님께서 지명하여 부르지 않으시면 아무도 주님을 찾을 리가 없습니다. '죽은 자가 자신을 분발시켜 선한 일을 하게 할 수 있다'는 논리가 더 이치에 합당하지 못하다고 보아야 합니다. 이사야를 통해서 하나님께서 말씀하셨습니다. 신, 구약을 막론하고 성경 전체가 하나님의 주권적인 선택에 대해서 말하고 있음을 누가 부인하겠습니까! "야곱아 너를 창조하신 여호와께서 지금 말씀하시느니라 이스라엘아 너를 지으신 이가 말씀하시느니라 너는 두려워하지 말라 내가 너를 구속(救贖)하였고 내가 너를 지명하여 불렀나니 너는 내 것이라."(사 43:1) "그 기쁘신 뜻대로 우리를 예정하사 예수 그리스도로 말미암아 자기의 아들들이 되게 하셨으니."(엡 1:5) "하나님이 그 미리 아신 자기 백성을 버리지 아니 하셨나니."(롬 11:2) 그러므로 '하나님께서 어떤 이들을 택하시고 다른 이들을 버려 두신 일'은 하나님의 주권적인 은혜의 행사로 받아야 합니다. 만일 '하나님의 공평과 정의'를 내세우는 순간 '본질상 그렇게 말하는 사람도 포함하여 모든 인생이 하나님의 공의로운 진노의 대상으로 지옥으로 던져져야 마땅함'을 스스로 주장하는 셈이 됩니다.

사도는 이 구절로 앞 절에서 말한 '선(善)'의 목적, 곧 하나님께서 그리스도 안에서 사랑하시어 택하신 백성들을 위해서 세우신 구원의 목적이 지향하는 최고의 정점(頂點)을 표현하고 있습니다. 28절에서 "하나님을 사랑하는 자 곧 그 뜻대로 부르심을 입은 자들"을 여기서는 "하나님께서 미리 아신 자들"이라고 표현합니다. 하나님께서는 창세전에 그들을 향하여 어떤 자들로 세우시려고 뜻을 정하셨다고요? "또한 그 아들의 형상을 본받게 하기 위하여 미리 정하셨으니." 우리 아버지 하나님께서 이 목표를 따라 우리를 다루십니다. 그러므로 우리에게 일어나는 모든 일들은 다 바로 그런 차원에서 일하시는 하나님의 행사들 속에 들어 있습니다. 그 어느 것 한 가지도 '우발적으로 무의미하게' 우리에게 일어날 수 없습니다. 칼빈은 이에 대하여 말하였습니다. "신실한 하나님의 자녀들이 당하는 환난들은 그리스도의 형상을 본받기 위한 방식이다. 사도가 앞에서 말한 것 같이 그런 일이 필요하다. 그러니 우리가 하나님의 택하심을 믿을진대 그 환난이 부당하고 슬픈 일로 여길 하등의 이유가 없다. 우리를 택하심으로 말미암아 우리가 구원받아 살리심을 받기로 예정되어 있었다. 우리가 하나님의 아들의 형상을 본받아 하늘에 속한 영광을 누리기로 예정되어 있었다. 그것을 믿지 않으면 몰라도 믿는다면 말이다."

"미리 정하셨으니." 하나님께서는 예정하신 뜻을 반드시 이루십니다. 사도가 '에베소에 있는 그리스도 안에 있는 신실한 자들에게 보낸 편지'인 에베소서에서 그 진리를 선명하게 천명하였습니다. "찬송하리로다 하나님 곧 우리 주 예수 그리스도의 아버지께서 그리스도 안에서 하늘에 속한 모든 신령한 복을 우리에게 주시되 곧 창세 전에 그리스도 안에서 우리를 택하사 우리로 사랑 안에서 그 앞에 거룩하고 흠이 없게 하시려고 그 기쁘신 뜻대로 우리를 예정하사 예수 그리스도로 말미암아 자기의 아들들이 되게 하셨으니."(엡 1:3-5) 여기서 우리는 하나님께서 우리를 택하시어 어떤 사람으로 세우려 하셨는지를 보여주는 매우 선명한 표현을 보게 됩니다. "창세전에 그리스도 안에서 우리를 택하사 우리로 사랑 안에서 그 앞에 거룩하고 흠이 없게 하시려고." 바로 '사랑 안에서 하나님 앞에서 거룩하고 흠이 없는 자'는 누구입니까? 그리스도의 형상을 완전하게 본받은 자입니다. 실로 죄로 말미암아 영원한 하나님의 진노로 파멸에 처할 자들 중에서 당신의 주권적인 사랑과 긍휼로 택하시어 하나님의 아들 그리스도의 형상을 본받게 하시려고 예정하셨다니, 그 하나님의 목적(뜻)은 장엄하고 아름답기 그지없습니다. 이 영예와 행복을 안은 사람은 온 우주를 자기 소유로 한 사람 보다 더 행복합니다. 하나님께서 우리를 죄에서 구원하시어 자녀로 삼으시고 도달하게 하려는 목표는 "그리스도의 완전한 형상을 본받게 하는 것"입니다.

"이는 그로 많은 형제 중에서 맏아들이 되게 하려 하심이니라." 여기서는 예수 그리스도의 '장자권(長子權)'을 말하고 있습니다. 우리 주 예수님은 신적 본제(本體)로는 '성부 하나님과 동등되신 아들'이십니다. 그리나 그리스도께서 자신을 낮추시어 당신이 친히 택하신 백성들의 중보자와 대속주가 되심으로 양자(養子)된 그들과 연합하셨습니다. 그리하여 그들과 '형제 관계'에 들어가신 것입니다. 형제들은 한 아버지의 아들들로서 그 아버지의 기업을 무를 상속자들입니다. 그리스도 안에서 택하심을 받고 구속함을 받아 죄 사함과 의롭다 하심을 받음으로 하나님의 자녀가 된 자들은 즉시 '맏아들이신 그리스도와 함께 하나님의 영광을 물려받을 상속자들'이 되었습니다. "자녀이면 또한 상속자 곧 하나님의 상속자요 그리스도와 함께 한 상속자니 우리가 그와 함께 영광을 받기 위하여 고난도 함께 받아야 할 것이니라."(롬 8:17) 그런 영예를 얻은 우리는 마땅히 '맏아들이신 그리스도의 형상'을 본받아야 합니다. "그리스도와 함께 한 상속자"는 되었다 하면서 그 품격이 '그리스도의 형상'에 미치지 못한 데서 머물러 버린다면 앞뒤가 맞지 않습니다. 그래서 하나님께서는 '맏아들이신 그리스도의 형상을 본받게 하시려는 목적'을 세우시어 그 뜻을 반드시 이루십니다. 사도는 하나님께서 택하신 백성들을 위하여 세우신 계획과 목표의 '끊어질 수 없는 장엄한 사슬'을 다음 구절에서 광포합니다.

예정에서 영화로 이어지는 사슬

"8:30**또 미리 정하신 그들을 또한 부르시고 부르신 그들을 또한 의롭다 하시고 의롭다 하신 그들을 또한 영화롭게 하셨느니라.**" 하나님께서 당신의 주권으로 미리 정하신 택한 자들을 위한 계획과 목표에 따라 일이 진행되어 반드시 그 완전한 성취에 이르게 될 것을 사도는 광포하고 있습니다. 로이드 존스는 이 대목을 강론하면서, '이 말씀은 그리스도 안에서 택하시고 부르신 자들을 향한 하나님의 목적이 결코 중단되지 않고 완성점에 이어질 것을 보여주는 거룩한 은혜의 사슬이라'고 하였습니다. 실로 '그 은혜의 사슬은 어떤 장애와 훼방을 받아도 결코 끊어질 수 없는 사슬'입니다. 하나님께서 창세전에 예정하신 자들 중에서 복음의 말씀으로 부르심을 받지 못하는 자가 한 사람도 있을 수 없습니다. 그렇게 복음의 말씀으로 부르심을 받아 거듭나서 회개하고 예수 그리스도를 믿는 이들 중에 '믿음으로 말미암아 은혜로 값없이 의롭다 하심'을 받지 못한 자가 한 사람도 있을 수 없습니다. 또 그렇게 '의롭다 하심'을 받은 자들 중에서 주님의 재림 때에 영화로운 부활에 참여하지 못하는 이가 한 사람도 있을 수 없습니다. 만일 그런 일이 일어난다면, 하나님의 이름과 그 영광에 중대한 타격이 될 것이고, 하나님의 하나님 되심을 의심하게 하려는 사탄과 그 세력들이 일제히 일어나 하나님을 탄핵하려 들 것이고 그 탄핵에 대해 하나님께서는 할 말씀이 없게 될 것입니다. 그런 일은 사실 상상 조차 할 수 없습니다. 그래서 우리 주 예수님께서 이 요점과 관련하여 분명하게 말씀하셨습니다. "내가 하늘에서 내려온 것은 내 뜻을 행하려 함이 아니요 나를 보내신 이의 뜻을 행하려 함이니라 나를 보내신 이의 뜻은 내게 주신 자 중에 내가 하나도 잃어버리지 아니하고 마지막 날에 다시 살리는 이것이니라."(요 6:38,39) 요즘 근래에 와서 이 '은혜의 사슬'을 무시하는 신학자들이 등장하여 비성격적인 주장을 하고 있는 것은 참으로 통탄할 일입니다. 그들은 '믿음으로 말미암아 값없이 의롭다 하심을 받는다는 이신칭의 교리가 루터나 칼빈 같은 종교개혁자들이 당시 로마 가톨릭과의 논쟁 중에 나온 교리이니 새롭게 검도되어야 한다'고 주장합니다. 그런 관점을 가진 자들을 가리켜 '바울 신학의 새 관점주의자들'이라 합니다. 그러나 여기 사도가 말하는 바를 보면, '선택, 복음적 소명, 이신칭의, 영화(榮化)'를 중단될 수 없는 하나님의 은혜의 계획이 완전 실행되어 그 정점에 이르게 될 것을 천명하고 있습니다. 그것은 '하나님의 완전성'을 전제한 논리입니다.

"의롭다 하신 그들을 또한 영화롭게 하셨느니라." 칼빈은 이 대목의 주석에서 이렇게 말하고 있습니다. "바울 사도가 히브리어 문법의 형식을 모방하여 여기서 현재 시상의 동사(動詞)를 사용하지 않고 과거 동사를 사용하였다." 히브리어 문법에서는 과거, 현재, 미래와 같은 시제가 분명하지 않습니다. 다만 어떤 동작이 계속되고 있는지 완료된 것인지를 구분하기 위해서만 동사를 쓰고 있습니다. 그래서 칼빈은 "사도가 여기서 계속되는 동작을 가리키고 있음을 조금도 의심할 수 없다"고 하였습니다. "사도가 의도하는 요점은 이러하다. '하나님께서 지금 계속 당신의 목적을 부단하게 성취하여 나가고 계시기에 십자가를 짐과 같은 환난을 당하고 있는 이들은 부르심을 입고 의롭다 하심을 받아 구원의 소망을 가지게 하셨다. 그래서 이 땅에 있는 동안 낮아진 조건에 있다 하여도 그들에게 부여된 영광은 조금도 훼손되지 않는다. 왜냐하면 그들이 당하고 있는 현재의 비참 때문에 세상 사람들의 눈에는 누추해 보이나 하나님과 천사들 앞에서 그들의 영광은 항상 완전한 것으로 빛나고 있다.'"

하나님의 행사는 뜻이 정해지면 아직 그 뜻이 실행되어 완성에 이르지 않았어도 이미 다 이루어진 것이나 마찬가지입니다. 왜냐하면 하나님께서는 완전하시기 때문입니다. 그 정하신 뜻이 완전하기 때문에 중도에 수정되거나 중단되거나 포기되는 일은 없습니다. 사탄은 하나님의 뜻을 알고도 계속 그 뜻을 훼방하고 중도에 멈추게 하려는 시도를 계속해 왔습니다. 창세 이후 계속 그 일을 해왔고 언뜻 마귀가 이긴 것 같은 착각에 빠질 정도로 그 시도가 성공한 것 같아 보이기도 하였습니다. 예를 들어 구약 에스더는 구속사(救贖史)의 줄기를 단절시키려한 사탄의 악한 계교가 어떻게 진행되었으며, 그것이 어느 정도까지 성공한 것 같이 보였으며, 끝내 그 계교가 어떻게 말살되었는지를 보여주는 말씀입니다. 사탄은 세상에 있는 하나님의 성소인 교회, 곧 '성도들의 진(陳)'을 흩어 버리려고 갖은 박해와 회유의 방도를 계속 사용하고 있습니다. 그러나 성도를 향하신 하나님의 목적은 결코 변개되지도 중단되거나 포기되지 않습니다. 그리하여 그리스도의 날에 '창세전에 사랑 가운데서 택하신 자들 중에 한 사람도 잃어버리지 않고 하나님 앞에 흠이 없고 거룩한 그리스도의 형상을 본받는 자'로 영화롭게 될 것입니다(엡 1:3-5).

어떤 경우에도 하나님을 찬미할 이유

이런 하나님께서 오늘도 그리스도 안에 있는 우리를 지키시고 다루시고 섭리하시되 '하나님의 그 예정하신 뜻이 이루어져 하나님 보시기에 좋은 것, 곧 모든 것이 합력하여 선을 이루게 하시는 방식으로' 하실 것입니다. 그래서 우리는 어떤 경우에도 하나님의 은혜의 영광을 찬미하고 감사하고 기뻐해야 할 이유를 가지고 있습니다. "주 안에서 항상 기뻐하라 내가 다시 말하노니 기뻐하라."(빌 4:4) "쉬지 말고 기도하라 범사에 감사하라 이것이 그리스도 예수 안에서 너희를 향하신 하나님의 뜻이니라 성령을 소멸하지 말며 예언을 멸시하지 말며 범사에 헤아려 좋은 것을 취하고 악은 어떤 모양이라도 버리라 평강의 하나님이 친히 너희를 온전히 거룩하게 하시고 너희의 온 영과 혼과 몸이 우리 때에 흠 없게 보전되기를 원하노라 너희를 부르시는 이는 미쁘시니 그가 또한 이루시리라."(살전 5:16-24)

여기서 우리는 '선택, 부르심, 거듭나게 하심, 회개하게 하심, 믿음을 갖게 하심, 의롭다 하심, 양자로 받아 주심, 그리스도의 형상을 향하여 점증적으로 거룩하게 하심, 성도로 견인하게 하심, 곧 믿음을 끝까지 견디어 내게 하시어 그리스도의 날에 영화롭게 하심 - 그 하나님의 은혜의 영광스러운 사슬의 고리가 중간에 결코 끊어지는 일이 없음'을 확신하게 됩니다. 그러니 우리의 구원의 확신은 '전적으로 그리스도 예수 우리 주님 안에 있는 하나님의 은혜의 소산'입니다. 성령께서 그런 의식을 우리에게 물 붓듯이 부어 주십니다. 아멘.

40

누가 우리를 대적하리요

8:31 그런즉 이 일에 대하여 우리가 무슨 말 하리요 만일 하나님이
우리를 위하시면 누가 우리를 대적하리요
8:32 자기 아들을 아끼지 아니하시고 우리 모든 사람을 위하여 내
주신 이가 어찌 그 아들과 함께 모든 것을 우리에게 주시지 아니하
겠느냐
8:33 누가 능히 하나님께서 택하신 자들을 고발하리요 의롭다 하
신 이는 하나님이시니
8:34 누가 정죄하리요 죽으실 뿐 아니라 다시 살아나신 이는 그리
스도 예수시니 그는 하나님 우편에 계신 자요 우리를 위하여 간구
하시는 자시니라

사도는 우리가 지상에서 사는 날 동안 우리 믿음은 항상 대적(對敵)의 상태에 있음을 유념하고 있습니다. 그래서 그런 정황 속에서 앞에서 말한 바 '하나님의 거룩한 목적'에 비추어 그 상황 속에서 어떤 논리로 그들을 대항해야 할지를 가르쳐 줄 필요가 있다고 여기고 진술을 첨가하고 있습니다. 그러합니다. 우리 믿음은 마치 온실 속에서 각종 보호막에 둘러싸인 식물(植物)과 같지 않습니다. 겉으로 보기에는 마치 '북풍한설'을 견디어내야 하는 나무와 같습니다. 우리 믿음을 방해하는 세력은 그런 상황을 이용하여 우리 마음의 시선을 주님께로부터 떼어내서 '현실과 상황 자체'를 주목하게 합니다. 그런 다음에 우리 마음에 속삭입니다. '그것을 보라. 하나님이 너를 사랑하시며 위하신다는 증거가 어디 있느냐? 오히려 그 정반대가 아니냐?' 그런 방식으로 우리 마음을 낙담하게 합니다. 또한 거기서 성공하지 못하면 우리 속에 있는 옛 사람의 잔재로부터 오는 연약을 빌미로 우리가 하나님께 받고 있다는 사랑의 진실성을 의심하게 만들기도 합니다. 그런 현실 속에 있는 우리가 어떤 논리로 그 시험과 훼방을 극복하며 담대할 수 있는지 배우는 것은 실로 중요합니다. 그 점에 착념하면서 이 대목의 말씀을 학습하는 것이 우리의 복입니다.

대적하는 환경을 극복하기

"**8:31그런즉 이 일에 대하여 우리가 무슨 말하리요.**" 사도는 우리로 하여금 '앞에서 그가 말한 것'에 비추어 우리가 주어진 여러 상황 속에서 어떻게 대처해야 할지, '무슨 말'로 그 상황을 대응해야 할지 스스로 생각해 보라고 합니다. 여기서 '이 일'은 단수가 아니라 '이것들(these things)'

입니다. 사도는 말하고 있습니다. “우리가 지금까지 살펴 본 바와 같이 하나님께서 우리를 위해서 창세전에 예정하신 뜻을 한 치도 오차 없이 그리스도 예수님의 날에 완성하시어 영화롭게 될 절대 소망을 가지게 되었다. 그런 것들이 우리를 받치고 있는데 우리의 현실을 어떤 논리로 접근하여 극복하며 이겨야 할 것인가 생각해 보자.”

“하나님이 우리를 위하시면 누가 우리를 대적하리요.” 사도는 이 말로 우리가 처한 모든 상황에서 가장 우선해야 할 대 전제를 선포하고 있습니다. 물론 사도가 여기서 가정문의 형식을 취하면서 반문하는 것은, 없는 사실을 가상해 보는 방식으로 말한 것이 아닙니다. 천지가 없어져도 폐해지지 않을 확실한 사실에 비추어 반드시 도달하게 되어 있는 논리적 결말을 유도하려고 가정문의 형식을 빌려 반문하고 있습니다. 실로 우리는 어떤 상황에서도 “하나님이 우리를 위하신다”는 대 전제를 믿음으로 천명해야 합니다.

“하나님이 우리를 위하시면.” ‘우리를 위하시는 하나님의 방식’은 사람의 수준이 아닙니다. 앞에서 사도가 말한 바대로 ‘모든 것을 합력하여 우리를 위한 하나님의 선하신 목적을 이루어 나가시는 차원’에서 가장 알맞게 주장하시는 차원에서 위하십니다. “내 영혼을 소생시키시고 자기 이름을 위하여 의의 길로 인도하시는도다 내가 사망의 음침한 골짜기로 다닐지라도 해를 두려워하지 않을 것은 주께서 나와 함께 하심이라 주의 지팡이와 막대기가 나를 안위하시나이다.”(시 23:3,4) “내가 하나님을 의지하였은즉 두려워하지 아니하리니 사람이 내게 어찌하리이까.”(시 56:11) 칼빈은 이에 대하여 말합니다. “하늘 위에나 아래서나 하나님의 팔을 대항하여 이길 세력은 전혀 없다. 하나님께서 우리를 지키시는 분이시니 어떤 해(害)라도 받을 염려가 없다… 경건한 영혼은 성령님의 내적 증언을 의뢰해야지 외양의 일들을 보고 낙담하지 말아야 한다."

선진들의 믿음의 사유(思惟)

"8:32**자기 아들을 아끼지 아니하시고 우리 모든 사람을 위하여 내주신 이가.**" 사도의 이 논리는 실로 우리를 대적하는 모든 세력들을 맞아 싸우려 할 때 무장하는 영적 전신갑주에서 우리가 띠어야 하는 '진리의 허리 띠'임에 분명합니다. 하나님께서는 영원부터 영원까지 '당신 자신의 품속에 계신 독생하신 하나님'을 우리 위하여 내어 주셨습니다(요 1:18). 그러니 '하나님께서 우리를 위하시는 그 한도' 속에 들어가지 못할 처지나 상황이 없습니다. 그러므로 우리가 어떤 상황에서도 그에 필요한 은혜를 주실 것을 확신하고 기다려야 함은 너무나 당연합니다. 우리 눈에 보기에 어떠하다 할지라도 말입니다.

우리가 성경에서 만나는 믿음의 선진들 중에 믿음의 대적들이 없는 상황에 처한 적이 없습니다. 상황은 모두 낙심하기에 알맞은 상황입니다. 그러나 믿음으로 그 모든 것을 이겨냈습니다. 예레미야는 백성들의 죄와, 경고해도 회개할 줄 모르는 백성들의 무지와, 하나님의 징치로 바벨론의 강력한 세력들이 들어와 유다를 초토화할 상황을 내다보면서 울고 또 울었습니다. "내 눈이 눈물에 상하며 내 창자가 끓으며 내 간이 땅에 쏟아졌으니 이는 처녀 내 백성이 패망하여 어린 자녀와 젖 먹는 아이들이 성읍 길거리에 기절함이로다."(애 2:11) 그러나 예레미야의 정서는 그것이 전부였습니까? 들어 보십시오. "스스로 이르기를 나의 힘과 여호와께 대한 내 소망이 끊어졌다 내 고초와 재난 곧 쑥과 담즙을 기억하소서 내 마음이 그것을 기억하고 내가 낙심이 되오나."(애 3:18-20) 그러나 예레미야는 그것으로 자기 마음을 확정지었는가요? 아닙니다. 그가 마음 깊이 담아 둔 진리가 있었습니다. "내가 내 마음에 담아 두었더니 그것이 오히려 나의 소망이 되었사옴은 여호와의 인자와 긍휼이 무궁하시므로 우리가 진멸되지 아니함이니이다 이것들이 아침마다 새로우니 주의 성실하심이 크시도소이다 내 심령에 이르기를 여호와는 나의 기업이시니 그러므로 내가 그를 바라리라 하도다."(애 3:21-24)

예레미야는 마음에 담아 둔 '여호와의 인자와 긍휼의 무궁함'은 무엇입니까? 바로 '우리 주 예수 그리스도 안에서 자기 백성들을 사랑하사 구원하시려고 창세전에 세우신 뜻과 하나님의 나라에 대한 계획'이 아니면 무엇이겠습니까? 그는 하나님의 계시로 말미암아 기가 막힐 상황이 자기 나라 유다에 벌어질 것을 내다보았습니다. 그의 정서는 두려움과 낙담과 상심의 최극단에까지 내려갔었습니다. 그러나 거기에 자기 전체를 몰입하고 자기편에서 그 상황에 대한 종지부를 찍지 않았습니다. 도리어 그는 하박국 같이 그리스도 안에 있는 하나님의 거룩하심과 자비하심을 깊이 묵상하고, 그 하나님의 뜻에서 자기 소망의 이유를 찾았습니다. 그것이 바로 믿음의 사유(思惟)입니다. "비록 … 없을지라도 나는 여호와로 말미암아 즐거워하며 나의 구원의 하나님으로 말미암아 기뻐하리로다."(합 3:17,18) 하박국은 현실이 주는 모든 좌절의 파고를 극복하고 영적으로 견고하게 서게 하시는 하나님을 노래합니다. "주 여호와는 나의 힘이시라 나의 발을 사슴과 같게 하사 나로 나의 높은 곳에 다니게 하시리로다."(합 3:19)

더하여, 시편 23편 기자인 다윗을 감동하신 성령께서 그리하게 하신 것입니다. "여호와는 나의 목자시니 내게 부족함이 없으리로다."(시 23:1) 양은 스스로 생존할 능력이 없습니다. 그러니 양의 존재 자체와 그 행복의 조건 모두가 그 목자에게 달려 있습니다. 양의 행복은 그 '목자의 수준'에 의존되어 있습니다. 그런데 그 목자가 '천지의 창조주시오 만유의 주재이신 여호와 하나님이시라니,' 그 양에게 진실로 부족함이 없을 것입니다. 그것은 천지가 없어져도 바뀌지 않을 진실 그 자체입니다. 우리를 너무 사랑하신 나머지 독생자 예수 그리스도 우리 주님을 내어 주시어 우리를 죄에서 구원하시고 영화롭게 하시는 하나님을 아버지로 모시고 있으니 무슨 결론에 이릅니까?

"어찌 그 아들과 함께 모든 것을 우리에게 주시지 아니하겠느냐." 그러합니다. 하나님께서 아들을 아끼지 않으시고 우리 위하여 내어 주셨는데 우리에게 필요하다 여기시는 다른 무엇에는 인색하시겠습니까? 결코 그런 일은 없지요. 이와 관련하여 우리 주님께서 말씀하신 것을 기억하십시오. "참새 두 마리가 한 앗사리온에 팔리지 않느냐 그러나 너희 아버지께서 허락하지 아니하시면 그 하나도 땅에 떨어지지 아니하리라 너희에게는 머리털까지 다 세신 바 되었나니 두려워하지 말라 너희는 많은 참새보다 귀하니라."(마 10:29-31) "오늘 있다가 내일 아궁이에 던져지는 들풀도 하나님이 이렇게 입히시거든 하물며 너희일까 보냐 믿음이 작은 자들아 그러므로 염려하여 이르기를 무엇을 먹을까 무엇을 마실까 무엇을 입을까 하지 말라 이는 다 이방인들이 구하는 것이라 너희 하늘 아버지께서 이 모든 것이 너희에게 있어야 할 줄을 아시느니라 너희는 먼저 그의 나라와 그의 의를 구하라 그리하면 이 모든 것을 너희에게 더하시리

라."(마 6:30-33)

칭의의 효력을 누리는 우리를 누가 감히 고발하리요

"8:33누가 능히 하나님께서 택하신 자들을 고발하리요" 사도는 성령의 인도하심을 따라 사탄의 깊은 것을 아는 총명을 가지고 있습니다. 그래서 사탄이 우리가 가진 연약을 빌미로 우리를 공격하여 그리스도 안에서 있는 우리를 흔들려는 악한 계교를 방비하는 배수진을 쳐 주고 있습니다. 실로 하나님의 성령님의 감동하심으로 기록된 하나님의 말씀인 성경은 우리 믿음의 사람들이 이 세상에 있을 때 대면할 여러 현실들과 정황들에 대한 대안을 어김없이 제시합니다. 외면적으로 박해와 고난과 환난의 고통이 우리 앞에 있으며, 내면적으로 우리를 참소하고 고발하며 우리 복음의 소망을 흔들어 대려는 사탄의 악한 계교가 있습니다. 그런 경우 어떤 논리로 대항해야 함을 성경에서 배우게 되어 있습니다. 사탄이 에덴동산에서 아담과 하와에게 하던 일을 계속 우리에게 합니다. 다시 말하면 우리로 넘어지게 유혹하고 설득합니다. 그러나 일단 우리가 넘어지고 실족하면 대번에 달려들어 '우리를 하나님께 고발하는 참소자'로 둔갑합니다. '네가 하나님의 자녀라고? 너 하는 모습을 보면 너는 분명 죄악적인데 어떻게 너를 향하여 의롭다 하시며 받아 주셨겠느냐? 네가 의로우시고 거룩하시고 회전하는 그림자도 없으신 하나님을 감히 아버지로 부르다니 그것 같이 해괴한 일이 어디 있느냐? 너로 인하여 하나님의 이름이 더럽혀질 바에는 더 이상 하나님의 자녀라 생각하지 말고 차라리 여기서 믿음을 포기하는 것이 낫다. 그래야 너로 인하여 하나님의 이름이 더

럽혀지는 것을 막을 수 있지 않느냐?' 사탄이 우리의 연약을 가지고 대항하며 참소하고 고발하는 논리는 그 자체로 보면 매우 그럴 듯합니다. 그러나 우리는 사탄이 우리를 유혹하고 참소하며 고발할 때 우리를 사랑하시어 우리를 택하시고 구원하시어 자녀로 삼으신 하나님과 그 행사를 바라보아야 합니다.

"의롭다 하신 이는 하나님이시니." 사도는 사탄의 참소를 막아낼 수 있는 원론적인 방안을 먼저 제시합니다. 하나님 외에는 '사람을 정죄하고 의롭다 하는 법정적인 판결권'을 가진 이가 아주 없습니다. 하늘의 천사도 그런 권한이 없습니다. 오직 하나님만 그런 권한을 가지셨습니다. 그러므로 하나님께서 우리의 연약과 죄에 대해서 어떻게 보시고 판결하시는 지를 주목해야 합니다. 우리 자신이나 남이나 그 어떤 존재도 그 문제에 대한 최종적인 판단자는 아닙니다. 그러므로 우리가 항상 하나님 아버지를 주목하는 것이야말로 사활을 좌우하는 요점입니다. 그래서 사도는 "의롭다 하시는 이는 하나님이시니"라고 말하고 있습니다. 이미 하나님께서는 '그리스도 안에 있는 당신의 택하신 백성들을 믿음으로 말미암아 은혜로 값없이 의롭다'고 선고하셨습니다. "모든 사람이 죄를 범하였으매 하나님의 영광에 이르지 못하더니 그리스도 예수 안에 있는 속량으로 말미암아 하나님의 은혜로 값없이 의롭다 하심을 얻은 자 되었느니라."(롬 3:23,24)

우리가 그 대목을 학습하면서 이미 여러 차례 지적하였지만, '칭의'는 '그리스도를 의를 믿는 자에게 전가하시고 믿는 자를 의로운 자로 여기시어 하늘 법정에서 의롭다고 선고하신 단회적 완성적 행위'입니다. 그 하나님의 행위는 부가적인 다른 조건을 기다릴 여지를 전혀 남기지 않는 완성된 행위입니다. 그래서 반복되거나 또 무효화될 수 없는 '법정적인 최종의 선고'입니다. 하늘에 있는 천사들이나 그 어떤 피조물도, 아니 우리 자신의 연약과 허물과 죄에도 불구하고 그 하나님의 선고를 무효화시키거나 뒤집어엎을 수 없습니다. 그리고 그 하나님의 행위는 예수 그리스도를 믿음으로 영접하고 난 후의 어떤 기간이 지나거나, 아니면 '어떤 행위의 열매'를 보이는 것을 기다려 본 다음의 일이 아닙니다. 예수 그리스도를 믿음으로 말미암아 주님을 영접하는 순간에 이루어지는 것으로 보아야 합니다. 왜냐하면 '칭의'는 우리 편의 열매를 보고 나서의 유보적인 행위가 아니라 오직 예수 그리스도와 그 행하신 일, 곧 예수 그리스도와 그 대속(代贖)의 완전성과 충분성만을 계산에 넣으신 하나님의 주권적인 단독적 행사이기 때문입니다.

"**8:34누가 정죄하리요 죽으실 뿐 아니라 다시 살아나신 이는 그리스도 예수시니.**" 하나님께서 의롭다 하신 이를 누가 정죄할 수 있습니까? 의롭다 하심의 근거는 그 은택을 받은 사람 자신에게 속한 어떤 것이 아닙니다. 오직 예수 그리스도를 믿음으로 말미암아 예수님께서 이루신 그 대속(代贖)의 의(義)만 칭의의 근거가 됩니다. 그래서 사도는 그 점을 강조하려고 그리스도께서 행하신 일을 가리키고 있습니다. "죽으실 뿐 아니라 다시 살아나신 이는 그리스도 예수시니." "그러므로 이제 그리스도 예수 안에 있는 자에게는 결코 정죄함이 없나니."(롬 8:1)

"**그는 하나님 우편에 계신 자요 우리를 위하여 간구하시는 자시니라.**" 여기서 사도는 구속(救贖)을 완성하신 그리스도의 의의 효력이 계속 유효함을 지시하기 위하여 이 표현을 한 것입니다. "하나님 우편에 계시다" 함은 무엇을 의미합니까? 우리 주님께서 부활하신 후에 이와 관련하여 매우 긴요한 말씀을 제자들에게 주셨습니다. "예수께서 나아와 말씀하여 이르시되 (아버지께서) 하늘과 땅의 모든 권세를 내게 주셨으니."(마 28:18) "그의 능력이 그리스도 안에서 역사하사 죽은 자들 가운데서 다시 살리시고 하늘에서 자기의 오른편에 앉히사 모든 통치와 권세와 능력과 주권과 이 세상뿐 아니라 오는 세상에 일컫는 모든 이름 위에 뛰어나게 하시고 또 만물을 그의 발아래에 복종하게 하시고 그를 만물 위에 교회의 머리로 삼으셨느니라."(엡 1:20-22)

"우리를 위하여 간구하시느니라." 우리 주님께서는 우리의 대속주요 중보자로서 당신이 이루신 구속의 완전성과 충분성에 근거하여 우리 믿는 자들에게 긍휼과 은혜를 베푸실 것을 하나님 아버지께 계속 간구하시는 것입니다. 우리의 죄와 허물이 있더라도 하나님 우편에 앉으시어 우리를 위하여 간구하시는 우리 주 예수님이 계시니 용서를 받습니다. "나의 자녀들아 내가 이것을 너희에게 씀은 너희로 죄를 범하지 않게 하려 함이라 만일 누가 죄를 범하여도 아버지 앞에서 우리에게 대언자가 있으니 곧 의로우신 예수 그리스도시라."(요일 2:1) 물론 그 은혜의 구조를 남용하여 우리 정욕과 죄를 마음대로 지어도 좋다는 식의 방탕에 빠지는 일은 참으로 악한 처사입니다. 그래서 성령께서는 유다를 통하여 그런 발상을 차단하셨습니다. "이는 가만히 들어온 사람 몇이 있음이라 그들은 옛적부터 이 판결을 받기로 미리 기록된 자니 경건하지 아니하여 우리 하나님의 은혜를 도리어 방탕한 것으로 바꾸고 홀로 하나이신 주재 곧 우리 주 예수 그리스도를 부인하는 자니라."(유 1:4) 교회사 속에서, 아니 현대에도 계속 기승을 부리는 '도덕폐기론(Antinomianism)'이 '칭의'를 구실로 삼으나 그 어떤 정당성도 없습니다.

그러므로 '하나님이 그리스도 안에서 우리를 위하시는 완전한 진리'에 의존하면, 우리를 대적하는 그 어떤 세력도 이겨 낼 수 있습니다. 사탄은 세상의 권력이나 다른 힘을 의지하여 우리를 대적하고, 우리의 연약을 주목하며 우리를 시험하여 넘어지게 하고, 넘어지면 참소하고 고발하는 일로 우리를 낙담시키려 합니다. 그런 식으로 우리를 주 예수님으로부터 떼어내려고 합니다. 그러나 그런 사탄의 계교는 끝내 성공할 수 없습니다. "또 미리 정하신 그들을 또한 부르시고 부르신 그들을 또한 의롭다 하시고 의롭다 하신 그들을 또한 영화롭게 하셨느니라."(롬 8:30) 하나님께서 그리스도 안에서 우리를 위하여 세우신 목적대로 일을 이루시는 행사를 중단하게 할 것이 없습니다. "내가 너로 여자와 원수가 되게 하고 네 후손도 여자의 후손과 원수가 되게 하리니 여자의 후손은 네 머리를 상하게 할 것이요 너는 그의 발꿈치를 상하게 할 것이니라 하시고."(창 3:15) 아멘.

41

누가 우리를 그리스도의 사랑에서 끊으리요

8:35 누가 우리를 그리스도의 사랑에서 끊으리요 환난이나 곤고나
박해나 기근이나 적신이나 위험이나 칼이랴
8:36 기록된 바 우리가 종일 주를 위하여 죽임을 당하게 되며 도살
당할 양 같이 여김을 받았나이다 함과 같으니라
8:37 그러나 이 모든 일에 우리를 사랑하시는 이로 말미암아 우리
가 넉넉히 이기느니라
8:38 내가 확신하노니 사망이나 생명이나 천사들이나 권세자들이
나 현재 일이나 장래 일이나 능력이나
8:39 높음이나 깊음이나 다른 어떤 피조물이라도 우리를 우리 주
그리스도 예수 안에 있는 하나님의 사랑에서 끊을 수 없으리라

사도가 우리 믿는 사람이 처할 수 있는 지상의 '극한 현실'을 마음에 두면서 이 대목을 썼음에 분명합니다. 사도는 사실적이지 못한 가상적인 이야기를 쓰고 있는 것이 아닙니다. 당시 사도 시대의 그리스도인들이 처한 '당면한 현실'을 염두에 둔 진실들입니다. 그렇게 말하면 언뜻 '사도 시대의 특수한 처지가 그 이후 전 교회사 시대의 백성들에게 의미가 있을까?' 하는 의문이 떠오를 수 있습니다. 그러나 우리 그리스도인들은 사도가 제시한 '극한 현실'을 초대교회에 국한된 옛 이야기로 돌려서는 안 됩니다. 설령 그 현실을 직접 당하는 일이 없이 평생을 지난다 해도 그리 생각하지 말아야 합니다. 왜냐하면 그런 극한 현실을 생애 중에서 체험하지 못한다 해도 누구나 '육신의 죽음'이라는 극한 현실은 반드시 통과해야 하기 때문입니다. 그 현실은 사도가 제시한 '극한 현실'의 절정입니다. 그 현실을 피할 사람은 없습니다. 그리스도 안에 있다고 자처하는 우리의 믿음과 소망과 사랑이 그 현실 가운데서 견뎌낼 만한 것인지 미리 점검하고 그것을 대비하여 담금질 해 보는 것은 매우 필요합니다. 그러므로 사도가 제시하는 '극한 현실' 속에서도 우리가 그리스도 안에서 하나님께 받은 사랑과 은혜의 영광과 능력을 확인하는 일은 매우 긴요합니다.

그리스도 안에 있는 하나님 사랑의 완전한 승리

"**8:35누가 우리를 그리스도의 사랑에서 끊으리요.**" 사도는 그리스도의 사랑에서 우리를 끊어내려고 갖은 수를 다 쓰는 악한 원수, 사탄의 세력이 있음을 전제하며 이런 '수사적 질문'을 던집니다. 사탄은 에덴동산에서 하나님의 형상을 따라 지음 받아 피조물 중에서 가장 고상한 인류의 시조 '아담과 하와'로 하여금 하나님을 의심하게 하여 불순종하고 배역하게 하던 버릇을 어디다 버리겠습니까? 원수 사탄은 우리로 하여금 그리스도 안에서 우리를 사랑하시는 하나님의 사랑을 철석같이 믿는 우리로 하여금 그 사랑의 실상을 의심하고 돌아서게 하려고 갖은 수를 다 씁니다. 그래서 우리 주님께서는 두아디라 교회에 보낸 편지에서 그런 사탄의 악한 계교에 대해서 경계의 말씀을 보내셨습니다. "두아디라에 남아 있어 이 교훈을 받지 아니하고 소위 사탄의 깊은 것을 알지 못하는 너희에게 말하노니 다른 짐으로 너희에게 지울 것은 없노라."(계 2:24) "이것은 이상한 일이 아니니라 사탄도 자기를 광명의 천사로 가장하나니 그러므로 사탄의 일꾼들도 자기를 의의 일꾼으로 가장하는 것이 또한 대단한 일이 아니니라 그들의 마지막은 그 행위대로 되리라."(고후 11:14,15)

"환난이나 곤고나 박해나 기근이나 적신이나 위험이나 칼이랴." 몸을 입고 있는 우리 몸의 생명을 직, 간접적으로 저해하는 요소들을 가진 각종 '환난이나 곤고나 박해나 기근이나 여러 위험들과 칼의 위협' 앞에서 자신을 지키는 것이 매우 중요한 일입니다. 그리고 그런 위협 앞에서 우리를 사랑하시는 하나님의 전능하신 팔을 의존하는 것은 최상의 지혜입니다. 그런데 어떤 경우에는 그런 환난이나 여러 위협적인 요소들이 우리를 에워싸는 것을 보고 하나님께 도움을 요청하고 기도하여도 상황이 개선되지 않습니다. 도리어 그 위협적인 상황이 점점 더 급박한 정도까지 다가오게 됩니다. 그런 경우 '하나님께서 나를 사랑하시지 않나?'하는 의문이 일어납니다. 그래서 우리 내면에서 믿음과 불신앙의 논리가 격렬한 싸움을 벌입니다.

시편 77편 기자가 그런 정황에 처하였었습니다. "내가 옛날 곧 지나간 세월을 생각하였사오며 밤에 부른 노래를 내가 기억하여 내 심령으로, 내가 내 마음으로 간구하기를 주께서 영원히 버리실까, 다시는 은혜를 베풀지 아니하실까, 그의 인자하심은 영원히 끝났는가, 그의 약속하심도 영구히 폐하였는가, 하나님이 그가 베푸실 은혜를 잊으셨는가, 노하심으로 그가 베푸실 긍휼을 그치셨는가 하였나이다."(시 77:5-9) 그러나 시편 기자는 그것으로 결론을 내렸습니까? 이내 믿음으로 자기를 다스렸습니다. "또 내가 말하기를 이는 나의 잘못이라 지존자의 오른손의 해 곧 여호와의 일들을 기억하며 주께서 옛적에 행하신 기이한 일을 기억하리이다 또 주의 모든 일을 작은 소리로 읊조리며 주의 행사를 낮은 소리로 되뇌이리이다 하나님이여 주의 도는 극히 거룩하시오니 하나님과 같이 위대하신 신이 누구오니이까."(시 77:10-13)

그렇습니다. 우리 '믿음의 논리'는 '그럼에도 불구하고 하나님의 선하심과 인자하심과 나를 사랑하시는 사랑은 변함이 없도다'라고 외칩니다. 그러나 사탄과 우리 육신의 생각에서 발원된 '불신앙의 논리'는 '이런 상황에서 더 이상 하나님의 사랑을 믿는 것은 의미 없다'고 합니다. 그러나 그런 경우 성령님의 인도하심을 받는 '영의 생각'은 '우리를 향하신 하나님의 사랑은 우리의 몸의 생명이나 지상에 사는 동안의 우리의 평안에 국한된 것이 아니라'고 강력하게 대응합니다. '우리를 향하신 하나님의 사랑은 우리가 죄인 되었을 때 우리 주님께서 십자가에서 못 박혀 죽으심으로 말미암아 이미 확증되었다. 그러므로 우리를 향하신 사랑을 상황에 비추어 보지 말고 하나님의 아들 우리 주 예수님을 주시어 영원히 살며 복되게 하신 그 크신 뜻에서 찾아야 한다. 설령 그런 여러 위험한 요소들이 우리를 위협하고 괴롭게 하여도, 아니 우리 몸의 생명을 실제로 저해하는 일이 벌어진다 하여도 그리스도 안에 있는 하나님의 사랑에서 우리를 끊어낼 것은 없도다.' 사도는 바로 그러한 의도로 "환난이나 곤고나 박해나 기근이나 적신이나 위험이나 칼이랴"고 말하고 있는 것입니다.

"8:36 **기록된 바 우리가 종일 주를 위하여 죽임을 당하게 되며 도살 당할 양 같이 여김을 받았나이다 함과 같으니라.**" 여기서 사도는 시편 44:22를 인용하여 말하고 있습니다. 칼빈은 이 시편을 주석하면서, 주전 160-170년 경 세력을 떨쳤던 헬라 제국의 포악하기 그지없던 안티오커스(Antiochus Epipanes)의 포학을 연상하였습니다. 전해 내려오는 바로는, 그 황제는 철저하게 유대인 말살 정책을 펼치며 모세의 율법을 금지하였고, 성경을 읽다가 발각되면 모두 처형하였다고 합니다. 예루살렘에서 있던 성전을 파괴하였으며 전국에 돼지 7,000마리를 성전 안에서 잡고 돼지 피를 뿌렸다고 합니다. 또 할례 받은 자들을 색출하여 당사자와 그 할례를 시행하였던 아버지도 죽였다고 합니다. 그러니 그 상황은 마치 하나님께서 사랑하시기를 포기하시고 이방인의 손에 넘겨 버리셨음을 보여주는 표증과 같았습니다. 그와 같은 상황을 목도하는 시편 기자는 슬퍼하여 노래하였습니다. "주께서 우리를 뭇 백성 중에 이야깃거리가 되게 하시며 민족 중에서 머리 흔듦을 당하게 하셨나이다 나의 능욕이 종일 내 앞에 있으며 수치가 내 얼굴을 덮었으니 나를 비방하고 욕하는 소리 때문이요 나의 원수와 나의 복수자 때문이니이다… 주께서 우리를 승냥이의 처소에 밀어 넣으시고 우리를 사망의 그늘로 덮으셨나이다… 우리가 종일 주를 위하여 죽임을 당하게 되며 도살할 양 같이 여김을 받았나이다."(시 44:13,14,16,22) 그럼에도 불구하고 시편 44편 기자는 주님을 등지지 않고 주께서 인자하시어 반드시 주님을 경외하는 백성들을 돌아보실 것을 의심하지 않고 기도하였습니다. "이 모든 일이 우리에게 임하였으나 우리가 주를 잊지 아니하며 주의 언약을 어기지 아니하였나이다 우리의 마음은 위축되지 아니하고 우리 걸음도 주의 길을 떠나지 아니하였으나… 주여 깨소서 어찌하여 주무시나이까 일어나시고 우리를 영원히 버리지 마소서… 일어나 우리를 도우소서 주의 인자하심으로 말미암아 우리를 구원하소서"(시 44:17,18,23,26) 사도시대 교회의 성도들이 당했던 일이 마치 시편 44편의 배경이 되었던 역사적 상황과 유사하였습니다. 당시 사도들은 '항상 환난과 박해의 그늘 아래서' 복음을 전하였습니다. 그들은 악을 행하지 않았고 뭇 사람들의 영혼들을 사랑하시어 영원한 파멸에서 구원하시는 하나님의 사랑을 전하였습니다. 그러하니 세상은 그들을 핍박하지 말고 도리어 포상(褒賞)하여 크게 기리는 것이 마땅합니다. 그러나 세상은 언제나 그러하였듯이 하나님과 하나님을 믿는 이들을 대적하여 왔습니다. 앞으로도 그러할 것입니다. 그래서 우리 주 예수님께서는 사도들에게 미리 그 사실을 알려 주시어 대비하게 하셨습니다. "세상이 너희를 미워하면 너희보다 먼저 나를 미워한 줄을 알라 너희가 세상에 속하였으면 세상이 자기의 것을 사랑할 것이나 너희는 세상에 속한 자가 아니요 도리어 내가 너희를 세상에서 택하였기 때문에 세상이 너희를 미워하느니라."(요 15:17,18)

넉넉한 이김의 보장

"8:37그러나 이 모든 일에 우리를 사랑하시는 이로 말미암아 우리가 넉넉히 이기느니라." 칼빈은 사도의 이 진술을 이렇게 주석하였습니다.

"이 한 문장으로 말미암아 사도는 하나님을 향한 열렬한 우리의 사랑을 언급하였을 뿐 아니라 우리를 향하신 그리스도와 하나님의 부성애적인 사랑을 언급하고 있음을 분명하게 드러내고 있다. 우리가 마음으로 그리스도와 하나님의 부성애적인 사랑에 대한 확신에서 흔들리지 아니하면 우리는 항상 지옥문을 등지고 생명의 빛으로 나아가게 될 것이다. 그 확신은 우리가 믿음을 지키는 데 충분하게 활용될 재료가 될 것이다."

앞에서 지적한 바와 같이, 교회 역사상 믿음의 사람들이 그런 기가 막힐 상황 속에서 쓸쓸하게 버림 받은 것 같이 보이는 일이 자주 있었습니다. 그러나 그것은 하나님께 버림받은 것을 나타내는 표증이 아닙니다. 도리어 성도들을 단련하여 겸손하게 하시려는 주님의 사랑의 표현으로 그런 중에서 믿음을 버리지 않고 이기게 하시는 것입니다. 그리하여 그런 기가 막힐 박해와 위협 속에서도 믿음을 지키게 하시되, '간신히'가 아니라 '넉넉히 이기게 하신다'는 것입니다. 그래서 '주님께서 나를 사랑하신다'는 사실에 대해 조금도 의심하지 않게 하시는 능력을 주님께서 부어주신다는 것입니다. 우리 믿음이 우리 자신의 종교성과 의지의 발로라면, 그 믿음은 '작은 환난의 바람 앞에서' 금방 꺼져 버리고 말겠지요. 그러나 주님을 믿는 우리의 믿음이 우리 속에 계신 보혜사 성령님으로 말미암은 것이기에 결코 아주 엎드러지는 데까지 나아가지 않습니다. "그는 넘어지나 아주 엎드러지지 아니함은 여호와께서 그의 손으로 붙드심이로다."(시 37:24) "내가 이같이 우매 무지함으로 주 앞에 짐승이오나 내가 항상 주와 함께 하니 주께서 내 오른손을 붙드셨나이다."(시 73:22,23)

"**8:38내가 확신하노니.**" 사도의 이 '확신'은 개인의 견해가 아니라 그 속에서 역사하시는 하나님의 성령님의 인도하심을 따라한 '사도적 공언(公

言)'입니다. 그러니 사도의 그 장담은 하나님께서 보증하시는 것입니다. 그리고 이 '확신'은 지금까지 '사도가 전한 복음의 논리'에서 난 것입니다. 사도는 그리스도 안에 있는 우리를 하나님께로부터 떼어낼 개연성이 가장 크다고 여겨지는 여러 변수들을 가상합니다. 거기에 비추어 볼 때 사도는 '그리스도 안에 있는 하나님의 사랑에서 우리를 끊어낼 것'이 전혀 없다고 확언합니다.

"사망이나." 여기서 "사망"은 무엇을 말합니까? '죽음'이 앞에 닥쳐 와 현실이 되었을 때를 가정합니다. 그리고 '죽음'은 그 다음에 이어지는 두렵기 한량없는 하나님의 심판으로 이어집니다. "한 번 죽는 것은 사람에게 정해진 것이요 그 후에는 심판이 있으리니."(히 9:27) 그 일은 가상적 예측이 아니라 엄숙한 현실로 우리 모두에게 다가오기 마련입니다. 이 현실을 비켜 갈 사람이 없습니다. 그 현실은 이 세상에 태어난 사람이 겪을 수 있는 최고 최대의 난제(難題)입니다. 그 난제의 현실은 인생 순례길의 맨 마지막 단계에서 맞게 됩니다. 또 그 난제를 만나지 않기 위해서 다른 모든 것으로 방비합니다. 그러므로 사람에게 '왜 사냐'고 물으면 누구나 '죽지 않기 위해 산다'는 식입니다. 그래서 죽음의 난제를 피하기 위해서 모든 수고와 노력과 지혜를 쓰는 것입니다. 히브리서 기자는 인생의 보편적인 모습을 그런 차원에서 묘사하였습니다. "또 죽기를 무서워하므로 일생에 매여 종노릇 하는 모든 자들을 놓아 주려 하심이니"(히 2:15) 그런 '죽음'의 난제를 만나지 않기 위해서 갖은 모든 방안이 제시됩니다. 사탄은 사람이 죽음을 피하여 생각할 수 있는 모든 방안을, '그리스도 안에 있는 하나님의 사랑' 보다 앞세우라고 우리를 시험합니다.

"생명이나." 여기서 사도가 "생명"이라 함은 '몸이 살아 있는 현실'을 의미합니다. 참으로 '우리가 살아 있다'는 현실은 결코 우리의 믿음을 돕고 지원하는 쪽으로 작용하지 않습니다. 몸의 생명과 안전을 위해서 먹고 마시고 입고 거주하는 거처의 문제가 우선순위 제 1 순위로 떠오릅니다. 사람은 생존하는 동안 의식주(衣食住) 문제가 안전하게 확보되기 전에는 다른 것을 우선하여 생각하기 어려워집니다. 그러니 자연히 그 문제가 하나님을 믿는 것 보다 더 시급한 문제로 사람들에게 떠오르기 마련입니다. 그래서 재물(돈)이 사람에게 있어서 최고의 힘이요 가치로 떠오릅니다. 그리고 급기야 그것이 사람이 숭배하는 우상으로까지 부상합니다. 그래서 우리 주님께서 그리 말씀하신 것입니다. "한 사람이 두 주인을 섬기지 못할 것이니 혹 이를 미워하며 저를 사랑하거나 혹 이를 중히 여기며 저를 경히 여김이라 너희가 하나님과 재물을 겸하여 섬기지 못하느니라."(마 6:24) 그러므로 우리가 '지상에 생존해 있다는 사실' 자체가 우리 믿음을 돕고 '하나님께서 우리를 그리스도 안에서 사랑하신 그 진리를 믿게' 하지는 않습니다. 도리어 우리의 육신의 본성, 또 그 본성을 이용하여 우리를 시험하고 훼방하는 사탄은 그 재물을 하나님 보다 앞세우는 시험을 우리에게 부과하기 쉽습니다.

"천사들이나 권세자들이나." 여기서는 '권세자들'도 천사들을 가리킵니다. 그들은 하나님의 뜻을 섬기기에 필요한 권능과 권세와 지혜를 받고 하나님의 명을 받들어 섬겨야 할 자들입니다. 그래서 그들을 가리켜 그냥 '천사들'이라고 말하지 않고 '권세자들'로 부른 것입니다. "능력이 있어 여호와의 말씀을 행하며 그의 말씀의 소리를 듣는 여호와의 천사들이여 여호와를 송축하라."(시 103:20) 천사들도 하나님의 주권적인 지시에 따라서 섬기는 국면이 다릅니다. 사탄은 하나님께서 주신 능력과 지혜가 출중하였으나 하나님께서 명하신 자리를 지키지 않고 제 멋대로 불순종하였습니다. 그리고 그 모반에 함께 참예한 천사들도 하늘에서 있을 곳을 얻지 못하였습니다. 그들이 악한 영들, 곧 귀신들입니다. "하늘에 전쟁이 있으니 미가엘과 그의 사자들이 용과 더불어 싸울 때 용과 그의 사자들도 싸우나 이기지 못하여 다시 하늘에서 그들이 있을 곳을 얻지 못한지라 큰 용이 내쫓기니 옛 뱀 곧 마귀라고도 하고 사탄이라고도 하며 온 천하를 꾀는 자라 그가 땅으로 내쫓기니 그의 사자들도 그와 함께 내쫓기니라."(계 12:7-9)

사탄과 그 졸개들(귀신들)은 하나님을 대적한 그 악한 일을 멈추지 않고 계속 합니다. 아담과 하와를 넘어지게 한 사탄은 지금 그리스도를 믿는 우리를 대적하고 유혹하여 하나님을 등지고 자기를 좇게 하려고 갖은 수를 다 씁니다. 그래서 사도 바울은 에베소서에서 그들과의 영적 싸움을 위해서 항상 하나님의 전신갑주를 입어야 한다고 말하였습니다. "마귀의 간계를 능히 대적하기 위하여 하나님의 전신 갑주를 입으라 우리의 씨름은 혈과 육을 상대하는 것이 아니요 통치자들과 권세들과 이 어둠의 세상 주관자들과 하늘에 있는 악의 영들을 상대함이라 그러므로 하나님의 전신 갑주를 취하라 이는 악한 날에 너희가 능히 대적하고 모든 일을 행한 후에 서기 위함이라 그런즉 서서 진리로 너희 허리띠를 띠고 의의 호심경을 붙이고 평안의 복음이 준비한 것으로 신을 신고 모든 것 위에 믿음의 방패를 가지고 이로써 능히 악한 자의 모든 불화살을 소멸하고 구원의 투구와 성령의 검 곧 하나님의 말씀을 가지라 모든 기도와 간구를 하되 항상 성령 안에서 기도하고 이를 위하여 깨어 구하기를 항상 힘쓰며 여러 성도를 위하여 구하라."(엡 6:11-18) 이같이 우리의 믿음을 붙잡아 주시는 하나님께서 그들 악한 영들의 대적을 극복하지 못하게 하실 수 없습니다.

"현재일이나 장래일이나." 칼빈은 이 대목을 주석하면서 이렇게 말하였습니다. "우리가 현실의 악에서 느끼는 슬픔과 씨름을 해야 할 뿐 아니라, 장차 불시에 손 쓸 겨를도 없이 우리에게 닥쳐 올 여러 위험들이 우리를 괴롭히지 않을까 하는 두려움과 걱정과도 싸워야 한다. 그러니 여기서 사도가 말하고 싶은 것은 이런 의미다. 곧 '우리가 악한 일들을 대면하는 기간이 아무리 길어 보이더라도,' 그것이 하나님의 자녀로서 우리가 가진 믿음을 말살할까 보아 염려하지 말아야 한다." 그러면서 칼빈은 사도가 이런 언급을 한 이유를 설명합니다. "앉아서 노닥거리며 특별 계시의 은사를 받지 않으면 아무도 끝까지 믿음을 지켜내지 못한다고 시끄러이 대는 부류들을 염두에 두었기 때문이다." 칼빈은 부연합니다. "그런 교리대로 전체 믿음이 무너질 수 있다면 그것은 정말 아무것도 아니다. 죽음을 극복하고 그 너머에 까지 효력을 발생하지 않는 믿음은 아무것도 아니다. 그러나 사실 우리는 담대한 확신을 가져야 한다. '우리 속에 착한 일을 시작하신 이가 주 예수 그리스도의 날까지 이루심'을 말이다(빌 1:6)."

"8:39높음이나 깊음이나 다른 어떤 피조물이라도." 여기서 사도는 우리 믿음을 대적하는 사탄이 도구로 쓸 수 있는 모든 것을 가상합니다. 사탄은 세상의 부한 자들이나 '높은 권세자들'을 이용하여 주님 안에 있는 우리 믿음을 저해하고, 할 수 있으면 믿음에서 떠나게 하려고 애를 씁니다. "여호와여 우리에게 은혜를 베푸시고 또 은혜를 베푸소서 심한 멸시가 우리에게 넘치나이다 안일한 자의 조소와 교만한 자의 멸시가 우리 영혼에 넘치나이다."(시 123:4) 또한 사람들은 학문의 '깊음'을 높이 평가

하는 데, 사탄은 바로 그것을 통해서도 우리의 믿음을 저해합니다. 사도는 '철학'을 '세상의 초등학문(childish learning)'으로 평가하였습니다. "누가 철학과 헛된 속임수로 너희를 사로잡을까 주의하라 이것은 사람의 전통과 세상의 초등학문을 따름이요 그리스도를 따름이 아니니라."(골 2:8) 교회 역사는 사탄이 계속 하나님을 부인한 인본주의적(人本主義的)인 학문의 세계를 통해서 그리스도 안에 있는 성도들의 믿음을 저해하려 하였음을 여실히 증언합니다.

중세의 스콜라철학은 성경이 말하는 믿음을 인간의 철학과 조화시키겠다는 발상에서 출발하였으나 실패로 돌아갔고 성경에서 이탈한 중세교회 실패의 원인제공 역할을 하였습니다. 18세기부터 일어난 계몽주의, 19세기 말부터 일어난 자유주의 사상 등은 전부 인본주의적인 학문의 '깊음'을 가장한 사탄의 대적이었습니다. 그런 주장들대로라면 성경대로 예수님을 믿는 것이 세상에서 가장 미련하고 어리석은 일입니다. 사탄은 할 수만 있으면 우리로 하여금 성경으로 말씀하시는 하나님을 믿고 경외하는 믿음을 저버리게 하려고 애를 쓰고 있습니다. 사탄은 하나님 아닌 모든 피조물을 동원하여 하나님을 믿고 의뢰하는 것의 부당함을 주지시키려 합니다.

우리 주 예수 그리스도께서 성령께 이끌리어 40일 간 주리신 다음에 마귀에게 시험을 받으셨습니다. 그 때 마귀는 예수님을 데리고 "지극히 높은 산으로 가서 천하만국과 그 영광을 보여" 주며 무어라 하였습니까? "만일 내게 엎드려 경배하면 이 모든 것을 네게 주리라" 하였습니다. 사탄 마귀의 그 방식은 바로 그런 것입니다. 마귀는 여기 사도가 말하는 "높음이나 깊음이나 다른 어떤 피조물들"을 마치 자기 손에 쥐고 있는 것 같이 자세(藉勢)하며 우리를 회유하고 위협합니다. 그러나 여전히 피조물의 관할권도 우리 아버지 하나님께 있으며, 아버지께서 하늘과 땅에 있는 모든 권세를 아들이신 우리 주 예수 그리스도께 위임하셨습니다(마 28:18,19) "내가 그들에게 영생을 주노니 영원히 멸망하지 아니할 것이요 또 그들을 내 손에서 빼앗을 자가 없느니라 그들을 주신 내 아버지는 만물보다 크시매 아무도 아버지 손에서 빼앗을 수 없느니라 나와 아버지는 하나이니라."(요 10:28-30)

성도의 견인(堅忍)

"우리를 우리 주 그리스도 예수 안에 있는 하나님의 사랑에서 끊을 수 없으리라." 사탄과 세상이 합세하여 우리를 유혹하며 위협하고 훼방하며 우리 주 그리스도 예수님을 믿는 믿음을 저버리게 하려 합니다. 그것은 우리를 그리스도 안에서 사랑하시어 구원하신 하나님의 사랑을 의심하고 등을 돌리게 하려 함입니다. 우리가 지금까지 배운 로마서의 모든 말씀에 비추어 볼 때, 하나님께서 우리를 사랑하시는 것을 중단하신다는 것은 하나님의 미쁘심이 허락하지 않습니다. 다만 우리 편에서 주어진 여러 박해와 환난과 곤란과 사탄의 시험에 설득당하여 하나님의 사랑을 의심할 가능성에 대해서 한 번 짚고 넘어가야 갑니다. 우리에게 여전히 하나님을 알지 못하던 옛 사람의 본성이 아직 남아 있습니다. 그 옛 사람의 본성은 세상을 사랑하는 성향을 가진 것입니다. 그러니 우리가 믿음의 길에서 잘 진행하다가 넘어지는 것은 다 그 연약으로 말미암은 것입니다. 사탄은 그 옛 사람의 본성을 도구를 삼아 우리로 넘어지게 할 방도를 너무나 익히 알고 있습니다. 사도 요한은 우리의 그 연약을 생각하면서 경계하였습니다. "이 세상이나 세상에 있는 것들을 사랑하지 말라 누구든지 세상을 사랑하면 아버지의 사랑이 그 안에 있지 아니하니 이는 세상에 있는 모든 것이 육신의 정욕과 안목의 정욕과 이생의 자랑이니 다 아버지께로부터 온 것이 아니요 세상으로부터 온 것이라."(요일 2:15,16)

성삼위 하나님께서 우리를 사랑하심은 창세전에 시작되어 변함없이 버티어 왔습니다. 우리의 됨됨이에 근거하여 우리를 사랑하신 것이 아니라 오직 "하나님 아버지의 기쁘신 뜻대로" 우리를 사랑하시고 택하시고 예정하셨습니다. 그러니 하나님께서는 택하신 백성들 중에 하나도 잃어버리지 않고 우리를 우리 주 예수 그리스도의 재림의 날에 다 살리실 것입니다. "내가 하늘에서 내려온 것은 내 뜻을 행하려 함이 아니요 나를 보내신 이의 뜻을 행하려 함이니라 나를 보내신 이의 뜻은 내게 주신 자 중에 내가 하나도 잃어버리지 아니하고 마지막 날에 다시 살리는 이것이니라."(요 6:38,39) "야곱아 너를 창조하신 여호와께서 지금 말씀하시느니라 이스라엘아 너를 지으신 이가 말씀하시느니라 너는 두려워하지 말라 내가 너를 구속하였고 내가 너를 지명하여 불렀나니 너는 내 것이라 네가 물 가운데로 지날 때에 내가 함께 할 것이라 강을 건널 때에 물이 너를 침몰하지 못할 것이며 네가 불 가운데로 지날 때에 타지도 아니할 것이요 불꽃이 너를 사르지도 못하리니 대저 나는 여호와 네 하나님이요 이스라엘의 거룩한 이요 네 구원자임이라 내가 애굽을 너의 속량물로, 구스와 스바를 너를 대신하여 주었노라 네가 내 눈에 보배롭고 존귀하며 내가 너를 사랑하였은즉 내가 네 대신 사람들을 내어 주며 백성들이 네 생명을 대신하리니 두려워하지 말라 내가 너와 함께 하여 네 자손을 동방에서부

터 오게 하며 서방에서부터 너를 모을 것이며."(사 43:1-5)

그러합니다. 하나님께서 창세전에 우리를 그리스도 안에서 택하시고 예정하시고 때가 되어 그리스도 안에서 구속(救贖)하신 그 사랑을 무엇이 끊을 수 있겠습니까! "소망이 우리를 부끄럽게 하지 아니함은 우리에게 주신 성령으로 말미암아 하나님의 사랑이 우리 마음에 부은바 됨이니."(롬 5:5)

'성도의 견인 - 성도가 지상 순례의 여정이 끝나기 까지 믿음을 지키는 것'은 자신의 힘에 달린 것이 아닙니다. 우리를 붙들어 주시는 '전능하신 성삼위 하나님의 미쁘심과 능력, 그리스도 안에서 우리를 죄에서 건져 구속(救贖)하신 완전한 이치'에 달려 있는 것입니다. 그래서 우리는 어떤 경우에도 하나님의 사랑의 사슬에 매여 기쁘고 사원하는 심정으로 섬거야 합니다. 우리 주 그리스도 안에서 우리 속에 계신 보혜사 성령님을 의지하여 아버지 하나님을 섬기고 복종하며 찬미하는 일을 멈추지 말아야 합니다.

"항상 기뻐하라

쉬지 말고 기도하라

범사에 감사하라 이것이 그리스도 예수 안에서 너희를 향하신 하나님의 뜻이니라

성령을 소멸하지 말며

예언을 멸시하지 말며

범사에 헤아려 좋은 것을 취하고

악은 어떤 모양이라도 버리라

평강의 하나님이 친히 너희를 온전히 거룩하게 하시고 너희의 온 영과 혼과 몸이 우리 때에 흠 없게 보전되기를 원하노라."(살전 5:16-24)

part 9 하나님의 택하심의 신비

사도 바울은 이방인들의 사도지만 여전히 자기 동족 유대인들의 구원에 대하여 특심을 가졌습니다. 그런데 자기가 전하는 복음에 대한 예언과 계시를 받았던 조상들을 둔 유대인들이 구약의 예언대로 오신 예수님을 믿지 않아 구원받지 못하고 있었습니다. 그 현실이 사도를 괴롭혔습니다. 성령께서는 그런 사도 바울을 인도하여 그 현실을 사기의 의식과 합리성에 근거하여 풀지 말고, 오직 구약성경 자체로 돌아가 해답을 얻게 하셨습니다. 그것이 로마서 9장의 위치입니다.

사람이 예수님을 믿음으로 말미암아 구원받는 일이 '그 사람이 믿음을 가짐으로' 일어나는 것은 사실입니다. 그러나 그 사람의 마음이 그리로 향하게 한 것이 '그 사람 자신의 선택'에 달린 것입니까?

이 로마서 9장은 그 질문에 대한 답을 구약성경의 교훈에 비추어 찾을 것을 권하고 그 해답을 제시합니다. "그러나 하나님의 말씀이 폐하여진 것 같지 않도다 이스라엘에게서 난 그들이 다 이스라엘이 아니요 또한 아브라함의 씨가 다 그의 자녀가 아니라 오직 이삭으로부터 난 자라야 네 씨라 불리리라 하셨으니 곧 육신의 자녀가 하나님의 자녀가 아니요 오직 약속의 자녀가 씨로 여기심을 받느니라."(롬 9:6-8)

로마서 9장의 요지는 분명합니다. '믿음은 그 사람 자신의 인격적 자율성에 따른 것이나 그 내면을 믿음으로 향하게 하는 일은 그 사람 자신에게 달린 것이 아니다. 오직 택하심을 따라 되는 하나님의 뜻에 의한 것이다.' 이 '하나님의 주권적인 택하심의 신비'는 이성으로 이해할 것이 아닙니다. 오직 믿음으로 말미암아 하나님의 주권의 선하심과 정당성을 존중함으로 받아들일 것입니다. "내가 긍휼히 여길 자를 긍휼히 여기고 불쌍히 여길 자를 불쌍히 여기리라 하셨으니 그런즉 원하는 자로 말미암음도 아니요 달음박질하는 자로 말미암음도 아니요 오직 긍휼히 여기시는 하나님으로 말미암음이니라."(롬 9:14,15)

42

믿음과 하나님의 주권(I)

9:1 내가 그리스도 안에서 참말을 하고 거짓말을 아니하노라 나에
게 큰 근심이 있는 것과 마음에 그치지 않는 고통이 있는 것을 내
양심이 성령 안에서 나와 더불어 증거하노니
9:2 (앞절에 포함)
9:3 나의 형제 곧 골육의 친척을 위하여 내 자신이 저주를 받아 그
리스도에게서 끊어질지라도 원하는 바로라
9:4 그들은 이스라엘 사람이라 그들에게는 양자 됨과 영광과 언약
들과 율법을 세우신 것과 예배와 약속들이 있고
9:5 조상들도 그들의 것이요 육신으로 하면 그리스도가 그들에게
서 나셨으니 그는 만물 위에 계셔서 세세에 찬양을 받으실 하나님
이시니라 아멘

9:6 그러나 하나님의 말씀이 폐하여진 것 같지 않도다 이스라엘에
게서 난 그들이 다 이스라엘이 아니요
9:7 또한 아브라함의 씨가 다 그의 자녀가 아니라 오직 이삭으로부
터 난 자라야 네 씨라 불리리라 하셨으니
9:8 곧 육신의 자녀가 하나님의 자녀가 아니요 오직 약속의 자녀가
씨로 여기심을 받느니라
9:9 약속의 말씀은 이것이니 명년 이 때에 내가 이르리니 사라에게
아들이 있으리라 하심이라
9:10 그뿐 아니라 또한 리브가가 우리 조상 이삭 한 사람으로 말미
암아 임신하였는데
9:11 그 자식들이 아직 나지도 아니하고 무슨 선이나 악을 행하지
아니한 때에 택하심을 따라 되는 하나님의 뜻이 행위로 말미암지
않고 오직 부르시는 이로 말미암아 서게 하려 하사
9:12 리브가에게 이르시되 큰 자가 어린 자를 섬기리라 하셨나니
9:13 기록된 바 내가 야곱은 사랑하고 에서는 미워하였다 하심과
같으니라
9:14 그런즉 우리가 무슨 말을 하리요 하나님께 불의가 있느냐 그
럴 수 없느니라
9:15 모세에게 이르시되 내가 긍휼히 여길 자를 긍휼히 여기고 불
쌍히 여길 자를 불쌍히 여기리라 하셨으니
9:16 그런즉 원하는 자로 말미암음도 아니요 달음박질하는 자로 말
미암음도 아니요 오직 긍휼히 여기시는 하나님으로 말미암음이니라
9:17 성경이 바로에게 이르시되 내가 이 일을 위하여 너를 세웠으니

곧 너로 말미암아 내 능력을 보이고 내 이름이 온 땅에 전파되게 하려 함이라 하셨으니
9:18 그런즉 하나님께서 하고자 하시는 자를 긍휼히 여기시고 하고자 하시는 자를 완악하게 하시느니라
9:19 혹 네가 내게 말하기를 그러면 하나님이 어찌하여 허물하시느냐 누가 그 뜻을 대적하느냐 하리니
9:20 이 사람아 네가 누구이기에 감히 하나님께 반문하느냐 지음을 받은 물건이 지은 자에게 어찌 나를 이같이 만들었느냐 말하겠느냐
9:21 토기장이가 진흙 한 덩어리로 하나는 귀히 쓸 그릇을, 하나는 천히 쓸 그릇을 만들 권한이 없느냐
9:22 만일 하나님이 그의 진노를 보이시고 그의 능력을 알게 하고자 하사 멸하기로 준비된 진노의 그릇을 오래 참으심으로 관용하시고
9:23 또한 영광 받기로 예비하신 바 긍휼의 그릇에 대하여 그 영광의 풍성함을 알게 하고자 하셨을지라도 무슨 말 하리요
9:24 이 그릇은 우리니 곧 유대인 중에서뿐 아니라 이방인 중에서도 부르신 자니라

로마서 8장까지는 '그리스도 안에 있는 믿음으로 말미암아 구원을 주시는 하나님의 사랑과 은혜의 방식'에 대한 논의였습니다. 실로 '불의로 진리를 막는 사람들의 모든 경건치 않음과 불의에 대하여 진노하시는 하나님께서 당신의 아들 그리스도 예수님 안에서 어떻게 믿는 자들의 죄를 용서하시고 값없이 은혜로 의롭다 하시는지'에 대한 논의가 로마서 8장으로 충분하게 마무리 되었다고 할 수 있다는 말입니다. 그러나 성령님

의 인도하심 속에서 사도는 그런 하나님의 은혜로 구원을 받은 이들에게 매우 필요한 여러 요점들이 남아 있음을 인식하였습니다.

진실로 성경은 하나님의 감동으로 된 하나님의 말씀으로서 정미하게 정제된 책입니다. 그러므로 더하거나 빼거나 할 것이 아닙니다. "만일 누구든지 이 두루마리의 예언의 말씀에서 제하여 버리면 하나님이 이 두루마리에 기록된 생명나무와 및 거룩한 성에 참여함을 제하여 버리시리라 이것들을 증언하신 이가 이르시되 내가 진실로 속히 오리라 하시거늘 아멘 주 예수여 오시옵소서."(계 22:19,20) 그래서 우리는 성경을 '다 먹어야' 합니다. "내가 천사에게 나아가 작은 두루마리를 달라 한즉 천사가 이르되 갖다 먹어 버리라 네 배에는 쓰나 네 입에는 꿀 같이 달리라 하거늘 내가 천사의 손에서 작은 두루마리를 갖다 먹어 버리니 내 입에는 꿀 같이 다나 먹은 후에 내 배에서는 쓰게 되더라."(계 10:9,10) 성경 중에서 어떤 것은 빼고 받는다든지, 아니면 성경만으로는 부족하다는 듯 다른 것을 첨가하여 성경의 권위를 높여야 한다든지 하면, 그것은 아직도 '성경의 권위와 능력과 영광'을 모르고 있음을 드러내는 것에 불과합니다. 성경은 완전하고 충분하고 명백합니다. 이것이 성경의 속성입니다. 그런 입장에서 우리는 로마서의 나머지 부분에 대하여도 앞부분과 같이 경외함으로 숙고해야 합니다.

로마서 9장은, 사도 바울이 자기 동족 유대인들의 불신앙을 보면서 "큰 근심"에 빠져 고민하다가 성령님의 인도를 받아 알게 된 '계시 진리'의 진술입니다. 물론 성경의 모든 내용이 '하나님의 특별계시'임에 분명합니다. 그런데 성경을 기록하게 된 경위를 살피면 성령께서 그들을 '기계적'으로 다루시지 않으셨음을 알게 됩니다. 그들의 인격과 유기적 관계를 유지

하시면서 말씀을 주신 분이 바로 성령님이십니다. 흔히 '성경의 축자영감설(Verbal Inspiration of Bible)'을 '기계적 영감'으로 착각하는 이들이 없지 않습니다. 그러나 성령께서 그들의 지성과 정서와 의지의 기능 등, 인격의 기능과 요소를 묶어 놓거나 정지시켜 놓고 '기계적으로 받아쓰라'는 식으로 하시지 않으셨습니다.

물론 어떤 경우에는 모세나 선지자들이나 사도들이 자기들의 지각을 뛰어넘는 차원에서 '계시(하나님의 말씀)'를 받기도 합니다. 모세가 받은 율법과 계명 모두 다 모세의 의식이나 관점이나 의사를 뛰어넘는 것입니다. 또 선지자들의 경우에도 마찬가지입니다. "여호와께로부터 예레미야에게 말씀이 임하니라 이르시되."(렘 7:1) 그런 경우는 선지자의 '의사(意思)나 인식의 범주'를 벗어난 차원에서 일방적으로 계시가 주어졌지요. "예언은 언제든지 사람의 뜻으로 낸 것이 아니요 오직 성령의 감동하심을 받은 사람들이 하나님께 받아 말한 것임이라."(벧후 1:21)

그럼에도 불구하고 하나님께서는 당신의 종들의 인격적 활동을 정지시켜 놓고 '기계적'으로 필사(筆寫)하게만 하신 것은 아닙니다. 성령께서는 그들 기자들의 인격과 유기적인 방식으로 영감을 주시어 하나님의 뜻을 알게 하시고, 그 하나님의 뜻을 적확하고 오류 없이 증언하고 기록하게 하신 것입니다. 그래서 필자의 소견으로는, 그냥 '축자영감'이라고 하면 오해가 생길 수 있으니 '유기적 축자영감(有機的 逐字靈感, organic and verbal inspiration)'이라 이름하는 것이 더욱 적절해 보입니다. 그리해야 '성경의 축자영감설'이 '기계적 영감설'로 오인(誤認)되는 것을 방지할 수 있을 것입니다.

사도가 유대인들의 불신앙에 대하여 크게 상심하였을 것은 쉽게 짐작이 갑니다. 사실 자기도 '다메섹 도상에서 나타나시어 자기를 부르신 예수님'을 만나기 전에는 불신앙의 상태였습니다. 그런데 이제는 복음을 믿는 자일 뿐 아니라 사도가 되어 늘 복음을 전하는 입장에 섰으니 그 유대인의 상태에 대하여 크게 근심하게 된 것이 이상한 일이 아닙니다. 그리스도의 구원에 대한 약속을 그들의 조상 아브라함 때부터 들어왔습니다. 그러나 정작 그리스도께서 오시니 배척하고 이방인의 손을 빌어 십자가에 못 박아 죽였습니다. "그가 세상에 계셨으며 세상은 그로 말미암아 지은 바 되었으되 세상이 그를 알지 못하였고 자기 땅에 오매 자기 백성이 영접하지 아니하였으나."(요 1:10,11) 그 현실에 대하여 사도 바울은 깊이 고민하다가 성령님의 인도하심을 받아 '사람이 믿음을 가지게 되는 것'이 궁극적으로 그 사람 자신 이전 하나님의 주권의 우선함을 알게 된 것입니다. 그래서 이 로마서 9장은 '참된 믿음과 하나님의 주권적 선택'에 관한 하나님의 계시입니다. 이미 구약성경 전편에 그 진리가 계시되어 있습니다. 성령께서는 사도를 통하여 그 진리를 이 로마서 9장에서 정연하게 정돈하여 주신 것입니다. 그래서 로마서 9장을 통하여 우리는 '그리스도 안에 있는 하나님의 구속적(救贖的)인 사랑'에 대한 원만한 이해를 얻어야 할 것입니다.

사도의 근심

"9:1-2내가 그리스도 안에서 참말을 하고 거짓말을 아니하노라 나에게 큰 근심이 있는 것과 마음에 그치지 않는 고통이 있는 것을 내 양심이 성령 안에서 나와 더불어 증거하노니." 사도의 양심은 그리스도 안에 있는 믿음으로 밝혀지는 양심입니다. 그 양심이 보혜사 성령님과 함께 그가 가진 '큰 근심'을 증거합니다. 여기서 '큰 근심'은 '그치지 않게 그를 괴롭게 하고 슬퍼하게 하는 근심거리'를 말합니다. 그것이 무엇입니까?

"9:3**나의 형제 곧 골육의 친척을 위하여.**" 사도를 끊임없이 슬프게 하는 '큰 근심'은 '자기 동족 유대인들'을 위한 것입니다. 그들 영혼의 구원에 대한 열망이 그를 사로잡았습니다. 그리스도 안에서 값없이 구원 받은 그리스도인들의 마음을 사로잡는 최대의 가치는 '구원'이요, 그가 자기 밖의 이웃을 위해 가지는 최고의 관심은 '그 이웃의 구원'입니다. 사도는 그 점에 있어서 모든 그리스도인들의 사표(師表)입니다. '성령 충만'의 여러 표지들 중 '이웃의 구원을 위한 열심'은 단연 상위에 놓여 있습니다. 자기 이웃의 영혼의 영원한 장래를 바라보고 '불타는 전도의 열정'을 가짐은 정상적이고 건강한 영성의 그리스도인의 표지입니다.

사도 바울은 '이방인들에게 복음을 전하는 직임'을 받은 '이방의 사도'였습니다. 그러나 그 말이 자기 동족은 어떻게 되든지 아무 관심이 없어도 된다는 말은 아니었습니다. 하나님께서 자기에게 명하신 직임은 그것이나 자기 동족의 영적인 상태에 대한 관심은 없어지지 않았습니다. 그래서 할 수 있는 한에서 자기 동족의 구원을 위하여 섬길 기회가 있으면 그 기회를 전혀 놓치지 않았습니다. "유대인들에게 내가 유대인과 같이 된 것은 유대인들을 얻고자 함이요 율법 아래에 있는 자들에게는 내가 율법 아래에 있지 아니하나 율법 아래 있는 자 같이 된 것은 율법 아래에 있는 자들을 얻고자 함이요."(고전 9:1) 사도행전에 나타난 그의 3차에 걸친 이방 지역의 전도여행에서 이방인들만을 상대한 것은 아닙니다. 도리어 가는 곳 마다 유대인의 회당이 있으면 반드시 거기를 전도의 교두보(橋頭堡)

로 삼았습니다. "그들이 암비볼리와 아볼로니아로 다녀가 데살로니가에 이르니 거기 유대인의 회당이 있는지라 '바울이 자기의 관례대로' 그들에게로 들어가서 세 안식일에 성경을 가지고 강론하며 뜻을 풀어 그리스도가 해를 받고 죽은 자 가운데서 다시 살아나야 할 것을 증언하고 이르되 내가 너희에게 전하는 이 예수가 곧 그리스도라 하니."(행 17:1-3) 그러나 이 사도의 전도를 유대인들은 배척하고 이방인들은 받았습니다. "그 중의 어떤 사람 곧 경건한 헬라인의 큰 무리와 적지 않은 귀부인도 권함을 받고 바울과 실라를 따르나 그러나 유대인들은 시기하여 저자의 어떤 불량한 사람들을 데리고 떼를 지어 성을 소동하게 하여 야손의 집에 침입하여 그들을 백성에게 끌어내려고 찾았으나."(행 17:4,5)

사도는 그 참상을 보면서 안타까워하며 거기를 떠나 이방인에게로 갑니다. "바울과 바나바가 담대히 말하여 이르되 하나님의 말씀을 마땅히 먼저 너희(유대인들)에게 전할 것이로되 너희가 그것을 버리고 영생을 얻기에 합당하지 않은 자로 자처하기로 우리가 이방인에게로 향하노라 주께서 이같이 우리에게 명하시되 내가 너를 이방의 빛으로 삼아 너로 땅 끝까지 구원하게 하리라 하셨느니라 하니 이방인들이 듣고 기뻐하여 하나님의 말씀을 찬송하며 영생을 주시기로 작정된 자는 다 믿더라."(행 13:46-48)

"내 자신이 저주를 받아 그리스도에게서 끊어질지라도 원하는 바로라." 언뜻 이 대목을 읽으면 모세가 광야의 패역한 이스라엘 사람들을 위하여 탄원하던 것이 연상됩니다. 금송아지를 만들고 경배한 백성들의 죄를 용서하여 주시기를 간청하는 모세의 간절한 기도를 들어 보십시오. "모세가 여호와께로 다시 나아가 여짜오되 슬프도소이다 이 백성이 자기들을 위하여 금 신(神)을 만들었사오니 큰 죄를 범하였나이다 그러나 이제 그들의 죄를 사하시옵소서 그렇지 아니하시오면 원하건대 주께서 기록하신 책에서 내 이름을 지워 버려 주옵소서."(출 32:31,32) 어떤 이는 이런 모세와 사도 바울의 심정을 보고 '구원받은 자가 자기가 구원의 자리에서 떨어져도 좋을 정도로 동족의 구원을 위하는 것이 합당한가?'라고 반문할 수 있습니다. 물론 '구원받은 자가 자기의 구원을 그 어느 것과 바꿀' 가능성은 전혀 없습니다. 다만 그 '구원'이 너무 크고 놀라운 일인데 그 구원을 받지 못한 동족을 보면 안타까운 마음이 너무 강렬한 나머지 그런 가정법을 쓸 정도의 심사까지 올라간다는 것으로 이해하면 됩니다. 그것이 그리스도 안에서 자기 이웃을 향한 참된 사랑입니다. 그것이 바로 '하나님을 전심으로 사랑하고 네 이웃을 네 몸과 같이 사랑하라'는 계명의 진정한 정신입니다. 자기 밖에 모르던 사람이 그런 수준의 사람으로까지 올라가다니요! 어떻게 그런 일이 일어났습니까? '우리를 구원하시는 하나님의 복음의 능력'이 그렇게 한 것입니다. 그래서 우리가 그리스도 안에서 우리를 택하시고 우리를 구원하신 하나님의 은혜의 영광을 늘 찬미해야 합니다.

"9:4**그들은 이스라엘 사람이라 그들에게는 양자됨과 영광과 언약들과 율법을 세우신 것과 예배와 약속들이 있고** 9:5**조상들도 그들의 것이요 육신으로 하면 그리스도가 그들에게서 나셨으니 그는 만물 위에 계셔서 세세에 찬양을 받으실 하나님이시니라 아멘.**" 그들 유대인들의 혈통적 근원을 살피면, 구약시대에 하나님의 선민(選民)으로 하나님을 위하여 거룩하게 구별된 아브라함과 그 자손입니다. 구약시대에 그들 조상들은 "양자됨과 영광과 언약들과 율법을 세우신 것과 예배와 약속들"을 받은 이들입니다. 그러니 그 영예가 대단하였습니다. 그리고 "육신으로 하면 그리스도가 그들에게서 나셨으니 그는 만물 위에 계셔서 세세에 찬양을 받으실 하나님이시니라 아멘." 그런 조상들의 영예를 생각하면, 그 조상들이 그렇게 고대하던 하나님의 약속 성취자 그리스도를 배척한 것은 전혀 앞뒤가 맞지 않은 일입니다. 그 점이 사도의 마음을 쥐어짜 그 숨통까지 막을 정도로 고통스런 현실이었습니다. 그리스도 예수님이 "만물 위에 계셔서 세세에 찬양을 받으실 하나님이신데" 그분을 배척하고 회개하지 않고 구원에서 떨어져 있는 동족 유대인들을 보니 참으로 견디기 힘들었습니다. 구약적인 시각으로만 보면, 이방인들은 다 그리스도를 받지 않을지라도 유대인들만은 마땅히 받고 섬기고 선포해야 마땅합니다. 그러나 현실은 정반대입니나. 그 현실에 대하여 사도는 깊이 고민하였을 것입니다. 그런 사도의 깊은 고민을 모르실리 없으신 성령께서 그를 인도하시어 마음을 추슬러 6절 이후의 진리를 증거하게 하신 것입니다.

하나님의 말씀을 따른 사도의 결론

"**9:6그러나 하나님의 말씀이 폐하여진 것 같지 않도다.**" 사도가 성령님의 인도하심을 받아 어떤 경우에도 철칙으로 지키는 것이 있었습니다. 어떤 현실 앞에서도 자기의 시각이나 정서의 성향을 따라서 그 현실에 대한 이해의 결론을 내리지 않고 오직 종국에는 '하나님의 말씀'의 척도에 의존하여 최종 결론에 이른다는 점입니다. 그는 어떤 경우에도 '하나님의 말씀은 항상 정당하고 하나님의 말씀은 항상 유효하다'는 철칙을 지키었습니다. 자기 불신 동족에 대한 연민으로 '내가 그리스도에게서 끊어질지라도 그들이 예수님을 믿어 구원을 받으면 좋겠다'고 까지 하였습니다. 그러나 그런 정서의 지시로 결론을 내리지 않고 오직 '하나님의 말씀'으로 그 이슈에 대한 결말을 얻습니다. 물론 그 배후에는 성령께서 계십니다. 그러니 이 대목은 사도를 통하여 우리 그리스도인들을 가르치시는 성령님의 교훈입니다. 실로 어떤 경우에도 우리의 생각과 마음을 '하나님의 말씀'을 따라 가누어야 합니다. 아무리 우리의 현실이 기가 막혀도 항상 '하나님의 말씀'을 따라서 생각을 정리해야 합니다. 욥은 자기의 사랑하는 모든 자녀들을 하루아침에 여의고 알거지가 된 현실 앞에서 '하나님의 말씀'의 망대로 올라가서 외쳤습니다. "내가 모태에서 알몸으로 나왔사온즉 또한 알몸이 그리로 돌아 가올지라 주신 이도 여호와시요 거두신 이도 여호와시오니 여호와의 이름이 찬송을 받으실지니이다 하고 이 모든 일에 욥이 범죄하지 아니하고 하나님을 향하여 원망하지 아니하니라."(욥 1:21,22)

'구약의 약속대로 이스라엘은 하나님의 선민인데 어째서 그들의 후손들인 유대인들은 믿지 않고 이방인들은 믿는가? 하나님의 말씀에 문제가 있는 것이 아닌가? 그렇지 않다면 어떻게 이런 일이 있을 수 있는가?' 그런 의문이 사도의 마음을 괴롭혔습니다. 그러나 사도는 그런 의문을 쳐내고 오직 '하나님의 미쁘심과 그 말씀의 완전함'을 의존하여 생각을 정리합니다. 그것이 바로 성령께 사로잡힌 자의 사고방식입니다.

예수님께서도 "성경은 폐하지 못하나니"라고 말씀하시면서 '자신을 하나님의 아들이라 한다'며 신성모독 죄로 몰아붙이는 유대인들에게 대응하셨습니다(요 10:35). 이는 모든 하나님의 사람들과 불신자들을 구별 짓는 리트머스 시험지입니다. 불신자들은 어떤 경우에도 자신의 생각을 앞세워 모든 것을 판단합니다. 그러나 하나님의 사람들은 자기 속에 있는 '육신의 생각'에서 나는 '사람의 생각'을 자기 속에 계신 보혜사 성령님의 깨우침으로 제압하고 '하나님의 말씀인 성경'에 귀의합니다. 사도는 우리에게 바로 그 본을 보여주었습니다. 아니 성령께서 사도를 가르치심으로 우리를 가르치셨습니다. 실로 '하나님의 말씀으로서의 성경'은 결코 폐하여지지 않습니다. 그러니 성경대로 믿고 생각하고 마음을 쓰는 사람이 이 세상에서 가장 지혜로운 사람이요 세상과 사탄이 그 사람을 이겨낼 수 없습니다. 그들이 바로 히브리서 11장에 소개되는 '믿음'의 사람들이었습니다. "이런 사람은 세상이 감당하지 못하느니라(the world was not worthy of them. - NIV)." "주의 계명들이 항상 나와 함께 하므로 그것들이 나를 원수보다 지혜롭게 하나이다 내가 주의 증거들을 늘 읊조리므로 나의 명철함이 나의 모든 스승보다 나으며 주의 법도들을 지키므로 나의 명철함이 노인보다 나으니이다."(시 119:98-100)

"**9:6이스라엘에게서 난 그들이 다 이스라엘이 아니요.**" 구약성경에서 사도는 "이스라엘의 혈통에서 난 그들이 다 참된 이스라엘은 아니라"는 결론을 얻습니다. 하나님의 언약의 성취, 곧 그리스도를 통하여 하나님의 백성들을 구원하시려는 뜻이 이루어져 나가는 구속사(救贖史)의 줄기가 '아브라함'의 혈통을 따라 이어졌습니다. 그러나 '아브라함'의 혈통에 속한 자는 다 아브라함 언약의 수혜자(受惠者)들이었습니까?

"**9:7또한 아브라함의 씨가 다 그의 자녀가 아니라 오직 이삭으로부터 난 자라야 네 씨라 불리리라 하셨으니.**" 아브라함의 육신의 자녀들이 여럿 있었습니다. 그러나 우리는 "오직 이삭으로부터 난 자라야 네 씨라 불리리라" 하시는 하나님의 말씀을 성경에서 읽습니다. 아브라함에게는 이삭 이전에 하갈에게서 얻은 이스마엘도 있었습니다. 그런데 아브라함은 사라가 하갈과 그 아들 이스마엘을 집에서 내쫓으라고 요청하니 깊은 근심에 빠졌습니다. "아브라함이 그의 아들로 말미암아 그 일이 매우 근심이 되었더니 하나님이 아브라함에게 이르시되 네 아이나 네 여종으로 말미암아 근심하지 말고 사라가 네게 이른 말을 다 들으라 이삭에게서 나는 자라야 네 씨라 부를 것임이니라."(창 21:11,12) 하나님께서 아브라함의 근심의 정서를 모르실 리 없습니다. 그러나 하나님께서 예정하신 구속사의 줄기는 아브라함의 두 아들에게 공히 이어지는 것이 아니었습니다. 오직 '이삭' 으로 말미암도록 하나님께서 정하신 것입니다. 그래서 사도는 그 말씀을 따라 동족 유대인의 불신앙에 대한 의문을 정리하고 결론을 내립니다.

"**9:8곧 육신의 자녀가 하나님의 자녀가 아니요 오직 약속의 자녀가 씨로 여기심을 받느니라 9:9약속의 말씀은 이것이니 명년 이 때에 내가 이르리니 사라에게 아들이 있으리라 하심이라.**" 아브라함에게 주신 언약의 혜택을 아브라함의 육신의 자손 모두가 다 받는 것이 아니라 오직 '하나님의 주권으로 그 약속의 후사로 지명 받아 태어난 자'만 받는다는 말입니다. 그 하나님의 주권은 처음에 이스마엘과 이삭 사이에서 나타났습니다. 그리고 연이어 이삭의 두 아들, 에서와 야곱 사이에도 나타납니다.

"**9:10그뿐 아니라 또한 리브가가 우리 조상 이삭 한 사람으로 말미암아 임신하였는데 9:11그 자식들이 아직 나지도 아니하고 무슨 선이나 악을 행하지 아니한 때에 택하심을 따라 되는 하나님의 뜻이 행위로 말미암지 않고 오직 부르시는 이로 말미암아 서게 하려 하사 9:12리브가**

에게 이르시되 큰 자가 어린 자를 섬기리라 하셨나니 9:13기록된 바 내가 야곱은 사랑하고 에서는 미워하였다 하심과 같으니라."

이 대목에서 성령께서는 '하나님의 주권의 결정적 성격'을 사도로 광포하게 하십니다. **"택하심을 따라 되는 하나님의 뜻이 행위로 말미암지 않고 오직 부르시는 이로 말미암아 서게 하려 하사."** 하나님의 주권은 그 택하심을 받은 자의 선행이나 어떤 성질이나 조건 일체를 전혀 참조하지 않으시고 오직 '하나님의 기뻐하심'에 따른 것입니다. "그 기쁘신 뜻대로 우리를 예정하사 예수 그리스도로 말미암아 자기의 아들들이 되게 하셨으니."(엡 1:5) 에서와 야곱이 어머니 리브가의 태중에 있어 그 어느 아들도 자의적(自意的)으로 무슨 선이나 악을 행한 적이 없는 상태였습니다. 그런데 그 상태에서 "야곱은 사랑하고 에서는 미워하였다 하심과 같으니라." "아이들이 그의 태속에서 서로 싸우는지라 그가 가로되 이같으면 내가 어찌할꼬 하고 가서 여호와께 묻자온대 여호와께서 그에게 이르시되 두 국민이 네 태중에 있구나 두 민족이 네 복중에서부터 나누이리라 이 족속이 저 족속보다 강하겠고 큰 자는 어린 자를 섬기리라 하셨더라."(창 25:22,23)

사람이 '구원받는 믿음'을 가지는데 있어서 '하나님의 주권의 우선성과 절대성'은 가히 필연적임을 성경은 계속 강조하고 있습니다. 이를 부인하면 성경이 말하는 믿음에 대한 균형있는 이해에 이를 수 없습니다. 우리는 이 '하나님의 신비'에 대하여 경외하는 믿음으로 찬미할 뿐입니다. 아멘.

43

믿음과 하나님의 주권(2)

9:14 그런즉 우리가 무슨 말을 하리요 하나님께 불의가 있느냐 그
럴 수 없느니라
9:15 모세에게 이르시되 내가 긍휼히 여길 자를 긍휼히 여기고 불
쌍히 여길 자를 불쌍히 여기리라 하셨으니
9:16 그런즉 원하는 자로 말미암음도 아니요 달음박질하는 자로 말
미암음도 아니요 오직 긍휼히 여기시는 하나님으로 말미암음이니라
9:17 성경이 바로에게 이르시되 내가 이 일을 위하여 너를 세웠으니
곧 너로 말미암아 내 능력을 보이고 내 이름이 온 땅에 전파되게 하
려 함이라 하셨으니
9:18 그런즉 하나님께서 하고자 하시는 자를 긍휼히 여기시고 하
고자 하시는 자를 완악하게 하시느니라

9:19 혹 네가 내게 말하기를 그러면 하나님이 어찌하여 허물하시느
냐 누가 그 뜻을 대적하느냐 하리니
9:20 이 사람아 네가 누구이기에 감히 하나님께 반문하느냐 지음
을 받은 물건이 지은 자에게 어찌 나를 이같이 만들었느냐 말하겠
느냐
9:21 토기장이가 진흙 한 덩어리로 하나는 귀히 쓸 그릇을, 하나는
천히 쓸 그릇을 만들 권한이 없느냐
9:22 만일 하나님이 그의 진노를 보이시고 그의 능력을 알게 하고자
하사 멸하기로 준비된 진노의 그릇을 오래 참으심으로 관용하시고
9:23 또한 영광 받기로 예비하신 바 긍휼의 그릇에 대하여 그 영광
의 풍성함을 알게 하고자 하셨을지라도 무슨 말 하리요
9:24 이 그릇은 우리니 곧 유대인 중에서뿐 아니라 이방인 중에서도
부르신 자니라
9:25 호세아의 글에도 이르기를 내가 내 백성 아닌 자를 내 백성이
라, 사랑하지 아니한 자를 사랑한 자라 부르리라
9:26 너희는 내 백성이 아니라 한 그 곳에서 그들이 살아 계신 하나
님의 아들이라 일컬음을 받으리라 함과 같으니라
9:27 또 이사야가 이스라엘에 관하여 외치되 이스라엘 자손들의 수
가 비록 바다의 모래 같을지라도 남은 자만 구원을 받으리니
9:28 주께서 땅 위에서 그 말씀을 이루고 속히 시행하시리라 하셨
느니라
9:29 또한 이사야가 미리 말한 바 만일 만군의 주께서 우리에게 씨
를 남겨 두지 아니하셨더라면 우리가 소돔과 같이 되고 고모라와

같았으리로다 함과 같으니라

9:30 그런즉 우리가 무슨 말을 하리요 의를 따르지 아니한 이방인
들이 의를 얻었으니 곧 믿음에서 난 의요
9:31 의의 법을 따라간 이스라엘은 율법에 이르지 못하였으니
9:32 어찌 그러하냐 이는 그들이 믿음을 의지하지 않고 행위를 의
지함이라 부딪칠 돌에 부딪쳤느니라
9:33 기록된 바 보라 내가 걸림돌과 거치는 바위를 시온에 두노니
그를 믿는 자는 부끄러움을 당하지 아니하리라 함과 같으니라

사도는 모든 일에 대한 판단 기준을 자기의 정서에서 찾지 않고 하나님의 말씀인 성경에서 찾습니다. 그래서 혈통적인 아브라함의 자손 전체가 다 '하나님의 은혜'에 참예하는 참 이스라엘이 아니라는 결론에 이르렀습니다. "택하심을 입은 자들"만이 그 은혜에 참예하는 믿음을 가지게 된다는 것을 확증하여 말하였습니다. 그런데 그 하나님의 '택하심은 부르시는 하나님의 주권적인 뜻'으로 말미암습니다. 사도는 그런 결론을 듣는 이들 중에 분명하게 반론을 제기할 줄을 알고 그에 대한 대응을 미리 하고 있습니다.

하나님의 주권의 정당성 시비

"9:14그런즉 우리가 무슨 말 하리요 하나님께 불의가 있느뇨 그럴 수 없느니라." 어느 누구든지 하나님의 주권적인 선택의 진리를 들으면 대번에 '하나님께서 그리 하심이 어찌 공평한 일일까?'라는 도전적인 항의

성 질문을 던지고 싶어집니다. 선택을 진술하는 성경 대목을 공부하거나 설교하고 있을 때 듣는 이들의 마음에 그런 의문이 대번에 떠올라 마음이 편하지 않습니다. '하나님께서는 불편부당하신 분이신데 어떻게 그런 말도 안 되는 식의 주권을 행사하시는가? 그러시고도 하나님의 의로우심이 훼손되지 않을까?' 사도가 이 대목을 쓰면서 독자들이 그런 의문을 가지게 될 것을 예기하면서 이런 의문을 자기가 대신 던져놓고 답합니다. "하나님께 불의가 있느냐 그럴 수 없느니라." 하나님의 행하심의 어떤 부면을 들어서도 '하나님의 불의'를 제기할 수 없습니다. 사도는 자기 식으로 이해되기까지는 하나님의 행사를 이해하거나 신뢰할 수 없다는 식의 오만방자한 사람들의 생각을 단호하게 차단하고 나섭니다. 설교자의 자세 중에서 '듣는 회중의 이해에 호소한다'는 구실로 하나님의 대언자의 소임을 접는 것은 합당하지 못합니다.

사도는 설교자의 표상(表象)으로서 사람들의 생각에 대해서 단호하게 대처할 필요가 있다 여기면 서슴없이 말합니다. 어떤 면에서도 '하나님의 불의의 가능성'을 염두에 둔 가정 자체를 '절대 있을 수 없는 일'로 단정합니다. 하나님의 주권적인 선택에 대해서 더욱 그러합니다. 아무도 성경에 계시된 '하나님의 주권적 선택의 정당성과 그 신비'를 사람의 이해의 그릇에 맞게 설명할 수 없습니다. 그 진리는 하나님의 뜻의 계시이며, 그것은 이해로 받아들일 것이 아니라 '하나님을 경외하는 믿음'으로 받을 것입니다.

"**9:15모세에게 이르시되 내가 긍휼히 여길 자를 긍휼히 여기고 불쌍히 여길 자를 불쌍히 여기리라 하셨으니 9:16그런즉 원하는 자로 말미암음도 아니요 달음박질하는 자로 말미암음도 아니요 오직 긍휼히 여기시는 하나님으로 말미암음이니라.**" 하나님께서는 이미 그 '하나님의 주권적 은혜의 행사'를 모세에게 말씀하셨습니다. "여호와께서 이르시되 내가 내 모든 선한 것을 네 앞으로 지나가게 하고 여호와의 이름을 네 앞에 선포하리라 나는 은혜 베풀 자에게 은혜를 베풀고 긍휼히 여길 자에게 긍휼히 베푸느니라."(출 33:19) 사도는 이스라엘 백성들 전체를 구원하여 주시기를 위하여 간구한 모세에게 주신 하나님의 말씀을 인용하였습니다. 사도는 자기 동족의 구원의 문제가 근본적으로 사람 자신에게 달린 것이 아니라 하나님의 주권적인 택하심과 그 긍휼과 은혜에 달린 것임을 확증하고 있습니다.

"9:17**성경이 바로에게 이르시되 내가 이 일을 위하여 너를 세웠으니 곧 너로 말미암아 내 능력을 보이고 내 이름이 온 땅에 전파되게 하려 함이라 하셨으니.**" 이 대목에서 사도는 출애굽기 9:16의 말씀을 인용하고 있습니다. 하나님께서는 모세를 통해 바로에게 이렇게 말씀하셨습니다. "내가 너를 세웠음은 나의 능력을 네게 보이고 내 이름이 온 천하에 전파되게 하려 하였음이니라." 그리고 뒤이어 사도는 바로에게 하신 하나님의 말씀의 의도를 붙잡아 '하나님의 주권 진리'의 정곡을 건드려 진술합니다.

"9:18**그런즉 하나님께서 하고자 하시는 자를 긍휼히 여기시고 하고자 하시는 자를 완악하게 하시느니라.**" 하나님께서 긍휼을 베푸실 대상을 주권적으로 선택하시는 것입니다. 그것이 바로 하나님의 주권의 진수입니다. 여기서 '긍휼'은 죄에서 구원하여 영생을 얻게 하시고 영화롭게 하시는 하나님의 '구속적(救贖的)인 사랑'을 의미합니다. 여기서 "하시고자 하는 자를 완악하게 하시느니라"는 표현은, '일부러 하나님께서 완악하도록 그 사람의 마음을 주장하신다'는 의미가 아닙니다. 만일 그런 식으로 이 대목을 해석하면 하나님을 '악의 조장자'로 만드는 셈이기 때문입니다. 그런 일은 있을 수 없습니다. "사람이 시험을 받을 때에 내가 하나님께 시험을 받는다 하지 말지니 하나님은 악에게 시험을 받지도 아니하시고 친히 아무도 시험하지 아니하시느니라 오직 각 사람이 시험을 받는 것은 자기 욕심에 끌려 미혹됨이니 욕심이 잉태한즉 죄를 낳고 죄가 장성한즉 사망을 낳느니라."(약 1:13-15) 그러니 여기서 사도는 '하나님께서 긍휼과 은혜를 베푸시는 영역'에 들어 있지 않은 이들의 마음을 본성 그대로 내버려 두심을[6] 두고, "하고자 하시는 자를 완악하게 하시느니라" 한 것입니다.

"9:19**혹 네가 내게 말하기를 그러면 하나님이 어찌하여 허물하시느냐 누가 그 뜻을 대적하느냐 하리니.**" 사도는 앞의 진술을 듣는 자면 누구나 어떤 반문을 던질 것인지를 예측하고 이 말을 한 것입니다. 사도는 사람들이 던질 도전적인 의문을 그런 식으로 표현한 것입니다. '그렇다면 어떻게 하나님께서 우리의 허물을 지적하며 책망할 수 있다는 말인가? 누가 하나님의 뜻을 대항하겠는가?' 이에 대하여 사도는 어떤 대응을 합니까?

"9:20**이 사람아 네가 누구이기에 감히 하나님께 반문하느냐**[7] **지음을 받은 물건이 지은 자에게 어찌 나를 이같이 만들었느냐 말하겠느냐**

---

6) 신학적으로 그것을 '유기(遺棄)'라 한다. 유기는 하나님의 적극적인 작정이라기보다는 하나님의 적극적인 주권인 '선택'에서 빠져 있는 것을 그렇게 표현한 것이라고 보아야 한다. 하나님의 이 행사를 '공평과 정당성'의 차원에서 접근하려 하면, 사람을 구원하시는 것을 하나님의 의무 사항 같이 여기는 적반하장적인 발상이다. 하나님의 구원을 '죄인을 구원하실 하나님의 의무나 책임 사항'으로 볼 것이 아니라, '긍휼에 풍성하신 하나님의 주권적인 사랑의 행사'로 보아야 한다. 그러므로 어떤 사람을 그 적극적인 하나님의 주권적인 긍휼과 사랑의 대상에서 제외하는 것을 '불공평하고 불의한 처사'로 이해하는 것은 그 발상의 기본에서부터 잘못된 것이다.

7) 개역한글에서는 개정개역의 '반문하느냐'를 '힐문하느뇨'로 읽고 있는 데 그 역문이 더 낫게 보인다. 우리말의 힐문은 '트집 잡아 따지고 묻는 것'이다.

9:21 토기장이가 진흙 한 덩어리로 하나는 귀히 쓸 그릇을, 하나는 천히 쓸 그릇을 만들 권한이 없느냐." 사도는 하나님과 우리의 정체성에 입각하여 그 힐문의 부당성을 제시하며 대응합니다. 하나님께서는 창조주이시고 우리는 그의 피조물입니다. "지음을 받은 물건이 지은 자에게 어찌 나를 이같이 만들었느냐 말하겠느냐?" 하나님의 주권에 대한 항의성 반문을 던지지 말아야 할 이유는 우리는 '창조주 하나님의 피조물에 불과하다'는 데 있습니다. 그러므로 우리는 어떤 경우에도 하나님의 행사의 부당성을 항의하는 일을 해서는 안 됩니다. 하나님께서는 어떤 경우에도 부당하다는 판단을 받을 일을 하실 수 없는 완전하게 의로우신 분이십니다. "사람은 다 거짓되되 오직 하나님은 참되시다 할지어다 기록된 바 주께서 주의 말씀에 의롭다 함을 얻으시고 판단 받으실 때에 이기려 하심이라 함과 같으니라."(롬 3:4)

하나님께서 우리를 어떻게 다루시든지 우리는 그 행사에 대해서 '어째서 제게 이렇게 하실 수 있습니까?'라고 항의할 수 없습니다. 그런 식으로 '공정성과 공평과 정의'의 편에서 생각하자면 죄 가운데 있는 우리는 처음부터 '하나님의 진노와 그 영원한 형벌' 외에는 아무것도 받을 자격이 없었습니다. 그러니 '하나님의 주권적인 행사'를 '공평과 공정성'의 차원에서 논해 보자고 하는 말이 전혀 맞지 않는 말입니다. 범죄 이후 인간과 하나님 사이의 관계는 범죄 이전의 관계와는 다릅니다. 범죄 이전, 하나님의 금령을 어기지 않은 한에서는 인간에 대한 하나님의 행사는 그 원의(原義)에 입각한 보응의 차원에서 이루어졌을 것입니다. "하나님께서 각 사람에게 그 행한 대로 보응하시되 참고 선을 행하여 영광과 존귀와 썩지 아니함을 구하는 자에게는 영생으로 하시고 오직 당을 지어 진리를 따르지 아니하고 불의를 따르는 자에게는 진노와 분노로 하시리라."(롬 2:6,7) 그러니 이제 범죄 이후 인간은 하나님의 엄정한 공의에 입각한 법정적 정죄와 그에 상응하는 형벌 아래 있습니다. 그러므로 사람이 '하나님의 행사의 공정성'을 거론하는 순간 '자신을 하나님의 공의의 칼 앞에 들이대는' 격입니다. 사도는 이 대목에서 그 요점을 전제하고 있습니다. 하나님께서 공의의 요구대로 즉시 파멸에 처하지 않으시고 유보하시는 모든 행사는 자비와 오래 참으심의 발로입니다. 토기장이가 진흙으로 자기가 원하는 것을 만들 권이 있다면, 하나님께서는 당신의 피조물 전체에 대한 그 어떤 주권도 정당한 것입니다. 하나님의 주권의 행사는 어느 피조물로부터 판단과 비판을 받을 대상이 될 수 없습니다. 하물며 범죄한 인간에 대한 하나님의 처사에 대하여는 더 말해서 무엇합니까!

"9:22 **만일 하나님이 그의 진노를 보이시고 그의 능력을 알게 하고자 하사 멸하기로 준비된 진노의 그릇을 오래 참으심으로 관용하시고** 9:23 **또한 영광 받기로 예비하신 바 긍휼의 그릇에 대하여 그 영광의 풍성함을 알게 하고자 하셨을지라도 무슨 말 하리요.**" 하나님께서 모든 인생을 진노해야 마땅한데, 어떤 사람을 특별하게 그 '하나님의 진노를 알게 하시려고 준비된 그릇'으로 사용하십니다. 그 일에 대하여 '불공평하시다'는 식으로 운운하는 것은 가당치가 않습니다. 그 "진노의 그릇을 오래 참으심으로 관용하시는" 하나님의 행사는 비난의 소재가 아니라 찬미의 주제입니다. 반면에 어떤 이를 "은혜의 영광을 찬미하게 하시려고"(엡 1:6,12,14) 예비하신 그릇으로 사용하시는 하나님의 행사는 자비의 극치입니다. 그러므로 하나님을 참으로 믿고 경외하는 사람이라면, 그리스도 안에서 은혜로 구원하시는 하나님의 주권적인 행사에 대하여 찬미와 감사를 올려야 마땅합니다. 이런 설명을 듣고도 '어떤 이는 택하시고 자녀로 삼으사 그 영광의 풍성함을 알리시는 그릇으로 삼으시고, 다른 이는 버려두시는 하나님의 행사'에 대하여 힐문하는 데서 돌아서지 않는 이가 있다면, 그 사람은 아직 믿음의 길에 들어선 적이 있는지 자신을 돌아보는 것이 좋습니다.

흔히 믿음을 가졌다 하는 이들 중에도 하나님께서 어떤 자를 구원받기로 택하시고 어떤 이는 버려두심에 대한 이해가 일치하지 않습니다. 알미니안이즘(Arminianism)과 칼빈주의(Calvinism) 신학적 체계의 차이의 기반에 바로 그 문제가 자리하고 있습니다. 인간주의와 공평성의 차원에서 이 문제를 접근하면 알미니안이즘의 논리가 더 우월해 보입니다. '어떤 사람은 택하고 어떤 사람은 버려두신 하나님의 주권적인 행사가 그 사람이 예수님을 믿기 이전에 있었다 하면, 인간의 책임 문제는 어떻게 되는 것인가? 그러면 사람이 예수님을 믿고 안 믿고의 책임이 원천적으로 하나님께 있게 만드는 논리가 아닌가? 그러니 하나님께서는 모든 이들에게 복음의 문을 열어 놓았는데 사람마다 자신의 선택에 따라 예수님을 믿고 구원을 선택할 수도 있고 그렇지 않을 수도 있다고 말하는 데서 멈추어야 한다.' 그러나 칼빈주의의 논리를 들어 보십시오. '범죄한 인간이 본성적으로는 영적으로 죽어 있어 아무도 자신을 분발하여 하나님을 찾을 자가 없다. 그래서 예수님을 믿어 구원받는 일에 있어서 하나님의 주권적인 역사가 없이는 아무도 스스로 자신을 일깨워 믿음을 가질 자가 없다는 것이 성경의 줄기찬 논리다. 반면에 인간의 책임에 대한 논의를 앞세워 성경이 무수하게 강조하는 하나님의 주권적 선택의 논리를 주저앉히는 것은 인본주의적인 발상에 지나지 않는다. 하나님께서 에서는 미워하고 야곱은 사

랑하셨다는 것은 영적인 일에 있어서 하나님의 주권이 항상 앞에 와 있음을 여실히 증거한다.'

이 두 신학체계 사이의 싸움은 끝나지 않을 것입니다. 그러나 분명한 것은 사람이 구원받는 영적인 일에 있어서 은혜를 베푸시는 하나님의 주권적인 행사가 절대적이라는 사실입니다. 그러하다고 하나님의 주권이 인간의 책임성을 아예 없이한다고 하면 안 됩니다. 그 문제는 뒤에 가서 더 살펴보기로 합시다. 일단은 이 로마서 9장의 메시지를 인간의 이해의 그릇에 담으려 하지 말고 일단 믿음으로 받는 것이 지혜입니다. 하나님의 주권은 언제나 우리의 인간의 이해의 그릇에 담기에는 너무 높고 너무 깊고 넓고 깁니다. 그래서 우리는 일단 하나님을 경외하는 믿음으로 하나님의 행사를 찬미하고, 그 은택을 입은 우리는 감사와 찬미를 돌릴 뿐입니다.

"9:24**이 그릇은 우리니 곧 유대인 중에서 뿐 아니라 이방인 중에서도 부르신 자니라.**" 사도는 하나님의 주권적인 은혜로 택하심을 받아 '영광의 풍성을 알게 하시려고 예비 된 그릇'이 누구인지 밝힙니다. "유대인 중에서 뿐 아니라 이방인 중에서도 부르신 자니라." 여기서 '부르셨다'는 말은 '하나님의 주권적인 선택으로 골라 불러 내셨다'는 뉘앙스를 풍깁니다. 물론 하나님께서 당신의 택하신 자들을 부르시는 방식은 '복음의 말씀'으로 말미암습니다. 여기서 사도가 "이 그릇은 유대인 중에서 뿐 아니라 이방인 중에서도"라고 한 표현은 당시 유대교(Judaism)의 입장에서 보면 참으로 큰 도발이 아닐 수 없었습니다. 유대교는 구약성경을 유대 '민족주의적 역사관(歷史觀)'으로 읽어 '유대인만이 하나님의 선민(選民)이라'는 의식을 고집하였습니다. 그러므로 그들이 볼 때에는 혈통적으로 이방인들과는 아예 상종할 이유가 없다는 식이었습니다. 심지어 이방인과 유대인 사이의 혼혈족인 사마리아 사람들과도 교류하지 않았습니다. 수가성의 사마리아 여인이 우물에서 물을 좀 달라 하시는 예수님의 요구에 반응한 내용 속에 당시 유대인들의 의식구조가 드러나 있습니다. "사마리아 여자가 이르되 당신은 유대인으로서 어찌하여 사마리아 여자인 나에게 물을 달라 하나이까 하니 이는 유대인이 사마리아인과 상종하지 아니 함이러라."(요 4:9) 사도 바울의 이방전도에 대해 심한 시기심을 발동한 배후에도 이런 유대인들의 의식이 확연하게 드러나 있습니다. 사도행전 17장에 보면 데살로니가 지역의 전도로 "많은 경건한 헬라인의 큰 무리와 적지 않은 귀부인도 권함을 받고 바울과 실라를 따라" 믿었습니다. 그러나 그 일에 유대인들의 시기가 매우 격하여 바울로 하여금 회당에서 성경을 강론하게 허락한 회당장 야손을 공격합니다. "그러나 유대인들은 시기하여 저자의 어떤 불량한 사람들을 데리고 떼를 지어 성을 소동하게 하여 야손의 집에 침입하여 그들을 백성에게 끌어내려고 찾았으나 발견하지 못하매…"(행 17:5,6)

그러나 바울 사도는 복음이 이제 유대인만 아니라 사마리아와 땅끝까지, 곧 만민에게 전파되어야 함을 인지하였습니다(행 1:8). 그리고 복음의 말씀을 전파하는 그곳에 하나님의 택하신 자들이 있으면 반드시 그 복음의 말씀을 듣고 믿는 자들이 나타날 것입니다. 곧 '하나님의 뜻대로 부르심을 입어 믿는 자들'이 있음에 분명하다고 사도는 믿고 있었습니다. 그래서 나중에 데살로니가 교회에 보낸 편지 속에서 사도행전 17장의 내용을 염두에 두며 그 진리를 말합니다. "그들이 암비볼리와 아볼로니아로 다녀가 데살로니가에 이르니 거기 유대인의 회당이 있는지라 바울이 자기의 관례대로 그들에게로 들어가서 세 안식일에 성경을 가지고 강론하며 뜻을 풀어 그리스도가 해를 받고 죽은 자 가운데서 다시 살아나야 할 것을 증언하고 이르되 내가 너희에게 전하는 이 예수가 곧 그리스도라 하니 그 중의 어떤 사람 곧 경건한 헬라인의 큰 무리와 적지 않은 귀부인도 권함을 받고 바울과 실라를 따르나."(행 17:1-4) "하나님의 사랑하심을 받은 형제들아 '너희를 택하심을 아노라 이는 우리 복음이 너희에게 말로만 이른 것이 아니라 또한 능력과 성령과 큰 확신으로 된 것임이라' 우리가 너희 가운데서 너희를 위하여 어떤 사람이 된 것은 너희가 아는 바와 같으니라 또 너희는 많은 환난 가운데서 성령의 기쁨으로 말씀을 받아 우리와 주를 본받은 자가 되었으니 그러므로 너희가 마게도냐와 아가야에 있는 모든 믿는 자의 본이 되었느니라."(살전 1:4 7)

우리는 이 하나님의 택하심의 진리를 바울 사도의 고린도지역 전도 행적 속에서도 발견합니다. 사도 바울이 고린도지역에서 복음을 전하는 일을 이제 막 시작하여 많은 이들이 예수님을 믿는 일이 일어났습니다. 그 때에 주님의 뜻을 알리시는 계시가 주어졌습니다. "또 회당장 그리스보가 온 집안과 더불어 주를 믿으며 수많은 고린도 사람도 듣고 믿어 세례를 받더라 밤에 주께서 환상 가운데 바울에게 말씀하시되 두려워하지 말며 침묵하지 말고 말하라 내가 너와 함께 있으매 어떤 사람도 너를 대적하여 해롭게 할 자가 없을 것이니 이는 이 성중에 내 백성이 많음이라 하시더라."(행 18:8-10) 그러므로 성경의 모든 증거를 통해서, 우리는 예수님을 믿어 구원받는 일에 하나님의 주권적인 선택과 그 은혜가 항상 우선에 와 있다는 사실을 부인할 수 없습니다. 다만 그것이 우리의 이해의 용량을 훨씬 뛰어 넘는 '하나님의 신비'에 속한다는 것을 인정하고 우리를 구원하신 은혜를 인하여 주 예수 그리스도의 이름으로 하나님 아버지께 감사와 찬미를 올려야 마땅합니다.

이같이 사도는 구원하시는 하나님의 복음의 은택을 누리는 일이 하나님의 주권의 소산임을 구약성경이 줄기차게 증거함을 확증합니다. 또 들어 보십시오.

"**9:25 호세아의 글에도 이르기를 내가 내 백성 아닌 자를 내 백성이라, 사랑하지 아니한 자를 사랑한 자라 부르리라 9:26 너희는 내 백성이 아니라 한 그 곳에서 그들이 살아 계신 하나님의 아들이라 일컬음을 받으리라 함과 같으니라.**" 구약성경에 이미 그리스도의 초림과 함께 복음이 아브라함의 혈통적 자손인 이스라엘을 넘어 복음의 약속을 알지 못하던 조상을 가진 이방인들에게도 전파되어 구원에 참여하는 이들이 거기서도 있을 것이라고 예언되어 있습니다. 호세아의 예언은 분명하게 이스라엘, '유대인의 혈통의 순수성'과 '복음의 은혜'로 구원받는 일에는 전혀 상관없음이 드러날 때가 올 것임을 예언한 것입니다. "그러나 이스라엘 자손의 수가 바닷가의 모래 같이 되어서 헤아릴 수도 없고 셀 수도 없을 것이며 전에 그들에게 이르기를 너희는 내 백성이 아니라 한 그 곳에서 그들에게 이르기를 너희는 살아 계신 하나님의 아들들이라 할 것이라."(호 1:10) 구약 시대, 곧 구속사(救贖史)가 진행되고 있었던 때에도 보편적이지는 않지만 이방인들이 은혜의 구원에 동참하는 일이 있었습니다. 라합과 룻의 경우가 그러합니다. 그들은 이스라엘 혈족이 아니고 가나안 족속과 암몬 자손에 속하였습니다. 그럼에도 예수님의 족보에 들어 있습니다. "살몬은 라합에게서 보아스를 낳고 보아스는 룻에게서 오벳을 낳고 오벳은 이새를 낳고."(마 1:5)

“9:27**또 이사야가 이스라엘에 관하여 외치되 이스라엘 자손들의 수가 비록 바다의 모래 같을지라도 남은 자만 구원을 받으리니**” 이사야를 통해서 하나님께서는 아브라함의 혈통적인 자손인 이스라엘의 허다한 무리 전체를 다 구원하신 것이 아니라 하나님께서 은혜로 택하심을 따라 “남은 자만 구원을 받을 것”을 말씀하셨습니다. 이스라엘 사람들은 조상적부터 하나님의 영광과 그 은택을 독점적으로 향유하였습니다. 그럼에도 불구하고 참된 믿음으로 하나님의 구원의 은혜에 참여한 이들은 ‘바다 모래 같은 이스라엘의 총수’에 비하면 지극히 적다는 것입니다. 그 적은 수의 ‘남은 자(remnant)’만 구원을 받은 것입니다. 이 ‘남은 자’ 사상은 구약성경 전편에 널리 확산되어 있습니다. 그러니 하나님의 구원의 영광에 참예한 이들은 ‘하나님께서 택하신 목적대로 이 땅에서 말씀으로 부르신 이들 뿐’입니다. 예수님께서도 유대인들이 당신이 그리스도이심을 보여주는 여러 표적들과 권능의 행사들을 보고도 ‘구원받을 만한 믿음’을 가지고 진실로 예수님께 나아오는 자들이 많지 않음을 보시고 한탄하셨습니다. 그러시면서 이 ‘은혜로 택하심을 따라 남은 자’(롬 11:5)만 구원받게 되어 있는 진리로 결론을 내리십니다. “나를 보내신 아버지께서 이끌지 아니하시면 아무도 내게 올 수 없으니 오는 그를 내가 마지막 날에 다시 살리리라 선지자의 글에 그들이 다 하나님의 가르치심을 받으리라 기록되었은즉 아버지께 듣고 배운 사람마다 내게로 오느니라.”(요 6:44,45)

“9:28**주께서 땅 위에서 그 말씀을 이루고 속히 시행하시리라 하셨느니라.**” 하나님께서는 모든 일을 임기응변적으로 하시는 분이 아니십니다. 이미 창세전에 정하신 “그 말씀,” 곧 하나님의 기뻐하심을 따라 예정하신 완전한 뜻을 세우셨습니다. 그리고 “땅 위에서 그 말씀을 이루고 속히 시행하시는" 분이십니다. 앞의 로마서 9:27과 이 대목은 이사야 10:22,23의 말씀의 내용의 중심을 의미적으로 요약 인용한 것입니다. "이스라엘이여 네 백성이 바다의 모래 같을지라도 남은 자만 돌아오리니 넘치는 공의로 파멸이 작정되었음이라 이미 작정된 파멸을 주 만군의 여호와께서 온 세계 중에 끝까지 행하시리라." "이 묵시는 정한 때가 있나니 그 종말이 속히 이르겠고 결코 거짓되지 아니하리라 비록 더딜지라도 기다리라 지체되지 않고 반드시 응하리라."(합 2:3)

택하심을 따라 남은 자

"9:29**또한 이사야가 미리 말한 바 만일 만군의 주께서 우리에게 씨를 남겨 두지 아니하셨더라면 우리가 소돔과 같이 되고 고모라와 같았으리로다 함과 같으니라.**" 하나님과 예수님을 믿는 우리의 믿음이 우리 자신의 본성에 뿌리를 둔 것이라면, 오래 견디어 내지 못할 것은 너무나 명백합니다. 성경은 그 점에 대하여 줄기차게 반복적으로 증거합니다. 사도가 여기서 인용하는 말씀은 이사야 1:9입니다. "만군의 여호와께서 우리를 위하여 생존자를 조금 남겨 두지 아니하셨더면 우리가 소돔 같고 고모라 같았으리로다." 이사야서 전반부(前半部), 1-39장의 주요 메시지는 백성들의 죄에 대한 하나님의 진노입니다. 이사야를 통해서 하나님께서는 당신과 언약관계에 있는 이스라엘의 실상에 대하여 있는 대로 밝히게 하시며, 그에 대하여 탄식하시는 하나님의 진노가 들끓어 올라 반드시 징치하시리라고 말하게 하셨습니다. "슬프다 범죄한 나라요 허물 진 백성이요 행악의 종자요 행위가 부패한 자식이로다 그들이 여호와를 버리며 이스라엘의 거룩하신 이를 만홀히 여겨 멀리하고 물러갔도다 너희가 어찌하여 매를 더 맞으려고 패역을 거듭하느냐 온 머리는 병들었고 온 마음은 피곤하였으며 발바닥에서 머리까지 성한 곳이 없이 상한 것과 터진 것과 새로 맞은 흔적뿐이거늘 그것을 짜며 싸매며 기름으로 부드럽게 함을 받지 못하였도다."(사 1:4-6) 죄 가운데 있는 인간 본성은 하나님을 경외하는 거룩한 믿음을 끝까지 붙들 힘이 없어 반드시 하나님의 징치를 받게 되어 있습니다. 하나님께서 그들을 아끼시어 "은혜로 생존하게 하시려고 씨를 남겨 두지 아니하셨다면" 반드시 파멸에 들어가게 될 판입니다. '소돔과 고모라'는 인간 본성이 제어를 받지 않으면 반드시 빠져 들어가기 마련인 악독을 표본적으로 보여주는 성경의 샘플입니다. 남은 자들과 우리 자신 모두가 예외는 아닙니다.

하나님께서 이스라엘을 위해서 해 주신 것 외에 무엇을 더하여 주겠느냐고 하셨습니다. "내가 내 포도원을 위하여 행한 것 외에 무엇을 더할 것이 있으랴 내가 좋은 포도 맺기를 기다렸거늘 들포도를 맺음은 어찌 됨인고."(사 5:4) 우리는 이런 질문을 할 수 있습니다. '하나님께서 그렇게 잘 해주셨는데도 어째서 이스라엘이 진정한 의미의 변화가 없이 그리 되었는가?' 하나님을 경외하고 그리스도에 대한 소망을 견지하는 참된 믿음은, 하나님의 택하심을 따라 그리스도의 구속의 효력을 가지고 역사하시는 성령님께서 거듭난 자라야 발생할 수 있기 때문입니다. "예수께서 대답하여 이르시되 진실로 진실로 네게 이르노니 사람이 거듭나지 아니하면 하나님의 나라를 볼 수 없느니라."(요 3:3) '그리스도 안에서 창세전에 택하시고 그리스도께서 구속하실 이들(구약시대에서는 시간적으로 구속의 사실 보다 앞서기에 미래형으로 표기)을 거듭나게 하시는 성령님의 역사'가 아니면, 아무도 그리스도를 믿을 절대적 필요를 인식하지 못합니다.

인간의 타락과 그 부패의 정도가 얼마나 크다는 것을 인지하지 못하는 사람은 자력으로 얼마든지 하나님 앞에 제출할 '의(義)'를 마련할 수 있다고 여깁니다. 그러나 성경과 인간의 역사는 그것이 얼마나 어리석은 발상인지를 여실히 보여줍니다. 그러니 '구원받을 만한 믿음'은 종교성과 본성의 연마를 통해서 나올 수 있는 것이 아니라 '하나님의 주권적인 은혜의 행사'가 그 사람에게 임해야 되는 것입니다.

"만일 만군의 주께서 우리에게 씨를 남겨 두지 아니하셨더라면." 여기서 '씨를 남겨 두셨다'는 것은 '은혜로 택하심을 따라 남은 자로 남겨 두셨다' 함입니다. 그러므로 "이스라엘 자손들의 수가 비록 바다의 모래 같을지라도 남은 자만 구원을 받을 것"입니다.

의를 버린 유대인과 의를 얻은 이방인

"9:30그런즉 우리가 무슨 말을 하리요 의를 따르지 아니한 이방인들이 의를 얻었으니 곧 믿음에서 난 의요." 사도는 앞에서 말한 것에 비추어 '이방인 중에서 예수님을 믿는 이들의 구원'을 그 이치대로 설명합니다. 이방인들은 본래 모세의 율법을 알지 못하여 '하나님의 계명을 지키는 일'에 있어서 문외한(門外漢)들이었습니다. 그러므로 그들은 '의를 따르지' 아니하였습니다. 그런데도 불구하고 그들은 '하나님 앞에 제출할 의'를 마련하였습니다. 어찌 된 영문인지요? '자기들의 행위를 의지하지 않고 예수님을 믿음으로 말미암아 자기들에게 전가(轉嫁)된 의'를 얻게 된 것입니다. "이제는 율법 외에 하나님의 한 의가 나타났으니 율법과 선지자들에게 증거를 받은 것이라 곧 예수 그리스도를 믿음으로 말미암아 모든 믿는 자에게 미치는 하나님의 의니 차별이 없느니라 모든 사람이 죄를 범하였으매 하나님의 영광에 이르지 못하더니 그리스도 예수 안에 있는 속량으로 말미암아 하나님의 은혜로 값없이 의롭다 하심을 얻은 자 되었느니라."(롬 3:21-24)

"9:31**의의 법을 따라간 이스라엘은 율법에 이르지 못하였으니.**" '의의 법'은 모세를 통해서 주신 '율법'입니다. 그들 이스라엘은 '율법'을 자랑하며, 그 율법을 지키고 행한다 하였으나 '율법에 이르지' 못하였습니다. 여기서 '율법에 이르지 못하였다'한 것은 '율법이 요구하고 가리키는 진정한 의를 이루지 못하였다'는 말입니다. 율법이 진정으로 요구하는 의의 완성에 누가 이르렀습니까? 그리스도 외에는 누가 그 의를 이루었습니까? 그러니 율법을 제대로 알면 '그리스도와 그 의를 주목하지 않을 수' 없습니다. 그래서 여기서 "율법에 이르지 못하였다"는 말은 '율법이 가리키는 그리스도'께로 나아가는 일에 실패하였다는 말입니다. "내가 너희를 아버지께 고소할까 생각지 말라 너희를 고소하는 이가 있으니 곧 너희의 바라는 자 모세니라 모세를 믿었더면 또 나를 믿었으리니 이는 그가 내게 대하여 기록하였음이라."(요 5:45,46) "믿음이 오기 전에 우리가 율법 아래 매인 바 되고 계시될 믿음의 때까지 갇혔느니라 이같이 율법이 우리를 그리스도에게로 인도하는 초등교사가 되어 우리로 하여금 믿음으로 말미암아 의롭다 함을 얻게 하려 함이니라."(갈 3:23,24)

"9:32**어찌 그러하냐 이는 그들이 믿음을 의지하지 않고 행위를 의지함이라 부딪칠 돌에 부딪쳤느니라.**" 결국 조상으로 하면 약속의 상속자들인데도 불구하고 그들은 '그리스도를 믿음으로 말미암아 자기들에게 전가되는 그리스도의 의'를 의지하지 않았습니다. 도리어 "(자기) 행위를 의지함이라 부딪칠 돌에 부딪쳤느니라." 그들이 율법을 자랑하면서 자력으로 율법이 요구하는 바를 이루고 있다고 여기고 있었습니다. 그러니 그들은 자기의 공력과 도덕적 의지나 종교적 의식을 앞세워 그리스도를 배척하고 죽였습니다. 그들은 결국 "부딪힐 돌에 부딪쳤습니다." 그래서 그리스도 밖으로 떨어져 파멸에 빠지게 되었습니다.

거치는 반석이냐 수치를 가리는 보장이냐

"**9:33기록된 바 보라 내가 걸림돌과 거치는 바위를 시온에 두노니 그를 믿는 자는 부끄러움을 당하지 아니하리라 함과 같으니라.**" 사도는 여기서 이사야 8:14와 28:16의 말씀을 인용하되, 그 본문들을 정확하게 인용하지 않고 그 말씀의 중심 내용을 이 대목의 논증과 부합하게 지적하고 있습니다. "그가 성소가 되시리라 그러나 이스라엘의 두 집에는 걸림돌과 걸려 넘어지는 반석이 되실 것이며 예루살렘 주민에게는 함정과 올무가 되시리니 많은 사람들이 그로 말미암아 걸려 넘어질 것이며 부러질 것이며 덫에 걸려 잡힐 것이니라."(사 8:14,15) "그러므로 주 여호와께서 이같이 이르시되 보라 내가 한 돌을 시온에 두어 기초를 삼았노니 곧 시험한 돌이요 귀하고 견고한 기촛돌이라 그것을 믿는 이는 다급하게 되지 아니하리로다."(사 28:16)

실로 누가 스스로의 지각으로 하나님의 아들 '그리스도와 그 의'를 통해서 구원을 주시는 하나님의 은혜에 자신을 던지겠습니까? '그리스도와 그 의를 믿음으로 부여잡는 사람'은 자기 행위를 의뢰하거나 자랑할 이유가 전혀 없음을 인지한 사람입니다. 그러나 누가 진정으로 그 사실을 알겠습니까? 성령님의 거듭나게 하심으로 영적인 눈이 열리고 성령님의 인도를 계속 받는 사람이 아니면, 아무도 그런 지각을 가질 수 없습니다. 오늘도 진정한 사도의 복음이 전파되는 곳에서 사람들은 자기의 의를 세우려고 그리스도의 의를 배척하기 마련입니다. 그러나 하나님께서 '은혜로 택하심을 따라 남은 자,' 말씀을 통해서 역사하시는 성령님으로 말미암아 영적인 눈이 열린 사람만이 '그리스도와 그 십자가 구속의 역사'에 자신을 던지는 사람입니다. 그 사람만 '시온에 둔 거침돌과 바위이신 그리스도'로 말미암아 넘어지지 않고 세움을 입고, 부끄러움을 당하지 않을 것입니다. 아멘.

part 10 구원받을 만한 믿음

참으로 성경은 시대에 뒤진 적이 없었습니다. 이 로마서를 기록할 당시의 문제가 오늘날에도 여전히 존재하기 때문입니다. 외적으로 '신앙을 공언(公言)한다'고 하나 실상은 '구원받을 만한 믿음' 이 아니라서 '공언(空言)'이 되고 마는 일이 허다할 것입니다.

"나더러 주여 주여 하는 자마다 다 천국에 들어갈 것이 아니요 다만 하늘에 계신 내 아버지의 뜻대로 행하는 자라야 들어가리라."(마 7:21) 여기서 '내 아버지의 뜻'을 '행위'로 둔갑시켜 이해하는 것은 '다른 복음'으로 나아가는 지름길입니다. 도리어 '내 아버지의 뜻대로 행한다' 함은 '성경에 계시된 대로 복음을 믿는 구원받기에 합당한 믿음을 가진다'는 말로 이해해야 합니다.

유대교는 나름으로 하나님을 위하여 대단한 열심을 내는 체계였습니다. 그러나 결국 복음에 나타난 '하나님의 의(義), 곧 그리스도 예수님과 그 이루신 완전한 구속(救贖, 혹은 贖良)'을 의존하지 않고 '자기 의(義)'를 내세우는 체계였습니다.

"너희가 믿음 안에 있는가 너희 자신을 시험하고 너희 자신을 확증하라 예수 그리스도께서 너희 안에 계신 줄을 너희가 스스로 알지 못하느냐 그렇지 않으면 너희는 버림받은 자니라."(고후 13:5)

44

구원받을 만한 믿음의 정체

10:1 형제들아 내 마음에 원하는 바와 하나님께 구하는 바는 이스
라엘을 위함이니 곧 그들로 구원을 받게 함이라
10:2 내가 증언하노니 그들이 하나님께 열심히 있으나 올바른 지식
을 따른 것이 아니니라
10:3 하나님의 의를 모르고 자기 의를 세우려고 힘써 하나님의 의
에 복종하지 아니하였느니라
10:4 그리스도는 모든 믿는 자에게 의를 이루기 위하여 율법의 마
침이 되시니라
10:5 모세가 기록하되 율법으로 말미암는 의를 행하는 사람은 그
의로 살리라 하였거니와
10:6 믿음으로 말미암는 의는 이같이 말하되 네 마음에 누가 하늘

에 올라가겠느냐 하지 말라 하니 올라가겠느냐 함은 그리스도를
모셔 내리려는 것이요
10:7 혹은 누가 무저갱에 내려가겠느냐 하지 말라 하니 내려가겠
느냐 함은 그리스도를 죽은 자 가운데서 모셔 올리려는 것이라
10:8 그러면 무엇을 말하느냐 말씀이 네게 가까워 네 입에 있으며
네 마음에 있다 하였으니 곧 우리가 전파하는 믿음의 말씀이라
10:9 네가 만일 네 입으로 예수를 주로 시인하며 또 하나님께서 그를
죽은 자 가운데서 살리신 것을 네 마음에 믿으면 구원을 받으리라
10:10 사람이 마음으로 믿어 의에 이르고 입으로 시인하여 구원에
이르느니라
10:11 성경에 이르되 누구든지 그를 믿는 자는 부끄러움을 당하지
아니하리라 하니
10:12 유대인이나 헬라인이나 차별이 없음이라 한 분이신 주께서 모
든 사람의 주가 되사 그를 부르는 모든 사람에게 부요하시도다
10:13 누구든지 주의 이름을 부르는 자는 구원을 받으리라
10:14 그런즉 그들이 믿지 아니하는 이를 어찌 부르리요 듣지도 못
한 이를 어찌 믿으리요 전파하는 자가 없이 어찌 들으리요
10:15 보내심을 받지 아니하였으면 어찌 전파하리요 기록된 바 아
름답도다 좋은 소식을 전하는 자들의 발이여 함과 같으니라
10:16 그러나 그들이 다 복음을 순종하지 아니하였도다 이사야가
이르되 주여 우리가 전한 것을 누가 믿었나이까 하였으니
10:17 그러므로 믿음은 들음에서 나며 들음은 그리스도의 말씀으
로 말미암았느니라

10:18 그러나 내가 말하노니 그들이 듣지 아니하였느냐 그렇지 아니하니 그 소리가 온 땅에 퍼졌고 그 말씀이 땅 끝까지 이르렀도다 하였느니라
10:19 그러나 내가 말하노니 이스라엘이 알지 못하였느냐 먼저 모세가 이르되 내 백성 아닌 자로써 너희를 시기하게 하며 미련한 백성으로써 너희를 노엽게 하리라 하였고
10:20 이사야는 매우 담대하여 내가 나를 찾지 아니한 자들에게 찾은 바 되고 내게 묻지 아니한 자들에게 나타났노라 말하였고
10:21 이스라엘에 대하여 이르되 순종하지 아니하고 거슬러 말하는 백성에게 내가 종일 내 손을 벌렸노라 하였느니라

사도는 자기 동족 유대인의 구원을 위해서 특별한 열심을 가지고 있었습니다. 그러나 사도 자신이 보기에 그들은 참된 구원의 길과는 전혀 상반되는 길로 행하고 있습니다. 그러면서도 자기들의 방식이 구원을 보장할 것이라고 여기고 있습니다. 물론 그것이 예수 그리스도를 믿지 않고 계속 배척하고 훼방하는 것으로 나타납니다. 사도는 그 현실을 주목하면서 성령님의 인도하심을 따라 그런 유대인의 신앙 양태와 정황을 분석하게 됩니다. 그러면서 '무엇이 진정 구원받을 만한 믿음(saving faith)인가?'를 추적합니다. 바로 이 로마서 10장은 '구원받을 만한 참된 믿음'이 어떤 형식으로 나타나며, 그 믿음의 경로를 계시합니다. 궁극적으로 '구원 받을 만한 믿음'과 그렇지 못한 '모조적인 믿음'의 결정적 차이는 '어떤 의를 의뢰하느냐'로 드러나게 되어 있는 이치를 이 로마서 10장에서 배우게 될 것입니다.

"10:1**형제들아 내 마음에 원하는 바와 하나님께 구하는 바는 이스라엘을 위함이니 곧 그들로 구원을 받게 함이라.**" 사도가 가진 간절한 소원은 '할 수 있으면 모든 이들이 복음을 통하여 멸망의 길에서 벗어나 구원을 받게 하시는 하나님의 은혜를 받는 것'입니다. "내가 모든 사람에게서 자유로우나 스스로 모든 사람에게 종이 된 것은 더 많은 사람을 얻고자 함이라 유대인들에게 내가 유대인과 같이 된 것은 유대인들을 얻고자 함이요 율법 아래에 있는 자들에게는 내가 율법 아래에 있지 아니하나 율법 아래 있는 자 같이 된 것은 율법 아래에 있는 자들을 얻고자 함이요 율법 없는 자에게는 내가 하나님께는 율법 없는 자가 아니요 도리어 그리스도의 율법 아래에 있는 자나 율법 없는 자와 같이 된 것은 율법 없는 자들을 얻고자 함이라 약한 자들에게 내가 약한 자와 같이 된 것은 약한 자들을 얻고자 함이요 내가 여러 사람에게 여러 모습이 된 것은 아무쪼록 몇 사람이라도 구원하고자 함이니 내가 복음을 위하여 모든 것을 행함은 복음에 참여하고자 함이라."(고전 9:19-23) 하물며 동족 이스라엘의 구원을 위한 사도 바울의 열심을 무엇으로 묘사할 수 있겠습니까! 그는 쉬지 않고 그들 동족의 구원을 위하여 기도하며 애를 썼습니다. 그런데 그들의 구원을 막는 그들의 잘못된 인식이 큰 난제였습니다.

하나님께 대한 그릇된 열심

"10:2**내가 증언하노니 그들이 하나님께 열심히 있으나 올바른 지식을 따른 것이 아니니라.**" 그들이 하나님을 위하는 열심은 대단하였습니다. 예수님을 이방인의 손을 빌어 십자가에 못 박은 것도 '그들 나름의 하나님을 위한 열심'에서 비롯된 것입니다. 그러나 그런 '하나님을 향한 간절한 열심' 자체가 그들의 오류를 상쇄(相殺) 할 수 없습니다. 그들은 '하나님을 아는 바른 지식'을 따르지 않고 있습니다. '하나님을 아는 바른 지식'이 없다는 결정적인 단서(端緖)는 무엇입니까?

"10:3**하나님의 의를 모르고 자기 의를 세우려고 힘써 하나님의 의에 복종하지 아니하였느니라.**" 그러합니다. 사람이 '하나님을 아는 바른 지식'과 그에 비추어 '자신을 아는 바른 지식'은 '자기 의'를 의뢰하던 옛 사람의 시각을 버리게 합니다. 왜냐하면 '하나님을 아는 지식과 자신을 아는 지식'은 자신이 하나님 앞에 아무것도 자랑할 것이 없는 죄인임을 아는 데로 인도하기 때문입니다. 그것은 자신의 의지로는 하나님 앞에 제출해야 할 의(義)를 마련할 수 없고 도리어 '하나님의 심판 법정에서 정죄를 받아 무서운 진노의 지옥 형벌' 밖에는 없다는 인식으로 나아가게 합니다. 그리고 복음 안에 나타난 '하나님의 의'를 의뢰할 절대적 필요를 의식하게 됩니다. "이제는 율법 외에 하나님의 한 의가 나타났으니 율법과 선지자들에게 증거를 받은 것이라 곧 예수 그리스도를 믿음으로 말미암아 모든 믿는 자에게 미치는 하나님의 의니 차별이 없느니라 모든 사람이 죄를 범하였으매 하나님의 영광에 이르지 못하더니 그리스도 예수 안에 있는 속량으로 말미암아 하나님의 은혜로 값없이 의롭다 하심을 얻은 자 되었느니라."(롬 3:21-24) 사람이 그런 경로를 따라 구원을 받는 것입니다. 그런데 이스라엘은 그런 경로와 다른 길로 가며 '자기 의'를 의지하여 하나님 앞에 서려 하니 사도의 심정이 갑갑하기 짝이 없습니다.

"10:4**그리스도는 모든 믿는 자에게 의를 이루기 위하여 율법의 마침이 되시니라.**" 사람이 '믿음을 가졌다' 하는 것은 무엇입니까? 바로 자신이 율법을 지켜 그 의로써 하나님 앞에 서려는 것을 버리고 오직 '그리스도께서 이루신 의'를 의뢰한다 함이 아니면 무엇입니까? 그리스도께서 이 땅에 오시어 이루신 의, 곧 '여자에게서 나시어 율법 아래 나시어 그 율법이 요구하는 바를 온전하게 이루신 것'은 무엇 때문입니까? 당신을 믿는 자들로 하여금 하나님 앞에 당당하게 제출할 의를 마련코자 함이 아니면 무엇입니까? 하나님 아버지께서 아들을 보내신 것은 바로 그 일을 위함입니다. 우리 주님께서는 스스로는 아무 죄도 없으나 당신을 믿는 자들의 죄를 대신 지시고 십자가에 피 흘려 죽으셨습니다. "그는 곤욕과 심문을 당하고 끌려갔으나 그 세대 중에 누가 생각하기를 그가 살아있는 자들의 땅에서 끊어짐은 마땅히 형벌 받을 내 백성의 허물 때문이라 하였으리요 그는 강포를 행하지 아니하였고 그의 입에 거짓이 없었으나 그의 무덤이 악인들과 함께 있었으며 그가 죽은 후에 부자와 함께 있었도다."(사 53:8,9)

"율법의 마침이 되시니라." 그리스도께서는 동정녀에게 성령님으로 잉태되시어 사람으로 태어나시어 율법 아래 나시었습니다. "때가 차매 하나님이 그 아들을 보내사 여자에게서 나게 하시고 율법 아래 나게 하신 것은 율법 아래 있는 자들을 속량하시고 우리로 아들의 명분을 얻게 하려 하심이라."(갈 4:4,5) "율법의 마침이 되시니라"는 표현은, '율법이 요구하는 모든 의를 이루었다'는 말입니다. 예수님께서 십자가에 못 박혀 죽으신 것도 '율법의 요구에 부응하기 위한 것'이었습니다. 율법은 '죄의 삯은 사망이라' 규정하고 있습니다. '구주께서 우리를 죄에서 구원하신다'는 것은 '우리 죄에 대한 율법의 정죄와 그 삯을 지불하신다'는 것이 반드시 수반된 일이었습니다. 그것이 바로 '속량(贖良, 혹은 救贖)'입니다. 우리 주님의 죽으심이 우리 죄를 위한 완전하고 충분한 속량의 효력을 갖기 전에 우리 주 예수님께서는 율법이 요구하는 바를 단 한 점도 어긴 적이 없어야 했습니다. 그런 의미에서 주님께서는 "율법의 마침"이 되십니다. 그래서 우리가 하나님과의 의롭고 화평한 관계 회복, 곧 '화해와 화목'을 이루기 위한 모든 조건이 우리 주 예수 그리스도 안에서 완비된 셈이지요. 우리가 '하나님의 의를 의지한다'는 것이 바로 '그 예수님께서 아버지의 뜻대로 이루신 구속(救贖)의 대업과 그 효력을 믿는다' 함입니다.

율법으로 말미암은 의와 믿음으로 말미암은 의

"10:5**모세가 기록하되 율법으로 말미암는 의를 행하는 사람은 그 의로 살리라 하였거니와.**" 하나님께서 모세에게 주신 율법 안에서 '하나님 앞에 생명을 얻기 위한 의의 기준'을 제시하신 것입니다. 만일 어떤 사람이 자력으로 하나님 앞에 서려 하면, 바로 모세에게 주신 그 율법을 스스로 지켜 이룩한 '자기 의'로 하나님 앞에 서겠다는 말이 됩니다. 하나님께서 모세에게 그렇게 말씀하신 것은 '그런 사람이 혹 있을지도 모르셨기' 때문이 아닙니다. 다만 사람이 하나님 앞에서 의롭다 하심을 받아 생명을 얻기 위하여 '어떤 수준의 의'를 제출해야 하는지 그 기준을 보여주신 것뿐입니다. '자기 의'를 그런 수준으로까지 끌어 올릴 사람이 없다는 것은 이미 확증된 바입니다. 유대인들이 결코 불가능한 일을 시도하고 있으니 답답한 노릇이었습니다.

"10:6**믿음으로 말미암는 의는 이같이 말하되 네 마음에 누가 하늘에 올라가겠느냐 하지 말라 하니 올라가겠느냐 함은 그리스도를 모셔 내**

리려는 것이요 10:7혹 누가 음부에 내려가겠느냐 하지 말라 하니 내려가겠느냐 함은 그리스도를 죽은 자 가운데서 모셔 올리려는 것이라." "믿음으로 말미암는 의"란 복음에 나타난바 '믿음으로 말미암아 믿는 자에게 은혜로 전가되는 하나님의 의'를 말합니다. 그 복음의 체계가 무엇을 말합니까? "네 마음에 누가 하늘에 올라가겠느냐 하지 말라"고 합니다. 그 말은 '내 자신의 의로 하늘의 하나님의 법정에 서겠다 하지 말라'는 것입니다. 그 말은 무엇이라 말하는 것과 같다고요? 그것은 자신의 의로 하나님 앞에 서려는 것이니, '하나님 우편에서 우리의 대언자로 앉아 계시어 영원한 의의 보장이 되신 그리스도가 내게는 필요하지 않다'고 하는 말과 같다는 것입니다. '내 의로 하나님 앞에 서기에 충분한데 무엇 때문에 나를 위한 중보자가 필요하겠는가'라는 식입니다. 그러므로 '내 자신의 의로 하나님 앞에 서겠다'는 것은, '자기 백성을 죄에서 구원하시기 위해 행하신 그리스도의 일련의 모든 일들'을 무의미하게 만드는 일입니다. 그러니 그 말은 '우리를 구원하시려고 그리스도를 죽은 자 가운데서 다시 살려 내신 하나님의 일을 자기가 해 내겠다'는 말도 안되는 것입니다. 그래서 사도는 말합니다. "혹 누가 음부에 내려가겠느냐 하지 말라 하니 내려가겠느냐 함은 그리스도를 죽은 자 가운데서 모셔 올리려는 것이라." 이렇게 '자기 의를 세우고 하나님의 의를 복종하지 않는 것'은 복음 전체를 부정하고 자신의 힘으로 자기의 구원을 이루어 내겠다는 말입니다. 참으로 얼토당토 않는 무지한 발상인데, 영적으로 죽어 영적인 일에 분별력이 없으면 이런 발상에 머물러 있기 마련입니다.

"**10:8그러면 무엇을 말하느뇨 말씀이 네게 가까와 네 입에 있으며 네 마음에 있다 하였으니 곧 우리가 전파하는 믿음의 말씀이라."** "그러면 무엇을 말하느냐"는 문장의 주어는 6절의 "믿음으로 말미암는 의"입니다. 복음이 말하는 '하나님의 의'의 체계가 우리에게 요구하는 것은 무엇입니까? '그리스도를 통하여 우리에게 주어진 하나님의 의의 체계'는 우리 더러 '하나님의 법정에서 죄 사함을 받고 의롭다 하심을 받기 위하여 네 편에서는 아무 공로나 아무 의의 행위를 도모하지 말라'고 합니다. 오직 "말씀이 네게 가까워 네 입에 있으며 네 마음에 있다 하였으니 곧 우리가 전파하는 믿음의 말씀이라." 정말 복음이 복음 됨은 바로 그 때문입니다. 하나님께서 우리에게 요구하신 것은 그 '믿음의 말씀, 곧 복음의 말씀과 그 은혜'를 받을 그릇만 가지는 것입니다. 그것이 바로 '믿음'입니다. '믿음'도 행위로 보는 이들도 있으나 가당치 않습니다. '믿음'은 우리의 구원의 조건이 아니라 우리 구원의 '방편과 도구'일 뿐입니다. 우리 구원의 완전 충분한 조건은 오직 우리 주 예수 그리스도와 그 십자가에 못 박히심과 부활하심 등, 우리 구원을 위한 예수님의 모든 행사입니다. "너희가 그 은혜를 인하여 믿음으로 말미암아 구원을 얻었나니 이것이 너희에게서 난 것이 아니요 하나님의 선물이라."(엡 2:8) "영접하는 자 곧 그 이름을 믿는 자들에게는 하나님의 자녀가 되는 권세를 주셨으니 이는 혈통으로나 육정으로나 사람의 뜻으로 나지 아니하고 오직 하나님께로서 난 자들이니라."(요 1:12,13)

구원받을 믿음의 진수

"10:9네가 만일 네 입으로 예수를 주로 시인하며 또 하나님께서 그를 죽은 자 가운데서 살리신 것을 네 마음에 믿으면 구원을 받으리라." 여기서 사도는 '구원에 이르는 참된 믿음'을 규정해 주고 있습니다. 거듭 말하지만, 여기서 사도가 '구원의 조건으로서의 믿음'을 말하는 것이 아닙니다. 그리스도 안에 있는 구원의 은혜가 그 사람에게 임하는 방편으로서 믿음을 말하는 것입니다. 여기서 사도는 예수님을 주로 믿는 참된 믿음은 '전인적(全人的) 믿음'이라고 말하고 있습니다. '전인적'이라 함은 '지, 정 , 의'의 인격적인 기능 전부가 부조화함이 없이 일치하여 주님으로 믿는 것을 의미합니다. "네 입으로 예수를 주로 시인하며"와 "네 마음에 믿으면"이라는 말이 함께 나오는 것은 그 때문입니다. '마음'은 인격의 중심입니다. "네 입으로 예수를 주로 시인하며." 그 사람의 거짓 없는 마음의 진심은 반드시 그의 인격 활동 속에서 드러나기 마련입니다. '입으로 시인한다'는 것은 단순하게 입으로 '발난 하는 것'을 의미하지 않습니다. '그의 마음으로 진실로 믿는 것을 밖으로 표현하는 것'을 의미하는 것입니다.

그렇게 '예수님은 나의 주님이시다'라고 고백하려면 '지성적인 요소'가 작용하고 있다는 말입니다. 예수님이 누구시며 어떤 일을 나를 위하여 하셨는지에 대하여 알게 되었다는 말입니다. 그런 의미에서 '예수님은 나의 구주라'고 고백하는 것이 믿음의 중요한 요소입니다. 그러나 사도는 믿음의 시금석을 '입으로 시인하는 것'에만 두지 않습니다. 왜냐하면 사람의 행동 중에는 '말과 마음'이 일치되지 않을 수 있기 때문입니다. 그래서 사도는 지, 정, 의가 하나가 되어 전인적으로, 곧 "마음으로 믿는 것"에서 참된 믿음의 시금석을 찾고 있습니다. "또 하나님께서 그를 죽은 자 가운데서 살리신 것을 네 마음에 믿으면 구원을 얻으리니." 마음으로 사도의 복음의 진수를 진실로 믿고 있는 것이 입으로 시인하는 것의 진실성을 확증하는 증거가 되는 것이지요.

“10:10 **사람이 마음으로 믿어 의에 이르고 입으로 시인하여 구원에 이르느니라.**” 이 10절에서 사도는 9절에서 말한 참된 믿음으로 말미암아 이루어지는 구원의 질서를 진술합니다. “사람이 마음으로 믿어 의에 이르고” - 사람이 복음의 말씀을 듣고 마음으로 믿을 때에 즉시 ‘그리스도 안에 있는 하나님의 의’가 그 사람에게 전가된다는 말입니다. 그래서 ‘의롭다 하심’을 얻게 되는 것입니다. ‘의롭다 하심’은 ‘믿은 뒤 일정한 기간을 지나야 주어지는 것이 아니라’는 말입니다. ‘마음으로 믿는 즉시 주어지는 하나님의 법정적인 선고’입니다. 여기서 사도가 ‘마음으로 믿는다’는 것을 단순한 ‘이지나 지성의 찬동 이상, 곧 전인적으로 믿는다’는 것으로 이해하고 있습니다. “입으로 시인하여 구원에 이른다”는 것은 ‘마음으로 믿는 것에다 부가적으로 입으로 시인하는 행위’가 따라야 한다는 식으로 이해하지 말아야 합니다. 다만 ‘마음으로 참으로 믿는다는 것의 진실성이 입으로 시인하는 일로 확증된다’는 의미입니다. 그러므로 ‘마음으로 믿을 때에 의롭다 하심을 얻고 입으로 시인할 때 구원에 이르는 것이라’는 식으로 이해하지 말아야 합니다. ‘마음에 있는 진실을 입으로 시인하여 확증하듯이, 그 사람이 예수님을 전인적으로 믿는 참된 믿음으로 말미암아 의롭다 하심을 얻어 구원에 이르는 것이라’고 이해해야 합니다. ‘마음으로 진실로 믿는 사람은 교회 앞에서와 세상의 불신자들 앞에서도 예수님을 주로 믿는 자신의 신앙을 선명하게 고백하는 자’입니다. 그런 사람이 구원받은 하나님의 자녀들입니다.

이는 “마음으로 믿고 입으로 시인하는 것”은 단순한 형식의 문제가 아니라 실제 믿음 생활에 있어서 매우 중요한 자세입니다. 환난과 박해의 시기에 예수님을 믿는 믿음을 선명하게 나타낼 필요가 있을 때에 이 요점은 매우 중요하게 부각되었습니다. "누구든지 사람 앞에서 나를 시인하면 나도 하늘에 계신 내 아버지 앞에서 그를 시인할 것이요 누구든지 사람 앞에서 나를 부인하면 나도 하늘에 계신 내 아버지 앞에서 그를 부인하리라."(마 10:32,33)

주의 이름을 진실로 부르는 자의 구원

"10:11성경에 이르되 누구든지 그를 믿는 자는 부끄러움을 당하지 아니하리라 하니 10:12유대인이나 헬라인이나 차별이 없음이라 한 분이신 주께서 모든 사람의 주가 되사 그를 부르는 모든 사람에게 부요하시도다 10:13누구든지 주의 이름을 부르는 자는 구원을 받으리라." 사도는 구약성경에 나타난 대로 주 예수님을 믿는 자에게 주어진 구원의 약속을 인용함으로써 그 믿음의 복됨을 강조합니다. 여기서 사도가 말하는 "부끄러움"은 '정죄와 그에 따르는 멸망, 곧 지옥의 형벌'입니다. "부끄러움을 당하지 아니하리라"는 부정어적인 표현은 일종의 곡언법(曲言法)으로서 부정을 통하여 '강한 긍정'을 나타냅니다. 그러므로 여기서 사도는 '누구든지 그를 믿는 자는 부요하고 복되기 이루 말할 수 없는 영광의 구원을 받게 될 것이라'는 의미로 그 말을 쓰고 있습니다. 그러합니다. 이 지상에서 아무리 크고 놀라운 행복을 누렸어도 결국 멸망하면 그는 정말 영원한 수치를 당하는 사람입니다. 그러나 이 세상에서 형편이 어렵고 누추하여 고단한 일생을 보냈다 하여도 '그리스도를 믿음으로 말미암아 구원을 받으면 영원한 영광에 들어간 사람'입니다. "누구든지 주의 이름을 부르는 자는 구원을 받으리라."

이제 이 일에 있어서 '유대인이나 헬라인(이방인)이나 차별이 없게' 되었습니다. 하나님은 유대인이나 이방인 모두의 하나님이십니다. 그리스도도 유대인이나 헬라인이나 구분 없이 그 이름을 부르는 모든 이의 '부요한 주님'이 되시는 것입니다. "너희는 유대인이나 헬라인이나 종이나 자유인이나 남자나 여자나 다 그리스도 예수 안에서 하나이니라 너희가 그리스도의 것이면 곧 아브라함의 자손이요 약속대로 유업을 이을 자니라."(갈 3:28,29)

구원받을 만한 믿음이 발생하는 경로

"10:14그런즉 그들이 믿지 아니하는 이를 어찌 부르리요 듣지도 못한 이를 어찌 믿으리요 전파하는 자가 없이 어찌 들으리요 10:15보내심을 받지 아니하였으면 어찌 전파하리요 기록된 바 아름답도다 좋은 소식을 전하는 자들의 발이여 함과 같으니라." 사도는 사람이 '주님의 이름을 불러 구원에 이르게 되는' 경로를 보여주고 있습니다. 복음은 모든 이들에게 열려져 있습니다. 그러나 그 복음의 혜택을 모든 이들이 다 받는 것은 아닙니다. 복음이 한 사람에게 도달하여 믿어지기 위하여 가장 먼저 있어야 할 일은 무엇입니까? 그것은 '하나님의 보내심을 받아 복음을 전하는 자가 그 사람에게 당도하는 일'입니다. 그러므로 우리 각 자가 예수님을 믿어 구원에 이르는 일은 우리 자신을 포함한 사람으로부터 시작된 일이 아닙니다. 사람이 예수님을 믿으려면 먼저 '복음을 들어야' 합니다. 그러나 "전파하는 자가 없이 어찌 들으리요." 예수님을 믿는 믿음은 사람이 종교적 본성의 연마로 나올 수 있는 것이 아닙니다. 반드시 '복음의 말씀을 듣는 일'이 가장 우선해야 합니다. 그런데 사도는 그 복음을 전파하는 자가 그 사람에게 와서 복음의 말씀을 들려주는 일이 우연의 소산이 아니라고 말합니다. "보내심을 받지 아니 하였으면 어찌 전파하리요." 오직 자비하신 하나님께서 주권으로 그 사람을 자녀 삼기로 예정하신 뜻을 이루시는 섭리와 경륜으로 그 사람에게 복음 전도자를 보내십니다. 실로 하나님의 인도하심 속에서 사람을 영원히 살리는 복음을 들고 나아가는 전도자의 아름다움을 무엇에 비유할 것입니까! "기록된 바 아름답도다 좋은 소식을 전하는 자들의 발이여 함과 같으니라." 여기서 사도는 이사야 52:7을 인용하고 있습니다. "좋은 소식을 전하며 평화를 공포하며 복된 좋은 소식을 가져오며 구원을 공포하며 시온을 향하여 이르기를 네 하나님이 통치하신다 하는 자의 산을 넘는 발이 어찌 그리 아름다운가." 세상에서 '복음의 말씀'을 전할 사명을 받고 달려가는 자의 '발' 같이 아름다운 발이 무엇이겠습니까!

누가 복음을 순종하는가?

"10:16**그러나 그들이 다 복음을 순종하지 아니하였도다.**" 진정 복음의 말씀을 전하는 전도자들을 접하고도 복음을 순종하지 않는 인생은 '하늘에 속한 모든 신령한 복'을 담은 '보배합'을 발로 차 버리는 격입니다. 복음을 전혀 듣지 못한 채 세상을 떠나는 이들의 불행을 무엇에 비유할 것이며, 복음을 순종하지 않는 자의 어리석음을 무엇에 빗댈까요? 사도 바울로부터 복음의 말씀을 듣고 구원을 받아 영생을 누릴 절호의 기회를 놓친 이들의 비천함이여! 죄수가 된 사도 바울이 자기가 유대인들로부터 고소당한 경위를 아그립바 왕과 베스도 총독 앞에 변명하면서 복음을 증거하였습니다. 사도의 그 변명을 들은 그 두 사람이 무엇이라고 하였습니까? "바울이 이같이 변명하매 베스도가 크게 소리 내어 이르되 바울아 네가 미쳤도다 네 많은 학문이 너를 미치게 한다 하니 바울이 이르되 베스도 각하여 내가 미친 것이 아니요 참되고 온전한 말을 하나이다 왕께서는 이 일을 아시기로 내가 왕께 담대히 말하노니 이 일에 하나라도 아시지 못함이 없는 줄 믿나이다 이 일은 한쪽 구석에서 행한 것이 아니니이다 아그립바 왕이여 선지자를 믿으시나이까 믿으시는 줄 아나이다 아그립바가 바울에게 이르되 네가 적은 말로 나를 권하여 그리스도인이 되게 하려 하는도다 바울이 이르되 말이 적으나 많으나 당신뿐 아니라 오늘 내 말을 듣는 모든 사람도 다 이렇게 결박된 것 외에는 나와 같이 되기를 하나님께 원하나이다 하니라."(행 26:24-29) 유대인들은 조상 때부터 복음의 약속을 들어온 사람들이었고, 나름으로 복음의 약속 성취를 고대하기도 하였습니다. 그러나 정작 복음의 실체되시는 그리스도께서 오셨는데 그를 죽였고, 성령께 사로잡힌 사도들이 복음을 전하였을 때 거부하였을 뿐 아니라 박해를 하였고, 이방지역에서는 조직적으로 훼방하기도 하였습니다(행 13:45).

"이사야가 이르되 주여 우리가 전한 것을 누가 믿었나이까 하였으니." 사람들이 얼마나 악하게 부패하였는지 자기들을 살리는 복음을 가장 누추하고 부끄러운 것으로 취급하여 왔습니다. 세계역사와 교회사가 그것을 증거합니다. 이사야 53장에 나타난 대로, 이사야 선지가 하나님께서 자기 백성을 구원하시기 위하여 보내실 구주를 묘사하는 계시를 받고 전하면서 "우리의 전한 것을 누가 믿었느냐?"라고 반문합니다. 그것은 계시를 받은 이사야 자신도 그 내용을 사람들이 선뜻 받지 않을 것을 대번에 내다보았다는 것을 의미합니다. 복음이 사람들에게 선뜻 받아 드려지고 대번에 환영을 받은 세대는 역사상 전혀 없었습니다. 현대에도 마찬가지입니다. 그래서 '현대적인 설교자'로 자처하는 이들은 현대인들이 잘 받아들이는 '현대적인 메시지'를 전하려고 안간힘을 쓰고 있습니다. 그러나 문제는 그렇게 '현대인들이 듣기 좋아하는 메시지'가 '사도가 전한 복음'에 부합한가 하는 것입니다. 어느 시대의 사람들도 자기들이 사는 시대가 '현대'였습니다. 그리고 그들 세대에 하나님께서 세우신 복음의 사역자들은 그 '현대인들을 그리스도 안에서 얻기 위하여' 안간힘을 썼습니다. 그러나 복음은 어느 시대의 '현대인들'에게도 선뜻 믿어진 적이 없었습니다. '복음'은 모든 시대 속에서 배척을 받았습니다. '죄와 허물로 영적으로 죽어 있는 사람'의 귀에는 '십자가의 도'로서의 복음은 미련하게 들립니다. "십자가의 도가 멸망하는 자들에게는 미련한 것이요 구원을 받는 우리에게는 하나님의 능력이라."(고전 1:18) "이 지혜는 이 세대의 통치자들이 한 사람도 알지 못하였나니 만일 알았더라면 영광의 주를 십자가에 못 박지 아니하였으리라 기록된 바 하나님이 자기를 사랑하는 자들을 위하여 예비하신 모든 것은 눈으로 보지 못하고 귀로 듣지 못하고 사람의 마음으로 생각하지도 못하였다 함과 같으니라 오직 하나님이 성령으로 이것을 우리에게 보이셨으니 성령은 모든 것 곧 하나님의 깊은 것까지도 통달하시느니라 사람의 일을 사람의 속에 있는 영 외에 누가 알리요 이와 같이 하나님의 일도 하나님의 영 외에는 아무도 알지 못하느니라… 육에 속한 사람은 하나님의 성령의 일들을 받지 아니하나니 이는 그것들이 그에게는 어리석게 보임이요, 또 그는 그것들을 알 수도 없나니 그러한 일은 영적으로 분별되기 때문이라"(고전 2:8-11,14) 실로 "사람이 거듭나지 아니하면 하나님의 나라를 볼 수 없느니라."하신 예수님의 말씀을 설교자들은 유념하고 사도의 복음을 곧이곧대로 전하고 성령님의 거듭나게 하시는 은혜를 구해야 합니다.

"10:17**그러므로 믿음은 들음에서 나며 들음은 그리스도의 말씀으로 말미암았느니라.**" 그리스도를 믿음으로 구원받게 하시는 성령님의 역사는 '그리스도의 말씀, 곧 사도의 복음'을 들음으로써만 나타납니다. 그래서 사도 바울은 고린도교회를 목회할 때 철저하게 복음의 말씀만 설교하였습니다. "내가 너희 중에서 예수 그리스도와 그의 십자가에 못 박히신 것 외에는 아무것도 알지 아니하기로 작정하였음이라."(고전 2:2) 그러면서 회중으로 하여금 그 말씀을 잘 받게 다른 수를 썼습니까? "형제들아 내가 너희에게 나아가 하나님의 증거를 전할 때에 말과 지혜의 아름다운 것으로 아니하였나니… 내 말과 내 전도함이 설득력 있는 지혜의 말로 하지 아니하고."(고전 2:1,4) 당시 헬라 철학자들은 자기들의 말을 듣는 이들을 설득하여 자기들의 주장을 잘 받게 하는 수사술(修辭術)이 유행하였습니다. 그러나 사도는 그런 기술을 사용하여 회중이 자기 설교를 받게 하지 않았습니다. 오직 "다만 성령의 나타남과 능력으로" 하였습니다. 그 말은 자기의 증거하는 십자가의 도는 하나님의 말씀으로서 그 말씀을 받아 믿게 하시는 성령님의 주권과 그 능력을 의지하였다는 것입니다. 그렇게 하는 사도의 강력한 이유를 주목해야 합니다. "너희 믿음이 사람의 지혜에 있지 아니하고 다만 하나님의 능력에 있게 하려 하였노라."(고전 2:5) 그렇게 하여 믿음에 이른 사람이 진정으로 구원 받은 사람입니다. 오늘날 '교회 성장주의'에 입각한 목회는 '많은 이들이 교회에 들어오게 하기 위하여 그들의 수준에서 이해할 메시지를 주어 복음에 접근하게 하려는 지혜'를 강구합니다. 그러나 사도의 방식에 의하면 '그런 식으로 얻은 믿음이 하나님의 능력에 있지 않고 사람의 지혜에 있는 것'이 분명합니다. '그런 믿음'은 '비가 내리고 창수가 나고 바람이 심하게 부딪히는 날에 무너질 운명에 처한 모래 위에 지은 집'과 같을 뿐입니다(마 7:26,27) 그런 믿음은 '구원받을 만한 믿음'이 아닙니다. "하나님 앞과 살아 있는 자와 죽은 자를 심판하실 그리스도 예수 앞에서 그가 나타나실 것과 그의 나라를 두고 엄히 명하노니 너는 말씀을 전파하라 때를 얻든지 못 얻든지 항상 힘쓰라 범사에 오래 참음과 가르침으로 경책하며 경계하며 권하라 때가 이르리니 사람이 바른 교훈을 받지 아니하며 귀가 가려워서 자기의 사욕을 따를 스승을 많이 두고 또 그 귀를 진리에서 돌이켜 허탄한 이야기를 따르리라 그러나 너는 모든 일에 신중하여 고난을 받으며 전도자의 일을 하며 네 직무를 다하라."(딤후 4:1-5)

"10:18**그러나 내가 말하노니 그들이 듣지 아니하였느냐 그렇지 아니하니 그 소리가 온 땅에 퍼졌고 그 말씀이 땅 끝까지 이르렀도다 하였느니라.**" 사도는 동족 유대인들이 마지막 날 그리스도의 심판대 앞에서 '하나님을 몰랐고, 복음을 들은 적이 없다'고 핑계대지 못하게 못을 박고 있습니다. 사도는 시편 19:1의 말씀을 인용하고 있습니다. "그의 소리가 온 땅에 통하고 그의 말씀이 세상 끝까지 이르도다 하나님이 해를 위하여 하늘에 장막을 베푸셨도다." '하나님을 몰랐다'는 핑계를 이스라엘이나 이방인 어느 누구도 제기하지 못하게 하나님께서는 "창세로부터 그의 보이지 아니하는 것들 곧 그의 영원하신 능력과 신성이 그가 만드신 만물에 분명히 보여 알려"(롬 1:19) 놓으셨습니다. 시편 19편 기자는 우주의 모든 운행 질서와 지구상에 펼쳐져 있는 자연만물의 조화를 보고 말하였습니다. "날은 날에게 말하고 밤은 밤에게 지식을 전하니 언어도 없고 말씀도 없으며 들리는 소리도 없으나 그의 소리가 온 땅에 통하고 그의 말씀이 세상 끝까지 이르도다 하나님이 해를 위하여 하늘에 장막을 베푸셨도다." 모든 피조물은 자기를 지으신 창조주 하나님의 살아계심과 온 세계가 그 말씀으로 창조된 것을 '큰 소리로 외치고' 있습니다. 그래서 사도는 어느 누구도 '우리는 듣지 못하였다'고 핑계할 수 없다고 단호하게 말합니다.

"10:19**그러나 내가 말하노니 이스라엘이 알지 못하였느냐 먼저 모세가 이르되 내 백성 아닌 자로써 너희를 시기하게 하며 미련한 백성으로써 너희를 노엽게 하리라 하였고.**" 사도가 로마서 9:25에서는 호세아 1:10의 말씀을 인용하였으며, 여기서는 모세의 글에서 인용하여 백성들이 완고하여 하나님의 말씀을 듣지 아니하는 악독을 고발하고 있습니다. 모세는 광야 40년의 기한이 차오고 자기의 날이 다함을 알고 기념하는 노래를 지어 백성으로 부르게 하였습니다. 하나님께서 이스라엘을 자기 백성으로 택하시고 먹이시고 기르시고 자비를 베푸시고 영광을 보여주셨음에도 불구하고 시종 악에 빠진 이스라엘의 행적을 뒤돌아보면서 그들을 향한 하나님의 진노의 심사를 대변합니다. 그러면서 어느 날엔가 그들 이스라엘의 패역에 대한 하나님의 징치의 일환으로 이방인들이 그들의 자리에 대신 서게 하실 때가 올 것을 예언합니다. "나도 백성 아닌 자로 그들(이스라엘)에게 시기가 나게 하며 어리석은 민족으로 그들의 분노를 일으키리로다."(신 32:21) 하나님께서는 일찍 모세를 통하여 이방인이 복음을 듣고 회심하는 일이 일어날 것을 예언하게 하신 것입니다.

"10:20이사야는 매우 담대하여 내가 나를 찾지 아니한 자들에게 찾은 바 되고 내게 묻지 아니한 자들에게 나타났노라 말하였고 10:21이스라엘에 대하여 이르되 순종하지 아니하고 거슬러 말하는 백성에게 내가 종일 내 손을 벌렸노라 하였느니라." 이 대목은 이사야 65:1,2의 말씀의 인용입니다. "나는 나를 구하지 아니하던 자에게 물음을 받았으며 나를 찾지 아니하던 자에게 찾아냄이 되었으며 내 이름을 부르지 아니하던 나라에 내가 여기 있노라 내가 여기 있노라 하였노라 내가 종일 손을 펴서 자기 생각을 따라 옳지 않은 길을 걸어가는 패역한 백성들을 불렀나니." 이스라엘이 하나님의 말씀에 순종하지 않고 패역한 일은 모든 선지자의 마음에서 일하시는 성령님의 근심거리였습니다. 그래서 그들 모든 선지자들로 하여금 이스라엘의 죄악을 고발하며, 그들에 대한 하나님의 진노의 불같음과 그 정당성을 외치게 하셨습니다.

물론 선지자들을 통해 백성들의 죄를 고발한 것은 그들을 정죄하여 심판하여 멸망케 하려 하심이 아니라 그들로 회개하여 그리스도 안에 있는 은혜로 하나님의 용서와 의롭다 하심을 받게 하려 함이었습니다. 그래서 모세의 글과 모든 선지자들의 글에는 다 복음의 말씀이 금맥 같이 관통하고 있습니다. 사도는 이미 로마서 3:21에서 그 점을 천명하였습니다. "이제는 율법 외에 하나님의 한 의가 나타났으니 율법과 선지자들에게 증거를 받은 것이라 곧 예수 그리스도를 믿음으로 말미암아 모든 믿는 자에게 미치는 하나님의 의니 차별이 없느니라 모든 사람이 죄를 범하였으매 하나님의 영광에 이르지 못하더니 그리스도 예수 안에 있는 속량으로 말미암아 하나님의 은혜로 값없이 의롭다 하심을 얻은 자 되었느니라."(롬 3:21-24)

그런데 사도는 자기 동족 이스라엘이 "하나님의 의를 모르고 자기 의를 세우려고 힘써 하나님의 의에 복종하지 아니하는" 실상을 보고 탄식합니다. 사도는 그러면서 '구원받을 만한 참된 믿음'이 무엇인가를 이 로마서 10장 전체에서 논증하여 온 것입니다. 참된 믿음은 '자기 의가 하나님 앞에 더러운 옷과 같다는 것을 알고 그 의를 버리고 사도의 복음대로 그리스도의 속량으로 인하여 완비된 하나님의 의를 복종하고 의뢰하는 믿음'입니다. 인생 앞에 '그리스도께서 하나님의 보내심을 받아 백성들을 위하여 이루신 중보의 완전한 행사' 외에는 하나님 앞에 설 다른 대안이 없습니다. 아멘.

part 11 자기 백성을 버리지 않으시는 하나님

사도 바울은 성령님의 인도하심 속에서, 당시 동족 이스라엘의 영적 실상이 하나님께서 그 사랑하시는 택한 백성을 버리실 수 있음을 보여주는 현실로 오해될 수 있음을 알았습니다. 수 천 년 동안 대대로 우상을 섬기던 조상을 두었던 이방인들 중 다수가 하나님께 돌아왔으나, 반면에 하나님을 신실하게 섬겨온 조상들을 둔 이스라엘 중 소수를 제외하고 대다수가 하나님을 등지고 있으니 말입니다. 그 현실에 대하여 사도는 성령님 주시는 지혜로 오직 '하나님의 택하심과 그 불가항력인 은혜'의 진리에 피하여 그 오해를 대처합니다. "지금도 은혜로 택하심을 따라 남은 자가 있느니라 만일 은혜로 된 것이면 행위로 말미암지 않음이니 그렇지 않으면 은혜가 은혜되지 못하느니라."(롬 11:5,6) 하나님께서 택하신 그 백성들에 대하여 예정하신 뜻은 변개하지 않습니다. 결코 그 택한 백성들을 버리시는 일은 없습니다. 이스라엘이든 이방인이든 '참된 믿음'의 반열에 선 이들은 예외 없이 '하나님의 택하심의 은혜' 안에 있는 이들입니다.

그러므로 이스라엘의 회개도 '오직 택하심을 입는 자에게 주시는 은혜의 경륜' 속에서만 이루어질 것입니다 물론 그것은 우리의 이해의 용량에 담기에 너무 광대합니다. 사도는 유대인이든 이방인이든 '믿음으로 서 있는 이들은 자기의 믿음을 자기의 힘으로 견지하는 양 스스로 자랑하지 말라'고 합니다. "형제들아 너희가 스스로 지혜 있다 하면서 이 신비를 너희가 모르기를 내가 원하지 아니하노니 이 신비는 이방인의 충만한 수가 들어오기까지 이스라엘의 더러는 우둔하게 된 것이라."(롬 11:25) 사도 바울은 자기 동족의 구원의 문제를 혈통적 줄기에서 찾으려던 정서를 버리고 오직 '택하신 백성을 긍휼히 여기시고 버리지 않으시는 하나님의 주권의 신비'에서 찾고 평정을 찾습니다. "깊도다 하나님의 지혜와 지식의 풍성함이여, 그의 판단은 헤아리지 못할 것이며 그의 길은 찾지 못할 것이로다."(롬 11:36)

45

자기 백성을 결코 버리지 않으시는 하나님

11:1 그러므로 내가 말하노니 하나님이 자기 백성을 버리셨느냐 그
럴 수 없느니라 나도 이스라엘인이요 아브라함의 씨에서 난 자요 베
냐민 지파라
11:2 하나님이 그 미리 아신 자기 백성을 버리지 아니 하셨나니 너희
가 성경이 엘리야를 가리켜 말한 것을 알지 못하느냐 그가 이스라엘
을 하나님께 고발하되
11:3 주여 그들이 주의 선지자들을 죽였으며 주의 제단들을 헐어버
렸고 나만 남았는데 내 목숨도 찾나이다 하니
11:4 그에게 하신 대답이 무엇이냐 내가 나를 위하여 바알에게 무
릎을 꿇지 아니한 사람 칠천 명을 남겨 두었다 하셨으니
11:5 그런즉 이와 같이 지금도 은혜로 택하심을 따라 남은 자가 있

느니라
11:6 만일 은혜로 된 것이면 행위로 말미암지 않음이니 그렇지 않으
면 은혜가 은혜되지 못하느니라
11:7 그런즉 어떠하냐 이스라엘이 구하는 그것을 얻지 못하고 오직
택하심을 입은 자가 얻었고 그 남은 자들은 우둔하여졌느니라
11:8 기록된 바 하나님이 오늘까지 그들에게 혼미한 심령과 보지
못할 눈과 듣지 못할 귀를 주셨다 함과 같으니라
11:9 또 다윗이 이르되 그들의 밥상이 올무와 덫과 거치는 것과 보
응이 되게 하시옵고
11:10 그들의 눈은 흐려 보지 못하고 그들의 등은 항상 굽게 하옵
소서 하였느니라
11:11 그러므로 내가 말하노니 그들이 넘어지기까지 실족하였느냐
그럴 수 없느니라 그들이 넘어짐으로 구원이 이방인에게 이르러 이
스라엘로 시기나게 함이니라
11:12 그들의 넘어짐이 세상의 풍성함이 되며 그들의 실패가 이방인
의 풍성함이 되거든 하물며 그들의 충만함이리요
11:13 내가 이방인인 너희에게 말하노라 내가 이방인의 사도인 만큼
내 직분을 영광스럽게 여기노니
11:14 이는 혹 내 골육을 아무쪼록 시기하게 하여 그들 중에서 얼마
를 구원하려 함이라
11:15 그들을 버리는 것이 세상의 화목이 되거든 그 받아들이는 것
이 죽은 자 가운데서 살아나는 것이 아니면 무엇이리요
11:16 제사하는 처음 익은 곡식 가루가 거룩한즉 떡덩이도 그러하

고 뿌리가 거룩한즉 가지도 그러하니라
11:17 또한 가지 얼마가 꺾이었는데 돌감람나무인 네가 그들 중에
접붙임이 되어 참감람나무 뿌리의 진액을 함께 받는 자가 되었은즉
11:18 그 가지들을 향하여 자랑하지 말라 자랑할지라도 네가 뿌리
를 보전하는 것이 아니요 뿌리가 너를 보전하는 것이니라
11:19 그러면 네 말이 가지들이 꺾인 것은 나로 접붙임을 받게 하려
함이라 하리니
11:20 옳도다 그들은 믿지 아니하므로 꺾이고 너는 믿으므로 섰느
니라 높은 마음을 품지 말고 도리어 두려워하라
11:21 하나님이 원 가지들도 아끼지 아니하셨은즉 너도 아끼지 아니
하시리라
11:22 그러므로 하나님의 인자하심과 준엄하심을 보라 넘어지는 자
들에게는 준엄하심이 있으니 너희가 만일 하나님의 인자하심에 머
물러 있으면 그 인자가 너희에게 있으리라 그렇지 않으면 너도 찍히
는 바 되리라
11:23 그들도 믿지 아니하는 데 머무르지 아니하면 접붙임을 받으
리니 이는 그들을 접붙이실 능력이 하나님께 있음이라
11:24 네가 원 돌감람나무에서 찍힘을 받고 본성을 거슬러 좋은 감
람나무에 접붙임을 받았으니 원 가지인 이 사람들이야 얼마나 더 자
기 감람나무에 접붙이심을 받으랴
11:25 형제들아 너희가 스스로 지혜 있다 하면서 이 신비를 너희가
모르기를 내가 원하지 아니하노니 이 신비는 이방인의 충만한 수가
들어오기까지 이스라엘의 더러는 우둔하게 된 것이라

11:26 그리하여 온 이스라엘이 구원을 받으리라 기록된 바 구원자
가 시온에서 오사 야곱에게서 경건하지 않은 것을 돌이키시겠고
11:27 내가 그들의 죄를 없이 할 때에 그들에게 이루어질 내 언약이
이것이라 함과 같으니라
11:28 복음으로 하면 그들이 너희로 말미암아 원수 된 자요 택하심
으로 하면 조상들로 말미암아 사랑을 입은 자라
11:29 하나님의 은사와 부르심에는 후회하심이 없느니라
11:30 너희가 전에는 하나님께 순종하지 아니하더니 이스라엘이 순
종하지 아니함으로 이제 긍휼을 입었는지라
11:31 이와 같이 이 사람들이 순종하지 아니하니 이는 너희에게 베
푸시는 긍휼로 이제 그들도 긍휼을 얻게 하려 하심이라
11:32 하나님이 모든 사람을 순종하지 아니하는 가운데 가두어 두
심은 모든 사람에게 긍휼을 베풀려 하심이로다
11:33 깊도다 하나님의 지혜와 지식의 풍성함이여, 그의 판단은 헤
아리지 못할 것이며 그의 길은 찾지 못할 것이로다
11:34 누가 주의 마음을 알았느냐 누가 그의 모사가 되었느냐
11:35 누가 주께 먼저 드려서 갚으심을 받겠느냐
11:36 이는 만물이 주에게서 나오고 주로 말미암아 주에게로 돌아
감이라 그에게 영광이 세세에 있을지어다 아멘

이 로마서의 논지(論旨)에 비추어 볼 때, 사도의 마음을 항상 온전하게 사로잡아 그에 비하면 다른 모든 것은 아무것도 아닌 것으로 보게 만드는 것이 무엇입니까? '구원'의 문제입니다. 사도에게 있어서 이 보다 더

큰 문제는 없습니다. 사도가 볼 때 그에 비하여 다른 모든 것은 아무것도 아니거나 그 다음다음 문제에 불과합니다. 그런 점에서 사도는 고린도교회를 목회하던 일을 추억하면서 무어라 하였습니까? "내가 너희 중에서 예수 그리스도와 그의 십자가에 못 박히신 것 외에는 아무것도 알지 아니하기로 작정하였음이라."(고전 2:2) 물론 그런 관점이 사도 개인의 취향이나 성향에서 나온 것이 아닙니다. 하나님의 성령께서 주신 지각입니다. 그 말은 하나님께서 우리 사람에게 있어서 '구원'이 가장 시급한 문제로 보고 계시다 함입니다. 성경에서 '구원'은 무엇입니까? '죄로 인하여 하나님과의 단절되어 있어 사망 아래 있을 뿐 아니라 하나님의 공의의 진노 아래 영원한 지옥형벌 아래 있는 자를 그 곤경에서 건져 내어 하나님과 화해하여 영원히 끊어지지 않을 생명의 교제로 회복하는 것'을 그 중심에 두고 있습니다. 물론 그 '구원'은 처음부터 끝까지 전적으로 하나님께서 뜻하시고 이루시고 완성하시는 일입니다. 하나님께서는 '자기 백성의 구원'에 당신의 이름을 거시고 자기 품속에 계신 독생하신 아들 예수님을 구원자로 보내어 그 일을 이루게 하신 것입니다. 그러나 사람은 본질상 하나님의 진노 아래 있고 '영적으로 죽어 있어' 자신을 분발하여 '자기 구원 문제의 절실함'을 전혀 알지 못합니다. 그저 먹고 마시고 입는 문제를 최상의 시급한 문제로 보고, 그만하면 그 문제가 해결이 되었다 싶어도 멈추지 않고 줄기차게 그 문제에 매달려 자신의 일생을 소진시키고 있습니다. 인생의 그 미련함을 무엇에 비할까요! 영원한 내세가 비참하여도 이 세상에 사는 날 동안만 부요하고 안락하면 '대성공이라'는 식입니다. 그것은 죽어 고기를 주인에게 제공하기 위하여 몸을 살찌우는 짐승들과 무엇이 다를 바가 있습니까!

그러나 사람이 하나님의 주권적인 은혜로 택하심을 받아 성령님의 거듭나게 하심으로 영혼이 사망의 잠에서 깨어나면, '자기 영혼의 구원' 보다 더 큰 것이 없음을 알게 됩니다. 그 말은 지옥 형벌에서 벗어나 성삼위 하나님과의 영원한 사랑과 생명의 관계 보다 더 큰 것이 없음을 알게 된다는 것입니다. 사도 바울은 그 '구원'의 절대적인 필요와 영광을 알고 있는 그리스도의 증인으로서 '그리스도를 배척하고 믿지 않고 있어 구원 밖에 있는 동족' 유대인의 영적 장래에 대해 깊은 근심에 빠졌습니다. 그런 사도의 심령 속에서 일하시는 성령께서 그의 근심을 통해서 당신의 말씀을 하시는 것입니다. 로마서 9-11장이 바로 그런 성령님의 가르치심입니다. 우리 주 예수님께서 어떤 상황이나 경우를 빌어 제자들을 가르치신 것과 같은 성령님의 방식입니다. 그러니 사도의 근심을 통해서 말씀하시는 성령님의 가르침을 우리는 로마서 11장에서 배우게 됩니다. 그래서 성령께서는 사도로 하여금 결론적으로 이렇게 말함으로써 그 마음의 근심을 뛰어 넘는 하나님의 영광을 찬탄하게 하십니다. "깊도다 하나님의 지혜와 지식의 풍성함이여, 그의 판단은 헤아리지 못할 것이며 그의 길은 찾지 못할 것이로다… 이는 만물이 주에게서 나오고 주로 말미암아 주에게로 돌아감이라 그에게 영광이 세세에 있을지어다 아멘."(롬 11:33,36) 사람이 그리스도 안에서 일하시는 하나님의 영광을 찬탄하게 되도록 성령님의 인도를 받을 때같이 그 마음이 정돈되고 반석 위에 선 것 같은 때가 없습니다. 그런 심정으로 로마서 11장을 살펴보기로 합니다.

자기 백성을 버리지 않으시는 하나님

"11:1**그러므로 내가 말하노니 하나님이 자기 백성을 버리셨느냐 그럴 수 없느니라 나도 이스라엘인이요 아브라함의 씨에서 난 자요 베냐민 지파라.**" 사도는 자기 동족 이스라엘 거의 대부분이 구약성경이 약속한 그리스도께서 오셨는데도 그것을 알아보지 못하고 순종하기는커녕 배척하고 죽인 죄에서 돌이키지 않는 현실을 보며 매우 고심하고 있습니다. 그런데 그런 현실을 보고 "하나님이 자기 백성을 버리셨다"고 말할 수 있는가 하는 의문이 사도의 마음에 들어왔습니다. 여기서 '자기 백성'은 '아브라함의 언약에 동참한 백성들, 곧 이스라엘'을 가리킵니다. 요한복음 1:11에도 그와 같은 개념의 '자기 백성'이 언급됩니다. "자기 땅에 오매 자기 백성이 영접하지 아니하였으나." "하나님이 자기 백성을 버리셨느냐"는 질문은 '하나님께서 아브라함에게 하신 언약을 그리스도의 오심으로 폐하시었느냐'고 묻는 것이나 마찬가지입니다. 그런 발상에 대하여 단호하게 거부합니다. "그럴 수 없느니라." 사도는 그 거부에 대한 증인으로 자신을 내세웁니다. "나도 이스라엘이요 아브라함의 씨에서 난 자요 베냐민 지파라."

그러므로 이 대목에서 사도는 분명하게 밝히고 있습니다. 구약시대에 아브라함과 맺은 언약을 폐하셨기 때문에, 곧 하나님께서 그 언약을 돌아보지 않으시고 이스라엘 사람들을 버렸기 때문에 그들이 '구원받을 만한 믿음'에서 비켜나 있는 것이 아니라는 것을 분명하게 밝히고 있습니다. 그들 이스라엘이 신실하지 못하여서 아브라함과의 언약을 하나님은 더 이상 돌아볼 필요가 없게 되었다는 식으로 말하는 것은 언약의 본질을 알지 못하는 처사입니다. 아브라함과의 언약의 효력이 '아브라함과 그 후손의 신실성 여부에 달린 것'이 아님은 너무나 분명합니다. 왜냐하면 하나님께서 아브라함을 부르신 것은 순전한 하나님의 주권적인 처사이지 아브라함과 그 후손의 신실성 여부를 미리 보시고 한 것이 아닙니다. 도리어 아브라함을 부르신 것은 하나님께서 창세전에 택하신 백성들을 은혜로 구원하시어 당신의 아들들로 세우실 뜻을 성취하시려는 큰 경륜에 따른 것입니다. 그러므로 그들이 하나님을 향하여 신실함을 버릴 때에 진노하시고 징치(懲治)하시기는 하셨지만 여전히 그들에 대한 긍휼과 사랑을 아주 거두지 않으셨습니다. 구약의 역사가 그것을 보여줍니다. 우리 주님께서 예루살렘을 내려다 보시면서 우시며 무어라 하셨습니까? "예루살렘아 예루살렘아 선지자들을 죽이고 네게 파송된 자들을 돌로 치는 자여 암탉이 그 새끼를 날개 아래에 모음같이 내가 네 자녀를 모으려 한 일이 몇 번이더냐 그러나 너희가 원하지 아니하였도다."(마 23:37)

"11:2하나님이 그 미리 아신 자기 백성을 버리지 아니 하셨나니 너희가 성경이 엘리야를 가리켜 말한 것을 알지 못하느냐 그가 이스라엘을 하나님께 고발하되 11:3주여 그들이 주의 선지자들을 죽였으며 주의 제단들을 헐어버렸고 나만 남았는데 내 목숨도 찾나이다 하니 11:4그에게 하신 대답이 무엇이냐 내가 나를 위하여 바알에게 무릎을 꿇지 아니한 사람 칠천 명을 남겨 두었다 하셨으니." 사도는 구약성경에서 '하나님께서 택하신 자기 백성을 버리지 않으신다'는 그 결정적인 증거를 찾습니다. 엘리야는 당대의 상황을 보면서 백성들 중에서 하나님을 진실로 경외하는 자들이 하나도 없고 오직 "나만 남았는데 내 목숨도 찾나이다"라고 탄원하였습니다. 그러나 하나님께서 그에게 답하신 말씀은 가히 충격적이었습니다. "내가 나를 위하여 바알에게 무릎을 꿇지 아니한 사람 칠천 명을 남겨 두었다." 이로 인하여 엘리야를 비롯한 어느 누구도 나타난 현상만 보고 '경건의 실상에 대한 것을 얼른 판단을 해서는 안된다'는 교훈을 얻습니다. 우리 눈에 보기에 '하나님의 말씀의 세력이 너무 약한 것을 보니 하나님께서 우리를 돌아보지 아니하시고 버리신 것이 아니냐?'는 질문이 떠오르더라도, 믿음의 사람들은 여전히 '하나님의 일이 실패한 것은 결코 아니다'는 소망을 견지해야 합니다. 그 정반대로 우리 눈에 보기에 모든 것이 다 잘되어 가는 것같이 보일 때, '하나님께서 우리를 돌아보시고 하나님의 일의 세력이 우리 가운데 왕성하여 성공하고 있구나'라고 자단하지 말아야 합니다. 라오디게아 교회에 보낸 주님의 말씀을 들어보십시오. "네가 말하기를 나는 부자라 부요하여 부족한 것이 없다 하나 네 곤고한 것과 가련한 것과 가난한 것과 눈 먼 것과 벌거벗은 것을 알지 못하는도다."(계 3:17)

"**11:5그런즉 이와 같이 지금도 은혜로 택하심을 따라 남은 자가 있느니라.**" 사도 바울도 자기 동족 이스라엘 거의 대부분이 그리스도를 믿지 않는 현실을 보면서 엘리야와 같은 심정의 언저리까지 갈 정도로 근심하기는 하였으나 낙담하지는 않았습니다. 그것은 여전히 하나님께서는 결코 실패하시는 분이 아니라는 확고한 믿음 때문입니다. "그런즉 이와 같이 지금도 은혜로 택하심을 따라 남은 자가 있느니라." 우리는 여기서 사도가 구원의 문제를 보는 방식을 주목해야 합니다. 그 사도의 방식은 성령님께서 가르치신 것입니다. 우리를 포함한 인생들은 스스로 내버려 두면 정함이 없고 금방 실족하고 진토에 붙어 버릴 정도의 수준 밖에는 안

되고 그것이 우리를 낙담하게 합니다. 그렇지만 여전히 '당신의 주권적인 은혜로 택하심을 받은 백성들에 대한 하나님의 목적은 언제나 변함이 없다'는 사실이 있음을 붙들어야 한다는 것입니다. 사도는 복음을 전하면서 사람들에게 '하나님께 대한 회개와 예수님께 대한 믿음'을 촉구하고 어찌하든지 한 사람이라도 구원받게 하려고 있는 힘을 다했습니다. 그럼에도 불구하고 그 결과에 대한 평가는 자신이 내리지 않았습니다. 이스라엘을 위한 구원의 문제에 대하여도 여전히 그러하였습니다. 우리가 하나님 앞에서 우리 이웃의 구원을 위하여 심혈을 기울이는 것은 마땅한 일입니다. "너희가 거저 받았으니 거저 주라"(마 10:8)는 예수님의 말씀을 순종해야 합니다. 그러나 그 노력에도 불구하고 나타나는 열매가 적어도 낙담하지 말 것은 '구원은 우리 자신의 힘의 범주에 있지 않고 오직 하나님께만 있기 때문'입니다. 그래서 사도 바울이 고린도교회를 목양할 때 그들 회중의 믿음을 주장하는 면에서 아무것도 할 수 없다는 것을 뼈저리게 느꼈습니다. "내가 너희 가운데 거할 때에 약하고 두려워하고 심히 떨었노라."(고전 2:3) 그래서 사도는 오직 "내 말과 내 전도함이 설득력 있는 지혜의 말로 하지 아니하고 다만 성령의 나타남과 능력으로 하여 너희 믿음이 사람의 지혜에 있지 아니하고 다만 하나님의 능력에 있게 하려 하였노라."(고전 2:4,5)

"**11:6만일 은혜로 된 것이면 행위로 말미암지 않음이니 그렇지 않으면 은혜가 은혜되지 못하느니라.**" 사도는 이 로마서에서 줄기차게 '우리를 구원하시는 하나님의 방식'의 진수인 '은혜'를 강조합니다. 어떤 이는 '행위'는 강조하지 않고 오직 '은혜'만 강조하면 사람이 방종하게 된다고 우려합니다. 오늘날 '바울의 새 관점'이라는 학파를 형성하여 '사도의 복음'

을 기존의 정통의 시각이 아닌 다른 시각으로 해석하려는 신학자들 속에서 그런 '우려를 신학화 하여 행함의 신학'을 부르짖고 있습니다. 제임스 던(J. Dunn), 샌더스(E. P. Sanders), 톰 라이트(N. T Wright)로부터 촉발된 그 관점은 김 세윤의 '유보적 칭의론'과 맥을 같이 합니다. 그들 학자들마다 섬세한 부분에서는 차이가 있어 보이나 결국 사도가 증거한 '은혜의 복음'의 어떤 면을 수정하고 다른 것을 첨가하려는 '다른 복음적 시도'입니다.

그들 논리의 중심에는 한결같이 '하나님의 은혜의 지나친 강조가 윤리나 도덕의 불필요성을 각인시키니 마지막 심판 때에 도덕적 행위에 대한 심판을 강조하여야 한다, 하나님의 의롭다 하심의 완성은 처음 믿을 때가 아니고 최후 심판 때까지 유보된다'는 것입니다. 참으로 그럴듯하나 로마서에서 줄기차게 강조하는 사도의 '은혜의 복음 논리'를 뒤집어 버리는 '다른 복음'이 아닐 수 없습니다. 물론 하나님의 은혜를 방종의 빌미와 색욕거리로 삼아서는 안된다는 경고는 신, 구약성경을 통하여 수도 없이 나옵니다. "이는 가만히 들어온 사람 몇이 있음이라 그들은 옛적부터 이 판결을 받기로 미리 기록된 자니 경건하지 아니하여 우리 하나님의 은혜를 도리어 방탕한 것으로 바꾸고 홀로 하나이신 주재 곧 우리 주 예수 그리스도를 부인하는 자니라."(유 1:4) 그런 이가 있다면 믿음을 가진 적이 없는 사람입니다. 그런 자가 나온다고 해서 '은혜의 복음'을 강조하지 말고 '행위'를 강조해야 한다는 것은 결국 '행위'에 의존하는 율법주의로 회귀하는 것입니다. 사람이 하나님의 법정에서 '의롭다 하심'을 받는 것은 소위 '성화(聖化)의 열매'를 더한 후에 되는 것이 아닙니다. 우리가 믿음으로 말미암아 의롭다 하심을 받는 것은 오직 '율법 외에 나타난 하나님의 한 의(義)'이신 '그리스도와 그 완전한 순종의 의'를 값없이 은혜로 전가 받은 하나님의 법정적인 선고입니다. 그것이 복음의 핵심이요 진수입니다. '성화'는 '칭의'를 얻기 위한 '공력 쌓기'가 아닙니다. '칭의로 말미암아 은혜에 들어감을 얻은 자'가 자기 안에 계신 보혜사 성령님의 역사로 '자신의 옛 사람의 성향인 몸의 행실, 곧 죄의 정욕을 죽이고 하나님의 율법의 요구를 이루어 나가 그리스도의 형상을 본받아 가는 과정'입니다. 그러니 '성화'도 '행위의 일이 아니라 은혜의 효력이 낳은 열매'입니다.

하나님께서 우리를 그 기뻐하시는 아들로 받으신 것은 우리의 신실함에 대한 기대로 하신 것이 아니라, '그리스도 안에서 우리를 주권적으로 택하시고 그리스도의 구속의 완전성'에 입각한 정당한 처사입니다. 그래서 사도는 그렇게 말한 것입니다. "만일 (하나님의) 은혜로 된 것이면 (사람의) 행위로 말미암지 않음이니 그렇지 않으면 (하나님의) 은혜가 은혜되지 못하느니라."

"11:7**그런즉 어떠하냐 이스라엘이 구하는 그것을 얻지 못하고 오직 택하심을 입은 자가 얻었고 그 남은 자들은 우둔하여졌느니라.**" 그러므로 사도는 자기 동족 이스라엘이 '자기 의'를 의뢰하여 구원을 원하였지만 얻지 못하였습니다. "오직 택하심을 입은 자만 구원을 얻었다"고 말하고 있습니다. 그 말은 '택하심을 얻은 자만 은혜로 부르심을 받아 자기가 죄인인줄 알고 오직 의지할 이는 그리스도 밖에 없다'는 인식을 하기 때문입니다. 이런 일은 신약성경 시대에 와서 비로소 나타난 일이 아닙니다. 구약시대에도 여전하였습니다. 성령께서 그리스도의 말씀을 통하여 사람을 거듭나게 하지 않으면 자신이 죄인이요 하나님의 진노 아래 있음을 알지 못합니다. 예수님께서 성령님의 보혜사의 역할을 강조하시면서 하신 말씀을 들어 보십시오. "그가 와서 죄에 대하여, 의에 대하여, 심판에 대하여 세상을 책망하시리라."(요 16:8) 이런 성령님의 역사가 없는 상태에서 어느 누구도 자신을 깨우쳐 주님을 믿는 참 믿음으로 나아갈 수 없습니다. 하나님의 은혜의 택하심이 없으면 누구든지 "미련하고 우둔한 상태에 머물러 있게 된다"는 것입니다. 그래서 자기의 구원을 위하여 '하나님의 은혜의 복음이 제시하는 하나님의 의'를 의지하지 않고 '부패하여 하나님의 법정에서 아무것도 아니고 오직 정죄에 이르는 자기 의'를 의뢰하는 어리석음을 떠나지 않습니다.

"11:8**기록된 바 하나님이 오늘까지 그들에게 혼미한 심령과 보지 못할 눈과 듣지 못할 귀를 주셨다 함과 같으니라** 11:9**또 다윗이 이르되 그들의 밥상이 올무와 덫과 거치는 것과 보응이 되게 하시옵고** 11:10**그들의 눈은 흐려 보지 못하고 그들의 등은 항상 굽게 하옵소서 하였느니라.**" 하나님께서는 어느 누구에 대하여도 고의적으로 악을 행하게 주장하실 수 없는 분입니다. 그런데 여기 사도는 언뜻 그런 식으로 이해할만한 구약성경의 여러 표현들을 인용합니다. 그러나 사도의 진정한 의도는 사람이 하나님의 은혜의 제안을 거절하고 '자기 의(義)'에 머물러 있는 상태를 지적하려는 것입니다. 사람이 그런 상태에 있음은 태어날 때 가지고 있는 본성 이외의 '다른 성향의 원리'가 그에게 주어지지 않았기 때문입니다. 그런 변화는 그 사람 자신의 노력이나 원함으로 되는 것이 아닙니다. 오직 '택하심을 따라 남은 자들'에게만 허락되는 은혜의 선물입니다. 사람이 그런 '하나님의 은혜의 선물'을 받지 못하면 "혼미한 심령과 보지 못할 눈과 듣지 못할 귀를 가진 것"과 같은 상태에 머물러 있기 마련입니다. 구약성경에서 그 점을 가리켜 마치 '하나님께서 일부러 그런 혼미한 심령과 보지 못할 눈과 듣지 못할 귀를 주신 것' 같이 표현한 것입니다. 그래서 성령께서는 다윗의 시편 69:22-24에서 인간이 본질상 악하여 하나님의 진노를 받기에 합당함을 지시하신 것입니다. "그들의 밥상이 올무가 되게 하시며 그들의 평안이 덫이 되게 하소서 그들의 눈이 어두워 보지 못하게 하시며 그들의 허리가 항상 떨리게 하소서 주의 분노를 그들의 위에 부으시며 주의 맹렬하신 노가 그들에게 미치게 하소서 저희 앞에 밥상이 올무가 되게 하시며 저희 평안이 덫이 되게 하소서." 시편 69편은 그리스도의 고난의 실상을 미리 예언한 시편입니다. 이 시편에서 다윗은 자기가 은혜를 베푼 자들이 도리어 자기를 대우하고 높이기는커녕 자기를 악하다 비방하고 후욕(詬辱)으로 대신 갚는 악인들의 행사를 고발하고 있습니다. "주께서 나의 비방과 수치와 능욕을 아시나이다 나의 대적자들이 다 주님 앞에 있나이다 비방이 나의 마음을 상하게 하여 근심이 충만하니 불쌍히 여길 자를 바라나 없고 긍휼히 여길 자를 바라나 찾지 못하였나이다."(시 69:19,20)

사람을 그 본성대로 내버려 두시면 죄와 악행만 나와 결국 하나님의 진노로 파멸에 처해질 수 밖에 없습니다. 다윗은 이 시편에서 말한 일을 스스로 당하여 보고 체험적으로 진술합니다. 하나님께서 그 소행대로 악인들을 징치하시면 아무도 구원받을 자가 없고 하나님의 진노로 영원한 지옥형벌을 받는 것이 합당함을 역설합니다. "그들의 죄악에 죄악을 더하사 주의 공의에 들어오지 못하게 하소서 그들을 생명책에서 지우사 의인들과 함께 기록되지 말게 하소서."(시 69:27,28)

"11:11그러므로 내가 말하노니 그들이 넘어지기까지 실족하였느냐 그럴 수 없느니라 그들이 넘어짐으로 구원이 이방인에게 이르러 이스라

엘로 시기나게 함이니라." 사도가 여기서 "넘어지기까지 실족하였느냐"고 묻고 있는데, 이 말은 '그들 이스라엘 전체가 하나님의 은혜에서 완전하게 떨어져 구원과는 상관없는 존재가 될 정도까지 실족하여 넘어졌느냐'고 묻는 셈입니다. 사도는 그렇지는 않다고 하였습니다. 다만 그들이 "넘어짐으로 구원이 이방인에게 이르러 이스라엘로 시기나게 함이니라"고 답하고 있습니다. 여기서 사도는 '이스라엘의 넘어짐으로 구원이 이방인에게로 이르게 되었다'고 말하고 있습니다. 이는 복음이 더 이상 구약시대의 경륜에서와 같이 아브라함의 혈통적인 자손에게만 독점적으로 주어지지 않는 새로운 경륜의 시대에 들어서 있음을 지적하고 있습니다. 이전 구약의 경륜 속에서는 아브라함의 혈통적인 자손인 이스라엘에게 하나님의 구원의 비밀이 계시되었고 이방인들에게는 감춰져 있었습니다. 그러나 "이 비밀은 만세와 만대로부터 감추어졌던 것인데 이제는 그의 성도들에게 나타났고 하나님이 그들로 하여금 이 비밀의 영광이 이방인 가운데 얼마나 풍성한지를 알게 하려 하심이라 이 비밀은 너희 안에 계신 그리스도시니 곧 영광의 소망이니라."(골 1:26,27)

그 하나님의 경륜을 이해하지 못하는 유대인들은 이방인들이 하나님의 은총의 영역에 가입하는 일에 대하여 시기가 가득하였습니다. "그 중의 어떤 사람 곧 경건한 헬라인의 큰 무리와 적지 않은 귀부인도 권함을 받고 바울과 실라를 따르나 그러나 유대인들은 시기하여 저자의 어떤 불량한 사람들을 데리고 떼를 지어 성을 소동하게 하여 야손의 집에 침입하여 그들을 백성에게 끌어내려고 찾았으나."(행 17:4,5) "그 다음 안식일에는 온 시민이 거의 다 하나님의 말씀을 듣고자 하여 모이니 유대인들이 그 무리를 보고 시기가 가득하여 바울이 말한 것을 반박하고 비방하거늘 바울과 바나바가 담대히 말하여 이르되 하나님의 말씀을 마땅히 먼저 너희에게 전할 것이로되 너희가 그것을 버리고 영생을 얻기에 합당하지 않은 자로 자처하기로 우리가 이방인에게로 향하노라."(행 13:44-46)

"11:12**그들의 넘어짐이 세상의 풍성함이 되며 그들의 실패가 이방인의 풍성함이 되거든 하물며 그들의 충만함이리요.**" 사도는 여전히 자기 동족 이스라엘이 하나님의 은혜의 대상에서 완전하게 절연된 것은 아니라는 요점을 견지하고 있습니다. 그런 시각에서 이스라엘의 '실패'와 이방인의 '풍성함' 사이에 존재하는 섭리에 따라서 '지금은 이스라엘이 복음에서 절연되어 있는 것 같이 보이나 반드시 그들을 회복하게 하시는 하나님의 긍휼로 충만에 이르게 될 것이라'는 소망을 견지합니다. 그날이 오면 '그들 이스라엘의 충만으로 이방인 중에서 믿음을 가진 성도들의 충만은 그만큼 더 상승될 것이라'고 말합니다. 그러합니다. 하나님의 경륜 속에서 이스라엘 중 '택하심을 따라 은혜로 남은 자'가 세상에 선명하게 드러날 때가 있을 것입니다. 지금 현재 이스라엘의 대부분은 아직도 그 눈이 가리어 '예수님의 그리스도 되심'을 믿지 않고 있습니다. 그러나 하나님께서는 반드시 당신의 아들 우리 주 예수 그리스도의 이름과 그 영광을 이스라엘로 보게 하실 때가 올 것입니다. 그날이 언제인가는 아무도 모릅니다. 그러나 반드시 그리 될 것입니다. 그래서 사도는 동족 이스라엘 중 '은혜로 택하심을 따라 남은 자'에 대한 하나님의 긍휼을 인하여 소망의 위로를 받고 있습니다.

"11:13**내가 이방인인 너희에게 말하노라 내가 이방인의 사도인 만큼 내 직분을 영광스럽게 여기노니** 11:14**이는 혹 내 골육을 아무쪼록 시기하게 하여 그들 중에서 얼마를 구원하려 함이라** 11:15**그들을 버리는 것**

이 세상의 화목이 되거든 그 받아들이는 것이 죽은 자 가운데서 살아나는 것이 아니면 무엇이리요." 이방인의 사도인 바울은 궁극적으로 하나님의 주권적인 은혜의 경륜에 따라서 택하심을 입은 모든 자들, 곧 이스라엘 족속이든 이방인들이든 예수 그리스도를 믿는 이들에 대한 애정은 각별합니다. 그래서 "내가 이방인의 사도인 만큼 내 직분을 영광스럽게 여긴다"고 말한 것입니다. 사도는 이방인의 사도이지만 여전히 사도직의 정신에서 이스라엘의 구원을 위하여 여전히 열심을 가지고 있음을 말합니다. 그들이 구원은 마치 '죽은 자 가운데서 살아나는 것'에 비유할 만한 사건이 될 것을 말합니다. 사도로 하여금 그런 소망을 가지게 하신 이는 성령님이십니다. 그러므로 예수님 오실 때가 아주 임박한 시기 어느 시점에 그와 같은 일이 일어나 하나님의 살아계심과 예수님의 이름의 영예가 높아질 것입니다. 역사의 현실이 우리 눈에 보기에 어떠하든지 역사는 궁극적으로 하나님의 이름과 그 나라와 그 뜻의 영광을 높이는 쪽으로 진행될 것입니다. 만일 그렇지 않다면 하나님께서 역사를 통치하고 계시는 진실은 묻히고 '하나님이 없다'하는 이들이 기고만장하게 될 것입니다. 그 일로 사탄은 마치 자기가 이겼다고 자랑할 것입니다. 하나님께서는 그런 일을 결코 좌시하지 않으십니다. "나는 여호와니 이는 내 이름이라 나는 내 영광을 다른 자에게, 내 찬송을 우상에게 주지 아니하리라."(사 42:8)

하나님께서 아브라함에게 하신 약속이 그리스도 안에서 성취되었습니다. 그리고 그 혜택이 복음 전파와 함께 유대인이든 이방인에게든지 아브라함과 같은 믿음을 가진 이들에게 주어지고 있습니다. 유대인이 구원을 받지 못하고 있는 것은 자기 조상 아브라함과 같은 믿음을 버렸기 때문입니다. 대신 이방인들 중에서 그 복음의 은택 안에서 구원을 받은 것은 아브라함과 같은 믿음을 가졌기 때문입니다. 물론 그들이 믿음을 가진 것은 그들 자신의 의지나 결심만으로 된 것이 아니라 오직 "긍휼히 여길 자를 긍휼히 여기시는" 하나님의 주권적인 은혜로 택하심을 입었기 때문입니다.

"11:16제사하는 처음 익은 곡식 가루가 거룩한즉 떡덩이도 그러하고 뿌리가 거룩한즉 가지도 그러하니라 11:17또한 가지 얼마가 꺾이었는데 돌감람나무인 네가 그들 중에 접붙임이 되어 참감람나무 뿌리의 진액을 함께 받는 자가 되었은즉 11:18그 가지들을 향하여 자랑하지 말라 자랑할지라도 네가 뿌리를 보전하는 것이 아니요 뿌리가 너를 보전하는 것이니라 11:19그러면 네 말이 가지들이 꺾인 것은 나로 접붙임을 받게 하려 함이라 하리니."

이방인들의 믿음의 뿌리는 그들 자신에게 있지 않고 여전히 구약시대의 경륜 속에서 그리스도의 언약을 먼저 받은 유대인들의 조상 이스라엘에 있습니다. 하나님께 제사를 드리기 위하여 구별하여 처음 드린 곡식가루가 거룩하니 그 곡식의 나머지 가루로 만든 떡도 그러합니다. 그와 같이 뿌리와 가지와의 관계도 그러하다고 합니다. 이방인들은 자기들의 믿음의 뿌리가 자기들 스스로에게 있는 줄 알고 자긍하지 말아야 합니다. 참감람나무인 이스라엘의 얼마가 가지 같이 꺾이는 일로 돌감람나무인 이방인들이 원 둥치에 접붙임이 되었습니다. 여기서 흔히 '나무 접붙이기'의 법과 상이한 이치를 사도가 말하는 것 같이 이해하는 이들이 없지 않습니다. 그러나 여기서는 수목(樹木)에 관한 생물학적인 이치를 말하는 것이 아니라 영적인 이치를 말하고 있음을 유념해야 합니다. 영적인 이치는 '나쁜 원리의 뿌리에 좋은 가지를 접붙임'이 아니고 '좋은 뿌리에 나쁜 가지를 접붙임'입니다. 그러므로 이방인들은 자기들의 믿음을 인하여 유대인들을 멸시하지 말아야 합니다. 도리어 그들의 구원을 위하여 사도가 열심 내는 것과 같이 열심 내야 합니다. 도리어 "그들 유대인들이 꺾인 것은 우리로 그들이 있던 자리에 접붙임을 받게 하려 함이라"고 해야 합니다. 왜냐하면 이방인들의 믿음은 유대인들의 조상들에게 주신 하나님의 언약과 은혜의 줄기의 연장선상에 있기 때문입니다.

"11:20**옳도다 그들은 믿지 아니하므로 꺾이고 너는 믿으므로 섰느니라 높은 마음을 품지 말고 도리어 두려워하라** 11:21**하나님이 원 가지들도 아끼지 아니하셨은즉 너도 아끼지 아니하시리라** 11:22**그러므로 하나님의 인자하심과 준엄하심을 보라 넘어지는 자들에게는 준엄하심이 있으니 너희가 만일 하나님의 인자하심에 머물러 있으면 그 인자가 너희에게 있으리라 그렇지 않으면 너도 찍히는 바 되리라.**" 유대인이든 이방인이든 관건은 사도가 전한 복음을 믿는 여부에 달려 있습니다. 그들 유대인들이 "믿지 아니하므로 꺾이고" 이방인이라도 사도가 전한 복음을 "믿음으로 섰습니다." "하나님의 인자하심과 준엄하심을 보라." 하나님의 인자하심과 준엄하심의 기준은 오직 하나 '사도가 전한 복음'입니다. '하나님의 인자하심'은 오직 '사도가 전한 복음, 곧 그리스도 예수님과 그 십자가에 못 박히심' 안에 있습니다. 그 밖에는 '하나님의 공의의 준엄하심'만 있습니다. 그리스도 밖에는 하나님의 공의로 인한 무서운 하나님의 진노만 있을 따름입니다. 그러므로 유대인이든 이방인이든 '하나님의 인자하심의 발로인 그리스도 안에 머물러 있으면, 곧 그 믿음을 견지하고 있으면, 하나님의 인자하심의 혜택을 받는 것'입니다. 그것을 그 어떤 것으로도 대체할 수 없습니다. 그러니 만일 그 믿음에서 떠나는 일이 있으면 하나님의 '준엄한 진노'의 영역으로 넘어 들어가는 셈입니다.

"11:23**그들도 믿지 아니하는 데 머무르지 아니하면 접붙임을 받으리니 이는 그들을 접붙이실 능력이 하나님께 있음이라** 11:24**네가 원 돌감람나무에서 찍힘을 받고 본성을 거슬러 좋은 감람나무에 접붙임을 받았으니 원 가지인 이 사람들이야 얼마나 더 자기 감람나무에 접붙이심을 받으랴,**" 유대인들이 불신앙을 버리고 신앙으로 돌아오면 다시 아브라함의 언약에 동참하게 되어 본래의 자리로 "접붙임을 받게" 될 것입니다. 그 일은 그들 자신의 능력에 있는 것이 아니라 오직 '하나님의 능력에 있습니다.' 그들 이방인들이 믿음을 가지게 된 것은 오직 하나님의 능력에 의한 것입니다. 그들 이스라엘의 회복도 하나님의 인자하심과 그 능력에 달린 것입니다. 이방인들은 그 조상들이 하나님을 알지 못하고 우상을 섬겼는데도 하나님의 능력으로 말미암아 "돌감람나무에서 찍힘을 받고 본성을 거슬러 좋은 감람나무에 접붙임을" 받았습니다. 하물며 하나님의 은혜로 존귀함을 받던 조상들을 둔 유대인들은 얼마나 더욱 본래의 "자기 감람나무에 접붙이심을 받"겠습니까!

"11:25**형제들아 너희가 스스로 지혜 있다 하면서 이 신비를 너희가 모르기를 내가 원하지 아니하노니 이 신비는 이방인의 충만한 수가 들어오기까지 이스라엘의 더러는 우둔하게 된 것이라** 11:26**그리하여 온 이스라엘이 구원을 받으리라 기록된 바 구원자가 시온에서 오사 야곱에게서 경건하지 않은 것을 돌이키시겠고** 11:27**내가 그들의 죄를 없이 할 때에 그들에게 이루어질 내 언약이 이것이라 함과 같으니라.**" 모든 일에 하나님의 섭리가 작용합니다. 섭리는 '정하신 뜻과 목적을 이루시기 위하여 지으신 피조물을 보전하고 관리하며 운용하시는 하나님의 제반 행사'입니다. 유대인의 영적인 문제에 관하여 하나님의 섭리적인 경륜이 없을 리 없습니다. 사도는 그것을 '신비'로 표현하고 있습니다. 하나님의 섭리의 깊은 신비를 다 이해하기 어렵습니다. 그러나 사도는 이방인들 중에 믿는 자들이 생겨나고 정작 유대인들 거의가 불신앙에 머물러 있는 일은 하나님의 섭리의 신비에 속한 것입니다. 사도는 이 일에 대하여 "이방인의 충만한 수가 들어오기까지 이스라엘의 더러는 우둔하게 된 것이라."고 표현하고 있습니다. 하나님의 택한 백성들의 수에는 유대인들과 이방인들이 함께 들어 있습니다. 그러나 그 분포를 결정하시는 것은 사람이 아니라 하나님이십니다. 그래서 "이방인의 충만한 수," 곧 이방인들 중에서 영생을 얻기로 작정된 자들이 복음을 믿어 구원에 이르기까지(행 13:48) "이스라엘의 더러는 우둔하게 된 것이라." 하나님의 섭리로 그런 일이 허용되나 하나님의 거룩한 의지는 이스라엘 중에서 택함을 받은 자들이 구원을 받게 될 것입니다.

"그리하여 온 이스라엘이 구원을 받으리라." 이 대목을 읽고 '이스라엘 민족 전체가 구원을 받을 것이라'고 해석하는 것은 무리입니다. 여전히 사도는 '구원은 하나님의 택하심을 따라 예정을 입은 자들에게만' 주어짐을 염두에 두고 있습니다. 칼빈은 말합니다. "'온 이스라엘이 구원을 받으리라' 한 것이 '이스라엘 민족 전체가 구원을 받으리라' 한 것이 아니다. 내가 보기에 그 말은 '하나님의 택한 백성 전체가 구원을 받으리라'는 의미다." 하나님의 섭리는 이방인이든 유대인이든 택하신 백성의 수에 들어 있는 자들 전체를 구원하시는 쪽으로 작용한다는 말입니다. 칼빈은 "사도의 이 말이 '하나님의 나라의 완성'을 가리킨다."고 하였습니다. "할례나 무할례가 아무것도 아니로되 오직 새로 지으심을 받는 것만이 중요하니라 무릇 이 규례를 행하는 자에게와 하나님의 이스라엘에게 평강과 긍휼이 있을지어다."(갈 6:15,16) 그러므로 '하나님의 이스라엘'은 '하나님의 나라를 이룰 백성들, 곧 그리스도 안에 있는 택한 백성들 전체'를 가리킵니다.

"기록된바 구원자가 시온에서 오사 야곱에게서 경건하지 않은 것을 돌이키시겠고." 이는 이사야 59:20,21의 인용인데, 사도는 그 말씀을 자구(字句)대로 인용하지 않고 해석하여 그 요점을 취하고 있습니다. "여호와의 말씀이니라 구속자(救贖者)가 시온에 임하며 야곱의 자손 가운데에서 죄과를 떠나는 자에게 임하리라 여호와께서 또 이르시되 내가 그들과 세운 나의 언약이 이러하니." 사도는 이사야의 "야곱의 자손 가운데서 죄과를 떠나는 자에게 임하리라"는 말씀을, "야곱에게서 경건하지 않은 것을 돌이키시겠다"로 바꾸어 표현합니다. 야곱 자손에게서 스스로 분발하여 죄를 떠나는 자는 없습니다. 하나님께서 '경건하지 않은 것을 돌이키시는 복음적인 은혜를 베푸시어야 죄과를 떠나기' 때문입니다. 그래서 사도는 27절에서 말합니다. "내가 그들의 죄를 없이 할 때에 그들에게 이루어질 내 언약이 이것이라 함과 같으니라"고 하여 이사야의 말씀을 '신약시대에 나타날 복음의 은혜의 능력'에 비추어 해석하여 새롭게 표현합니다. 사도는 이같이 구약성경의 말씀을 신약적인 경륜에 비추어 해석하여 표현하기를 좋아합니다.

"11:28복음으로 하면 그들이 너희로 말미암아 원수 된 자요 택하심으로 하면 조상들로 말미암아 사랑을 입은 자라." 사도는 이방인 신자들에게 가르칩니다. 스스로 선 것 같이 자긍하지 말고 오직 그리스도 안에서 은혜를 입은 자답게 그리스도 밖에 있는 이들을 불쌍하게 여길 것을 계속 강조합니다. 유대인으로서 아직 그리스도를 믿지 않는 이들에 대하여도 긍휼의 마음을 가질 것을 권고합니다. 그래서 "복음으로 하면" 그들이 이방인 신자들의 원수입니다. 그러나 '그들의 조상'을 기준하면 그들이 여전히 사랑을 입은 자임을 잊지 말라 합니다.

"11:29하나님의 은사와 부르심에는 후회하심이 없느니라 11:30너희가 전에는 하나님께 순종하지 아니하더니 이스라엘이 순종하지 아니함으로 이제 긍휼을 입었는지라 11:31이와 같이 이 사람들이 순종하지 아니하니 이는 너희에게 베푸시는 긍휼로 이제 그들도 긍휼을 얻게 하려 하심이라 11:32하나님이 모든 사람을 순종하지 아니하는 가운데 가두어 두심은 모든 사람에게 긍휼을 베풀려 하심이로다."

사도는 이방인에게 하나님의 은혜가 베풀어진 구조를 마치 그들 이스라엘의 불순종으로 인하여 된 일 같이 말하고 있습니다. 그것은 그들 이방인 그리스도인들이 스스로 된 것 같이 자랑하며 이스라엘을 괄시하는 어리석음을 범하지 않게 하려 함입니다. 오직 그들이 "하나님의 은사와 부르심"에 참예한 것은 오직 하나님의 긍휼로 인한 것임을 한시도 잊지 않아야 합니다. "너희가 전에는 하나님께 순종하지 아니하던 자들임을 잊지 말라" 합니다. 그래서 사도는 하나님의 주권적인 긍휼로 그들 유대인들이 구원받을 날이 올 것을 소망합니다. 이방인이든 유대인이든 '그리스도 안에 있는 하나님의 구원은 오직 주권적인 은혜의 선물'입니다. 하나님께서는 누구를 구원하시든지 그 사람 자신의 됨됨이에 근거하지 않고 오직 그리스도 안에 있는 당신 자신의 은혜의 긍휼에 근거한 것입니다.

"하나님이 모든 사람을 순종하지 아니하는 가운데 가두어 두심은 모

든 사람에게 긍휼을 베풀려 하심이로다." 여기서 "하나님이 모든 사람을 순종하지 아니하는 가운데 가두어 두신다"는 표현은, '하나님께서 순종하는 은혜를 베푸시기까지 어느 사람도 불순종의 감옥에 갇히어 있다'는 의미입니다. 실로 하나님께서 주권적인 긍휼을 베푸시기 전에는 어느 누구도 먼저 하나님을 찾지 않습니다. "여호와께서 하늘에서 인생을 굽어 살피사 지각이 있어 하나님을 찾는 자가 있는가 보려 하신즉 다 치우쳐 함께 더러운 자가 되고 선을 행하는 자가 없으니 하나도 없도다."(시 14:2,3) 그러므로 사람이 구원에 이른 것은 오직 당신의 기뻐하심을 따라 하나님의 택하심의 자비와 긍휼과 사랑에 의한 것입니다. 그러니 "하나님의 은사와 부르심에는 후회하심이 없느니라." "허물과 죄로 죽었던 우리를 살리시어 그리스도 예수님 안에서 구원하신" 분이 하나님이시기 때문입니다(엡 2:1-8).

"11:33**깊도다 하나님의 지혜와 지식의 풍성함이여, 그의 판단은 헤아리지 못할 것이며 그의 길은 찾지 못할 것이로다.**" 사도는 9장부터 자기 동족 이스라엘의 구원을 위한 특심으로 그 문제와 연관된 난제들을 깊이 생각하는 데서 시작하여 여기 11장 마지막까지 이르게 되었습니다. 물론 그의 사유(思惟)는 '자기 본성, 곧 육신의 생각'이 아니고 '성령의 인도를 따라 영의 생각'의 방식으로 이어져 나왔습니다. 아니 성령께서는 사도의 마음과 생각의 흐름을 주장하시어 로마서의 대 주제인 '구원의 문제'에 대해 성도가 취할 성도의 마땅한 자세를 가르치십니다.

실로 죄 밖에 없어 영원한 하나님의 진노의 파멸에 처해질 우리를 구원하신 일과 연관된 하나님의 모든 뜻과 그 경륜과 그 방식 전체는 우리의 지각을 무한히 뛰어 넘습니다. 그래서 우리는 성령님의 인도를 받아 사도가 도달한 감탄에 동참하지 않을 수 없습니다. “깊도다 하나님의 지혜와 지식의 풍성함이여, 그의 판단은 헤아리지 못할 것이며 그의 길은 찾지 못할 것이로다.”

물론 성경으로 말씀하시는 하나님의 구원의 은혜와 진리를 ‘교리적으로 정돈하는 것’은 우리 믿음의 이해와 적용과 실천을 위하여 절실한 일입니다. 개혁주의는 ‘교회사를 통하여 성경을 가르쳐주신 성령님의 교훈 체계라’ 함이 옳습니다. 신학의 자리는 바로 그 ‘교훈체계, 그 교의(敎義) 체계’를 배우고 확신하는 것입니다. 그럼에도 불구하고 ‘개혁주의 교의’를 우리 지성의 영역으로 다 섭렵할 것으로 여기면 큰 실수입니다. 여전히 ‘개혁주의 참된 정신’은 사도와 같이 항상 전인적으로 성삼위 하나님을 경외하고 엎드려 경배하고 찬미하고 순종하고 감사하는 데 있습니다.

“11:34**누가 주의 마음을 알았느냐 누가 그의 모사가 되었느냐** 11:35**누가 주께 먼저 드려서 갚으심을 받겠느냐.**” 누가 주 하나님을 깨우쳐 조언을 하겠으며, 누가 먼저 주 하나님께 헌신하고 감동시켜 드리는 대가로 갚으심을 받을 수 있겠습니까? 우리가 무죄한 상태에 있어도 그리할 수 없을 터인데 죄의 본성을 가진 있는 우리에게는 얼마나 더욱 그러하겠습니까?

“11:36**이는 만물이 주에게서 나오고 주로 말미암아 주에게로 돌아감이라 그에게 영광이 세세에 있을지어다 아멘.**” 그러합니다. 신앙과 신학의 동기요 동력이요 종착점이 있다면 바로 이 진술에 담겨 있는 신앙고백입니다. 하나님께서는 우리의 지상 생애에서 우리에게 주어진 모든 조건과, 우리 자신의 허물과 악함과 연약에도 불구하고, 우리를 구원하시어 양자로 삼으셨습니다. 그리고 영원한 하나님 나라의 영화롭고 의로운 백성이 되게 하셨습니다. 그리하여 우리로 하여금 그리스도의 형상을 본받은 자로 세우실 목적을 계획하셨습니다. 하나님의 예정을 보고 우리가 할 신앙고백은 마땅히 이래야 합니다. "이는 만물이 주에게서 나오고 주로 말미암아 주에게로 돌아감이라 그에게 영광이 세세에 있을지어다 아멘." 오, 주님, 저희로 하여금 신앙고백을 따라 마음과 생각을 다스리시는 보혜사 성령님의 인도하심에 전적으로 의지하는 지혜와 믿음 더하소서. 아멘.

part 12 그리스도인의 전인적 헌신

주님께서 원하시는 균형 있는 그리스도인의 믿음은 '무엇을 믿을 것인가?'와 '어떻게 행할 것인가?' 를 함께 견지하는 것입니다. 물론 '무엇을 믿을 것인가?'가 우선이고, 그에 따라 '어떻게 행할 것인가?'가 그 열매로 나오는 것이지요. 그 순서는 반드시 지켜져야 할 것입니다. '복음의 참된 교리를 견지하는' 사람만 '복음에 합당한 삶의 실제' 문제에 접근할 준비가 된 셈입니다. '복음에 합당한 삶'은 단순하게 윤리나 도덕의 차원으로 접근할 문제가 아닙니다. 그 일도 여전히 '믿음'의 연장선상에 있기 때문입니다.

사도는 '그리스도인의 전인적 삶'의 문제도 그에 수반되는 여러 국면을 바로 다루지 않습니다. 먼저 그것을 접근하는 보편적인 표준, 또는 '대 원칙'을 제시합니다. 그래서 '그리스도인의 전인적 삶의 전 국면'을 접근하는 대 원칙이 로마서 12장 1,2절에 기술되어 있습니다. 그런 다음에 사도는 12장 나머지 부분에서 교회생활을 '그리스도인의 전인적 헌신'의 최우선 과제로 삼고 있습니다. 성령께서 사도로 하여금 교회생활을 '전인적 헌신의 제 1 국면'으로 말하게 하신 것의 깊이를 간과하지 말아야 합니다. 하나님의 관심의 우선순위는 당신의 피로 사신 교회입니다. 그리스도인의 헌신의 제 1 국면도 교회생활입니다. "그들이 주의 집에 있는 살진 것으로 풍족할 것이라 주께서 주의 복락의 강물을 마시게 하시리이다."(시 36:8,9)

46

우리 몸을 하나님의 기뻐하시는 산 제물로 드리라

12:1 그러므로 형제들아 내가 하나님의 모든 자비하심으로 너희를 권하노니 너희 몸을 하나님이 기뻐하시는 거룩한 산 제물로 드리라 이는 너희가 드릴 영적 예배니라
12:2 너희는 이 세대를 본받지 말고 오직 마음을 새롭게 함으로 변화를 받아 하나님의 선하시고 기뻐하시고 온전하신 뜻이 무엇인지 분별하도록 하라

사도는 11장까지에서 '구원의 하나님의 구원의 방식'과 그와 관련된 주요한 문제에 대한 도리(교리)를 우리에게 제시하였습니다. 이제 사도는 구원받은 그리스도인의 지상 삶의 실제를 다룹니다. 어떤 이가 제게 이런 요청을 한 적이 있습니다. '무엇을 믿을까에 대하여는 많이 배웠으니 어떻게 행할지를 가르쳐 주세요' 그 질문에 대해 저는 짧게 대답하였습니다. '믿는 대로 행하세요. 그것이 삶입니다.' 사도는 시편 116:10의 말씀을 인용하며 이렇게 말한 적이 있습니다. "기록한 바 내가 믿었으므로 말하였다 한 것 같이 우리가 같은 믿음의 마음을 가졌으니 우리도 믿었으므로 또한 말하노라."(고후 4:13) 로이드 존스 목사는 항상 '그리스도 안에 있는 복음의 교리가 믿는 자들의 삶의 실제의 터가 된다'고 거듭 강조합니다.

사도는 지금까지 그리스도 안에 있는 전적인 은혜로 믿는 자들을 구원하시는 하나님의 방식을 증거하였습니다. 이제 그에 비추어 믿음으로 사는 삶의 실제를 권고해 나갑니다. 16장까지 삶의 실제와 관련된 여러 주제들을 복음의 빛에 비추어 논의하며 권고하고 있습니다.

12장으로부터 16장까지의 내용을 넓은 조망으로 간추려 보면 다음과 같다 할 수 있습니다.

(1) 그리스도인의 삶의 실제를 위한 대 원칙(12:1 -12:2)

(2) 그리스도인의 교회생활(12:3 - 12:21)

(3) 그리스도인의 사회생활(13장)

(4) 믿음의 삶에서 만나는 여러 문제들을 대처하는 방도에 대한 권면과 권도(14-15장)

(5) 그리스도의 일꾼들에 대한 천거와 마침 인사(16장)

이제 우리는 먼저 '그리스도인의 삶의 실제를 위한 대 원칙'을 알아보려고 합니다. 삶의 실제를 위한 대 원칙의 목표는 "우리 몸을 하나님이 기뻐하시는 거룩한 산 제물로 드리는 것"입니다. 그런 목표를 염두에 둔 본문을 상고해 보기를 원합니다.

"12:1그러므로 형제들아 내가 하나님의 모든 자비하심으로 너희를 권

하노니 너희 몸을 하나님이 기뻐하시는 거룩한 산 제물로 드리라 이는 너희가 드릴 영적 예배니라." "그러므로"라는 접속사는 지금부터 말하려는 내용이 앞에서 말한 복음의 도리와 논리적으로 연관됨을 지시합니다. 그러합니다. 그리스도인의 삶의 실제는 믿음의 도리의 연장선상에 있습니다. "내가 하나님의 모든 자비하심으로 너희를 권하노니"라고 한 것은, 바로 '그리스도 안에서 우리를 구원하신 하나님의 은혜에 비추어 너희를 권한다'는 의미입니다. 거듭 말씀드리지만 '하나님의 자비하심'은 '그리스도 밖에서'는 만날 수 없습니다. '그리스도 밖'은 공의로우신 하나님의 긍휼 없는 무서운 심판과 진노만 있을 뿐입니다. '그리스도 안에 있는 자'는 하나님의 긍휼과 자비하심의 말로 다 할 수 없는 풍성함을 누립니다. 그것이 구원받은 자의 영적 실상입니다. 그런 자에게 성령께서 사도를 통하여 권고하십니다.

"너희 몸을 하나님이 기뻐하시는 거룩한 산 제물로 드리라." 이는 구약시대에 드려지던 번제를 연상하게 하는 표현입니다. 번제는 제물 전체를 속속들이 태워드리던 제사입니다. 사도가 이 표현을 통하여 의미하는 바는 '그 사람 전체를 하나님의 기뻐하시는 거룩한 뜻에 순종하라' 함입니다. 곧 '전인적(全人的)인 순종'을 말합니다. 구원받기 전에 전인이 하나님께 불순종하는 사람이었지만, 이제 그리스도 안에서 구원받은 자로서 '전인적으로 하나님께 순종하는 사람'으로 살라는 것입니다. 그것이 그리스도 안에서 은혜로 구원받아 영생을 얻고 하나님의 자녀된 이들의 마땅한 바입니다.

"이는 너희가 드릴 영적 예배니라." 여기서 "영적 예배"라는 말을 KJV에서는 '합리적인 예배(reasonable service)'로 번역하고 있습니다. NIV에서는 '영적인 예배 행위(spiritual act of worship)'로 번역하고 있습니다. 필자가 보기에 두 영역본의 차이는 사도가 의도하는 바를 어디에 두느냐에 따라 생긴 것입니다. 오히려 그 두 영역본의 표현들을 다 포괄하여 '이는 너희의 드릴 합리적이고 영적인 예배니라'로 하면 더 좋을 듯합니다. 그러합니다. 우리가 하나님께 순종하되, 우리의 마음과 생각과 행동 등 인격의 모든 작용과 삶의 실제 전체를 하나님의 거룩하신 뜻에 드려야 함은 너무나 합당한 것입니다. 그렇게 하는 것이 그리스도인의 마땅한 영적 예배입니다. 우리 존재 전체는 이제 우리 것이 아니라 우리를 '자기 피로 값 주고 사신' 하나님의 것입니다. "너희 몸은 너희가 하나님께로부터 받은 바 너희 가운데 계신 성령의 전인 줄을 알지 못하느냐 너희는 너희 자신의 것이 아니라 값으로 산 것이 되었으니 그런즉 너희 몸으로 하나님께 영광을 돌리라."(고전 6:19,20) 그러므로 우리의 존재나 삶의 국면 중에서 하나님께 드리지 않아도 될 부분은 하나도 없습니다. 그러므로 우리 마음의 생각과 행동 전체 중에 하나님을 제외시킬 것이 하나도 없습니다. "내가 그리스도와 함께 십자가에 못 박혔나니 그런즉 이제는 내가 사는 것이 아니요 오직 내 안에 그리스도께서 사시는 것이라 이제 내가 육체 가운데 사는 것은 나를 사랑하사 나를 위하여 자기 자신을 버리신 하나님의 아들을 믿는 믿음 안에서 사는 것이라."(갈 2:20)

"12:2**너희는 이 세대를 본받지 말고 오직 마음을 새롭게 함으로 변화를 받아 하나님의 선하시고 기뻐하시고 온전하신 뜻이 무엇인지 분별하도록 하라.**" 사도는 앞에서 말한 것을 실천하기 위한 구체적인 방안을 제시합니다. 사도는 자기의 특유한 방식대로 '그리스도 밖에 있는 세대의 방식'과 대비하여 하나님을 기쁘시게 하는 삶의 실제를 제시합니다.

"이 세대를 본받지 말고." 사도가 말하는 '이 세대'는 '하나님이 없다는 악인의 사상이 왕 노릇하는 인간들의 세상'을 가리킵니다. 어느 시대나 세상은 항상 그러하였습니다. 우리 주님께서 다시 오실 때까지 그 일은 여전할 것입니다. 그러므로 우리가 그리스도를 믿음으로 구원을 받았다는 것은 바로 '세대 정신'에서 건짐을 받아 '하나님을 경외하는 세계'로 옮겨졌다는 것이지요. '하나님의 나라'는 '하나님의 왕적인 통치를 인정하고 하나님께 단 마음으로 복종하는 것을 최상의 가치로 여기는 자의 심령 속에 이미 임한 나라'입니다. 성경이 말하는 구원은 바로 '하나님과 원수가 되었던 자리에서 하나님과 화해하고 하나님을 기뻐하고 하나님을 순종하는 영역으로 옮겨지는 대사건'입니다. "우리로 하여금 빛 가운데서 성도의 기업의 부분을 얻기에 합당하게 하신 아버지께 감사하게 하시기를 원하노라 그가 우리를 흑암의 권세에서 건져내사 그의 사랑의 아들의 나라로 옮기셨으니 그 아들 안에서 우리가 속량 곧 죄 사함을 얻었도다."(골 1:12-14) 우리 그리스도인들은 이제 영적으로 '영역 이동'을 한 셈입니다. '흑암의 권세'에서 '하나님의 사랑의 아들의 나라'로 말입니다. 우리는 이 요점을 항시 상기해야 합니다. 그러니 우리가 어떠한 사람이 되어야 마땅하겠습니까?

"오직 마음을 새롭게 함으로 변화를 받아." 우리가 로마서 8장까지에서 배운 바와 같이, "그리스도를 믿음으로 말미암아 은혜로 값없이 의롭다 하심"을 받은 우리는 하나님과 더불어 화평한 사람입니다(롬 5:1). 그러나 우리 마음의 실상은 하나님을 대적하는 옛 사람의 소욕과 성향에서 완전하게 벗어난 것이 아닙니다. 그래서 사도는 말하였습니다. "그러므로 내가 한 법을 깨달았노니 곧 선을 행하기 원하는 나에게 악이 함께 있는 것이로다 내 속사람으로는 하나님의 법을 즐거워하되 내 지체 속에서 한 다른 법이 내 마음의 법과 싸워 내 지체 속에 있는 죄의 법으로 나를 사로잡는 것을 보는도다."(롬 7:21-23) 그러므로 우리 마음이 '하나님의 법을 즐거워하는 성향과 그 법을 행할 능력'을 갖추기 위해 하나님께서 예비하신 은혜의 장치를 활용해야 합니다. 그것은 바로 우리 속에 '그리스도의 구속(속량)의 완전한 효력'을 가지고 보혜사로 우리 안에 일하시는 성령님을 의존하여 전심으로 행하는 것입니다. "율법이 육신으로 말미암아 연약하여 할 수 없는 그것을 하나님은 하시나니 곧 죄로 말미암아 자기 아들을 죄 있는 육신의 모양으로 보내어 육신에 죄를 정하사 육신을 따르지 않고 그 영을 따라 행하는 우리에게 율법의 요구가 이루어지게 하려 하심이니라."(롬 8:3,4)

"오직 마음을 새롭게 함으로." 이는 다윗이 자기 범한 죄를 통회하며 하나님께 구한 것과 같은 맥락입니다. "하나님이여 내 속에 정한 마음을 창조하시고 내 안에 정직한 영을 새롭게 하소서 나를 주 앞에서 쫓아내지 마시며 주의 성령을 내게서 거두지 마소서 주의 구원의 즐거움을 내게 회복시켜 주시고 자원하는 심령을 주사 나를 붙드소서."(시 51:10-12) 다윗은 영적 분별력을 가지고 자기 범죄의 현실을 직시하고 검토하고 분석하되, 도덕의식과 일반적인 교양(敎養)의 차원에서 접근하지 않았습니다. 하나님 앞에서 자기 자신을 분석하되, 나면서부터 가진 '부패하여 죄로 기울어지는 본성의 성향'을 가장 먼저 직시하며 거기서 나온 죄의 정욕을 이기지 못하여 죄에 빠지게 되었음을 직시합니다. 그래서 그는 자기의 근본을 가리키며 하나님의 자비와 긍휼을 호소합니다. "내가 죄악 중에서 출생하였음이여 어머니가 죄 중에서 나를 잉태하였나이다."(시 51:5) 그래서 그는 자기의 마음의 중심을 새롭게 하시는 하나님의 은혜와 진리가 아니면 그 무엇으로도 그 본성에서 솟구치는 죄의 정욕을 이길 수 없음을 고백합니다. "보소서 주께서는 중심이 진실함을 원하시오니 내게 지혜를 은밀히 가르치시리이다."(시 51:6) 결국 다윗은 그리스도 안에서 자기 백성을 구원하시는 '은혜와 진리'의 방식에 자신을 의탁합니다. "우슬초로 나를 정결하게 하소서 내가 정하리이다 나의 죄를 씻어 주소서 내가 눈보다 희리이다 내게 즐겁고 기쁜 소리를 들려 주시사 주께서 꺾으신 뼈들도 즐거워하게 하소서 주의 얼굴을 내 죄에서 돌이키시고 내 모든 죄악을 지워 주소서."(시 51:7-9) 그리고 그 그리스도 안에 있는 구속의 효력을 가지고 우리 마음에 역사하시어 '새 마음'을 주시는 성령님의 감동하심의 절대성을 의식하며 하나님께 그 은택을 간구합니다. "하나님이여 내 속에 정한 마음을 창조하시고 내 안에 정직한 영을 새롭게 하소서 나를 주 앞에서 쫓아내지 마시며 주의 성령을 내게서 거두지 마소서."

"오직 마음을 새롭게 함으로." 이는 1회성이나 간헐적인 '마음 추스림'이 아닙니다. '새롭게 함'은 항시적이고 계속적인 행사를 의미합니다. 그러면 그런 의미에서 사람이 마음을 새롭게 하려면 구체적으로 어떤 일이 있어야 합니다. "그러므로 형제들아 우리가 빚진 자로되 육신에게 져서 육신대로 살 것이 아니니라 너희가 육신대로 살면 반드시 죽을 것이로되 영으로써 몸의 행실을 죽이면 살리니."(롬 8:12,13) 성령께서 그리스도의 대속의 효력을 가지고 역사하심에 순종하여 본성(육체)의 정욕을 이기고 하나님의 뜻에 순종할 마음의 태세가 바로 "마음을 새롭게 함"의 실상입니다. 예수님께서는 그런 마음을 가리켜 '좋은 땅'에 비유하셨습니다. 그런 마음은 "말씀을 듣고 깨닫는 마음"입니다(마 13:23).

"변화를 받아." 사람이 영적으로 죽어 있는 상태에서 영적으로 각성을 받고 하나님께 대하여 눈을 뜨는 상태로 들어가는 것이 '마음의 근본적 변화'입니다. 그것을 가리켜 신학적으로는 회심(回心, conversion)이라 합니다. 그 일은 '성령께서 말씀으로 거듭나게 하심'으로 일어납니다(요 3:3 ; 벧전 1:23-25). 여기서 사도가 말하는 '변화'는 그런 의미의 변화를 의미하는 것은 아닙니다. 왜냐하면 이 로마서는 이미 믿는 사람들에게 전해졌기 때문입니다. 또 지금까지 로마서의 맥락에 비추어 볼 때에도 이 대목의 메시지는 그런 항목에 들어가지 않습니다. 이미 그리스도 안에서 죄 사함과 의롭다 하심을 받고 하나님과 더불어 생명의 화평과 교통을 시작한 그리스도인들에게 '변화를 받으라'고 요청하고 있습니다. 여기서 말하는 변화(變化)는 '성화적(聖化的) 의미의 영적 진보와 성장의 변화'입니다. 성화적 영적 진보는 생명의 성장입니다. 곧 그리스도의 형상을 따라 영적으로 성장하는 것을 의미합니다. 칭의는 단회적이고 완성적이고 그 효력이 영구합니다. 성화는 칭의의 효력 안에 있는 자가 성령님의 인도하심을 따라 그리스도의 형상을 본받기 위해 계속 정진해 나가는 성도의 영적 장도(壯途)의 행사입니다.

"하나님의 선하시고 기뻐하시고 온전하신 뜻이 무엇인지 분별하도록 하라." "하나님의 선하시고 온전하신 뜻이 무엇인지 분별하는" 일은 하나님의 자녀들인 그리스도인들에게는 절대 중요한 일이면서도 우리 자신의 이지의 능력 밖의 일임을 성경은 줄기차게 강조합니다. 그래서 다윗은 "내 눈을 열어서 주의 율법에서 놀라운 것을 보게 하소서"(시 119:18)라고 하나님께 간절하게 기도하였습니다.

"하나님의 선하시고 기뻐하시고 온전하신 뜻." '하나님의 선하시고 기뻐하시고 온전하신 뜻'은 성경입니다. 성경 밖의 다른 데서 찾으려 해서는 안 됩니다. 흔히 그리스도인들 중에 자기들의 처한 상황에서 하나님 원하시는 바가 무엇인지 알기를 원하며 어떤 신비로운 '신호,' 또는 그와 흡사한 '특수한 계시'를 주셨으면 하고 바라게 됩니다. 물론 성도가 자기가 처한 상황에서 하나님의 인도하심을 받고 바른 지각을 얻기 위해서 기도하는 것은 옳은 일입니다. 그런데 성령님 안에서 바른 기도를 하려면 항상 하나님의 말씀인 성경을 따라서 해야 합니다. 하나님의 말씀인 성경은 지상에 있는 그리스도인들이 배우고 알아야 할 "하나님의 선하시고 기뻐하시고 온전하신 뜻"입니다. 그래서 사도 바울은 그런 의미에서 성경의 권위를 강력하게 강조하고 있습니다. "모든 성경은 하나님의 감동으로 된 것으로 교훈과 책망과 바르게 함과 의로 교육하기에 유익하니 '이는 하나님의 사람으로 온전하게 하며 모든 선한 일을 행할 능력'을 갖추게 하려 함이라."(딤후 3:16,17)

그러면 "하나님의 선하시고 기뻐하시는 온전하신" 뜻인 성경을 우리에게 적용하려 할 때 어떤 요점을 염두에 두어야 할까요? 그것은 '하나님의 말씀, 곧 복음의 은혜의 방식과 하나님의 계명'입니다. 우리의 구주이신 예수님께서 지상에 있는 하나님의 자녀들이 삶 속에서 항상 견지해야 요점에 대해서 제자들에게 친히 말씀하셨습니다. "너희가 내 이름으로 무엇을 구하든지 내가 행하리니 이는 아버지로 하여금 아들로 말미암아 영광을 받으시게 하려 함이라 내 이름으로 무엇이든지 내게 구하면 내가 행하리라 너희가 나를 사랑하면 나의 계명을 지키리라 내가 아버지께 구하겠으니 그가 또 다른 보혜사를 너희에게 주사 영원토록 너희와 함께 있게 하리니 그는 진리의 영이라 세상은 능히 그를 받지 못하나니 이는 그를 보지도 못하고 알지도 못함이라 그러나 너희는 그를 아나니 그는 너희와 함께 거하심이요 또 너희 속에 계시겠음이라."(요 14:13-17) 여기에 '구주 예수님의 이름으로 기도함으로 얻는 영적 혜택과 보혜사 성령님의 인도하심, 그리고 그리스도 안에 있는 삶의 표준으로서의 계명'이 언급되어 있습니다.

47

그리스도인의 교회 생활

-나누어 주신 믿음의 분량대로-

12:3 내게 주신 은혜로 말미암아 너희 각 사람에게 말하노니 마땅
히 생각할 그 이상의 생각을 품지 말고 오직 하나님께서 각 사람에
게 나누어 주신 믿음의 분량대로 지혜롭게 생각하라
12:4 우리가 한 몸에 많은 지체를 가졌으나 모든 지체가 같은 기능
을 가진 것이 아니니
12:5 이와 같이 우리 많은 사람이 그리스도 안에서 한 몸이 되어 서
로 지체가 되었느니라
12:6 우리에게 주신 은혜대로 받은 은사가 각각 다르니 혹 예언이
면 믿음의 분수대로,
12:7 혹 섬기는 일이면 섬기는 일로, 혹 가르치는 자면 가르치는 일로,
12:8 혹 위로하는 자면 위로하는 일로, 구제하는 자는 성실함으

로, 다스리는 자는 부지런함으로, 긍휼을 베푸는 자는 즐거움으로
할 것이니라
12:9 사랑에는 거짓이 없나니 악을 미워하고 선에 속하라
12:10 형제를 사랑하며 서로 우애하고 존경하기를 서로 먼저 하며
12:11 부지런하여 게으르지 말고 열심을 품고 주를 섬기라
12:12 소망 중에 즐거워하며 환난 중에 참으며 기도에 항상 힘쓰며
12:13 성도들의 쓸 것을 공급하며 손 대접하기를 힘쓰라
12:14 너희를 박해하는 자를 축복하라 축복하고 저주하지 말라
12:15 즐거워하는 자들과 함께 즐거워하고 우는 자들과 함께 울라
12:16 서로 마음을 같이하며 높은 데 마음을 두지 말고 도리어 낮은
데 처하며 스스로 지혜 있는 체 하지 말라
12:17 아무에게도 악을 악으로 갚지 말고 모든 사람 앞에서 선한 일
을 도모하라
12:18 할 수 있거든 너희로서는 모든 사람과 더불어 화목하라
12:19 내 사랑하는 자들아 너희가 친히 원수를 갚지 말고 하나님의
진노하심에 맡기라 기록되었으되 원수 갚는 것이 내게 있으니 내가
갚으리라고 주께서 말씀하시니라
12:20 네 원수가 주리거든 먹이고 목마르거든 마시게 하라 그리함
으로 네가 숯불을 그 머리에 쌓아 놓으리라
12:21 악에게 지지 말고 선으로 악을 이기라

사도가 그리스도인의 삶의 실제를 위한 대 원칙을 제시한 다음 그 빛 아래서 그리스도인의 삶의 실제 국면을 다루어 나가려 합니다. 그러면서

사도는 그리스도인 삶의 여러 국면 중에서 '교회 생활'을 가장 먼저 다뤘습니다.

이 점은 우리가 주요하게 유념해야 할 요점입니다. 일반적으로 우리 삶의 여러 범주 중에서 중요성의 입장에서 어디를 가장 먼저 다루어야 할지 말하라면 사람마다 의견이 다를 것입니다. 그러나 사도가 우리 존재와 삶의 전 국면에서 항상 하나님과의 영적 관계를 우선에 둔다는 것을 생각하면 답이 나옵니다. 그것은 '하나님의 성소요 그리스도의 몸인 교회'(엡 1:23 ; 2:22)를 섬기는 문제입니다. 그러하다고 다른 문제는 별 중요하지 않다는 것이 아닙니다. 문제는 어디서부터 그리스도인의 삶의 문제를 시작해야 하느냐 하는 것입니다. 지상에 있는 그리스도인의 삶을 위한 최우위에 있는 것은 바로 '그리스도의 몸이요 하나님의 성소로서의 교회 생활'입니다. 거기서 하나님을 예배하고 하나님의 주시는 은혜를 받습니다. 아니 사실은 우리로 거듭나게 하시는 하나님의 행사가 교회를 통해서 이루어집니다. 그리고 영적으로 거기서 자라고 또 거기서 영적인 은사와 소명을 받아 섬기게 되는 것입니다. 우리 삶의 다른 중요한 범주인 가정과 직장에서 생활을 위한 영적 동력과 원리를 어디서 제공받습니까? 바로 '하나님의 성소'로서의 교회를 통해서입니다.

시편 84편 기자는 성령님의 인도하심 속에서 그 요점을 익히 알고 있었음에 분명합니다. "만군의 여호와여 주의 장막이 어찌 그리 사랑스러운지요 내 영혼이 여호와의 궁정을 사모하여 쇠약함이여… 주께 힘을 얻고 그 마음에 시온의 대로가 있는 자는 복이 있나이다 그들이 눈물 골짜기로 지나갈 때에 그 곳에 많은 샘이 있을 것이며 이른 비가 복을 채워 주나이다… 주의 궁정에서의 한 날이 다른 곳에서의 천 날보다 나은즉 악인의

장막에 사는 것보다 내 하나님의 성전 문지기로 있는 것이 좋사오니."(시 84:1,2,5,6,10)

"12:3내게 주신 은혜로 말미암아 너희 각 사람에게 말하노니 마땅히 생각할 그 이상의 생각을 품지 말고 오직 하나님께서 각 사람에게 나누어 주신 믿음의 분량대로 지혜롭게 생각하라." 여기서 사도가 "믿음의 분량"이라고 말할 때에 '구원의 은혜를 받는 방편'으로서의 '믿음의 분량'을 말하는 것이 아닙니다. 구원을 얻을 만한 믿음의 분량에 있어서 모든 그리스도의 사람들이 동일합니다. 사도 베드로를 통해서 그 점을 분명하게 하셨습니다. "예수 그리스도의 종이며 사도인 시몬 베드로는 우리 하나님과 구주 예수 그리스도의 의를 힘입어 '동일하게 보배로운 믿음'을 우리와 함께 받은 자들에게 편지하노니."(벧후 1:12) 다만 그리스도의 사람들 각 자가 주님의 몸 된 교회의 지체로서 섬기게 하시려고 "하나님께서 각 사람에게 나누어주신 분량"이 있습니다. 곧 주님과 그 교회를 섬기게 하시려고 각 사람에게 나누어 주신 '은사'가 있습니다. 그것을 '성령의 은사'로 이해할 만합니다. "은사는 여러 가지나 성령은 같고 직임은 여러 가지나 주는 같으며 또 사역은 여러 가지나 모든 것을 모든 사람 가운데서 이루시는 하나님은 같으니 각 사람에게 성령을 나타내심은 유익하게 하려 하심이라."(고전 12:4-7) 사도가 여기서 '은사'로 표현할 수 있는 것을 '은혜'로 표현한 것은 하나님께서 우리에게 나누어 주신 모든 것이 다 '그리스도 안에 있는 은혜의 경륜'을 따라 주어진 것이지 우리 자신 속에 있는 것 자체를 근거로 하여 주어진 것이 아니기 때문입니다.

"마땅히 생각할 그 이상의 생각을 품지 말고." 하나님께서 각 사람에게 주신 몫과 지위를 잘 지키는 것이 하나님을 섬기는 데 있어서 진수가 되는 요점입니다. 마귀로 정죄받게 하는 것은 바로 그 점에서 실패한 것입니다. 또 사탄의 꾀임에 빠져 하나님을 대적하는 일에 가담한 천사들도 바로 그러한 악에 빠져 심판을 당한 것입니다. "또 자기 지위를 지키지 아니하고 자기 처소를 떠난 천사들을 큰 날의 심판까지 영원한 결박으로 흑암에 가두셨으며."(유 1:6) "하나님의 선하시고 기뻐하시는 뜻"을 알아 거기에 자신을 복종하기를 원하는 자들은 하나님께서 자기에게 주신 '지위'를 잘 지키는 일부터 해야 합니다.

"12:4**한 몸에 많은 지체를 가졌으나 모든 지체가 같은 기능을 가진 것이 아니니** 12:5**이와 같이 우리 많은 사람이 그리스도 안에서 한 몸이 되어 서로 지체가 되었느니라.**" 그리스도께서 자기 몸된 교회를 세우기 위해서 각 지체 마다 다양한 역할을 감당하도록 하셨습니다. 그래서 각 지체 마다 은사와 직무가 다릅니다. 그러나 그것은 서로 충돌이나 모순이 아니라 "그리스도 안에서 한 몸이 되어" 있습니다. 우리 각 자가 받은 '은사' 마다 그리스도의 몸을 세우는 일에 있어서 중요한 쓰임새가 있습니다. 그러면서 '하나님의 각 사람에게 나눠주신 은사들 각기'도 충돌하지 않습니다.

"12:6**우리에게 주신 은혜대로 받은 은사가 각각 다르니 혹 예언이면 믿음의 분수대로,** 12:7**혹 섬기는 일이면 섬기는 일로, 혹 가르치는 자면 가르치는 일로,** 12:8**혹 위로하는 자면 위로하는 일로, 구제하는 자는 성실함으로, 다스리는 자는 부지런함으로, 긍휼을 베푸는 자는 즐거움으로 할 것이니라.**" 하나님께서는 당신의 교회를 세우기 위해 필요한 직임(職任)에 따라서 각 사람에게 은사를 나누어 주십니다. 그래서 각 직임은 '한 몸'으로 세우기 위한 목적에 따라 필요합니다. 그리고 그에 필요한 은사가 주어집니다. 서로 모순되고 충돌되는 것이 아니라 서로 조화를 이루며 서로를 세워 줍니다. 그리고 각 직임에 필요한 은사의 기능의 '한계'가 정해져 있습니다. 그 '한계'는 사람이 정한 것이 아니라 하나님께서 정한 것입니다. 그것을 지키지 못하면 불협화음이 발생하여 그리스도의 교회답지 못한 형국이 벌어집니다.

"예언이면." 여기 사도가 말하는 '예언'에 대해서 칼빈은 이렇게 주석합니다. "하나님의 뜻을 해석하여 풀어 설명하는 직임을 가리키니 오늘날로 하면 성경을 바르게 이해하는 은사라 할 수 있다." 그렇다면 지금으로 하면 교회의 설교자에게 주어진 은사로 보는 것이 좋습니다. 설교자에게 있어서 가장 중요한 일은 회중에게 성경을 바르게 이해하고 풀어 설명하고 적용하여 그리스도 안에 각 사람을 완전한 자로 세우는 것입니다. "우리가 그를 전파하여 각 사람을 권하고 모든 지혜로 각 사람을 가르침은 각 사람을 그리스도 안에서 완전한 자로 세우려 함이니 이를 위하여 나도 내 속에서 능력으로 역사하시는 이의 역사를 따라 힘을 다하여 수고하노라."(골 1:29,29)

사도는 그 밖에 모든 직임들을 나열하고 있습니다. 오늘날 교회에서도 여기서 사도가 말하는 직임을 감당하는 각 직임자들이 있습니다. 목사나 장로나 집사나 권사 등 모든 각 직임자들은 자기들에게 주어진 분량에 충실하며, 그 이상으로 나가지 말아야 할 것입니다.

"12:9사랑에는 거짓이 없나니 악을 미워하고 선에 속하라 12:10형제를 사랑하며 서로 우애하고 존경하기를 서로 먼저 하며." 주님의 교회를 섬기는 일은 그리스도의 사랑의 강권하심을 따라 그 은혜에 보답하는 양으로 진행되어야 합니다. "그리스도의 사랑이 우리를 강권하시는도다 우리가 생각하건대 한 사람이 모든 사람을 대신하여 죽었은즉 모든 사람이 죽은 것이라."(고후 1:14) "내게 주신 모든 은혜를 내가 여호와께 무엇으로 보답할까 내가 구원의 잔을 들고 여호와의 이름을 부르며 여호와의 모든 백성 앞에서 나는 나의 서원을 여호와께 갚으리로다."(시 116:12-14) 사도 바울은 분쟁하며 '성령의 은사' 문제로 조화는커녕 서로 분쟁하던 고린도교회에게 제시한 '제일 좋은 길'은 무엇이었습니까? "너희는 그리스도의 몸이요 지체의 각 부분이라… 다 사도이겠느냐 다 선지자이겠느냐 다 교사이겠느냐 다 능력을 행하는 자이겠느냐… 너희는 더욱 큰 은사를 사모하라 내가 또한 가장 좋은 길을 너희에게 보이리라 내가 사람의 방언과 천사의 말을 할지라도 사랑이 없으면 소리나는 구리와 울리는 꽹과리가 되고 내가 예언하는 능력이 있어 모든 비밀과 모든 지식을 알고 또 산을 옮길 만한 모든 믿음이 있을지라도 사랑이 없으면 내가 아무것도 아니요 내가 내게 있는 모든 것으로 구제하고 또 내 몸을 불사르게 내어 줄지라도 사랑이 없으면 내게 아무 유익이 없느니라."(고전 12:27,29,31 ; 13:1-3)

"12:11**부지런하여 게으르지 말고 열심을 품고 주를 섬기라.**" 교회를 섬기는 일은 여가(餘暇)가 나면 할 일이 아니라 다른 일에 충실하면서도 여전히 또 충성해야 할 일이니 '부지런함'과 '열심'이 필요합니다. 교회를 섬기는 일은 주님을 섬기는 일이기 때문입니다. 존 에인젤 제임스(John Angell James)는 그의 명저 「간절 목회(Earnest Ministry)」에서 교회를 섬기되 목회 사역자로 섬기는 이들에게 이렇게 역설합니다. "'간절한 열심'은 하나의 목적을 향해 결연한 자세를 취하는 사람만이 보일 수 있는 행동의 양식입니다. 간절한 열심을 가진 사람이 하나의 목표에 집중하는 힘은 매우 강력해서, 마치 멀리 떨어져 있음에도 불구하고 여행객들에게 뚜렷하게 보이는 애굽의 피라미드처럼 그 마음속에서 언제나 선명하게 나타나 보입니다. 그들은 그 목적을 바라보며 그것이 자신 앞에 아주 가까이 있는 것 같이 느끼면서 그것을 위해 드려지는 수고를 작은 것으로 여깁니다. 그래서 장구한 세월 동안 쏟아 부어야 할 자신의 수고와 노력을 아깝게 여기지 않습니다. 그들이 자신이 목표하는 것으로부터 정로를 이탈하지 않을 수 있는 것은 그들이 대상으로 삼은 목표가 언제나 뚜렷하게 보이기 때문입니다. 그들은 그 대상을 바라보며 '앞으로 나아가라'는 음성에 귀를 기울입니다. 그렇게 매일 매일의 순례의 삶을 통해 목적지에 한 걸음씩 다가가는 것입니다. 만약 그의 행로를 방해하길 원한다면 그를 찾아가 보십시오. 그를 찾는 일은 쉬울 것입니다. 그리고 그가 자신의 길을 방해하는 시도에 대해 어떠한 반응을 보이는지를 깨닫는 것 또한 그리 오랜 시간이 필요하지는 않을 것입니다."[8]

"12:12**소망 중에 즐거워하며 환난 중에 참으며 기도에 항상 힘쓰며.**" 우리 그리스도인들이 자신의 생애 전체를 그리스도를 믿는 믿음 안에서 하나님께서 기뻐하시는 '산 제물'로 드리는 것 같이 사는 것은 맹목적인 종교성의 발로가 아님은 너무나 명백합니다. 우리는 이미 하나님과 영원한 화목과 생명의 은택 속에서 하나님과 자녀 관계 속에 들어 있는 사람들입니다. "그의 신기한 능력으로 생명과 경건에 속한 모든 것을 우리에게 주셨으니 이는 자기의 영광과 덕으로써 우리를 부르신 이를 앎으로 말미암음이라 이로써 그 보배롭고 지극히 큰 약속을 우리에게 주사 이 약

8) 이 책은 필자가 번역하여 청교도신앙사가 역간하여 애독되고 있다.

속으로 말미암아 너희가 정욕 때문에 세상에서 썩어질 것을 피하여 신성한 성품에 참여하는 자가 되게 하려 하셨느니라."(벧후 1:3,4) 이미 로마서 5장에서 알아 본 바와 같이, 우리가 하나님께 은혜로 받은 소망의 약속, 곧 '하나님의 영광의 소망'을 바라고 환난 중에서도 즐거워합니다. 그러한 삶의 과정 속에서 하나님과 기도로 교통하는 일은 아주 당연한 일입니다. 기도는 말씀과 함께 하나님께서 당신의 백성들에게 주시는 은혜를 받는 통로(방편)입니다.

"12:13**성도들의 쓸 것을 공급하며 손 대접하기를 힘쓰라.**" 그리스도의 한 몸을 이루고 있는 각 지체들은 서로를 돌아보며 어려운 형편에 처한 성도들을 찾아내어 은밀하게 위로하고 힘을 얻게 해야 합니다. 고린도후서를 쓸 무렵에 예루살렘 형제들에게 극심한 박해와 궁핍의 소식을 듣고 사도는 여러 각 교회에서 연보하여 돕도록 지도하였습니다. "성도를 섬기는 일에 대하여는 내가 너희에게 쓸 필요가 없나니 이는 내가 너희의 원함을 앎이라 내가 너희를 위하여 마게도냐인들에게 아가야에서는 일 년 전부터 준비하였다는 것을 자랑하였는데 과연 너희의 열심이 퍽 많은 사람들을 분발하게 하였느니라."(고후 9:1,2) 여기서 말하는 "손 대접하는 것"은 나그네를 대접하는 것을 말합니다. 히브리서 기자는 하나님의 사람 아브라함의 덕있는 모습을 연상하면서 이렇게 썼습니다. "손님 대접하기를 잊지 말라 이로써 부지중에 천사들을 대접한 이들이 있었느니라 너희도 함께 갇힌 것같이 갇힌 자를 생각하고 너희도 몸을 가졌은즉 학대받는 자를 생각하라."(히 13:2,3) 히브리서 기자는 손님 대접하기를 즐거워하던 아브라함의 일을 하나의 예로 들면서 그리 권면하고 있습니다. 창세기 18:1-8에 나오는 말씀을 읽어 보십시오. 하나님께서 당신의 사자(使者)들을 보내실 때 사람의 모양으로 보내셨습니다. 아브라함은 그 '사람들'을 강청하여 자기 집에 데리고 가서 음식을 차려주고 좋은 휴식을 취하게 하였습니다. 그는 이전에도 자기 집 가까이 어느 낯선 이가 지나가고 있으면 '우리 집에 가시어 음식도 잡수시고 쉬었다 가시지요'라고 늘 강권하던 사람이었습니다. 하나님의 사랑을 입은 사람들이 보답하는 양 그 받은 사랑과 은혜를 남에게 베푸는 것이 "하나님의 선하시고 기뻐하시고 온전하신 뜻"을 따라 자신을 드리는 셈입니다.

"12:14**너희를 박해하는 자를 축복하라 축복하고 저주하지 말라** 12:15**즐거워하는 자들과 함께 즐거워하고 우는 자들과 함께 울라** 12:16**서로 마음을 같이하며 높은 데 마음을 두지 말고 도리어 낮은 데 처하며 스스로 지혜 있는 체 하지 말라** 12:17**아무에게도 악을 악으로 갚지 말고 모든 사람 앞에서 선한 일을 도모하라** 12:18**할 수 있거든 너희로서는 모든 사람과 더불어 화목하라.**" 앞에서는 사도가 교회 생활 속에서 우리의 자세를 말하였다면, 이제는 교회 밖의 외인(外人)들에 대하여 전도자(傳道者)의 정신을 따라 그리스도의 사랑을 따라 행할 것을 말합니다. 하나님의 계명의 정신은 하나님을 향한 전인적 사랑과 하나님께서 섭리적으로 우리의 이웃이 되게 하신 모든 이들을 사랑하는 데 있음은 우리가 익히 아는 바입니다. '하나님을 알지 못하고 부패하고 죄악적인 본성(육체)의 원리 밖에 없는 이들'은 하나님께서 자기들의 이웃(우리와 개인적으로든, 공적이든 하나님의 섭리 속에서 만나 교제하거나 나의 도움을 필요로 하는 이들 전체. - 눅 10:29-38)을 괴롭게 하는 것으로 그 특성을 드러내게 되어 있습니다. 우리도 하나님께서 우리를 불러내시어 그리스도를 믿게 하시기까지 그런 식으로 살았고, 아직도 완전 성화(聖化)의 경지에 이르지 못하여 옛 사람의 행태가 나오곤 합니다. 낮에 간음하다 잡혀 나온 여인을 예수님께서는 사랑과 선도의 방식으로 훈계하십니다. "가라사대 나도 너를 정죄하지 아니하노니 가서 다시는 죄를 범치 말라 하시니라 예수께서 또 일러 가라사대 나는 세상의 빛이니 나를 따르는 자는 어두움에 다니지 아니하고 생명의 빛을 얻으리라."(요 8:11,12) 우리는 예수님의 본을 따라 남을 저주하는 도구가 되지 말고 선도하고 축복하고 덕을 세우는 자로 서기 위해 애를 써야 합니다. 그것이 그리스도 우리 주님의 형상을 본받아가는 과정입니다. 사도는 "박해하는 자들"에게도 '저주를 발하지 말고 축복하라'는 것입니다. 그리고 여러 처지에 있는 형제들의 일을 마치 나의 일과 같이 여겨 "즐거워하는 자들과 함께 즐거워하고 우는 자들과 함께 울라"고 합니다. 그런 덕은 자신을 늘 높게 평가하는 교만한 마음에서는 나올 수 없습니다. 자기도 남들과 동일하게 '죄인 중 괴수였던 내가 그리스도 안에 있는 하나님의 은혜로 구원받았다'는 감사와 감격에 겨워하는 겸손한 마음에서 그런 마음이 나옵니다. "서로 마음을 같이하며 높은 데 마음을 두지 말고 도리어 낮은 데 처하며 스스로 지혜 있는 체 하지 말라."

"12:17아무에게도 악을 악으로 갚지 말고 모든 사람 앞에서 선한 일을 도모하라 12:18할 수 있거든 너희로서는 모든 사람과 더불어 화목하라." 우리 주님께서는 구원받은 자기 백성들의 복을 말씀하신 '팔복의 말씀' 속에서 그 교훈을 이미 가르치셨습니다. "화평케 하는 자는 복이 있나니 그들이 하나님의 아들이라 일컬음을 받을 것임이요."(마 5:9) 우리 주님께서는 우리를 위해 자신의 몸을 화목제물로 내어 주시어 우리로 은혜로 값없이 하나님과 화목을 이루게 하심으로 우리가 이웃들에 대해서 어떻게 행할 것을 본으로 보여주신 것입니다. 그리스도를 믿는 우리는 이웃에 대해 그리스도의 본을 따라 행해야 합니다.

"12:19 **내 사랑하는 자들아 너희가 친히 원수를 갚지 말고 하나님의 진노하심에 맡기라 기록되었으되 원수 갚는 것이 내게 있으니 내가 갚으리라고 주께서 말씀하시니라.**" 우리는 본성적으로 우리에게 선을 행한 사람들을 선대하기는커녕 그 정반대로 '선을 악으로 갚는' 성향을 가지고 있습니다. 하물며 우리에게 악을 행한 사람들을 우리 식으로 복수하며 처단하려는 심사가 일어나는 것은 '본성적(육체적)으로' 아주 자연스런 일입니다. 그러나 하나님께서는 자기 백성들이 그런 식으로 본성을 따르는 것을 기뻐하지 않으십니다. 우리 그리스도의 사람들은 본성을 따라 행하지 말고 '우리의 믿음의 주요 온전하게 하시는 우리 주 예수 그리스도를 본받아' 행하라고 보혜사 성령께서 가르치십니다. 만일 우리가 본성적으로 행하는 방식으로 하나님께서 우리를 처리하셨다면, 우리는 반드시 하나님의 공의대로 심판받아 영원한 멸망을 받아야 마땅한 존재들입니다. 그러나 하나님께서는 '우리 행한 대로 보응 하실 법'(롬 2:8,9)을 우리 자신에게 들이대지 않으시고 우리의 중보자이시오 대속주(代贖主)이신 그리스도께 들이대셨습니다. 그것이 예수님께서 십자가에서 고난을 받으시고 죽으신 이유입니다. 그 방식을 통해서 죄 밖에 없는 우리를 용서하시고 의롭다 하신 것입니다. "우리가 아직 죄인 되었을 때에 그리스도께서 우리를 위하여 죽으심으로 하나님께서 우리에 대한 자기의 사랑을 확증하셨느니라… 곧 우리가 원수 되었을 때에 그의 아들의 죽으심으로 말미암아 하나님과 화목하게 되었은즉 화목하게 된 자로서는 더욱 그의 살아나심으로 말미암아 구원을 받을 것이니라."(롬 5:8,10) 그러므로 "우리가 우리에게 죄 죄은 자를 용서해 주어야" 합니다. 우리 주님께서 우리가 어떻게 기도할지를 가르쳐 주셨는지를 상기해야 합니다. "우리가 우리에게 죄 지은 자를 사하여 준 것 같이 우리 죄를 사하여 주시옵고."(마 9:12) 그런 후에 그 말씀을 주석(註釋)하시는 듯 부연하여 말씀하셨습니다. "너희가 사람의 잘못을 용서하면 너희 하늘 아버지께서도 너희 잘못을 용서하시려니와 너희가 사람의 잘못을 용서하지 아니하면 너희 아버지께서도 너희 잘못을 용서하지 아니하시리라."(마 6:14-15) 물론 여기서 '너희 잘못을 용서하지 않고 지옥에 보내리라'고 말씀하시는 것은 아닙니다. 우리는 그런 의미의 정죄와 지옥의 공포와는 영원히 결별을 하였습니다. "그러므로 이제 그리스도 예수 안에 있는 자에게는 결코 정죄함이 없나니."(롬 8:1) 그러나 이것을 빌미로 우리가 이웃과 형제를 판단하고 정죄하고 원수 갚는 일을 하고 싶은 대로 하면 복음의 은혜를 돌아보지 않는 악한 행위입니다.

"12:20네 원수가 주리거든 먹이고 목마르거든 마시게 하라 그리함으로 네가 숯불을 그 머리에 쌓아 놓으리라." 어떤 경우 우리는 이렇게 말하고 싶어집니다. '웬만하면 나도 용서하고 봐주려고 했으나 이 사람은 해도 해도 너무 하니 참을 수 없다.' 그러나 그리스도의 복음의 은혜의 빚을 진 자들은 그런 말은 하지 않아야 합니다. 만일 우리가 하나님을 알지 못하고 대적하고 모든 가증한 악행에 빠져 있을 때에 하나님께서 그런 식으로 우리를 대우하셨다면, 우리는 벌써 하나님의 진노로 지옥의 불속에 던져졌을 것입니다. 우리는 오직 하나님 아버지께서 그리스도 안에서 우리를 창세전부터 사랑하시어 택하신 일, 그리스도께서 아버지의 뜻대로 우리를 위해서 행하신 일, 우리의 행실을 다 아시면서도 오직 그리스도의 구속의 효력을 따라 우리를 참아내시는 보혜사 성령님의 행사를 생각하고 '우리의 원수를 먹이고 마시우고 축복해야' 합니다. 그러면 그에 대한 판단은 오직 하나님 아버지의 몫일 뿐입니다.

"12:21**악에게 지지 말고 선으로 악을 이기라.**" 사도 바울은 이미 8장에서 여러 환난과 박해와 억울하기 짝이 없는 처지에서도 참된 승리를 장담하였습니다. "그러나 이 모든 일에 우리를 사랑하시는 이로 말미암아 우리가 넉넉히 이기느니라 내가 확신하노니 사망이나 생명이나 천사들이나 권세자들이나 현재 일이나 장래 일이나 능력이나 높음이나 깊음이나 다른 어떤 피조물이라도 우리를 우리 주 그리스도 예수 안에 있는 하나님의 사랑에서 끊을 수 없으리라."(롬 8:37-39) 누가 그리스도 안에 하나님의 사랑을 아는 이가 아니면 "악에게 지지 않고 선으로 악을 이기는 영광의 면류관"을 쓰겠습니까? 이 모든 것이 성령님의 능력으로 말미암아 오직 그리스도 안에 있는 하나님의 은혜와 사랑의 승리가 아니면 무엇이겠습니까?

part 13 그리스도인의 사회 생활

하늘 시민권을 가진 그리스도인이라도 지상에 있는 동안에는 여전히 지상적 구조와 조건에서 제외된 사람이 아닙니다. 그리스도인도 지상에서는 지상적인 나라의 시민이기도 하다는 말입니다. 또 우리가 속해 있는 지상 나라도 '하나님의 은혜'의 범주에 들어 있습니다. 그리고 여전히 하나님의 통치와 그 경륜 안에 들어 있습니다. 로이드 존스 목사기 지상에 있는 그리스도인을 '두 나라'에 속한 자로 묘사하고 있는 것도 그 때문입니다. 사도는 그 범주 안에서 그리스도인이 지상 나라의 시민으로서의 감당할 도리를 말하고 있습니다.

사도는 그 문제에 있어 가장 먼저 '지상 나라의 정부와 그 정부에 주어진 권세'가 우연의 산물이 아니라 하나님께서 부여하신 것임을 상기시킵니다. 그런 하나님께서 지상에 있는 동안에 이웃하게 한 모든 이들에 대하여 어떻게 할 것을 지시합니다. 물론 그 '이웃'은 믿든지 그렇지 않든지 간에 우리가 만나는 모든 이들을 가리킵니다. 그 원칙은 "피차 사랑의 빚 외에는 아무에게든지 아무 빚도 지지 말라"는 것입니다. 여전히 사회생활 속에서도 그리스도인은 하나님의 자녀로서의 신분을 드러내고 영적인 진로를 따라 나아가야 합니다. 이 대목을 통하여 우리는 사회 속에서 주님께서 명하신 "세상의 소금으로서의 사명'을 충실하게 감당할 이유를 배우게 될 것입니다.

48

그리스도인의 사회 생활

13:1 각 사람은 위에 있는 권세들에게 복종하라 권세는 하나님으로
부터 나지 않음이 없나니 모든 권세는 다 하나님께서 정하신 바라
13:2 그러므로 권세를 거스르는 자는 하나님의 명을 거스름이니 거
스르는 자들은 심판을 자취하리라
13:3 다스리는 자들은 선한 일에 대하여 두려움이 되지 않고 악한
일에 대하여 되나니 네가 권세를 두려워하지 아니하려느냐 선을 행
하라 그리하면 그에게 칭찬을 받으리라
13:4 그는 하나님의 사역자가 되어 네게 선을 베푸는 자니라 그러
나 네가 악을 행하거든 두려워하라 그가 공연히 칼을 가지지 아니
하였으니 곧 하나님의 사역자가 되어 악을 행하는 자에게 진노하심

을 따라 보응하는 자니라
13:5 그러므로 복종하지 아니할 수 없으니 진노 때문에 할 것이 아
니라 양심을 따라 할 것이라
13:6 너희가 조세를 바치는 것도 이로 말미암음이라 그들이 하나님
의 일꾼이 되어 바로 이 일에 항상 힘쓰느니라
13:7 모든 자에게 줄 것을 주되 조세를 받을 자에게 조세를 바치고
관세를 받을 자에게 관세를 바치고 두려워할 자를 두려워하며 존
경할 자를 존경하라
13:8 피차 사랑의 빚 외에는 아무에게든지 아무 빚도 지지 말라 남
을 사랑하는 자는 율법을 다 이루었느니라
13:9 간음하지 말라, 살인하지 말라, 도둑질하지 말라, 탐내지 말
라 한 것과 그 외에 다른 계명이 있을지라도 네 이웃을 네 자신과
같이 사랑하라 하신 그 말씀 가운데 다 들었느니라
13:10 사랑은 이웃에게 악을 행하지 아니하나니 그러므로 사랑은
율법의 완성이니라
13:11 또한 너희가 이 시기를 알거니와 자다가 깰 때가 벌써 되었으
니 이는 이제 우리의 구원이 처음 믿을 때보다 가까왔음이니라
13:12 밤이 깊고 낮이 가까왔으니 그러므로 우리가 어두움의 일을
벗고 빛의 갑옷을 입자
13:13 낮에와 같이 단정히 행하고 방탕과 술 취하지 말며 음란과
호색하지 말며 쟁투와 시기하지 말고
13:14 오직 주 예수 그리스도로 옷 입고 정욕을 위하여 육신의 일을
도모하지 말라

로마서 13장에서 사도는 그리스도인의 사회생활 전반에 관한 큰 그림을 그려주고 있습니다. 13:1-7에서는 '그리스도인의 국가관'에 대한 문제를, 13:8-11에서는 사회적 관계 속에서 만나는 모든 이들에 대한 그리스도인의 기본적인 자세, 그리고 12절에서 마지막 절까지는 우리의 영적 환경인 일반사회의 불신앙적인 추세를 거슬러 이겨 나갈 그리스도인의 영적 자세에 대하여 말하고 있습니다.

그리스도인의 국가관

로이드 존스 목사는 로마서 13장의 강론을 시작하면서 "그리스도인이 지상에 있는 동안 두 나라에 속한 사람이라"는 사실을 상기시켰습니다. 한 나라는 자기가 속한 국가이고 다른 한 나라는 '하나님의 나라'입니다. 그것이 지상에 있는 그리스도인의 처지입니다. 물론 이 입장이 그리스도인에게 긍정적인 혜택만을 가져다주는 것도 아니고, 그렇다고 그것이 그리스도인에게 부정적인 요소만을 가지는 것은 아닙니다. 그것이 그리스도인에게 적지 않은 딜레마로 작용하기도 합니다. 그런 문제는 뒤에서 좀 더 구체적으로 알아보기는 하겠으나, 일단 그런 처지가 "다 하나님의 정하신 바라"는 사실을 전제해야 합니다. 그러니 그런 입장을 대처하는 바른 길은 '하나님의 정하신' 대로 순응하며 하나님의 선하시고 기뻐하시고 온전하신 방식을 따르는 것이겠지요. 이 문제에 대한 바른 인식은 어느 지역 어느 세대를 막론하고 모든 그리스도인들에게 있어서 중요합니다. 흔히 '영적으로 그리스도 안에 선다'는 것이 '기존에 자기를 통제하던 모든 권력이나 모든 처지에서 완전하게 자유하게 만들었다'는 식으로 이해되어 혼란에 빠지는 일이 적지 않기 때문입니다.

"13:1**각 사람은 위에 있는 권세들에게 굴복하라 권세는 하나님께로 나지 않음이 없나니 모든 권세는 다 하나님의 정하신 바라.**" 일단은 그리스도인들은 자기가 속한 국가를 운용하는 정부(政府)의 열쇠를 쥐고 있는 권세자들에게 '굴복하라'고 사도는 말합니다. 그 이유는 무엇입니까? "권세는 하나님께로 나지 않음이 없음이라 모든 권세는 다 하나님께서 정하신 바라." 그리스도인의 삶의 절대적인 기준은 '천지의 주재시오 우리의 아버지이신 하나님께서 그 일에 대하여 무어라 하시느냐'입니다. 지상에 있는 사람들이 태어나고 자라고 생활하도록 보호하고 필요한 것을 공급하시는 하나님의 방편이 '국가 제도'입니다. 어느 사람도 국가에 속하여 국가의 보호와 통제 아래 있게 하신 이가 바로 하나님이십니다. 무정부(無政府) 상태에서는 인간의 지상 생활은 아무 보호막이 없이 각종 위험에 노출되기 마련입니다. 그러므로 우리 그리스도인들이 '하나님 나라의 백성이 되었다'는 사실이 자기가 속한 국가의 백성 됨을 멈추었다는 말이 아닙니다. 여전히 자기가 속한 국가의 백성입니다. 우리 모든 인생들로 하여금 지상에 사는 조건으로 그 일을 명하신 이가 하나님이십니다. 모든 나라를 세우시기도 폐하시기도 하시는 분이 하나님이십니다. "지혜와 권능이 하나님께 있고 모략과 명철도 그에게 속하였나니 그가 헐으신즉 다시 세울 수 없고 사람을 가두신즉 놓지 못하느니라… 만국을 커지게도 하시고 다시 멸하기도 하시며 열국으로 광대하게도 하시고 다시 사로잡히게도 하시며 만민의 두목들의 총명을 빼앗으시고 그들을 길 없는 거친 들로 유리하게 하시며 빛 없이 캄캄한 데를 더듬게 하시며 취한 사람같이 비틀거리게 하시느니라."(욥 12:13,14, 23-25. 개역한글) 그러므로 그리스도인은 하나님의 정하심을 알고 국가 권력의 정점(頂点)에 하나님이 계심을 알아야 합니다. 물론 이 말이 국가 권력은 곧 하나님의 세력이라는 말은 아닙니다. 국가 권력도 하나님께서 허락하시고 운용하게 하신 것이니 그 하나님의 주권을 존중하는 양으로 국가 권력에 순응하라는 것입니다.

"13:2**그러므로 권세를 거스르는 자는 하나님의 명을 거스름이니 거스르는 자들은 심판을 자취하리라.**" 여기서 사도는 '모든 권세의 정점에 하나님이 계시다'는 사실을 의지하여 "권세를 거스르는 자는 하나님의 명을 거스림이다"고 명시하고 있습니다. 역사적으로 이 본문을 악용한 사례가 적지 않습니다. 프랑스 왕 루이 14세(1638-1715. 재위 기간 1643-1715)는 권력의 전성기에는 '태양왕'이라는 별명을 가질 정도로 막강한 권력을 구사하였는데, 그는 하나님께서 자기에게 권력을 맡기셨으니 자기가 하는 모든 일은 다 하나님의 뜻이라는 식의 의식에 사로잡혀 있었습니다. 절대적인 왕권을 제어하는 것은 어떤 면에서도 하나님을 거스르는 것이라고 하여 '짐은 곧 국가라'는 말이 나왔습니다. 집권자가 이 본문을 자기의 행동 전체를 정당화하는 구실로 사용하면 그에 대한 하나님의 문책이 있음을 유념해야 합니다. 그러나 이 본문은 국가의 지도력을 가진 이들을 세우신 이가 하나님이심을 명시합니다. 그 본문에 의하면 심지어 악한 정부라도 그 권력 자체를 부정하지 말아야 할 이유를 제공합니다. 물론 악한 정부에 대한 징치도 하나님의 손에 있습니다. 나라의 권세를 운용하도록 하나님께서 세우신 이들의 권위를 부정하는 일은 이 말씀에 부합하지 못합니다. 사도 바울이 이 서신을 쓸 당시 그리스도인들은 매우 부당하게 로마 정부의 압제에 크게 고통하고 있었습니다. 그럼에도 불구하고 사도들은 그 부당성을 빌미로 로마 정부를 무너뜨릴 집단적 행동을 그리스도인들에게 유도한 적이 없습니다.

"[13:3]**다스리는 자들은 선한 일에 대하여 두려움이 되지 않고 악한 일에 대하여 되나니 네가 권세를 두려워하지 아니하려느냐 선을 행하라 그리하면 그에게 칭찬을 받으리라.**" 국가는 백성들의 생활을 보호하기 위하여 법적인 강제 규정을 가지고 있습니다. 물론 그런 법적인 권세를 악용할 수는 있으나, 그것을 아무것도 아닌 것으로 여기면 무정부 상태로 빠져 듭니다. 국가의 정부가 안전하고 유익한 백성들의 삶을 보호하기 위하여 '악한 자는 징벌'을 '선한 자에게는 장려하고 포상(褒賞)'을 시행하도록 하신 분이 하나님이십니다. 만일 그 정부가 이런 역할을 제대로 하지 못하면 하나님의 섭리 속에서 그 정부에 대한 징치가 이루어지되 하나님의 주권적인 방식을 따라 이루어집니다. 그리스도인들은 하나님의 나라의 시민이지만 지상에 있을 때에 자기가 속한 국가의 법을 따라야 합니다. 국가의 어떤 법규 중에는 그리스도인들이 동의하기 어려운 경우가 분명하게 발생할 수 있습니다. 그럴지라도 주님을 믿는 믿음의 본질을 저해하는 일이 아니라면, 인내하면서 국가의 법에 순응하는 자세를 가져야 합니다.

"[13:4]**그는 하나님의 사역자가 되어 네게 선을 베푸는 자니라 그러나 네가 악을 행하거든 두려워하라 그가 공연히 칼을 가지지 아니하였으니 곧 하나님의 사역자가 되어 악을 행하는 자에게 진노하심을 따라 보응하는 자니라.**" 국가의 권세를 운용하는 자리에 있는 자는 제한적인 의미에서 하나님의 시키시는 일을 위하여 세우심 받은 "하나님의 사역자(使役者)들"입니다. 그 말은 하나님께서 그 국가의 백성들을 다스리는 권한을 그 사람에게 부여하셨다는 말입니다. 하나님께서 그 사람에게 '권세의 칼'을 가지게 하셨는데, 그 '칼'은 자신의 야심을 이루게 하려 하심이 아니라 백성들의 안전한 생활을 보호하고 악한 자를 징치하기 위한 것입니다. 국가의 지도자가 하나님께 받은 그 '칼'은 '악을 행하는 자에게 하나님의 진노하심을 시행하는 도구'입니다. 사도의 논리대로 하면, 어떤 사람이 사회생활 속에서 '악을 행하면 그에 대한 하나님의 진노'가 그 국가의 권세를 통해서 보응된다는 말입니다. 정당하게 시행되는 '법적 제재'를 사도는 '하나님의 진노'라고 표현하고 있습니다.

"13:5**그러므로 복종하지 아니할 수 없으니 진노 때문에 할 것이 아니라 양심을 따라 할 것이라.**" 하나님의 자녀인 그리스도인들은 국가의 법을 지키지 않을 때에 주어지는 법적 제재의 부담 때문이 아닙니다. 하나님의 자녀들은 '지상에 있는 국가의 법을 지키는 것도 그것을 허락하신 하나님 아버지를 기쁘게 하는 것이라'는 양심으로 해야 합니다.

"13:6**너희가 조세를 바치는 것도 이로 말미암음이라 그들이 하나님의 일꾼이 되어 바로 이 일에 항상 힘쓰느니라** 13:7**모든 자에게 줄 것을 주되 조세를 받을 자에게 조세를 바치고 관세를 받을 자에게 관세를 바치고 두려워할 자를 두려워하며 존경할 자를 존경하라.**" 그러므로 그리스도인들은 자기들이 속한 나라의 법을 따라 '세금을 바치는 것'도 '바치지 않을 때에 주어지는 불이익'이 무섭기 때문이 아닙니다. 하나님의 자녀로서의 신앙 양심에 따라서 조세 부담을 해야 합니다. 우리 예수님께서는 세금 문제로 질문하며 예수님을 트집 잡아 넘어뜨리는 간교한 자들을 어떻게 대응하셨습니까? "그러면 당신의 생각에는 어떠한지 우리에게 이르소서 가이사에게 세금을 바치는 것이 옳으니이까 옳지 아니하니이까 하니… 세금 낼 돈을 내게 보이라 하시니 데나리온 하나를 가져 왔거늘 예수께서 말씀하시되 이 형상과 이 글이 누구의 것이냐 이르되 가이사의 것이니이다 이에 이르시되 그런즉 가이사의 것은 가이사에게, 하나님의 것은 하나님께 바치라 하시니."(마 22:17-21) 그러합니다. 사람이 예수님을 믿음으로 말미암아 구원을 받아 하나님의 자녀가 되면 이전의 사회관계에 대한 관점의 변화가 일어나게 되어 있습니다. 그것은 지상에 있는 나라의 정부가 우연의 산물이 아니라 하나님의 통치의 경륜 속에서 주어졌다는 사실에 눈을 뜨는 것입니다. 그래서 그리스도인들은 무조건 정부의 일을 반대하는 것이 아니라 복종하되, 기도하면서 그 정부가 자신을 세워 주신 하나님의 선하신 의도에 충실한 정부가 되기 위해서 기도해야 합니다. 그래서 조세(租稅)에 대한 자세도 하나님을 경외함을 기본으로 해야 한다는 것입니다.

"**두려워할 자를 두려워하며 존경할 자를 존경하라.**" 나라의 위정자(爲政者)들의 권세도 따지고 보면 다 하나님으로부터 나오는 것입니다. 그러므로 위정자들에 대한 존중하는 마음을 거두지 않는 것이 그리스도인의 마음에 합한 것입니다. 이전 구약시대 유다 백성이 바벨론에 포로잡혀 가 있을 때에 믿음의 사람인 다니엘과 그 세 친구들이 바벨론과 메대 바사 국의 왕들에게 보인 자세를 보십시오. 그들이 자기들의 원수라고 여기면서 그 왕들에 대한 존경심을 거둔 적이 없습니다. 그들은 하나님께만 소망을 두면서도 지상 나라의 현실을 인정하고 그 정부에 대한 존경심을 버리지 않았습니다. 물론 그 왕들이 하나님의 뜻을 배역하는 일을 지시하였을 때 집단행동을 위하여 무슨 계획을 세우지도 않았습니다. 다만 그들의 말에 불순종하는 것은 그들 자신들에 대한 존중심이 없어서가 아니라 만유의 주요 만왕의 왕이신 여호와 하나님께 순종하기 위함임을 보여 주었습니다. "이에 왕이 명령하매 다니엘을 끌어다가 사자 굴에 던져 넣는지라 왕이 다니엘에게 이르되 네가 항상 섬기는 너의 하나님이 너를 구원하시리라 하니라 이에 돌을 굴려다가 굴 어귀를 막으매 왕이 그의 도장과 귀족들의 도장으로 봉하였으니 이는 다니엘에 대한 조치를 고치지 못하게 하려 함이었더라 왕이 궁에 돌아가서는 밤이 새도록 금식하고 그 앞에 오락을 그치고 잠자기를 마다하니라 이튿날에 왕이 새벽에 일어나 급히 사자 굴로 가서 다니엘이 든 굴에 가까이 이르러서 슬피 소리 질러 다니엘에게 묻되 살아 계시는 하나님의 종 다니엘아 네가 항상 섬기는 네 하나님이 사자들에게서 능히 너를 구원하셨느냐 하니라 다니엘이 왕에게 아뢰되 왕이여 원하건대 왕은 만수무강 하옵소서 나의 하나님이 이미 그의 천사를 보내어 사자들의 입을 봉하셨으므로 사자들이 나를 상해하지 못하였사오니 이는 나의 무죄함이 그 앞에 명백함이오며 또 왕이여 나는 왕에게도 해를 끼치지 아니하였나이다 하더라 왕이 심히 기뻐서 명하여 다니엘을 굴에서 올리라 하매 그들이 다니엘을 굴에서 올린즉 그의 몸이 조금도 상하지 아니하였으니 이는 그가 자기의 하나님을 믿음이었더라."(단 6:16-23)

사회생활 속에서 만나는 이웃에 대한 그리스도인의 자세

"13:8피차 사랑의 빚 외에는 아무에게든지 아무 빚도 지지 말라 남을 사랑하는 자는 율법을 다 이루었느니라 13:9간음하지 말라, 살인하지 말라, 도둑질하지 말라, 탐내지 말라 한 것과 그 외에 다른 계명이 있을지라도 네 이웃을 네 자신과 같이 사랑하라 하신 그 말씀 가운데 다

들었느니라 13:10사랑은 이웃에게 악을 행하지 아니하나니 그러므로 사랑은 율법의 완성이니라." 그리스도인들은 사회생활에서 만나는 모든 이들에 대하여 그리스도의 편지의 역할을 감당해야 합니다. "너희는 우리로 말미암아 나타난 그리스도의 편지니 이는 먹으로 쓴 것이 아니요 오직 살아 계신 하나님의 영으로 한 것이며 또 돌비에 쓴 것이 아니요 오직 육의 심비에 한 것이라."(고후 3:3) 비록 그리스도인들이 상대하는 이들이 아직 그리스도 밖에 있는 이들이라도 그들에게 그리스도의 사랑을 증거하는 자들로 서 있어야 합니다. 사도는 예수님께서 말씀하신 대로 하나님의 계명의 정신을 따라 그리스도인들이 이웃에 대하여 어떤 사람으로 서 있어야 할지를 말하고 있습니다. "첫째는 이것이니 이스라엘아 들으라 주 곧 우리 하나님은 유일한 주시라 네 마음을 다하고 목숨을 다하고 뜻을 다하고 힘을 다하여 주 너의 하나님을 사랑하라 하신 것이요 둘째는 이것이니 네 이웃을 네 자신과 같이 사랑하라 하신 것이라 이보다 더 큰 계명이 없느니라."(막 12:29-31)

우리 주님께서 친히 산상설교에서 사회에서의 그리스도인들의 역할에 대하여 말씀하셨습니다. "너희는 세상의 소금이니… 너희는 세상의 빛이라… 이같이 너희 빛이 사람 앞에 비치게 하여 그들로 너희 착한 행실을 보고 하늘에 계신 너희 아버지께 영광을 돌리게 하라."(마 5:13,14,17) 그런 다음에 '그리스도인들의 계명 지키기'의 실제를 말씀하십니다. 그리스도인들이 율법과 계명의 정죄에서는 벗어났습니다. 그 말이 그리스도인들에게 하나님의 계명이 의미가 없다는 뜻이 아닙니다. 이제 그리스도인에게 있어서 계명은 사랑하시는 아버지 하나님의 뜻입니다. 그래서 계명은 '법적인 강제력'으로가 아니고 '그리스도의 사랑의 강권하심'으로 그리스도인을 거룩하게 종용하는 권위를 여전히 가지고 있습니다. 계명이 그리스도인들에게는 더 이상 죄를 졌다고 지옥에 가도록 정죄하는 법은 아니나, 이제 그리스도의 형상을 본받고자 하는 우리에게 있어서 정말 긴요한 '하나님의 법'입니다. 그리스도의 형상의 진수는 '하나님의 뜻과 계명과 법'에 절대 순종하는 것입니다. 그래서 우리 주님께서는 지상의 천국백성들인 그리스도인들을 상대한 산상수훈의 말씀에서 분명하게 말씀하셨습니다. "내가 율법이나 선지자를 폐하러 온 줄로 생각하지 말라 폐하러 온 것이 아니요 완전하게 하려 함이라 진실로 너희에게 이르노니 천지가 없어지기 전에는 율법의 일점일획도 결코 없어지지 아니하고 다 이루리라 그러므로 누구든지 이 계명 중의 지극히 작은 것 하나라도 버리고 또 그같이 사람을 가르치는 자는 천국에서 지극히 작다 일컬음을 받을 것이요 누구든지 이를 행하며 가르치는 자는 천국에서 크다 일컬음을 받으리라 내가 너희에게 이르노니 너희 의가 서기관과 바리새인보다 더 낫지 못하면 결단코 천국에 들어가지 못하리라."(마 5:17-20) 여기서 우리가 주의해야 할 요점이 있습니다. "너희 의가 서기관과 바리새인보다 더 낫지 못하면 결단코 천국에 들어가지 못하리라"하신 말씀이 자칫 '율법의 행위'가 더해져야 구원이 확실하다는 말로 들릴 수 있습니다. 그러나 이 말씀은 '그리스도를 믿음으로 구원에 이른 하나님의 사람들의 계명 지키기는 바리새인과 서기관들의 계명 지키기의 수준을 뛰어넘기 마련이라'는 말씀입니다. 왜냐하면 '팔복으로 묘사된 그리스도인들은 거듭나 하나님께 대한 회개와 예수님께 대한 믿음으로 구원의 은혜 안에 있는 자들로 그 속에 계신 보혜사 성령님의 도우심을 받아 계명을 통하여 의도하시는 하나님의 뜻에 복종하는 사람이기' 때문입니다. 서기관과 바리새인들은 열심은 있으나 자기들의 도덕적 의지만 의지함으로 계명의 문자적인 뜻만 취하고 계명의 참된 정신을 알지 못하여 그 '의'의 수준이 그리스도인의 영적인 수준을 따라 잡을 수 없기 때문입니다.

실로 그리스도인들은 사회생활에서 만나는 모든 이들에 대하여 "사랑의 빚 외에는 아무 빚도 지지 말아야" 합니다. 우리는 그리스도 안에서 하나님의 사랑의 빚을 진 자들로서 그 사랑을 나타내야 합니다. "사랑은 이웃에게 악을 행하지 아니하나니 그러므로 사랑은 율법의 완성이니라."

영적으로 항상 깨어 있는 생활

"13:11또한 너희가 이 시기를 알거니와 자다가 깰 때가 벌써 되었으니 이는 이제 우리의 구원이 처음 믿을 때보다 가까웠음이라 13:12밤이 깊고 낮이 가까웠으니 그러므로 우리가 어둠의 일을 벗고 빛의 갑옷을 입자 13:13낮에와 같이 단정히 행하고 방탕하거나 술 취하지 말며 음란하거나 호색하지 말며 다투거나 시기하지 말고 13:14오직 주 예수 그리스도로 옷 입고 정욕을 위하여 육신의 일을 도모하지 말라."

이 대목은 어거스틴(Augustinus,: 354-430)을 부르실 때 성령께서 사용하신 말씀으로 유명합니다. 영적인 일에는 별 관심이 없던 불경건한 아버지와는 달리 경건한 어머니 모니카는 그 아들 어거스틴을 위하여 부단한 기도를 드렸습니다. 마니교에 빠지고 방탕한 사생활 속에서 영적으로 죽어 있던 아들 어거스틴을 위하여 모니카는 쉼 없는 기도를 드렸지만 쉽사리 돌아서지 않았습니다. 그러나 하나님께서는 믿음의 어머니의 기도를 결코 모른 척 하지 않으십니다. 주후 384년 30세가 되어 밀란으로 이주

한 어거스틴은 얼마 후 밀란의 한 정원에서 '불가항력적인 은혜'의 경험을 하게 됩니다. 당시 그는 하나님의 은혜가 임하고 있다는 전조(前兆)라 할 수 있는 죄의 각성과 회오(conviction)로 괴로워하고 있었다 합니다. 그의 고백을 들어 봅시다. "내가 죄의 노예라는 생각이 밀려와 괴로워하면서 계속 부르짖었다… '내 누추한 죄악들을 멈추지 않는가?' 나는 이렇게 자문했고 쓰린 마음으로 슬퍼하고 울고 있었다. 그때 갑자기 가까운 집에서 '들고 읽어라, 들고 읽어'라고 하는 어린아이의 노랫소리를 들었다. 그때 나는 홍수처럼 흐르는 눈물을 억제하며 서 있었는데, 그 노랫소리가 성경을 펴 읽으라는 하나님의 음성으로 여기고 성경을 펼쳤다. 그리고 내 시선이 머무는 첫 구절이 바로 이 부분이었다. '낮에와 같이 단정히 행하고 방탕하거나 술 취하지 말며 음란하거나 호색하지 말며 다투거나 시기하지 말고 오직 주 예수 그리스도로 옷 입고 정욕을 위하여 육신의 일을 도모하지 말라.'"

우리 그리스도인의 생활환경은 불신앙적인 사상과 죄악과 영적 방종이 세력을 부리는 '사회'입니다. 그 '사회생활'은 그리스도를 믿는 믿음을 저해하는 높은 장벽들과 장애 요소들로 가득 차 있습니다. 한 마디로 하면 '하나님 없이 죄 가운데 살다가 죽게 하는' 세상입니다. 세상은 우리 참된 믿음을 위해 '한 터럭'의 호혜(互惠)도 주지 않습니다. 그러므로 한 사람이 회심하여 구원받을 만한 믿음으로 예수 그리스도를 영접하는 일은 진정 '하나님의 불가항력적인 은혜'가 아니고는 결코 불가능합니다. 우리가 그리스도인이 된 것이 흔히 말하는 대로 '도(道)를 닦고 수련한 열매'가 아닙니다. 그리스도 안에서 주권적인 은혜로 우리를 택하시고 성령님으로 말미암아 거룩하게 부르신 하나님 우리 아버지의 행사의 절대적인 귀추입니다. 우리가 그렇게 주어진 믿음을 끝까지 견지하는 것 역시 우리 자신의 힘을 훨씬 넘어서는 일입니다. 그래서 여전히 보혜사 성령 하나님께서 우리 안에서 역사하심이 절대 필요한 것입니다. 시편 37편 기자는 우리 그리스도인들이 지상 생애의 불신앙적인 환경 속에서 우리를 견지하여 주시는 은혜를 이렇게 표현합니다. "여호와께서 사람의 걸음을 정하시고 그의 길을 기뻐하시나니 그(성도)는 넘어지나 아주 엎드러지지 아니함은 여호와께서 그의 손으로 붙드심이로다… 여호와께서 정의를 사랑하시고 그의 성도를 버리지 아니하심이로다 그들은 영원히 보호를 받으나 악인의 자손은 끊어지리로다."(시 37:23,24,28)

"또한 너희가 이 시기를 알거니와 자다가 깰 때가 벌써 되었으니." 사도가 말하는 "이 시기"는 '지상에 있는 사람들의 사회생활의 현실'을 말하는 것입니다. 사도가 말하는 그 '지상의 현실'은 사도가 이 로마서를 기록할 때만 해당되는 것이 아닙니다. 모든 시대에 다 적용됩니다. '지상의 영적 현실'은 그 안에 살고 있는 모든 이들로 하여금 '영적인 사망의 잠'을 자게 합니다. 그래서 결국 모든 이들로 하여금 자기에게 주어진 생애의 모든 세월 다 보내고 준비 없이 죽어 하나님의 진노의 심판대 앞에 비참하게 서게 만듭니다. 그런 이의 영원한 형벌의 몫의 불행을 무엇으로 표현할 수 있습니까! 그러므로 우리 그리스도인들은 '항상 깨어 있어야' 합니다.

"이는 이제 우리의 구원이 처음 믿을 때보다 가까웠음이라." 그 말은 무엇입니까? 우리에게 주어진 지상 생애의 날들이 줄어들고 주님을 대면할 날이 가까웠고, 주님의 재림의 날이 임박했다는 말입니다. 참된 믿음의 사람들을 견지하며 정신 차리게 하는 것이 바로 그 의식입니다. 그 의식이 희미해지면 느슨해지고 '세상의 안락(安樂)'에 금방 빠집니다. 우리 주님의 말씀을 들어 보십시오. "너희는 마치 그 주인이 혼인집에서 돌아와 문을 두드리면 곧 열어 주려고 기다리는 사람과 같이 되라 주인이 와서 깨어 있는 것을 보면 그 종들은 복이 있으리로다 내가 진실로 너희에게 이르노니 주인이 띠를 띠고 그 종들을 자리에 앉히고 나아와 수종들리라 주인이 혹 이경에나 혹 삼경에 이르러서도 종들이 그같이 하고 있는 것을 보면 그 종들은 복이 있으리로다."(눅 12:36-38) 그 말씀을 풀어 말하면 이러할 것입니다. '주님을 믿고 소망하고 사랑하며 주님의 다시 오실 날을 기다리는 자세를 가지라. 곧 성령님 안에서 말씀과 기도의 줄을 놓지 않고, 그리스도 안에 있는 하나님의 영원한 구원의 은혜에 감사하면서 우리를 향하신 하나님의 영원한 목적과 그 영광의 소망을 바라보며, 우리 안에 있는 죄를 죽이고 그리스도의 형상을 본받게 하시는 성령님의 역사를 항상 의존하는 것'입니다. "그런즉 너희가 어떻게 행할지를 자세히 주의하여 지혜 없는 자 같이 말고 오직 지혜 있는 자 같이 하여 세월을 아끼라 때가 악하니라 그러므로 어리석은 자가 되지 말고 오직 주의 뜻이 무엇인가 이해하라 술 취하지 말라 이는 방탕한 것이니 오직 성령으로 충만을 받으라."(엡 5:15-18)

"밤이 깊고 낮이 가까웠으니 그러므로 우리가 어둠의 일을 벗고 빛의 갑옷을 입자 낮에와 같이 단정히 행하고 방탕하거나 술 취하지 말며 음란하거나 호색하지 말며 다투거나 시기하지 말고." 성경에서 '밤'과 '낮'을 '하나님을 대적하여 죄악에 빠져 사는 것'과 '하나님을 믿고 소망하고 섬기는 것'을 나타내는 상징어로 사용하곤 합니다. 또는 '육신의 생각에 탐닉하는 사람의 삶'을 말할 때에 '흑암, 또는 밤'으로 표현하고 '말씀과 기도로 하나님을 섬기는 자'를 '낮에 속한 자'로 표현하기도 합니다. "예수께서 대답하시되 낮이 열두 시간이 아니냐 사람이 낮에 다니면 이 세상의 빛을 보므로 실족하지 아니하고 밤에 다니면 빛이 그 사람 안에 없는 고로 실족하느니라."(요 11:9,10) 우리 하나님의 사람들은 '흑암의 권세에서 하나님의 사랑하는 아들의 나라로 옮겨진' 하나님의 아들들입니다(골 1:12,13) 그러니 우리는 더 이상 불신 상태에서와 같이 "어두움의 일"에 머물지 말고 "빛의 갑옷을 입어야" 합니다. '방탕하고 술 취하고 음란하며 호색하며 술 취하며 서로 시기하는' 것이 세상 사람들이 보이는 사회생활의 실상입니다. 그런데 어떻게 우리가 그런 흐름에 자신들을 방임할 수 있습니까? "그러므로 형제들아 우리가 빚진 자로되 육신에게 져서 육신대로 살 것이 아니니라 너희가 육신대로 살면 반드시 죽을 것이로되 영으로써 몸의 행실을 죽이면 살리니 무릇 하나님의 영으로 인도함을 받는 사람은 곧 하나님의 아들이라."(롬 8:12-14)

"오직 주 예수 그리스도로 옷 입고 정욕을 위하여 육신의 일을 도모하지 말라." 예수 그리스도는 우리의 구주시며, 그리스도 안에서 새로운 피조물인 우리의 존재의 근원이시며, 우리의 본이요 우리의 목표입니다. 하나님 아버지께서 창세전에 우리를 그리스도 안에서 사랑하시어 택하시어 구원하시려고 뜻을 세우신 궁극적 목적은 무엇입니까? "하나님이 미리 아신 자들을 또한 그 아들의 형상을 본받게 하기 위하여 미리 정하셨으니."(롬 8:29) "곧 창세전에 그리스도 안에서 우리를 택하사 우리로 사랑 안에서 그 앞에 거룩하고 흠이 없게 하시려고 그 기쁘신 뜻대로 우리를 예정하사 예수 그리스도로 말미암아 자기의 아들들이 되게 하셨으니."(엡 1:4,5) 그리고 '그리스도의 형상'의 진수는 무엇입니까? '하나님의 뜻에 절대 순종하신 것'입니다. "너희 안에 이 마음을 품으라 곧 그리스도 예수의 마음이니 그는 근본 하나님의 본체시나 하나님과 동등됨을 취할 것으로 여기지 아니하시고 오히려 자기를 비워 종의 형체를 가지사 사람들과 같이 되셨고 사람의 모양으로 나타나사 자기를 낮추시고 죽기까지 복종하셨으니 곧 십자가에 죽으심이라."(빌 2:4,5)

우리가 지상에 있는 동안에는 여전히 우리 안에 '옛 사람의 원리인 육신의 정욕'이 있음을 항상 인지하고 '하나님의 은혜의 방식'을 의존해야 합니다. 그래야 '이기는 자'의 삶이 이어지는 것입니다. 그런 행로의 끝에 우리를 위하여 하늘에 예비하신 '아버지의 집'이 있습니다. "내 아버지 집에 거할 곳이 많도다 그렇지 않으면 너희에게 일렀으리라 내가 너희를 위하여 거처를 예비하러 가노니 가서 너희를 위하여 거처를 예비하면 내가 다시 와서 너희를 내게로 영접하여 나 있는 곳에 너희도 있게 하리라."(요 14:2,3) 아멘.

part

14 화평의 덕 세우기

로이드 존스 목사는 이 대목을 '본질이 아닌 주변의 문제(indifferent matter)'에 관한 그리스도인의 자세를 다루는 것으로 이해합니다. 그런데도 그는 이 대목이 성도의 삶에 있어서 매우 중요한 대목임을 강조합니다. 왜냐하면 교회 안에 있는 성도들 간의 '화평과 덕(德) 세우기'의 중요한 요점을 다루고 있기 때문입니다. '화평과 덕 세우기'에 실패하면 '성령님 안에서 의와 평강과 희락'을 특성으로 하는 '하나님 나라'를 허무는 일이 됩니다. 그러니 이 문제는 작게 여길 것이 아닙니다. 예나 오늘이나 그리스도 안에서 '화평과 덕을 세우기'를 실패하면 하나님의 성소로서의 교회가 큰 분란에 접어들기도 합니다. 사탄이 교회를 분란하게 하는 시험의 빌미로 이런 것들을 활용합니다. 교회사는 그런 실례를 많이 보여줍니다.

이 문제를 접근함에 있어서 사도는 언제나 그리스도 안에서 우리를 구원하시고 세우신 하나님의 은혜와 자비의 법에 호소하고 있습니다. 그래서 사도는 14장 15절에서 말합니다. "만일 음식으로 말미암아 네 형제가 근심하게 되면 이는 네가 사랑으로 행하지 아니함이라 그리스도께서 대신하여 죽으신 형제를 네 음식으로 망하게 하지 말라."

우리는 그리스도 안에서 은혜로 구원받은 사람으로서 범사에 '이웃, 특히 그리스도 안에 있는 형제들과 화평하고 성결한 관계를 견지하고 본질을 훼손하지 않는 한 형제를 세워주는 법'을 익혀야 할 것입니다. 바로 그것이 '그리스도의 법을 성취하는 것'입니다(갈 6:2). 그것이 바로 '그리스도의 장성한 분량에 까지 자라야 하는' 우리의 도리입니다. 이 주제에 대하여 14장 1절에서 15장 3절까지 이어진다고 할 수 있습니다. 이 대목에서 말하는 사도의 논리를 잘 따라가 성령님의 가르치심을 배우고 확신합시다.

49

화평과 덕德을 세워
하나님 나라 법을 성취하라

14:1 믿음이 연약한 자를 너희가 받되 그의 의견을 비판하지 말라
14:2 어떤 사람은 모든 것을 먹을 만한 믿음이 있고 믿음이 연약한
자는 채소만 먹느니라
14:3 먹는 자는 먹지 않는 자를 업신여기지 말고 먹지 않는 자는 먹
는 자를 비판하지 말라 이는 하나님이 그를 받으셨음이라
14:4 남의 하인을 비판하는 너는 누구냐 그가 서 있는 것이나 넘어
지는 것이 자기 주인에게 있으매 그가 세움을 받으리니 이는 그를
세우시는 권능이 주께 있음이라
14:5 어떤 사람은 이 날을 저 날보다 낫게 여기고 어떤 사람은 모든
날을 같게 여기나니 각각 자기 마음으로 확정할지니라
14:6 날을 중히 여기는 자도 주를 위하여 중히 여기고 먹는 자도 주

를 위하여 먹으니 이는 하나님께 감사함이요 먹지 않는 자도 주를
위하여 먹지 아니하며 하나님께 감사하느니라
14:7 우리 중에 누구든지 자기를 위하여 사는 자가 없고 자기를 위
하여 죽는 자도 없도다
14:8 우리가 살아도 주를 위하여 살고 죽어도 주를 위하여 죽나니
그러므로 사나 죽으나 우리가 주의 것이로다
14:9 이를 위하여 그리스도께서 죽었다가 다시 살아나셨으니 곧
죽은 자와 산 자의 주가 되려 하심이라
14:10 네가 어찌하여 네 형제를 비판하느냐 어찌하여 네 형제를 업
신여기느냐 우리가 다 하나님의 심판대 앞에 서리라
14:11 기록되었으되 주께서 이르시되 내가 살았노니 모든 무릎이 내
게 꿇을 것이요 모든 혀가 하나님께 자백하리라 하였느니라
14:12 이러므로 우리 각 사람이 자기 일을 하나님께 직고하리라
14:13 그런즉 우리가 다시는 서로 비판하지 말고 도리어 부딪칠 것
이나 거칠 것을 형제 앞에 두지 아니하도록 주의하라
14:14 내가 주 예수 안에서 알고 확신하노니 무엇이든지 스스로 속
된 것이 없으되 다만 속되게 여기는 그 사람에게는 속되니라
14:15 만일 음식으로 말미암아 네 형제가 근심하게 되면 이는 네가
사랑으로 행하지 아니함이라 그리스도께서 대신하여 죽으신 형제
를 네 음식으로 망하게 하지 말라
14:16 그러므로 너희의 선한 것이 비방을 받지 않게 하라
14:17 하나님의 나라는 먹는 것과 마시는 것이 아니요 오직 성령 안
에 있는 의와 평강과 희락이라

14:18 이로써 그리스도를 섬기는 자는 하나님을 기쁘시게 하며 사
람에게도 칭찬을 받느니라
14:19 그러므로 우리가 화평의 일과 서로 덕을 세우는 일을 힘쓰나니
14:20 음식으로 말미암아 하나님의 사업을 무너지게 하지 말라 만
물이 다 깨끗하되 거리낌으로 먹는 사람에게는 악한 것이라
14:21 고기도 먹지 아니하고 포도주도 마시지 아니하고 무엇이든지
네 형제로 거리끼게 하는 일을 아니함이 아름다우니라
14:22 네게 있는 믿음을 하나님 앞에서 스스로 가지고 있으라 자기
가 옳다 하는 바로 자기를 정죄하지 아니하는 자는 복이 있도다
14:23 의심하고 먹는 자는 정죄되었나니 이는 믿음을 따라 하지 아
니하였기 때문이라 믿음을 따라 하지 아니하는 것은 다 죄니라
15:1 믿음이 강한 우리는 마땅히 믿음이 약한 자의 약점을 담당하
고 자기를 기쁘게 하지 아니할 것이라
15:2 우리 각 사람이 이웃을 기쁘게 하되 선을 이루고 덕을 세우도
록 할지니라
15:3 그리스도께서도 자기를 기쁘게 하지 아니하셨나니 기록된 바
주를 비방하는 자들의 비방이 내게 미쳤나이다 함과 같으니라

로마서 14장 전체를 붙잡고 있는 요절과 같은 대목을 뽑으라 하면 저는 서슴없이 18절과 19절의 말씀을 가리키겠습니다. “이로써 그리스도를 섬기는 자는 하나님을 기쁘시게 하며 사람에게도 칭찬을 받느니라 그러므로 우리가 화평의 일과 서로 덕을 세우는 일을 힘쓰나니.”

우리가 주님을 믿음으로 하나님을 섬기는 일은 개인의 일이기도 하면

서 다른 형제들과 관계되는 일이기도 합니다. 우리가 주님을 믿고 혼자 단독으로 있는 것이 아니라 '교회'라는 주님께서 세우신 '공동체'의 일원으로 서게 됩니다. 물론 우리의 믿음은 본질적으로 우리와 하나님과의 인격적인 '독대(獨對) 관계'입니다. 그러면서도 '먼저 믿음을 가진 교회 안의 다른 형제들'과의 관계를 통로로 사용하신 하나님의 섭리가 있습니다. 그러므로 우리는 믿음을 위하여 '수직적으로는 성삼위 하나님과의 본질적인 절대 관계를 견지하면서 수평적으로는 동일한 믿음을 가진 형제들과의 관계를 존중해야' 합니다. 그 일에 실패하면 우리가 균형 있게 하나님을 섬기는 일을 한다고 할 수 없습니다. 그래서 사도는 18절에서 "이로써 그리스도를 섬기는 자는 하나님을 기쁘시게 하며 사람에게도 칭찬을 받느니라"라고 말하고 있습니다. 여기서 사도가 '이로써'라고 한 것은 앞의 17절에서 말한 '하나님 나라의 특성'에 비추어 한 말입니다. "하나님의 나라는 먹는 것과 마시는 것이 아니요 오직 성령 안에 있는 의와 평강과 희락이라." 그런 측면에서 사도는 19절에서 "그러므로 우리가 화평의 일과 서로 덕을 세우는 일을 힘쓰나니."라고 권면하고 있습니다. 로이드 존스 목사는 건강상의 이유로 14:17까지 강론하고 목회 일선에서 물러났습니다. 그 해가 1968년입니다. 1955년부터 시작한 웨스트민스터 채플의 '금요일 밤 로마서 강해'가 13년만에 중단된 것입니다. 나머지 16장까지를 강론하지 못한 것이 못내 아쉽습니다. 그런데 로이드 존스 목사는 바로 14장을 다루면서 교회의 지체들 중 연약한 자와 강한 자 사이에 일어나는 문제는 본질적인 것이 아닌 'indifferent matters(주변에 속한 문제들)'이라고 말하였습니다. 그런 문제들이 믿음의 본질에 속한 것은 아니나 그 문제들을 연유하여 교회의 '화평'을 깰 수도 있음을 지적합니다. 본질에 있어서 교리적인 차이를 보이는 이들로 인하여 문제가 일어났다면, 그들은 다른 방식으로 접근하여 처리할 문제들입니다. 그러나 로마서 14장에서 다루는 문제들은 그런 본질에 속한 것이 아니고 주변에 속한 것입니다. 그럼에도 그런 문제들에 대하여 섬세하지 못하면 교회의 불화의 불씨를 만들게 된다는 것입니다.

사도는 그런 문제들을 다루는 14장의 연장선상에서 15장의 권면도 이어 갑니다. 이 강론에서는 사도가 14장에서 다루는 바를 중심으로 교회의 지체들 간에 일어나는 문제를 중심으로 상고해 보겠습니다.

"14:1믿음이 연약한 자를 너희가 받되 그의 의견을 비판하지 말라." 여기서 사도가 말하는 "믿음이 연약한 자"란 '믿음이 부실한 사람'을 말하는 것이 아닙니다. 마치 어린아이가 사람으로 태어나 자라기 시작하나 매우 연약한 것과 같이, 사람이 그리스도를 믿음으로 말미암아 구원을 받게 되면 영적으로는 갓난아이로 태어난 것이지 성숙하고 강한 사람으로 선 것이 아닙니다. 곧 그리스도를 믿고 구원을 받는 즉시 짧은 시기에 영적인 진리(교리)에 대한 지식과 이해가 한꺼번에 주어지는 것이 아닙니다. 그러므로 구원은 받았지만 여전히 '복음의 은혜와 진리'의 이치에 대하여 원만한 이해가 없습니다. 그것이 단 기간 내에 주어지는 것이 아닙니다. 어떤 아기가 다른 아기에 비하여 건강하여 발육이 좋아 성장하는 정도가 더 앞설 수 있습니다. 그런 경우라도 소위 '폭풍 성장'은 없습니다. 만일 그런 식의 조숙(早熟)이 있다면 정상이 아닐 수 있습니다. 믿음에 있어서도 마찬가지입니다. 어떤 이가 다른 이에 비하여 빠른 성장을 할 수도 있고, 오래된 신자 보다 더 큰 열심을 보일 수도 있습니다. 그럼에도 불구하고 여전히 '믿음이 연약한 단계'를 누구나 겪기 마련입니다.

교회 안에는 그런 '믿음이 연약한 자들'이 있기 마련입니다. 사도는 '교리적으로 견실하고 믿음에 서 있다'고 여겨지고 자신도 그렇게 생각하는 자들에게 말합니다. 바로 그런 '믿음이 연약한 자들'을 평가하고 비판하지 말고 받고 '그들을 자애롭고 친절하게 도와 줄 자세'를 가져야 한다고 말합니다. '주변적인 문제들'에 대한 의견 차이나 관점의 차이가 신자들의 믿음의 본질을 바꾸는 것은 아닙니다. 그런 일로 인하여 '누구는 구원을 받고 다른 사람은 구원을 받지 못하고'의 문제가 아니라는 것입니다. 그래서 소위 '강하고 성숙한 이들'은 그런 점에서 "연약한 자들을 받고 그들의 의견을 비판하지 말아야" 한다는 것입니다. 당시 이 편지를 처음 받아본 로마교회만이 아니라 아시아의 여러 지방의 교회들은 유대인들과 이방인들이 서로 섞여 있어 동일한 믿음을 가지고 있어도 '주변적'인 문제에 대한 의견들이 분분하여 자칫 오해를 불러일으키고 영적 형제간의 분란이 일어날 수 있었습니다. 오늘날도 교회 안에는 다양한 환경과 처지와 기질의 외적인 문제 뿐 아니라 영적인 성숙도에서 차이가 나는 이들이 서로 섞이어 있습니다. 마치 대가족제도 아래는 어린아이도 있고 청소년들도 있고 어른들도 있고 나이 많으신 어르신들이 함께 공존하는 것과 같습니다. 교회는 '핵가족'과 같다기 보다는 '대가족제도'와 방불한 면모가 있습니다.

"**14:1어떤 사람은 모든 것을 먹을 만한 믿음이 있고 믿음이 연약한 자는 채소만 먹느니라.**" 여기서 '모든 것을 먹는다, 채소를 먹는다'는 표현은 구약의 규례대로 어떤 것은 먹고 어떤 것은 먹지 않는 것에서 연유된 것입니다. 복음에 대한 이해가 있어 구약에서 금하고 허용한 음식의 문제는 더 이상 본질적이지 않다고 여기고 "모든 것을 먹어도 양심에 하나도 거리낌이 없는 이들"이 있었습니다. 사도는 그런 이들을 '믿음이 연약한 자들'과 대조하여 전제합니다. 그러나 아직도 그 일에 대하여 '담대함'을 가지지 못하고 구약에서 금하는 것은 아무것도 먹지 않고 오직 '하나님 앞에 죄가 될 것이라' 여겨서 삼가는 이들이 있었습니다. 그런 자들은 복음을 아는 지식과 이해에 있어서 원만하지 못하고 미숙합니다. 그래서 '채소'만 먹는 수준입니다.

또는 몸으로 예를 든다면, 건강하고 소화력이 왕성한 사람은 '모든 것'을 먹어도 능히 소화하여 탈이 나지 않습니다. 그러나 연약하여 소화력이 좋지 않은 자들은 '모든 것'을 다 먹을 수 없습니다. '소화해 낼 수 있는 음식'의 범주가 극히 좁습니다. 우리 식으로 말한다면 어린아이들의 이유식(離乳食)은 부드럽고 연하고 소화하기에 많은 부담이 없습니다. 믿음의 세계에도 그러합니다. 누구든 믿음을 갖자마자 "모든 것을 먹을 만한 믿음"을 가지는 것이 아닙니다. 다른 말로 해서 '모든 것을 헤아려 그리스도 안에서 온전한 자'로 서는 것이 아니란 말입니다. 누구나 다 '믿음이 연약한 단계'가 있기 마련입니다. 그러나 누구나 사람이 자라고 강해지고 어른이 되면 어린아이적 일을 잊는 경향이 있습니다. 그래서 미약하고 미숙한 자들의 행동을 보고 '나는 그런 적이 없었다'는 식으로 이해합니다. 우리 믿음의 세계에 있어서도 그러합니다. 우리도 믿음이 없던 시절, '본질적 진노의 자녀'로 있을 때도 있었고, 하나님의 긍휼과 자비로 부르심을 받아 그리스도를 믿는 초기의 연약한 단계가 있었습니다. 그런데도 '그리스도를 아는 지식'에 있어서 더 강해졌다 싶으면 연약한 자들을 판단하고 깔보는 태도를 견지하기 쉽습니다. 그러니 우리 강하다 하는 자들이 어떻게 해야 합니까?

"14:3 **먹는 자는 먹지 않는 자를 업신여기지 말고 먹지 않는 자는 먹는 자를 비판하지 말라 이는 하나님이 그를 받으셨음이라.**" '강하다' 여기는 자들도 '연약한 자들'을 업신여기지 말아야하고, '연약한 자들'도 '강한 자'들을 비판하지 말아야 합니다. 우리는 누구나 자기의 것을 척도로 삼아 '저 사람은 나와 같지 않으니 잘못되었다'는 식의 비판을 가하는 성향이 있습니다. 그 성향은 우리가 다 죄인임을 드러냅니다. 성령께서는 사도를 통해 우리의 그런 성향을 제어하는 척도와 그 이유를 제시합니다. "이는 하나님이 그를 받으셨음이라." 그러합니다. 하나님께서 우리의 이해력이나 우리의 지식이나 우리의 영적 성숙도를 보시고 우리를 받으신 것이 아닙니다. 오직 '우리 주 예수 그리스도와 그 구속(救贖)의 완전성'만을 근거로 우리를 받으셨습니다. 우리를 '믿음으로 말미암아 은혜로 받으셨다'는 말이 그 말입니다. 물론 '믿음'이 없으면 우리를 받지 않으셨습니다. '믿음'은 그리스도 안에 있는 하나님의 은혜가 우리에게 오는 '통로요 방편이요 도구'입니다. 그런데 그 믿음이 우리 자신에게서 나온 것이 아니라 '전적으로 하나님의 선물'입니다. 그러므로 우리는 모든 일에서 '나 같은 죄인을 그리스도 안에서 사랑하시고 택하시고 구속하시고 불가항력적인 은혜의 부르심으로 우리를 구원하신' 하나님의 행사를 앞세워야 합니다. 그렇게 하면 교회 안에서 영적 성숙도에서 차이가 나는 여러 사람들의 관계가, 갈등과 대적의 관계가 아니라 '화평하여 서로 세워주고 받는 덕(德)의 관계'로 유지될 수 있습니다. 영적 성숙도의 차이는 하나님께서 우리를 받아 구원하여 주시는 근거가 절대 아닙니다. 오직 우리 주 예수 그리스도와 그 십자가의 구속의 효력이 우리를 받으신 완전하고 충분한 근거입니다.

"14:4남의 하인을 비판하는 너는 누구냐 그가 서 있는 것이나 넘어지는 것이 자기 주인에게 있으매 그가 세움을 받으리니 이는 그를 세우시는 권능이 주께 있음이라." 사도는 당시 사회제도로 정착되어 있었던 노예제도를 예증의 재료로 들어 말합니다. "남의 하인(노예)을 비판하는 너는 누구냐?"고 반문합니다. 노예는 전적으로 그 상전의 수하에 있어 오직 그에게만 간섭을 받았습니다. 그 노예에 대한 평가를 다른 이가 한다는 것은 무익하였습니다. 노예의 행로에 대한 전적인 권한이 그 상전에게 있었습니다. 그처럼 "그를 세우시는 권능이 주께 있음이라." 하나님께서 어떤 사람을 받았다면 그에 대하여 아무도 이의(異議)를 제기할 수 없습니다. 그러니 주님께 대한 바른 신앙고백을 하여 하나님의 교회의 지체가 된 이들은 자기와 형제를 다 받으신 하나님의 행사를 존중하고 '서로 비판하는 일'을 극히 삼가야 합니다. 흔히 어떤 이들은 '칼빈주의(Calvinism)를 신봉하는 자만 구원받는다'는 식으로 말하는데 주저함이 없습니다. 필자도 칼빈주의를 신봉하는 사람이지만 그런 식의 태도에 대하여는 동의하지 않습니다. 우리가 구원을 받는 것은 오직 '주 예수 그리스도를 믿음으로' 말미암습니다.' "주 예수를 믿으라 그리하면 너와 네 집이 구원을 받으리라."(행 16:30) 철저한 칼빈주의자인 로이드 존스 목사는 어떤 형제로부터 이런 질문을 받았다 합니다. "하나님의 선택과 예정에 대하여 우리와 이해를 달리 하는 이들을 형제로 받아야 하느냐?" 그 질문을 받고 이에 대하여 이렇게 대답하였습니다. "우리가 구원을 받는 것은 예수 그리스도를 믿음으로 말미암은 것이지 우리의 이해로 말미암지 않습니다. 그러므로 그리스도에 대한 믿음이 확실하다면 형제로 받는데 거리낌이 없어야 합니다."(그의 What is an Evangelical? 에서) 본질적이지 않고 어떤 세부적이고 지엽적인 문제에 있어서 나와 다른 의견을 가지고 있다고 해서 '저들은 관계없는 자들이라' 판단하는 것은 합당하지 못합니다. 사도가 전한 복음에 대하여 충실하고 본질적인 면에서 하나라면 하나님께 속한 이로 보아야 합니다. 우리를 하나님께서 받으신 것은 '칼빈주의'나 어떤 교리적인 체계에 대한 지식을 가진 것을 보심 때문이 아닙니다. 그리스도 예수님을 자신의 구주로 믿음으로 말미암았습니다. 물론 사도의 복음의 교리 중 진수가 되는 본질적인 면에서는 틀림이 없어야 합니다. 그래야 그의 믿음이 바른 믿음이기 때문입니다.

"14:5**어떤 사람은 이 날을 저 날보다 낫게 여기고 어떤 사람은 모든 날을 같게 여기나니 각각 자기 마음으로 확정할지니라** 14:6**날을 중히 여기는 자도 주를 위하여 중히 여기고 먹는 자도 주를 위하여 먹으니 이는 하나님께 감사함이요 먹지 않는 자도 주를 위하여 먹지 아니하며 하나님께 감사하느니라.**" 구약성경을 근거로 날과 달과 절기를 지켜온 유대교의 전통에 익숙하였던 유대인 신자들에게 '날과 달과 해'를 지키는 문제가 매우 중요하게 보였습니다. 그러나 사도는 신약 교회는 그런 구약의 규례와 절기와 날들을 지키는 것에서 자유하게 되었음을 전제하고 말합니다. 그러므로 '어느 날을 다른 날 보다 중요하게 여기는 것'은 각자 개인의 의사에 맡길 일이지 공통적으로 정하여 지킬 것은 아니라고 말하고 있습니다. 그리스도를 아는 지식에 견고하게 서서 이런 문제에서 자유로운 자들이 있었습니다. 그러나 모든 이들이 그런 것은 아니었습니다. 엄격하게 말하면 복음 안에서 하나님의 명을 따라 구약 시대 백성들에게 부과되었던 '정한 날들과 달들과 해의 규례'는 더 이상 의미가 없었습니다. 그래서 사도는 그 일에 대하여 "각각 자기 마음으로 확정할지니라.”라고 말한 것입니다. 다만 이런 일을 결정하기 위하여 성령께서는 사도를 통하여 그 기준을 제시하셨으니 그것을 따르면 되는 것입니다. 6절에서 그 기준을 제시합니다. “날을 중히 여기는 자도 주를 위하여 중히 여기고 먹는 자도 주를 위하여 먹으니 이는 하나님께 감사함이요 먹지 않는 자도 주를 위하여 먹지 아니하며 하나님께 감사하느니라.” 그런 이들에 있어서 교회의 모든 지체들은 그 믿음의 성숙도나 성장의 정도가 어떠하더라도 ‘그 마음에서 하나님께 감사하고 주님을 위하는’ 신앙 양심으로 하면 되는 것입니다. 어느 분은 이런 말을 하면 ‘우리가 모여 예배를 드리는 일에서도 꼭 주일이어야 할 필요는 없지 않느냐’는 반문을 제기하고 싶을 것입니다. 그러나 그 문제는 십계명의 제 4계명에 관한 것이기 때문에 그렇게 접근할 필요는 없습니다. 여기서 “각 각 자기 마음으로 확정하라” 한 것은 안식일을 제외하고 다른 날들과 절기를 지키는 일에 관한 것이라 할 수 있습니다. 사도들이 예배와 관련하여 초대교회에 정하여 지키게 한 ‘사도의 유전(遺傳, tradition)’이 있었습니다. “너희가 모든 일에 나를 기억하고 또 내가 너희에게 전하여 준 대로 그 전통을 너희가 지키므로 너희를 칭찬하노라.(고전 11:2) “형제들아 우리 주 예수 그리스도의 이름으로 너희를 명하노니 게으르게 행하고 우리에게서 받은 전통대로 행하지 아니하는 모든 형제에게서 떠나라.”(살후 3:6) “안식 후 첫날에 우리가 떡을 떼려 하여 모였더니 바울이 이튿날 떠나고자 하여 저희에게 강론할새 말을 밤중까지 계속하매.”(행 20:7-개역한글.) 여기서 ‘안식 후 첫날’은 현재 우리가 주일로 지키는 날입니다. 요한계시록 1장에 보면 ‘주의 날’이라는 대목이 나오는 데, 그것은 요한 사도가 그 책을 기록할 당시(주후 90년 이후 100년 사이)에는 벌써 ‘주일’이 교회가 모이는 날로 정해져 지키고 있음을 유추할 수 있습니다.

“14:7 **우리 중에 누구든지 자기를 위하여 사는 자가 없고 자기를 위하여 죽는 자도 없도다** 14:8 **우리가 살아도 주를 위하여 살고 죽어도 주를 위하여 죽나니 그러므로 사나 죽으나 우리가 주의 것이로다** 14:9 **이를 위하여 그리스도께서 죽었다가 다시 살아나셨으니 곧 죽은 자와 산 자의 주가 되려 하심이라.**” 우리가 어떤 일에 있어서도 우리 행동의 기준은 “살아도 주를 위하여 죽어도 주를 위하여”입니다. 사도는 교회 내에서 지체들 간에 일어나는 ‘주변적이나 매우 민감하여 교회의 화평을 무너뜨릴 수 있는 문제들’을 접근함에 있어서 그 중심을 지키도록 권고하고 있습니다. “우리가 살아도 주를 위하여 살고 죽어도 주를 위하여 죽어야 할 이유”가 무엇입니까? 오직 한 가지 완전하고 충분한 이유를 사도는 제시합니다. “이를 위하여 그리스도께서 죽었다가 다시 살아나셨으니 곧 죽은 자와 산 자의 주가 되려 하심이라.” “그리스도의 사랑이 우리를 강권하시는도다 우리가 생각하건대 한 사람이 모든 사람을 대신하여 죽었은즉 모든 사람이 죽은 것이라.”(고후 5:14) “내가 그리스도와 함께 십자가에 못 박혔나니 그런즉 이제는 내가 사는 것이 아니요 오직 내 안에 그리스도께서 사시는 것이라 이제 내가 육체 가운데 사는 것은 나를 사랑하사 나를 위하여 자기 자신을 버리신 하나님의 아들을 믿는 믿음 안에서 사는 것이라.”(갈 2:20)

사도가 그리스도인의 행위에 대한 모든 권면은 ‘단순한 도덕적이고 인간다움의 차원’에서 난 것이 아닙니다. ‘그리스도 안에서 하나님과 새로운 화평과 생명의 관계로 들어간 자’로서의 행위입니다. “그러므로 형제들아 내가 ‘하나님의 모든 자비하심으로’ 너희를 권하노니 너희 몸을 하나님이 기뻐하시는 거룩한 산 제물로 드리라 이는 너희가 드릴 영적 예배니라 너희는 이 세대를 본받지 말고 오직 마음을 새롭게 함으로 변화를 받아 하나님의 선하시고 기뻐하시고 온전하신 뜻이 무엇인지 분별하도록 하라."(롬 12:1,2) "하나님의 모든 자비하심"이란 '그리스도 안에서 우리를 구원하시어 자녀 삼으시고 하나님 나라의 백성으로 세우신 하나님의 절대적인 긍휼과 사랑'입니다. '그에 비추어, 그 은혜를 우리에게 적용하시는 성령님의 방식을 의존하여' "거룩한 산 제사로 드리라" 한 것입니다.

그러므로 우리가 가늠하기 어려운 문제들을 만났을 때에 어떻게 하는 것이 주님을 기쁘시게 하는 것인지를 생각해 보면 길이 보일 것입니다. "여호와는 선하시고 정직하시니 그러므로 그의 도로 죄인들을 교훈하시리로다 온유한 자를 정의로 지도하심이여 온유한 자에게 그의 도를 가르치시리로다 여호와의 모든 길은 그의 언약과 증거를 지키는 자에게 인자와 진리로다."(시 25:8-10)

"14:10 네가 어찌하여 네 형제를 비판하느냐 어찌하여 네 형제를 업신여기느냐 우리가 다 하나님의 심판대 앞에 서리라." 여기 "하나님의 심판대"를 영역본 흠정역(KJV)에서는 '그리스도의 심판대'로 번역하고 있습니다. 그런데 NIV에서는 우리말 성경과 같이 '하나님의 심판대'로 번역하고 있습니다. 칼빈은 자기 주석에서 '그리스도의 심판대'로 읽고 있습니다. 어떻게 읽어도 의미는 같아지기에 큰 문제는 없습니다. 왜냐하면 하나님께서 '하늘과 땅에 있는 모든 것'을 다스리고 심판하시는 권한을 그리스도께 위임하셨기 때문입니다. "아버지께서 아무도 심판하지 아니하시고 심판을 다 아들에게 맡기셨으니."(요 5:22) 그런데 여기서 말하는 '하나님의 심판대'는 '그 사람의 영원한 운명, 지옥이냐 천국이냐를 결정짓는 칭의적(稱義的) 법정'은 아닙니다. 그리스도 안에 있는 모든 이들은 그런 의미의 법정에서의 판단은 이미 끝난 사람들입니다. 곧 "모든 사람이 죄를 범하였으매 하나님의 영광에 이르지 못하더니 그리스도 예수 안에 있는 속량으로 말미암아 하나님의 은혜로 값없이 의롭다 하심을 얻은 자 되었느니라."(롬 2:23,24) "그러므로 이제 그리스도 예수 안에 있는 자에게는 결코 정죄함이 없나니."(롬 8:1) 그러니 그리스도인들에게 있어서 '하나님의 심판대'는 영원한 운명을 결정짓는 심판대라기보다는 사도 바울이 고린도후서 5:10에서 말하는 '그리스도의 심판대'라고 보는 것이 좋습니다. "이는 우리가 다 반드시 그리스도의 심판대 앞에 나타나게 되어 각각 선악간에 그 몸으로 행한 것을 따라 받으려 함이라."(고후 5:10) 여기서 말하는 '그리스도의 심판대 앞에 나타나는 것'을 '영원한 형벌이냐 영원한 천국의 복락이냐를 결정짓는 법정에 서는 것'을 말함이라면, 사도 바울이 그 앞에서 말한 바 '하늘에 있는 영원한 집'은 '몸으로 행한 것을 따라 받는 것이라'고 해야 할 판입니다. 그러므로 사도가 고린도후서 5:10에서 말하는바, "그리스도의 심판대 앞에 나타나게 되어 각각 선악간에 몸으로 행한 것을 따라 받는다"는 것은 '상급(賞給) 심판'에 관한 것이라고 보아야 합니다. '몸으로 행한 선행' 그 자체는 '하나님께 선하고 의롭다는 판결을 받을 조건'은 결코 되지 못합니다. 왜냐하면 '그런 정도의 선행'은 '율법의 요구하는 바를 완전하게 충족하는 수준이어야 하니 그리스도만 행할 수 있는 수준'이기 때문입니다. 그러니 여기서의 '선행'은 이미 '오직 은혜로 말미암아서 의롭다 하심을 받은 사람이 그 예수 그리스도를 믿음으로 말미암아 은혜로 맺은 선행, 또는 의의 열매'를 의미합니다. "예수 그리스도로 말미암아 의의 열매가 가득하여 하나님의 영광과 찬송이 되게 하시기를 구하노라."(빌 1:10) 그러니 여기 "하나님의 심판대"를 고린도후서 5:10의 '그리스도의 심판대'로 바꾸어 번역한다 해도 무방하다 여겨집니다. 사도는 지금 '그리스도 밖의 사람들 간에 일어나는 일'을 다루고 있지 않고 '그리스도 안에서 한 형제 된 자들 안에서 일어나는 문제'를 다루면서 이 말을 하고 있습니다.

"14:11기록되었으되 주께서 이르시되 내가 살았노니 모든 무릎이 내게 꿇을 것이요 모든 혀가 하나님께 자백하리라 하였느니라 14:12이러므로 우리 각 사람이 자기 일을 하나님께 직고하리라." 우리 그리스도인들 각자는 모든 일에서 '내가 살아계신 하나님, 또는 그리스도의 판단 아래 있다'는 의식을 가져야 합니다. 나중에 '우리가 몸으로 행한 일에 대하여 하나님께 직고해야 할 것'을 생각하고 행동해야 한다는 말입니다. 그 날 지금 나의 행동이 하나님 앞에 정당한 것으로 판단되지 못하겠다 여기면 당장에 멈추고 회개하고 하나님의 기뻐하시는 일로 돌이켜야 합니다. "모든 혀가 하나님께 자백하리라"는 말씀은 무엇입니까? 하나님과 그리스도 앞에서는 숨기고 감추는 일이 무익합니다. 왜냐하면 그리스도께서는 우리의 행실이 기록된 책을 가지고 계시기 때문입니다. "또 내가 보니 죽은 자들이 무론 대소하고 그 보좌 앞에 섰는데 책들이 펴 있고 또 다른 책이 펴졌으니 곧 생명책이라 죽은 자들이 자기 행위를 따라 책들에 기록된 대로 심판을 받으니."(계 20:13)

"14:13그런즉 우리가 다시는 서로 비판하지 말고 도리어 부딪칠 것이나 거칠 것을 형제 앞에 두지 아니하도록 주의하라." 그러니 우리가 지상에서 몸으로 행하는 일이 다 그 책에 기록되어 있을 것을 생각하고 행동해야 합니다. 그 날에 우리가 형제를 비판하고 그를 넘어지게 하는 "부

넘어질 것이나 거칠 것을 형제 앞에 둔" 악행을 우리 혀로 직고해야 할 때에 얼마나 부끄럽겠습니까! 그러므로 형제를 판단하는 일이 우리에게 있지 않고 오직 그리스도께만 있는 것입니다. "너희에게나 다른 사람에게나 판단받는 것이 내게는 매우 작은 일이라 나도 나를 판단치 아니하노니 내가 자책할 아무것도 깨닫지 못하나 그러나 이를 인하여 의롭다 함을 얻지 못하노라 다만 나를 판단하실 이는 주시니라 그러므로 때가 이르기 전 곧 주께서 오시기까지 아무것도 판단치 말라 그가 어두움에 감추인 것들을 드러내고 마음의 뜻을 나타내시리니 그 때에 각 사람에게 하나님께로부터 칭찬이 있으리라."(고전 4:3-5)

"14:14**내가 주 예수 안에서 알고 확신하는 것은 무엇이든지 스스로 속된 것이 없으되 다만 속되게 여기는 그 사람에게는 속되니라.**" 사도가 이 말을 하게 된 것은 하나의 반론을 예기하고 있기 때문입니다. '복음을 아는 지식 안에서는 더 이상 구약의 규례에 매일 필요가 없다. 구약 시대에는 먹을 것들 중에서 금한 것이 있었으나 이제는 그리스도 안에서 그런 구분이 없어졌다. 그런데 무엇 때문에 아직도 그런 구분에 매여 있는가?' 물론 그런 반론을 제기하는 자들의 주장이 맞습니다. 사도도 그렇게 생각하니 "내가 주 예수 안에서 알고 확신하는 것은 무엇이든지 스스로 속된 것이 없다"고 한 것입니다. 그러나 당시 사도 시대에는 예수님을 구주로 믿으면서도 그런 지식과 담대함을 갖지 못한 연약한 형제들이 있었습니다. 그들은 아직 복음의 체계를 아는 지식이 충분하지 못하여 구약적인 관습에서 벗어나지 못하고 있었습니다. 그런 경우 구약시대에서 금지된 식물(食物)을 담대함으로 먹을 만한 마음의 준비가 되어 있지 않습니다. 그런 '연약한 형제들'에게는 '구약에서 금한 식물(食物)이 속되게 보입니다.' 그래서 사도가 "무엇이든지 스스로 속된 것이 없으되 다만 속되게 여기는 그 사람에게는 속되니라." 한 것입니다. 그리스도 안에서 어떤 식물 그 자체가 속되거나 악한 것이 없습니다. 다만 어떤 것을 속된 것으로 여기면 그것이 '그 사람에게만은 속된 것'입니다. 그 일에 있어서 형제의 양심을 다치는 일을 해서는 안된다는 것입니다. 그래서 사도는 말합니다.

"14:15**만일 음식으로 말미암아 네 형제가 근심하게 되면 이는 네가 사랑으로 행하지 아니함이라 그리스도께서 대신하여 죽으신 형제를 네 음식으로 망하게 하지 말라."** 어떤 형제가 '나는 이 음식이 속된 것이라'고 여기고 삼가고 있다고 상정해 봅시다. 그런데 다른 형제가 그 형제 앞에서 '나는 그리스도 안에서는 어떤 음식도 그 자체로 속된 것이 없다고 확신한다'고 하면서 바로 그것을 먹었다 합시다. 그런 경우 '연약한 형제'는 그 일로 근심하며 상처를 받게 되고 혼란에 빠지게 된다는 것입니다. 그러면 '음식으로 형제를 망하게 하는 격'입니다. 그 연약한 형제도 그리스도께서 위하여 죽으신 형제인데 그 음식으로 말미암아 그를 망하게 하면 말이 되지 않는다는 것입니다.

"14:16**그러므로 너희의 선한 것이 비방을 받지 않게 하라."** 혼자 있을 때에는 복음 안에서 자기가 확신하는 대로 행하면 문제가 되지 않습니다. 그러나 아직 그 문제에 대해서 마음의 준비가 되지 않은 연약한 형제 앞에서 '복음에 합당하게 행한 선한 일'이 그 형제를 무너지게 하는 요인이 되었으면 그 일로 '잘못하였다는 비방을 받게' 된 것입니다. 그런 일을 삼가라고 사도는 권면합니다.

"14:17**하나님의 나라는 먹는 것과 마시는 것이 아니요 오직 성령 안에**

있는 의와 평강과 희락이라." 사도는 어떤 세부적인 문제를 다룰 때에 그 상황 자체에만 몰입하지 않고 항시 '원론적이고 보편적인 대 원리'에 비추는 일을 놓치지 않습니다. 우리가 흔히 어떤 세부적인 문제를 다루게 될 때 거기에 너무 몰두한 나머지 전체를 보는 관점을 상실할 수 있습니다. 그러면 어떤 해법인양 보이는 것이 어떤 부분에서는 맞으나 나중에는 문제가 드러나게 되어 있습니다. 사도는 교회에서 일어나는 문제를 다룰지라도 '하나님의 판단, 하나님의 나라'와 같은 큰 범주에 비추어 보는 것입니다. 사도의 이 지혜는 그 속에서 역사하시는 성령님의 가르쳐주시는 지혜입니다. 지상에 있는 교회는 '하나님의 나라의 건설'과 그 연장선상에 있습니다.

"**하나님의 나라는 먹는 것과 마시는 것이 아니요.**" 하나님의 나라의 근본은 '무엇을 먹느냐, 무엇을 마시느냐'의 차원에 속한 것이 아닙니다. 구약시대 백성들에게 '먹고 마실 것과 먹지 않아야 할 것'에 대한 규례를 주셨지만, 그것이 하나의 예표와 그림자에 속한 것이었습니다. 그러므로 그림자와 모형으로 예표된 실체이신 그리스도께서 오시어 그 모든 예언된 것을 성취하셨습니다. 이제 '먹고 마시는 문제'는 하나님의 나라의 본질에 속한 것이 아닙니다. 하나님 나라의 본질은 그 나라 임금이신 하나님, 또는 그리스도와의 절대적인 관계에 관한 것입니다.

"**하나님의 나라는… 성령 안에서 의와 평강과 희락이라.**" 여기서 "성령 안에서"란 말은 '보혜사로 우리 속에서 내주하시며 그리스도 안에 있는 구속의 효력을 적용하시는 성령님 안에서'란 의미입니다. "의와 평강과 희락"은 '하나님과 의롭고 평강하고 즐거운 완전한 관계'가 하나님의 나라의 진수입니다. 죄는 '하나님께 대하여 불의하고 불순종하여 평강의 길과 희락의 길에서 벗어나' 하나님의 영원한 진노 아래 들어가게 하였습니다. 그러나 '그리스도 안에 있는 하나님의 구원의 은혜'는 '성령의 인도하심 속에서 그리스도를 믿음으로 말미암아 하나님과 의롭고 화평한 관계'를 이루게 하였습니다. 물론 우리가 지상에 있는 동안에는 '그 완전한 경지'에 이르지는 못합니다. 다만 하나님께서 그를 위해 예정하신 목표를 향하여 나아가야 합니다. '구원받을 만한 믿음(saving faith)'을 가진 이들은 그들이 아직 연약한 단계에 있더라도 '하나님의 나라'의 백성들입니다. 그런데 그런 이들을 '먹고 마시는 것의 문제'로 근심하게 하면 정말 어리석은 일입니다. 교회 안에서 본질이 아닌 문제를 전통으로 삼아 사람들을 얽어매는 일이 교회사 속에서 비일비재하였습니다. 그리고 그것을 따르지 않는 이들을 정죄하고 형제가 아닌 것 같이 밀어내는 일이 있었습니다. 현재 유형교회들인 지역교회들 안에서 그런 일들이 자주 일어날 수 있습니다. 그럴 때 마다 '하나님의 나라는 성령 안에서 의와 평강과 희락이라'는 진리를 거스르는 셈입니다.

"14:18**이로써 그리스도를 섬기는 자는 하나님을 기쁘시게 하며 사람에게도 칭찬을 받느니라.**" 사도는 형제간에 일도 그리스도를 섬겨 하나님을 기쁘시게 하는 원칙을 가지고 접근해야 함을 가르치고 있습니다. 흔히 사람들 간에 일을 사람들의 수준에서 처리하려고 합니다. 그러나 우리 그리스도의 사람들은 범사에 '하나님을 기쁘시게 하는 것을 대 원칙으로 삼고 그리스도를 믿음으로 섬겨야' 합니다. 그러므로 형제들 간에 본질적인 것은 아니고 주변적이고 지엽적인 문제를 대할 때에도 '하나님의 나라의 백성으로서 하나님께 대하여 의롭고 평화하고 희락의 차원'에서 다루어야 합니다. 그러면 길이 보입니다. 그러면 그것이 하나님을 기쁘시게 하는 차원에서 머무는 것이 아니라 '사람에게도 칭찬을 받는 일'이 되는 것입니다. 그래서 사도는 바로 이어 형제간에 '덕을 세우라'고 권면합니다.

"14:19**그러므로 우리가 화평의 일과.**" "화평의 일"은 사도가 에베소서 4장에서 말한 바의 실천을 말합니다. "그러므로 주 안에서 갇힌 내가 너희를 권하노니 너희가 부르심을 받은 일에 합당하게 행하여 모든 겸손과 온유로 하고 오래 참음으로 사랑 가운데서 서로 용납하고 평안의 매는 줄로 성령이 하나되게 하신 것을 힘써 지키라 몸이 하나이요 성령도 한 분이시니 이와 같이 너희가 부르심의 한 소망 안에서 부르심을 받았느니라 주도 한 분이시요 믿음도 하나이요 세례도 하나이요 하나님도 한 분이시니 곧 만유의 아버지시라 만유 위에 계시고 만유를 통일하시고 만유 가운데 계시도다."(엡 4:1-6)

"**서로 덕을 세우는 일을 힘쓰나니.**" "덕을 세우는 일"은 건축 작업에 빗대어 말하는 상징어입니다. 집을 세울 때에 크고 작은 여러 재목(材木)들이 필요한데, 그것들을 아무렇게나 모아 놓으면 집이 되는 것이 아닙니다. 각 재목이 혼자 서 있지 못합니다. 그래서 설계를 하되, 모든 재목마다 다른 재목을 붙들어 주고 받혀 주기도 하고, 또 다른 재목에 의지하여 서 있거나 붙잡혀 있어 힘을 얻게 설계합니다. 그처럼 교회의 모든 지체들은 다 하나님의 자녀요 하나님의 나라의 권속들임을 인식하고, 서로를 받혀주고, 서로를 의존하고 연합하는 아름다운 관계를 견지해야 합니다. 그것이 바로 '하나님의 나라'의 지상적인 표현인 '교회'의 영광입니다.

"14:20**음식으로 말미암아 하나님의 사업을 무너지게 하지 말라 만물이 다 깨끗하되 거리낌으로 먹는 사람에게는 악한 것이라.**" 무엇을 먹고 안 먹고의 문제, 곧 "음식"의 문제는 본질이 아닙니다. 하나님의 나라의 본질과는 직접적으로 아무 연관이 없습니다. "만물이 다 깨끗합니다." 하나님께서 지으신 것이니 말입니다. 그러나 어떤 형제가 '이 음식은 하나님 앞에서 내가 삼갈 것이라' 하였으면, '그 음식'은 거리끼는 것입니다. "그 사람에게는 악한 것이라"는 것은 도덕적으로 악하다는 말이 아닙니다. 다만 '하나님을 섬기는 본인의 양심에 거리낌을 주는 것이라'는 말입니다. 그러니 그 형제 앞에서는 그 형제의 양심을 위해서 먹지 않는 것이 '주님 안에서 화평을 도모하고 형제의 덕을 세우는 일'입니다.

"14:21 **고기도 먹지 아니하고 포도주도 마시지 아니하고 무엇이든지 네 형제로 거리끼게 하는 일을 아니함이 아름다우니라.**" 고기나 포도주나 다 그 자체로는 악한 것은 아니라 할지라도, 형제에게 거리끼는 것이라면 '악한 것'이니 그 형제 앞에서는 그런 것을 먹는 것을 삼가는 것이 아름답습니다. 이와 관련하여 우상의 제물을 먹는 문제에 관한 사도의 가르침이 동일한 관점으로 접근합니다.

고린도교회에서 사도에게 물어온 '우상의 제물을 먹는 문제'에 대해서 말할 때 큰 그림을 그립니다. 들어 보십시오. "우상의 제물에 대하여는 우리가 다 지식이 있는 줄을 아나 지식은 교만하게 하며 사랑은 덕을 세우나니."(고전 8:1) 사도는 '우상의 제물을 먹을 수 있다, 없다'는 식으로 접근하지 않습니다. 대신 '지식과 사랑'의 척도로 접근합니다. 어떤 사람이 자기 지식을 뽐내며 이렇게 말했다 합시다. '나는 모든 만물이 다 하나님의 지으신 것이고 그리스도 안에서는 더 이상 음식에 대한 제한이 없다고 확신한다. 그러니 나는 우상의 제물이라도 먹는데 아무 지장이 없다.'고 한다고 합시다. 그런 이를 사도는 칭찬하지 않고 '지식은 교만하게 한다'로 경계합니다. 그의 지식 자체는 틀린 것은 아니나 여전히 더 알아야 할 것을 주문합니다. "만일 누구든지 무엇을 아는 줄로 생각하면 아직도 마땅히 알 것을 알지 못하는 것이요."(고전 8:2) 마땅하게 더 알아야 할 것이 무엇입니까? "또 누구든지 하나님을 사랑하면 이 사람은 하나님의 아시는 바 되었느니라." 지식이 중요하지 않은 것은 아니라 '하나님의 사랑'에 입각하여 그 지식을 활용하여 남을 세워줄 수 있는 방식으로 나가는 것이 옳다는 것입니다. 지식만 가지고 사랑으로 하지 않는 자는 "아직도 마땅히 알 것을 알지 못하는 것이라"고 합니다. 바로 자기가 그리스도 안에서 받은 그 사랑으로 형제를 사랑하는 마음으로 해야 형제를 세워주게 된다 함입니다. 그런 사람이 "하나님의 아시는 바 되었다"고 말합니다(고전 8:3). 그렇다고 사도는 '믿음의 정당한 지식'을 정죄하지는 않습니다. "그러므로 우상의 제물을 먹는 일에 대하여는 우리가 우상은 세상에 아무것도 아니며 또한 하나님은 한 분 밖에 없는 줄 아노라 비록 하늘에나 땅에나 신이라 불리는 자가 있어 많은 신과 많은 주가 있으나 그러나 우리에게는 한 하나님 곧 아버지가 계시니 만물이 그에게서 났고 우리도 그를 위하여 있고 또한 한 주 예수 그리스도께서 계시니 만물이 그로 말미암고 우리도 그로 말미암아 있느니라."(고전 8:4-7) 그러나 교회 안에서 형제와의 관계 속에서 이 지식이 형제를 무너지게 하는 방향으로 사용되지 않게 조심하라는 것입니다. "그러나 이 지식은 모든 사람에게 있는 것은 아니므로 어떤 이들은 지금까지 우상에 대한 습관이 있어 우상의 제물로 알고 먹는 고로 그들의 양심이 악하여지고 더러워지느니라 음식은 우리를 하나님 앞에 내세우지 못하나니 우리가 먹지 않는다고 해서 더 못사는 것도 아니고 먹는다고 해서 더 잘사는 것도 아니니라 그런즉 너희의 자유가 믿음이 약한 자들에게 걸려 넘어지게 하는 것이 되지 않도록 조심하라 지식 있는 네가 우상의 집에 앉아 먹는 것을 누구든지 보면 그 믿음이 약한 자들의 양심이 담력을 얻어 우상의 제물을 먹게 되지 않겠느냐 그러면 네 지식으로 그 믿음이 약한 자가 멸망하나니 그는 그리스도께서 위하여 죽으신 형제라 이같이 너희가 형제에게 죄를 지어 그 약한 양심을 상하게 하는 것이 곧 그리스도에게 죄를 짓는 것이니라 그러므로 만일 음식이 내 형제로 실족하게 한다면 나는 영원히 고기를 먹지 아니하여 내 형제를 실족하지 않게 하리라."(고전 8:7-13)

"14:22**네게 있는 믿음을 하나님 앞에서 스스로 가지고 있으라 자기가 옳다 하는 바로 자기를 정죄하지 아니하는 자는 복이 있도다.**" 이 구절에서 사도의 권면의 중심을 잘 이해해야 합니다. 복음적인 바른 이해와 지식은 참으로 중요합니다. 그러나 그것이 본질적이지 않고 주변적이고 지엽적인 것에 관한 지식이면, 그 지식을 형제들과의 관계에서는 '주님을 섬기는 마음으로 화평과 덕과 사랑의 차원'에서 활용해야 합니다. 그렇지 못하고 '하나님 앞에서는 옳다 하는 바로 그것으로 남을 넘어지게 하는 잘못을 범함으로' 정죄 당하는 일을 당하게 된다는 것입니다.

"14:23**의심하고 먹는 자는 정죄되었나니 이는 믿음을 따라 하지 아니하였기 때문이라 믿음을 따라 하지 아니하는 것은 다 죄니라.**" 앞의 22절이 '지식이 있는 강한 자들'에 대한 권면이라면, 이 대목은 '아직 복음적 지식과 이해에 있어서 연약한 자들'에 대한 권면입니다. 여기서는 아직도 '그 일에 대하여 그리스도 안에서 확신이 없는데도 다른 사람이 하는 것을 보고 그냥 하였다면, 그 마음은 벌써 하나님 앞에서 죄를 범한 셈이 된다'는 것입니다. 왜냐하면 "믿음을 따라 하지 않았기" 때문입니다. 우리의 행동이 '하나님을 경외하고 그리스도를 믿는 믿음에 입각한 행동이 아니면 다 죄가 된다'고 사도는 규정하고 있습니다. 그러니 '연약한 자들'은 그리스도 안에 있는 진리를 아는 지식을 갖추기 위해서 하나님의 자비와 긍휼을 구하면서 복음, 곧 하나님의 말씀을 따라 배우고 확신한 일에 힘써야 할 것입니다.

"15:1**믿음이 강한 우리는 마땅히 믿음이 약한 자의 약점을 담당하고 자기를 기쁘게 하지 아니할 것이라** 15:2**우리 각 사람이 이웃을 기쁘게 하되 선을 이루고 덕을 세우도록 할지니라** 15:3**그리스도께서도 자기를 기쁘게 하지 아니하셨나니 기록된 바 주를 비방하는 자들의 비방이 내게 미쳤나이다 함과 같으니라.**" 사도는 14장에서 다룬 내용을 15장 처음 몇 구절에서 요약하여 강조하고 있습니다. "믿음이 강한 자들은 믿음이 약한 자들의 약점"을 지적하여 비판하지 말고 도리어 "선을 이루고 덕을 세우도록" 힘써야 합니다. "믿음이 강한 자들"은 자기들도 '믿음이 약하던 때가 있었음'을 생각하고, 또 그 시절에 자기를 세워주려고 도움을 주었던 믿음의 선배들을 기억하여야 합니다. 무엇보다 우리의 행동의 본이요 기준이신 그리스도께서 아버지의 뜻을 따라 우리를 죄에서 구원하시려 하실 때 어떻게 하셨습니까? "그리스도께서도 자기를 기쁘게 하지 아니하셨나니 기록된 바 주를 비방하는 자들의 비방이 내게 미쳤나이다." 그리스도께서 겟세마네 동산에서 간절하게 아뢰인 기도를 우리는 알고 있습니다. "만일 할 만하시거든 이 잔을 내게서 지나가게 하옵소서 그러나 나의 원대로 마시옵고 아버지의 원대로 하옵소서."(마 26:39)

사도는 14장과 15장 초두에서 '본질적이지 않고 지엽적이고 주변적인 문제로 형제와 사이가 나지 않고 도리어 형제를 세워주어 그리스도의 사랑의 법을 이루어야 함을 강조하고 있습니다(갈 6:2). '하나님의 나라'는 진정 '의와 평강과 희락과 사랑의 나라'입니다. 그 모형과 그림자인 지상에 있는 교회 안에서 그 영광이 나타나야 합니다. 하물며 한 교회를 섬기면서 본질적이지 못한 문제로 쟁투하는 일은 '하나님의 나라'를 불신자들에게 잘못 보이게 만드는 아주 악한 일입니다. 그래서 우리 주님께서는 '서로 사랑하라'는 것을 그리스도의 제자의 표지로 내세우고 있습니다. "새 계명을 너희에게 주노니 서로 사랑하라 내가 너희를 사랑한 것 같이 너희도 서로 사랑하라 너희가 서로 사랑하면 이로써 모든 사람이 너희가 내 제자인 줄 알리라."(요 13:34,35) 아멘.

part **15**

성경의 위로와 소망

사도는 복음을 위하여 택정함을 입은 자로서 언제나 그리스도를 증거하여 성도들을 권면할 때 성경의 절대 권위에 의존합니다. 당시로서는 구약성경을 가리키는 것이지요. 사도의 입장에서는 '구약성경대로 오신 그리스도와 그 하신 일'이 복음의 진수였습니다. "형제들아 내가 너희에게 전한 복음을 너희에게 알게 하노니…이는 성경대로 그리스도께서 우리 죄를 위하여 죽으시고 장사 지낸 바 되셨다가 성경대로 사흘만에 다시 살아나사…"(고전 15:1,34) 그래서 사도는 어떤 권면을 하더라도 항상 성경을 가리켰습니다. 구약성경을 풀어 그리스도와 그 십자가에 못 박혀 죽으심과 부활을 증거하고 강론하고 믿는 자들을 그리스도 안에 세우는 것이 그가 이해한 바, '말씀을 이루는 것'이었습니다(골 1:25-29).

사도는 로마서의 논증을 결론지으려 하면서 이제 바로 그 성경에 호소하여 그리스도 안에 있는 성도의 참된 위로와 소망을 강조하고 있습니다. "무엇이든지 전에 기록된 바는 우리의 교훈을 위하여 기록된 것이니 우리로 하여금 인내로 또는 성경의 위로로 소망을 가지게 하려 함이라."(롬 15:4) 사도는 유대인이든 이방인이든 그리스도 안에 있는 모든 성도들을 위한 위로와 소망이 성경 안에 있고 그것이 어떻게 성경 안에서 이루어졌는지를 이 대목에서 갈파합니다. 우리는 이 대목을 통하여 사도가 말하는 대로 '성경에 기록되어 있는 성도의 위로와 소망'을 확인하여 범사에 인내로 승리하는 법을 배웁시다. 이 일에 성령께서 기름 부으심을 주실 것입니다.

50

성경의 위로와 소망 안에서 서로 받으라

15:4 무엇이든지 전에 기록된 바는 우리의 교훈을 위하여 기록된 것
이니 우리로 하여금 인내로 또는 성경의 위로로 소망을 가지게 함이
니라
15:5 이제 인내와 위로의 하나님이 너희로 그리스도 예수를 본받아
서로 뜻이 같게 하여 주사
15:6 한마음과 한 입으로 하나님 곧 우리 주 예수 그리스도의 아버
지께 영광을 돌리게 하려 하노라
15:7 그러므로 그리스도께서 우리를 받아 하나님께 영광을 돌리심
과 같이 너희도 서로 받으라
15:8 내가 말하노니 그리스도께서 하나님의 진실하심을 위하여 할
례의 추종자가 되셨으니 이는 조상들에게 주신 약속을 견고하게

하시고

15:9 이방인들도 그 긍휼하심으로 말미암아 하나님께 영광을 돌리게 하려 하심이라 기록된바 그러므로 내가 열방 중에서 주께 감사하고 주의 이름을 찬송하리로다 함과 같으니라

15:10 또 이르되 열방들아 주의 백성과 함께 즐거워하라 하였으며

15:11 또 모든 열방들아 주를 찬양하며 모든 백성들아 그를 찬송하라 하였으며

15:12 또 이사야가 이르되 이새의 뿌리 곧 열방을 다스리기 위하여 일어나시는 이가 있으리니 열방이 그에게 소망을 두리라 하였느니라

15:13 소망의 하나님이 모든 기쁨과 평강을 믿음 안에서 너희에게 충만하게 하사 성령의 능력으로 소망이 넘치게 하시기를 원하노라

사도는 계속하여 그리스도 안에서 교회의 지체된 형제들이 서로 어떻게 하여야 할 것인지를 권면하고 있습니다. 이로 보건대, 성령께서는 성도들이 그리스도와 그 은혜 속에서 사랑으로 연합을 이루는 일을 매우 크게 보신다는 것을 배워야 합니다. 그리스도 안에서 형제를 사랑하며 서로 화평하고 덕을 세우는 일 자체가 공로가 되어 하나님 앞에 서는 것은 아닙니다. 하나님 앞에서 우리가 의지할 완전하고 충분하고 필요한 공덕은 우리 주 예수 그리스도께서 이루신 구속(救贖)의 효력 밖에 없습니다. 그런데 그 사람이 그 구속의 효력을 의존하여 의롭다 하심을 받아 하나님과 화평하고 생명의 교통이 열린 사람인지의 여부를 보여주는 중요한 표지 하나를 지적하라면 '형제 사랑'입니다. 그런 것이 없다면 그 사람이 '구원받을 만한 믿음으로 의롭다 하심을 받은 사람인지를 보여주는 확증적인 증거가 없는' 셈입니다. 사도 요한은 그런 입장에서 썼습니다. "예수께서 그리스도이심을 믿는 자마다 하나님께로부터 난 자니 또한 낳으신 이를 사랑하는 자마다 그에게서 난 자를 사랑하느니라 우리가 하나님을 사랑하고 그의 계명들을 지킬 때에 이로써 우리가 하나님의 자녀를 사랑하는 줄을 아느니라."(요일 5:1,2)

사도 베드로도 여전히 그런 논리로 말합니다. "너희는 그를 죽은 자 가운데서 살리시고 영광을 주신 하나님을 그리스도로 말미암아 믿는 자니 너희 믿음과 소망이 하나님께 있게 하셨느니라 너희가 진리를 순종함으로 너희 영혼을 깨끗하게 하여 거짓이 없이 형제를 사랑하기에 이르렀으니 마음으로 뜨겁게 서로 사랑하라."(벧전 1:21,22) 그런 다음에 그런 사람이 '거듭난 사람'임을 확증합니다. "너희가 거듭난 것은 썩어질 씨로 된 것이 아니요 썩지 아니할 씨로 된 것이니 살아 있고 항상 있는 하나님의 말씀으로 되었느니라 그러므로 모든 육체는 풀과 같고 그 모든 영광은 풀의 꽃과 같으니 풀은 마르고 꽃은 떨어지되 오직 주의 말씀은 세세토록 있도다 하였으니 너희에게 전한 복음이 곧 이 말씀이니라."(벧전 2:23-25)

야고보서가 말하는 '행함 없는 죽은 믿음'은 '형제 사랑이 없는 믿음'입니다. 야고보서 2장에서 그 문제를 다루는데, 1절에서 그가 말하고자 하는 논리의 핵심을 보여주고 있습니다. "내 형제들아 영광의 주 곧 우리 주 예수 그리스도에 대한 믿음을 너희가 가졌으니 사람을 차별하여 대하지 말라."(약 2:1) 연이어 형제와 이웃을 사랑하라는 계명의 정신을 말하고 난 뒤에 14절에서 '구원에 이르는 믿음의 참된 표지'에 대하여 반어적(反語的)으로 표현합니다. "내 형제들아 만일 사람이 믿음이 있노라 하고 행함이 없으면 무슨 유익이 있으리요 그 믿음이 능히 자기를 구원하겠느냐."

그리고 난 다음에 17절에서 "행함이 없는 믿음은 그 자체가 죽은 것이라"고 확정하여 말합니다. 그런 다음에 '믿음과 행함'의 관계에 대하여 역설하면서 아브라함의 믿음을 들어 말하고 있습니다. "네가 보거니와 믿음이 그의 행함과 함께 일하고 행함으로 믿음이 온전하게 되었느니라 이에 성경에 이른 바 아브라함이 하나님을 믿으니 이것을 의로 여기셨다는 말씀이 이루어졌고 그는 하나님의 벗이라 칭함을 받았나니."(약 2:22,23) 그런 다음에 매우 단호하게 말합니다. "이로 보건대 사람이 행함으로 의롭다 하심을 받고 믿음으로만은 아니니라."(약 2:24) 어떤 이는 이 구절 하나만 뽑아 '믿음+행함=구원'이라는 율법주의적인 구원관을 제시하는데, 이는 문맥을 무시한 처사입니다. 야고보는 구원을 받았다 하는 이들에게 '계명의 정신을 따라 형제 사랑의 실천으로 자신이 구원 받은 사람임을 확증하여 보이라'고 말하는 것입니다. 사도 바울이 여기 로마서 14,15장에서 말하는 바와 다를 바가 없습니다.

성령께서는 성경 여러 곳에서 '형제와 이웃을 사랑하는 열매는 그리스도 안에 있는 은혜로 구원받은 사람이 반드시 보여 나타나게 되어 있는 필연적 표지라'고 말씀하십니다. 우리 주 예수님께서도 당신을 믿음으로 말미암아 구원을 받아 천국백성이 된 자들의 지상행로에 대하여 강론하신 산상설교(마태복음 5-7장)에서 그 점을 동일하게 강조하십니다. 5장에 기록된 팔복의 논리에서 그 요점이 발견됩니다. '심령이 가난한 자, 애통하는 자, 온유한 자, 의에 주리고 목마른 자의 복'은 그리스도인이 하나님과 가진 수직적인 관계의 복입니다. 그 다음 '긍휼히 여기는 자, 마음이 청결한 자, 화평케 하는 자, 의를 위하여 핍박을 받는 자'는 이웃과 형제에 대하여 수평적으로 보이는 사랑의 열매들입니다. 그리고 주님께서는 본격적으로 '하나님의 자녀의 행함'의 문제를 다루면서 "너희는 세상의 소금이라, 너희는 세상의 빛이라"고 하시면서 말씀하십니다. "이같이 너희 빛이 사람 앞에 비치게 하여 그들로 '너희 착한 행실'을 보고 하늘에 계신 너희 아버지께 영광을 돌리게 하라."(마 5:16) 그런 다음에 '그리스도인이라 하면서 그 의의 열매가 바리새인과 서기관만 못하다 하면 그 사람은 하나님의 사람이 아니라'는 사실을 단호하게 말씀하십니다. "내가 너희에게 이르노니 너희 의가 서기관과 바리새인보다 더 낫지 못하면 결단코 천국에 들어가지 못하리라."(마 5:20)

'우리의 행위'는 어떤 의미에서든 '의롭다 하심'을 받는 조건은 될 수 없습니다. 칭의의 조건은 오직 '그리스도와 그 십자가에 못 박히심과 부활하심,' 곧 그리스도께서 완성하신 구속(救贖)의 효력 뿐입니다. 사도들이 한결같이 강조하는 '행위, 또는 의의 열매'는 '그리스도를 믿음으로 말미암아 은혜로 의롭다 하심을 받은 이들이 보혜사 성령님의 역사로 인하여 그들 성품 속에 맺히기 시작하는 열매'를 이름입니다. 다른 말로 해서 '칭의'를 받은 이들이 '성화(聖化, Sanctification)의 진보, 또는 열매'를 강조하고 있는 것입니다. 그 성화의 열매도 '자신의 공력' 이 아니고 순전한 '하나님의 은혜의 열매'입니다. 성화의 높은 단계에 이른 사도 바울이 자신의 영적 진보에 대하여 무어라 말합니까? "그러나 내가 나 된 것은 하나님의 은혜로 된 것이니 내게 주신 그의 은혜가 헛되지 아니하여 내가 모든 사도보다 더 많이 수고하였으나 내가 한 것이 아니요 오직 나와 함께 하신 하나님의 은혜로라."(고전 15:10) 사도 바울은 갈라디아서 5장에서는 '하나님의 은혜의 열매'를 '성령의 열매'로 바꾸어 말하기도 하였습니다. "오직 성령의 열매는 사랑과 희락과 화평과 오래 참음과 자비와 양선과 충성과 온유와 절제니 이같은 것을 금지할 법이 없느니라 그리스도 예수의 사람들은 육체와 함께 그 정욕과 탐심을 십자가에 못 박았느니라."(갈 5:22,24) 이런 시각을 가지고 사도가 성령님의 인도하심을 따라 로마서 15장에서 말하는 논리를 따라가야 합니다.

"15:4**무엇이든지 전에 기록된 바는 우리의 교훈을 위하여 기록된 것이니 우리로 하여금 인내로 또는 성경의 위로로 소망을 가지게 함이니라.**" 이 구절을 문맥과 상관없이 그 자체로 떼어내 보아도 그대로 우리 믿음에 적용되기에 너무 놀라운 말씀입니다. '성경에 기록된 모든 것'은 다 우리 믿음의 사람들에게 위로와 소망을 주기에 매우 유익합니다. 그 점을 아무리 강조하여도 무리가 없습니다. "또 어려서부터 성경을 알았나니 성경은 능히 너로 하여금 그리스도 예수 안에 있는 믿음으로 말미암아 구원에 이르는 지혜가 있게 하느니라 모든 성경은 하나님의 감동으로 된 것으로 교훈과 책망과 바르게 함과 의로 교육하기에 유익하니 이는 하나님의 사람으로 온전하게 하며 모든 선한 일을 행할 능력을 갖추게 하려 함이라."(딤후 3:15-17)

그러나 이 구절이 어떻게 문맥의 흐름과 조화를 이루는지에 대하여 생각하게 되면 그리 쉬워 보이지 않습니다. 직접적으로는 여기서 사도가 말하는 성경은 '구약성경'입니다. 그런데 구약성경에 기록된 '모든 내용'이 지금 이 문맥에서 다루고 있는 대로 '그리스도 안에서 형제를 세워주고 서로 사랑함으로 받으라는 주제'와 어떻게 연관이 되느냐 하는 것입니다. 이에 대하여 칼빈은 주석하였습니다. "사도는 여기서 하나님의 말씀으로부터 얻는 은택 전체를 말하고 있는 것이 아니다. 그는 자기가 다루고 있는 요점을 겨냥하여 이 말을 하고 있다. 왜냐하면 성경은 특히 인내로 준비된 자들과 위로로 격려를 받는 이들을 일으켜 세워 영생의 소망을 붙들게 하고 그 소망을 묵상함으로 자신들을 지키도록 하기 때문이다. 여기서 '위로'란 말을 '권면'으로 번역하기도 한다. 그 점에 대하여 이의가 없다. 위로가 인내를 갖게 하는데 더 주효하기 때문이다. 인내는 위로로부터 나온다. 왜냐하면 위로를 받아야 인내로 역경의 고난을 참아낼 준비가 되기 때문이다. 그래서 하나님께서는 고난과 함께 위로도 주신다. 믿는 자의 인내는 철학자들이 장려하는 '불굴의 정신(hardihood)'이 아니다. 하나님의 선하심과 부성애적인 사랑을 맛보게 되면 온유함으로 하나님께 기꺼이 복종하게 되는데, 그것이 바로 인내다. 이것이 우리 안에 있는 소망에 활력을 주어 믿음의 소망이 떨어지지 않게 하는 것이다."

사도 바울은 '형제들 간에 서로 화평하며 덕을 세우는 일'은 '성경에 기록된 말씀 속에서 예언되고 그리스도 안에서 성취된 그 복락의 소망'에 뿌리를 내리고 있다고 말하고 있습니다. 그래서 "무엇이든지 전에 기록된 바는 우리의 교훈을 위하여 기록된 것이라"고 말하고 있습니다. 이는 구약성경에만 해당되는 것이 아니라 신약성경에도 그대로 적용됩니다. 교회의 지체가 된 성도들은 서로 '동일한 소망을 가진 자들로서 하나님으로부터 오는 위로를 서로 의지하고 함께 인내하기를' 힘써야 합니다. 그러니 교회 지체들끼리 싸우고 서로 송사(訟事)하는 일은 '자신들을 맛 잃은 소금과 같이 명목상 그리스도인들'이라고 소리치는 것이나 다름이 없습니다.

"**15:5이제 인내와 위로의 하나님이 너희로 그리스도 예수를 본받아 서로 뜻이 같게 하여 주사 15:6한 마음과 한 입으로 하나님 곧 우리 주 예수 그리스도의 아버지께 영광을 돌리게 하려 하노라.**" 본질적이지 않고 주변에 속한 것들에 대하여 나타나는 형제들 간의 차이가 형제들 간의 불화와 분쟁의 요인이 될 수 없는 이유가 여기에 기술되어 있습니다. 우리가 그리스도 안에서 받은 구원 - 그것이 바로 본질이요, 그것이 생명의 급소(急所)입니다. 우리로 그렇게 되게 하신 분이 "인내와 위로의 하나님" 이십니다. 그래서 우리가 "그리스도 예수님을 본받아 서로 뜻이 같게 하여 주시고 한 마음과 한 입으로 하나님 곧 우리 주 예수 그리스도의 아버지께 영광을 돌리게" 된 것입니다. 바로 그 핵심적인 본질을 붙들고 서로의 차이를 극복하고 서로를 받고 서로 격려하고 위로하여 동일한 소망의 닻을 의존해야 합니다.

"15:7**그러므로 그리스도께서 우리를 받아 하나님께 영광을 돌리심과 같이 너희도 서로 받으라.**" 사도는 성경의 위로와 소망의 원천이신 '그리스도께서 우리를 위하여 어떻게 하셨는지를 상기하게 함으로 우리 형제들끼리 어떻게 해야 할 것인지'의 기준을 제시하고 있습니다. "그리스도께서 우리를 받으신 일"을 생각해 보십시오. '그리스도께서 우리를 받으신 일'을 당연한 일로 여기면 아주 크게 잘못하고 있는 것입니다. 만일 이 이야기가 무엇인지 이해하지 못하면 그 사람은 아직 그리스도인이 되지 않았을 수도 있습니다. '그리스도께서 우리를 받으신 일'은 우리의 됨됨이와 행위에 걸맞은 일이었습니까? 거듭난 모든 그리스도인들은 다 알고 있습니다. '하나님의 공의의 척도로 하면 나는 영원한 지옥형벌을 받아야 마땅한 진노의 대상이었다. 그러나 나 같은 죄인을 사랑하시어 하나님의 뜻대로 우리 죄를 담당하시어 십자가에 죽으시고 그 피로써 우리 죄를 대속(代贖)하셨도다. 그리스도께서 우리의 됨됨이에도 불구하고 우리를 받으신 것은 순전한 하나님의 은혜요 자비의 소산일 뿐이로다.' 그리스도께서 우리를 받으신 것을 생각하면, 형제가 복음의 본질과는 관계없는 주변의 문제에서 연약과 허물을 보이더라도 서로 받아야 마땅합니다. "긍휼히 여기는 자는 복이 있나니 그들이 긍휼히 여김을 받을 것임이요."(마 5:7) 그리스도께서는 우리를 향하신 하나님의 뜻을 받들어 섬김으로 말미암아 '하나님께 영광을 돌리고 우리를 향하신 아버지 하나님의 뜻을 성취하셨다.' 그것이 우리가 서로 형제들을 어떻게 해야 할지를 결정하는 척도가 되는 것입니다.

"15:8**내가 말하노니 그리스도께서 하나님의 진실하심을 위하여 할례의 추종자가 되셨으니 이는 조상들에게 주신 약속을 견고하게 하시고**
15:9**이방인들도 그 긍휼하심으로 말미암아 하나님께 영광을 돌리게 하려 하심이라 기록된바 그러므로 내가 열방 중에서 주께 감사하고 주의 이름을 찬송하리로다 함과 같으니라.**" 그리스도께서는 유대인이나 이방인이나 차이를 두지 않으시고 다 받으셨습니다. 유대인들에게는 구약의 예언을 성취하는 차원에서 구약의 규례를 따라 "할례의 추종자가 되셨습니다." 이방인들에게도 "그 긍휼하심으로 말미암아 하나님께 영광을 돌리셨습니다." 그래서 구약성경에 "그러므로 내가 열방 중에서 주께 감사하고 주의 이름을 찬송하리로다 함과 같으니라." 그리스도께서 유대인이든 이방인이든 차별을 두지 않으셨습니다. 유대인이든 이방인이든 당신 자신을 믿는 믿음을 보시면 기뻐하시고 격려하셨습니다. 우리는 마태복음과 마가복음에 나타난 수로보니게 족속으로 이방의 가나안 여인에 대하여 알고 있습니다(마 15:21-28 ; 막 7:25-29). 그녀는 자기 어린 딸이 귀신들려 고통당하는 것을 보고 예수님께 나와 고쳐주실 것을 간청하였습니다. 예수님께서 처음에는 '네가 이스라엘 자손이 아니므로 네게 은혜

를 베풀 수 없다'는 식으로 "자녀의 떡을 취하여 개들에게 던짐이 마땅히 아니하니라" 하셨습니다. 그녀의 믿음을 시험하사 거기 둘러선 무리들에게 그녀의 믿음의 진정성을 보이게 하시려고 일부러 그리 하신 것입니다. 그녀는 이스라엘과 이방인의 신분의 차이가 마치 '자녀와 개'의 차이 같이 보이게 말씀하시는 예수님을 의심하지 않고 끝까지 예수님을 믿는 믿음을 견지하였습니다. "주여 옳소이다마는 상 아래 개들도 아이들이 먹던 부스러기를 먹나이다." 그 말을 들으신 예수님께서 칭찬하셨습니다. "여자여 네 믿음이 크도다 네 소원대로 되리라 하시니 그 때로부터 그의 딸이 나으니라."(마 15:28)

사도의 이 권면은 당시 교회의 지체들의 분포가 유대인들과 이방인들이 섞이어 있음을 염두에 둔 것입니다. 교회 내에서 그런 배경이 지체들 간의 갈등으로 번질 가능성이 상존하고 있었습니다. 그러나 유대인이든 이방인이든 하나님과 그리스도를 믿는 동일한 믿음을 가지고 있다면 '그리스도께서 유대인이든 이방인이든 구분 없이 다 받으신 것 같이' 해야 했습니다. 그래서 사도는 복음이 유대인이든 이방인이든 구분 없이 전해져야 함을 항상 의식하고 있었습니다. "헬라인이나 야만인이나 지혜 있는 자나 어리석은 자에게 다 내가 빚진 자라 그러므로 나는 할 수 있는 대로 로마에 있는 너희에게도 복음 전하기를 원하노라."(롬 1:14) "새 사람을 입었으니 이는 자기를 창조하신 이의 형상을 따라 지식에까지 새롭게 하심을 입은 자니라 거기에는 헬라인이나 유대인이나 할례파나 무할례파나 야만인이나 스구디아인이나 종이나 자유인이 차별이 있을 수 없나니 오직 그리스도는 만유시요 만유 안에 계시니라."(골 3:10,11)

"15:10또 이르되 열방들아 주의 백성과 함께 즐거워하라 하였으며 15:11

또 모든 열방들아 주를 찬양하며 모든 백성들아 그를 찬송하라 하였으
며 15:12또 이사야가 이르되 이새의 뿌리 곧 열방을 다스리기 위하여 일
어나시는 이가 있으리니 열방이 그에게 소망을 두리라 하였느니라."
구약시대는 하나님께서 뜻을 성취하시기 위하여 이스라엘을 다른 이방 민족들과 구분하시는 '경륜적인 질서'를 부과하기도 하셨으나, 구약시대에도 이방인들을 완전하게 배제시킨 것이 아닙니다. 예수 그리스도의 혈통 중에 '라합과 룻'과 같은 사람은 이방의 족속에 속하였습니다. 하나님께서 구약시대에 여러 선지자들을 통하여 열방의 모든 백성들을 다스리시는 '왕중 왕'이 "이새의 뿌리"에서 나실 것을 예언하셨고, 그 뜻을 성취하셨습니다. 그래서 하나님께서는 그리스도의 도래와 함께 열린 신약시대에는 구약시대에 한시적으로 이스라엘과 이방인을 구분하였던 '중간에 막힌 담'을 허셨습니다. "그는 우리의 화평이신지라 둘로 하나를 만드사 원수 된 것 곧 중간에 막힌 담을 자기 육체로 허시고 법조문으로 된 계명의 율법을 폐하셨으니 이는 이 둘로 자기 안에서 한 새 사람을 지어 화평하게 하시고 또 십자가로 이 둘을 한 몸으로 하나님과 화목하게 하려 하심이라."(엡 2:14-16) 그리스도께서는 '하나님 나라'를 몰고 오신 '만유의 주시오 만왕의 왕'으로 모든 열방을 다스리십니다. "내가 나의 왕을 내 거룩한 산 시온에 세웠다 하시리로다… 내게 구하라 내가 이방 나라를 네 유업으로 주리니 네 소유가 땅 끝까지 이르리로다."(시 2:6,8) 그리스도께서 하나님의 뜻대로 허무신 것을 다시 세우는 일은 지극히 악한 일입니다. 그러니 교회 안에서 '학연(學緣), 지연(地緣), 각종 동호인 그룹'을 지어 그들만 친하고 다른 이들과 소원하는 일은 '그리스도께서 허무신 중간에 막힌 담을 다시 세우는 악한 일'이니 극히 삼가야 합니다.

"15:13소망의 하나님이 모든 기쁨과 평강을 믿음 안에서 너희에게 충만하게 하사 성령의 능력으로 소망이 넘치게 하시기를 원하노라." 우리는 이 말씀이 문맥의 흐름 속에서 어떤 의도로 주어진 것인지를 탐문해야 합니다. 칼빈은 이 구절을 이렇게 주석하였습니다. "사도는 이제 앞에서와 같이 기도로 이 대목을 마무리하고 있다. 주님께서 명하신 것은 무엇이든지 행할 능력을 그들에게 주시기를 소원하고 있다. 주님께서는 우리 자신의 능력이나 자유의지를 따라서 행할 교훈을 주신 일이 없다. 주님께서 우리가 행할 바를 명하실 때, 그 명하신 것을 우리 자신의 힘으로 해내려고 결심해도 소용이 없다. 은혜의 도움이 없이는 행할 수 없는 것을 명하심으로 기도하고 싶은 마음을 자극하신다." 그러합니다. 여기 이 문맥 속에서 사도를 통하여 성령께서 명하시는 '서로 화평하고 덕을 세우며 받는 일'은 우리의 능력이나 도덕성의 한계로 해 낼 수 있는 것이 아닙니다. 오직 "하나님의 은혜의 방식" 안에서만 가능합니다. 그래서 기도하지 않을 수 없습니다. 사도는 이 편지를 받는 그리스도인들이 그 교훈의 실천을 위하여 은혜 주시기를 간구하고 있습니다.

"**소망의 하나님이…**" 여기서 사도가 하나님을 "소망의 하나님"이라고 한 것은 이러한 이유 때문입니다. 앞에서 가르쳐 온 것, 곧 '교회 지체들 간에 화평과 연합과 서로 덕을 세워 주고 받는 일'은 "하나님께서 그리스도 안에서 주신 보배로운 약속의 성취에 대한 영광의 소망"을 바라는 까닭입니다. "또한 그로 말미암아 우리가 믿음으로 서 있는 이 은혜에 들어감을 얻었으며 하나님의 영광을 바라고 즐거워하느니라… 소망이 우리를 부끄럽게 하지 아니함은 우리에게 주신 성령으로 말미암아 하나님의 사랑이 우리 마음에 부은 바 됨이니."(롬 5:2,5) 하나님께서는 우리에게 참된 소망을 주심으로 말미암아 우리 심령에 "기쁨과 평강"을 갖게 하시는 것입니다.

"믿음 안에서…" 하나님의 그 크신 은혜는 오직 "믿음 안에서만" 주어집니다. 그래서 우리가 충만을 얻으려 하면 '그리스도를 믿는 믿음 안에' 있어야 합니다. 성령께서 그 믿음을 견지하게 하시며 우리 속에서 "능력으로 소망이 넘치게" 하시는 것입니다. 우리도 이 기도를 우리의 기도로 삼고 서로를 위하여 기도해야 할 것입니다.

"15:14내 형제들아 너희가 스스로 선함이 가득하고 모든 지식이 차서 능히 서로 권하는 자임을 나도 확신하노라." 사도는 이제 로마에 있는 성도들의 믿음과 그 지식과 선한 열매를 칭찬합니다. 사도가 앞에서 여러 말로 권면한 것이 마치 그들이 그 점에 있어서 너무 부족하기 때문인 것 같이 생각될 수도 있었을 것입니다. 그런 생각이 사탄의 시험의 소재로 작용할 수도 있음을 사도는 잘 알고 있었습니다. 그래서 이 대목에서 사도의 의도는 이와 같이 들립니다. '내가 이런 권면을 하지 않아도 이미 잘 하고 있음을 모르는 것이 아니다. 너희에게는 선한 열매가 가득하고 그에 대한 지식이 넘쳐서 서로 덕을 세우고 서로를 받고 있음을 나는 확신한다.' 그러면 이런 의문이 일어날 수 있습니다. '구태여 그들에게 그렇게 긴 권면을 할 필요가 있을까?' 사도는 그런 반문을 예기하고 다음 구절을 쓰고 있습니다.

"15:15그러나 내가 너희로 다시 생각나게 하려고 하나님께서 내게 주신 은혜로 말미암아 더욱 담대히 대략 너희에게 썼노니." 여기서 사도는 성령님의 인도하심을 따라 '주님께서 당신의 백성을 가르치고 기르시는 방식'에 있어서 매우 중요한 지혜를 우리에게 보여주고 있습니다. "내가 너희로 다시 생각나게 하려고 하나님께서 내게 주신 은혜로 말미암아." 사도는 자신의 개성적인 성향을 따르지 않고 오직 성령님의 인도하심을 따라서 그리한다고 말하고 있습니다. 그는 최고의 교사로서 하나님의 주신 최상의 지혜를 쓰고 있습니다. 성경을 보면 '이미 배우고 알고 있는 바를 반복 상기하게 하시어 믿음 안에서 견고하게 서게 하시는 성령님의 방식'을 아주 자주 만나게 됩니다. 그래서 반복이 매우 심합니다. 그래서 '성구사전'이 나올 수 있는 것입니다. 일반 문학 작품에는 '반복 표현'을 금물로 여깁니다. '항상 새로 되는 것'을 추구하는 세상 정신의 반영일 뿐입니다. 바울 사도가 아덴의 아레오바고 언덕에서 만난 일단(一團)의 헬라인들이 무엇을 하고 있었습니까? "그를 붙들어 아레오바고로 가며 말하기를 네가 말하는 이 새로운 가르침이 무엇인지 우리가 알 수 있겠느냐 네가 어떤 이상한 것을 우리 귀에 들려주니 그 무슨 뜻인지 알고자 하노라 하니 모든 아덴 사람과 거기서 나그네 된 외국인들이 가장 새로운 것을 말하고 듣는 것 외에는 달리 시간을 쓰지 않음이더라."(행 17:19-21) 그러나 그들은 "이미 있던 것이 후에 다시 있겠고 이미 한 일을 후에 다시 할지라 해 아래에는 새 것이 없다"(전 1:9)는 것을 알지 못합니다. 하나님의 진리의 말씀은 불변하여 정말 항상 상기하고 반복적으로 자기에게 적용하는 사람이 최고의 지혜를 쓰는 사람입니다. 모세를 통하여 주신 신명기를 읽어 보면 '반복 교훈의 극치'를 만나게 됩니다. "이스라엘아 들으라 우리 하나님 여호와는 오직 유일한 여호와이시니 너는 마음을 다하고 뜻을 다하고 힘을 다하여 네 하나님 여호와를 사랑하라 오늘 내가 네게 명하신 이 말씀을 너는 마음에 새기고 네 자녀에게 부지런히 가르치며 집에 앉았을 때에든지 길을 갈 때에든지 누워 있을 때에든지 일어날 때에든지 말씀을 강론할 것이며 너는 또 그것을 네 손목에 매어 기호를 삼으며 네 미간에 붙여 표로 삼고 또 네 집 문설주와 바깥문에 기록할지니라."(신 6:4-9) 성경을 기록하게 하신 성령께서 사용하신 모세와 선지자들과 사도들은 바로 이 '반복 상기 학습'의 중요성을 다 익힌 자들입니다. 오늘날 교회들이 복음을 반복적으로 가르치기를 더디하고 무언가 새로운 것을 성도들에게 제시하려고 하니, 그것은 '세상적으로는 지혜 있어 보이나 하나님의 주신 지혜를 버리는 미련한 일'입니다. 부활하신 예수님께서 엠마오로 가던 제자들을 돌이키시는 방식은 '이미 그들이 배워 알고 있는 성경을 다시 재학습하게 하시는 방식'이었습니다. "그들이 서로 말하되 길에서 우리에게 말씀하시고 우리에게 성경을 풀어 주실 때에 우리 속에서 마음이 뜨겁지 아니하더냐 하고."(눅 24:32). 아멘

part **16**

복음의 행로와 성도의 교제

성령께서는 필자로 하여금 이 대목을 풀어 나가면서 뜨거운 감동을 체험하게 하셨습니다. 성경은 실로 어디든 무의미하지 않습니다. 흔히 로마서 마지막 장은 오늘날 우리와는 상관없는 대목 같이 여겨지기 십상입니다. 그러나 우리는 여기서 하나님의 복음의 확장과 하나님 나라의 건설이 어떻게 이루어지는지에 대한 놀라운 실증을 만나게 됩니다. 복음의 행로는 '공중(空中)'에 있지 않고 '복음의 은혜를 받은 하나님의 사람들'의 심령과 그 믿음의 행로와 맥을 같이 함을 이 16장에서 발견합니다. 당시 사도와 함께 복음을 위하여 자신들 전체를 드린 신실한 일꾼들의 이름이 성경에 기록된 것은 우리로 하여금 그것을 알게 하려 함입니다. 실로 예나 오늘이나 하나님의 나라는 하나님의 말씀을 들음으로 거듭나게 하시는 하나님의 사람들의 마음과 그 믿음의 행적을 통하여 확장되어 갑니다.

그리스도께서 성령님을 통하여 사도 바울을 쓰시어 일하시면서 혼자 일하게 하지 않으시고 '동역하게' 하셨습니다. 바로 '성도의 교제'의 영광의 자리가 바로 거기 있습니다. '성도의 교제'는 복음과 상관없는 '친목'이 아닙니다. 오직 그리스도를 믿고 그 은혜에 감사하여 복음과 그 하나님 나라를 위하여 헌신하는 동역자들 간의 교제가 바로 성도의 교제요, 또 성도의 교제를 통로로 하여 하나님의 복음의 영광과 능력이 나가게 하시는 성삼위 하나님의 영광을 찬미합니다.

성령님께서 이 대목을 읽는 독자들로 하여금 지상에 있을 때에 복음을 위하여 어떻게 섬겨야 함을 가르쳐 주실 줄 믿습니다. 그리고 우리가 복음에 빚진 자로서 어떤 교제를 견지해야 함을 배우게 하소서. 아멘.

51

사도를 통하여 보여주신 복음의 행로

15:14 내 형제들아 너희가 스스로 선함이 가득하고 모든 지식이 차
서 능히 서로 권하는 자임을 나도 확신하노라
15:15 그러나 내가 너희로 다시 생각나게 하려고 하나님께서 내게
주신 은혜로 말미암아 더욱 담대히 대략 너희에게 썼노니
15:16 이 은혜는 곧 나로 이방인을 위하여 그리스도 예수의 일꾼이
되어 하나님의 복음의 제사장 직분을 하게 하사 이방인을 제물로 드
리는 것이 성령 안에서 거룩하게 되어 받으실 만하게 하려 하심이라
15:17 그러므로 내가 그리스도 예수 안에서 하나님의 일에 대하여
자랑하는 것이 있거니와
15:18 그리스도께서 이방인들을 순종하게 하기 위하여 나를 통하
여 역사하신 것 외에는 내가 감히 말하지 아니하노라 그 일은 말과

행위로

15:19 표적과 기사의 능력으로 성령의 능력으로 이루어졌으며 그리
하여 내가 예루살렘으로부터 두루 행하여 일루리곤까지 그리스도
의 복음을 편만하게 전하였노라

15:20 또 내가 그리스도의 이름을 부르는 곳에는 복음을 전하지
않기를 힘썼노니 이는 남의 터 위에 건축하지 아니하려 함이라

15:21 기록된 바 주의 소식을 받지 못한 자들이 볼 것이요 듣지 못
한 자들이 깨달으리라 함과 같으니라

15:22 그러므로 또한 내가 너희에게 가려 하던 것이 여러 번 막혔더니

15:23 이제는 이 지방에 일할 곳이 없고 또 여러 해 전부터 언제든
지 서바나로 갈 때에 너희에게 가기를 바라고 있었으니

15:24 이는 지나가는 길에 너희를 보고 먼저 너희와 사귐으로 얼마
간 기쁨을 가진 후에 너희가 그리로 보내주기를 바람이라

15:25 그러나 이제는 내가 성도를 섬기는 일로 예루살렘에 가노니

15:26 이는 마게도냐와 아가야 사람들이 예루살렘 성도 중 가난한
자들을 위하여 기쁘게 얼마를 연보 하였음이라

15:27 저희가 기뻐서 하였거니와 또한 저희는 그들에게 빚진 자니
만일 이방인들이 그들의 영적인 것을 나눠 가졌으면 육적인 것으로
그들을 섬기는 것이 마땅하니라

15:28 그러므로 내가 이 일을 마치고 이 열매를 그들에게 확증한
후에 너희에게 들렀다가 서바나로 가리라

15:29 내가 너희에게 나아갈 때에 그리스도의 충만한 복을 가지고
갈 줄을 아노라

15:30 형제들아 내가 우리 주 예수 그리스도와 성령의 사랑으로 말미암아 너희를 권하노니 너희 기도에 나와 힘을 같이하여 나를 위하여 하나님께 빌어
15:31 나로 유대에서 순종하지 아니하는 자들로부터 건짐을 받게 하고 또 예루살렘에 대하여 내가 섬기는 일을 성도들이 받을 만하게 하고
15:32 나로 하나님의 뜻을 따라 기쁨으로 너희에게 나아가 너희와 함께 편히 쉬게 하라
15:33 평강의 하나님께서 너희 모든 사람과 함께 계실지어다 아멘

사도는 이제 '하나님의 복음 진리의 위대한 체계를 기록한 로마서'를 마무리 지으려 하고 있습니다. 우리가 마치 '섭취할 중요 부분은 다 배웠으니 이제 꼬리부분과 같은 이 대목에는 별 관심이 없다'하면 정당하지 못합니다. 사도가 단순한 편지의 형식을 갖추기 위하여 내용을 채우고 있는 것이 아니기 때문입니다. 여기서 사도는 자신의 복음의 사역의 비전을 밝히면서 이 서신을 받고 있는 이들의 영적인 지각에 거룩한 자극을 주고 있습니다. 사도는 정말 탁월한 교사입니다. 교과과목의 내용을 지식적으로 전달하고는 내 할 일 다 하였다 하는 교사가 있다면 못난 교사입니다. 탁월한 교사는 자기에게 배우는 학생들의 지식과 함께 학구적인 열의와 학자의 정신을 계발하는 데도 섬세합니다. 그러므로 사도 바울은 자기의 복음 사역의 행로를 말하는 것이 그들로 하여금 복음에 합당한 영성과 그 지각과 비전을 넓히는데 기여함을 알고 있습니다. 아니 성령께서 이 대목의 말씀 속에서 사도를 통하여 보여주시는 '복음의 행로'에 대한 총명을 우리로 갖게 하시기를 바랍니다. 이 대목은 지면상 길게 논의하지는 못하나 적지 않게 중요함을 인식하고 주목해야 할 것입니다.

"15:16**이 은혜는 곧 나로 이방인을 위하여 그리스도 예수의 일꾼이 되어 하나님의 복음의 제사장 직분을 하게 하사 이방인을 제물로 드리는 것이 성령 안에서 거룩하게 되어 받으실 만하게 하려 하심이라.**" 바울 사도는 자기가 주님의 뜻을 따라 이방인의 사도로서 섬기는 것을, "이방인을 위하여 예수의 일꾼이 되어 하나님의 복음의 제사장 직분을 하는 것"으로 표현하고 있습니다. 그러면서 '복음으로 구원받는 이들'을 '하나님께서 받으실만한 제물'로 묘사하고 있습니다. 구약의 제사장들은 하나님께 드릴 제물을 살피고 구별하여 하나님께서 받으시기에 합당하게 하였습니다. 그처럼 사도는 이방인들 중에서 복음으로 말미암아 구원을 받는 이들을 하나님께서 받으시기에 합당한 자들로 세우기 위하여 성령님을 힘입어 힘을 다하여 수고하였습니다. "내가 하나님의 열심으로 너희를 위하여 열심을 내노니 내가 너희를 정결한 처녀로 한 남편인 그리스도께 드리려고 중매함이로다 그러나 나는 뱀이 그 간계로 하와를 미혹한 것 같이 너희 마음이 그리스도를 향하는 진실함과 깨끗함에서 떠나 부패할까 두려워하노라."(고후 11:2,3)

"15:17**그러므로 내가 그리스도 예수 안에서 하나님의 일에 대하여 자랑하는 것이 있거니와** 15:18**그리스도께서 이방인들을 순종하게 하기 위하여 나를 통하여 역사하신 것 외에는 내가 감히 말하지 아니하노라 그 일은 말과 행위로** 15:19**표적과 기사의 능력으로 성령의 능력으로 이루어졌으며 그리하여 내가 예루살렘으로부터 두루 행하여 일루리곤까**

지 그리스도의 복음을 편만하게 전하였노라." 그러나 바울 사도는 그러한 자기의 사역과 그것을 위한 자기의 수고를 자랑하지 않고 오직 "그리스도 예수 안에서 하나님의 일"만을 자랑합니다. 그래서 그의 자랑은 "그리스도께서 이방인들을 순종하게 하기 위하여 나를 통하여 역사하신 것" 뿐이었습니다. 자기를 통하여 증거되는 복음의 말씀으로 말미암아 많은 이방인들이 회심하여 구원에 이르는 것을 보면서 무어라 하였습니까? '오직 성령님의 능력을 따라 그리스도께서 이방인들을 순종하게 하기 위하여 나를 통하여 역사하신 것이라'고 말하고 있지 않습니까? 그렇다고 사도 바울의 복음행전은 '이방 지역에만 국한된 것이 아니고 예루살렘으로부터 이방의 일루리곤까지' 뻗어 나갔습니다. 사도행전을 통하여 기록된 그의 세 번에 걸친 전도여행은 실로 '사람으로는 할 수 없고 오직 하나님께서 그를 통하여 하신 일'로 여겨야 합니다.

"15:20또 내가 그리스도의 이름을 부르는 곳에는 복음을 전하지 않기를 힘썼노니 이는 남의 터 위에 건축하지 아니하려 함이라 15:21기록된 바 주의 소식을 받지 못한 자들이 볼 것이요 듣지 못한 자들이 깨달으리라 함과 같으니라." 사도의 직임은 목회자의 직임과 구분됩니다. 목회자는 '한 지역교회에 장기적으로 정착하여 주님의 맡기신 양들을 먹이고 치는 일꾼'입니다. 복음이 전파되지 않은 곳에 가서 복음을 전파하여 회심자들이 나타나면 교회를 세우는 일까지만 사도의 몫이었습니다. "또 이르시되 너희는 온 천하에 다니며 만민에게 복음을 전파하라."(막 16:15) 그래서 사도는 복음이 전파되지 않은 이방의 여러 지역을 자기의 사역지로 삼았습니다. 이미 복음이 들어가 정착된 곳에는 가지 않았습니다. 그러나 사도의 직임 중에는 여러 교회를 돌아보고 그 교회가 그리스도의 복음에 충실하게 자라고 있는지를 감독하고 지휘하는 권위를 주님께 받았습니다. "바울은 실라를 택한 후에 형제들에게 주의 은혜에 부탁함을 받고 떠나 수리아와 길리기아로 다니며 교회들을 견고하게 하니라."(행 15:40,41) "가이사랴에 상륙하여 올라가 교회의 안부를 물은 후에 안디옥으로 내려가서 얼마 있다가 떠나 갈라디아와 브루기아 땅을 차례로 다니며 모든 제자를 굳건하게 하니라."(행 18:22,23)

"15:22**그러므로 또한 내가 너희에게 가려 하던 것이 여러 번 막혔더니**
15:23**이제는 이 지방에 일할 곳이 없고 또 여러 해 전부터 언제든지 서바나로 갈 때에 너희에게 가기를 바라고 있었으니** 15:24**이는 지나가는 길에 너희를 보고 먼저 너희와 사귐으로 얼마간 기쁨을 가진 후에 너희가 그리로 보내주기를 바람이라.**" 사도는 이 대목을 통하여 복음을 위한 자기의 행로를 밝혀 그들로 하여금 함께 기도로 동역할 것을 권하고 있습니다. 물론 그 행로는 사도 자신의 개인적인 계획이 아니라 그 속에서 성령님으로 말미암아 일하시는 그리스도의 뜻입니다. 로마에 있는 교회에 이 편지를 쓰기까지의 경로를 밝혀 그들로 하여금 하나님의 선하신 손길을 알게 하고, 이 로마서의 신적 권위를 알게 하고 있습니다.

"15:25**그러나 이제는 내가 성도를 섬기는 일로 예루살렘에 가노니** 15:26
이는 마게도냐와 아가야 사람들이 예루살렘 성도 중 가난한 자들을 위하여 기쁘게 얼마를 연보 하였음이라 15:27**저희가 기뻐서 하였거니와 또한 저희는 그들에게 빚진 자니 만일 이방인들이 그들의 영적인 것을 나눠 가졌으면 육적인 것으로 그들을 섬기는 것이 마땅하니라** 15:28**그러므로 내가 이 일을 마치고 이 열매를 그들에게 확증한 후에 너희에게 들렀다가 서바나로 가리라.**" 사도는 이런 자신의 복음 행로를 듣는 로마의 그리스도인들의 영적인 유익을 마음에 두고 이 말을 하고 있습니다. 특히 예루살렘에서 궁핍을 당하고 있는 성도들을 위하여 연보하여 돕는 아가야의 고린도에 있는 교회의 아름다운 헌신을 말함으로 그들을 간접적으로 가르치고 있습니다. 그러면서 '예루살렘 교회'를 이방의 '고린도교회'가 섬긴 일을 아름답게 표현하고 있습니다. "저희가 기뻐서 하였거니와 또한 저희는 그들에게 빚진 자니 만일 이방인들이 그들의 영적인 것을 나눠 가졌으면 육적인 것으로 그들을 섬기는 것이 마땅하니라." 그리고 서바나로 갈 계획을 밝히고 있습니다.

"15:29 **내가 너희에게 나아갈 때에 그리스도의 충만한 복을 가지고 갈 줄을 아노라** 15:30 **형제들아 내가 우리 주 예수 그리스도와 성령의 사랑으로 말미암아 너희를 권하노니 너희 기도에 나와 힘을 같이하여 나를 위하여 하나님께 빌어** 15:31 **나로 유대에서 순종하지 아니하는 자들로부터 건짐을 받게 하고 또 예루살렘에 대하여 내가 섬기는 일을 성도들이 받을 만하게 하고** 15:32 **나로 하나님의 뜻을 따라 기쁨으로 너희에게 나아가 너희와 함께 편히 쉬게 하라** 15:33 **평강의 하나님께서 너희 모든 사람과 함께 계실지어다 아멘.**" 당시 세계의 중심 도시인 로마에 편지로가 아니고 직접 몸으로 가서 복음을 전하게 될 소망의 비전이 이루어지는 날을 고대하는 사도의 마음이 여기에 철철 넘쳐나고 있습니다. 그러면서 자기를 위하여 기도하여 줄 내용을 주문합니다. 당장에 사도 바울의 동족들인 유대인들의 간계에 빠지지 않게 하시는 은혜와, 계획대로 예루살렘에 가서 "섬기는 일이 성도들이 받을 만하게" 하시는 주님의 은혜와, 하나님의 뜻, 곧 하나님의 허락하심을 따라서 복음의 기쁨으로 로마에 있는 성도들을 만나 서로 교제하게 하시는 은혜를 사모하면서 기도를 요청합니다. 여기서 우리는 무엇을 위하여 기도해야 할 것인지를 사도를 통해 배우게 하신 하나님께 감사와 찬미를 드려야 할 것입니다.

그리고 그들 로마에 있는 성도들을 위하여 마지막 축복의 기도를 드리고 있습니다. "평강의 하나님께서 너희 모든 사람과 함께 계실지어다 아멘."

52

아, 주님께서 쓰신 복음의 일꾼들의 영예여

16:1 내가 겐그레아 교회의 일꾼으로 있는 우리 자매 뵈뵈를 너희에
게 추천하노니
16:2 너희는 주 안에서 성도들의 합당한 예절로 그를 영접하고 무
엇이든지 그에게 소용되는 바를 도와줄지니 이는 그가 여러 사람과
나의 보호자가 되었음이라
16:3 너희는 그리스도 예수 안에서 나의 동역자들인 브리스가와 아
굴라에게 문안하라

16:4 그들은 내 목숨을 위하여 자기들의 목까지도 내놓았나니 나
뿐 아니라 이방인의 모든 교회도 그들에게 감사하느니라
16:5 또 저의 집에 있는 교회에도 문안하라 내가 사랑하는 에배네
도에게 문안하라 그는 아시아에서 그리스도께 처음 맺은 열매니라
16:6 너희를 위하여 많이 수고한 마리아에게 문안하라
16:7 내 친척이요 나와 함께 갇혔던 안드로니고와 유니아에게 문안
하라 그들은 사도들에게 존중히 여겨지고 또한 나보다 먼저 그리
스도 안에 있는 자라
16:8 또 주안에서 내 사랑하는 암블리아에게 문안하라
16:9 그리스도 안에서 우리의 동역자인 우르바노와 나의 사랑하는
스다구에게 문안하라
16:10 그리스도 안에서 인정함을 받은 아벨레에게 문안하라 아리
스도불로의 권속에게 문안하라
16:11 내 친척 헤로디온에게 문안하라 나깃수의 가족 중 주 안에
있는 자들에게 문안하라
16:12 주 안에서 수고한 드루배나와 드루보사에게 문안하라 주 안
에서 많이 수고하고 사랑하는 버시에게 문안하라
16:13 주 안에서 택하심을 입은 루포와 그의 어머니에게 문안하라
그의 어머니는 곧 내 어머니니라
16:14 아순그리도와 블레곤과 허메와 바드로바와 허마와 및 그들
과 함께 있는 형제들에게 문안하라
16:15 빌롤로고와 율리아와 또 네레오와 그의 자매와 올름바와 그
들과 함께 있는 모든 성도에게 문안하라

16:16 너희가 거룩하게 입맞춤으로 서로 문안하라 그리스도의 모든
교회가 다 너희에게 문안하느니라
16:17 형제들아 내가 너희를 권하노니 너희가 배운 교훈을 거슬러
분쟁을 일으키거나 거치게 하는 자들을 살피고 그들에게서 떠나라
16:18 이같은 자들은 우리 주 그리스도를 섬기지 아니하고 다만 자
기들의 배만 섬기나니 교활한 말과 아첨하는 말로 순진한 자들의
마음을 미혹하느니라
16:19 너희의 순종함이 모든 사람에게 들리는지라 그러므로 내가
너희로 말미암아 기뻐하노니 너희가 선한 데 지혜롭고 악한 데 미련
하기를 원하노라
16:20 평강의 하나님께서 속히 사탄을 너희 발 아래에서 상하게
하시리라 우리 주 예수의 은혜가 너희에게 있을지어다
16:21 나의 동역자 디모데와 나의 친척 누기오와 야손과 소시바더
가 너희에게 문안하느니라
16:22 이 편지를 기록하는 나 더디오도 주 안에서 너희에게 문안하
노라
16:23 나와 온 교회를 돌보아 주는 가이오도 너희에게 문안하고
이 성의 재무관 에라스도와 형제 구아도도 너희에게 문안하느니라
16:24 (없음)
16:25 나의 복음과 예수 그리스도를 전파함은 영세 전부터 감추어
졌다가
16:26 이제는 나타내신 바 되었으며 영원하신 하나님의 명을 따라
선지자들의 글로 말미암아 모든 민족이 믿어 순종하게 하시려고 알

게 하신 바 그 신비의 계시를 따라 된 것이니 이 복음으로 너희를 능히 견고하게 하실

16:27 지혜로우신 하나님께 예수 그리스도로 말미암아 영광이 세세 무궁하도록 있을지어다 아멘

사도는 16장에서 이 편지를 받는 로마에 있는 교회의 성도들에게 알아주고 문안할 일꾼들을 소개하고 있습니다. 당시 편지의 형식에서 그런 관습이 있었던 것으로 보입니다. 그러나 우리는 이 대목을 하나의 형식을 채우기 위한 것으로 볼 것이 아닙니다. 성령께서 우리에게 보여주시려는 의도를 보아야 합니다. 정말 '복음과 관련된 영적인 일, 교회의 일, 하나님 나라의 일'은 다 성삼위 하나님께서 하시는 것이 분명합니다. 사도 바울은 그것을 알기에 "내가 나 된 것은 하나님의 은혜로 된 것이라"(고전 15:10)고 하였습니다. 그럼에도 불구하고 하나님께서는 공중에서 일하지 않으시고 당신이 택하시고 구별하신 '일꾼들'을 통하여 일하십니다. 정말 여기에 소개된 이들은 빌립보서 1:29의 말씀에 충실한 이들이었습니다. "그리스도를 위하여 너희에게 은혜를 주신 것은 다만 그를 믿을 뿐 아니라 또한 그를 위하여 고난도 받게 하려 하심이라." 성령께서는 사도로 하여금 이 일꾼들을 기념하게 하시면서 이 로마서를 보는 모든 하나님의 사람들에게 말씀하십니다. '복음의 은혜를 받고 복음을 위하여 함께 동역하고 수고하고 헌신하는 주님의 일꾼들을 하나님께서 얼마나 귀하게 여기시는지를 알라.' 그러므로 성령께서는 여기서 당시 초대교회에 사도 바울과 함께 동역하며 하나님께 쓰임 받았던 여러 복음의 일꾼들의 편력을 들여다 볼 수 있게 '작으나 선명하게 보이게 하는 한 구멍'을 우리에게 선물로 주신 것입니다.

실로 이들은 성경에 그 이름이 기념되는 영예를 안았습니다. "또 누구든지 제자의 이름으로 이 소자 중 하나에게 냉수 한 그릇이라도 주는 자는 내가 진실로 너희에게 이르노니 그 사람이 결단코 상을 잃지 아니하리라 하시니라."(마 10:42) 하물며 주님을 사랑함으로 복음 사역과 교회의 성도들을 섬긴 일이야 말해서 무엇하겠습니까!

그런 시각을 가지고 우리는 이 대목을 살펴보기를 원합니다. 성령께서 그와 관련하여 필자와 독자 모두에게 기름 부으심의 은혜를 주시기를 바랍니다.

"16:1내가 겐그레아 교회의 일꾼으로 있는 우리 자매 뵈뵈를 너희에게 추천하노니 16:2너희는 주 안에서 성도들의 합당한 예절로 그를 영접하고 무엇이든지 그에게 소용되는 바를 도와줄지니 이는 그가 여러 사람과 나의 보호자가 되었음이라." 대부분의 신약학자들은 여기서 맨 처음 소개되는 '뵈뵈'가 사도의 명을 받아 이 '두루마리로 된 로마서'를 로마에 있는 교회에 전달한 '충성된 여종'으로 봅니다. 이 사람은 하나님의 교회에서 정말 존귀하고 영예로운 역할을 감당하는 영광을 안았습니다. 이 사람이 이러한 영예를 얻은 것은 우연하게 된 일이 아니었습니다. 주님께서 충성된 자로 인정하심을 사도는 알고 부탁한 일입니다. 그 여종은 사도 바울을 비롯하여 하나님의 나라와 그 복음을 위해 섬기는 일꾼들의 보호자가 되어 섬겼음을 사도는 밝히고 있습니다. 그 섬긴 일들이 구체적으로 무엇인지 밝혀지지 않았지만 당시 박해의 거센 태풍 앞에서 자신을 돌아보지 않고 주님을 사랑하는 충성된 종으로 자기에게 주어진 모든 은사들을 드려 섬긴 것으로 보아야 할 것입니다. 우리 주 예수님께서 십자가에 죽으시기 며칠 전에 옥합을 깨뜨리고 자기 소유의 나드 향유 한 근을 주님의 장사(葬事)를 위하여 주님 몸에 부은 마리아의 일을 우리는 알고 있습니다. 주님께서는 마리아의 그 헌신에 대하여 무어라 말씀하셨습니까? "내가 진실로 너희에게 이르노니 온 천하에 어디서든지 이 복음이 전파되는 곳에서는 이 여자가 행한 일도 말하여 그를 기억하리라."(마 26:13) 사도는 그 여종의 섬김을 귀하게 여기고 "주 안에서 성도들의 합당한 예절로 그를 영접하고 무엇이든지 그에게 소용되는 바를 도와주라"고 명하고 있습니다. 우리 각자 우리의 이름이 무슨 일과 함께 기념되기를 바라는지 자문해야 합니다. 우리 각자에게 주신 지상 생애의 날들과 우리 각자에게 주님께서 은혜를 따라 나누어 주신 은사와 재능과 힘을 누구를 위하여, 무엇을 위해 드려야 할지 늘 자문해야 합니다. 특히 여기서 우리가 한 가지 더 주목할 일은 '그리스도 안에서 택하심을 입은 복된 여인들에 대한 성경의 기록의 특이성'입니다. "이러므로 여자는 천사들을 인하여 권세 아래 있는 표를 그 머리 위에 둘지니라 그러나 주 안에는 남자 없이 여자만 있지 않고 여자 없이 남자만 있지 아니하니라 여자가 남자에게서 난 것같이 남자도 여자로 말미암아 났으나 모든 것이 하나님에게서 났느니라."(고전 11:10-12)

"16:3너희는 그리스도 예수 안에서 나의 동역자들인 브리스가와 아굴라에게 문안하라 16:4그들은 내 목숨을 위하여 자기들의 목까지도 내놓았나니 나뿐 아니라 이방인의 모든 교회도 그들에게 감사하느니라."

아굴라가 성경에 처음 언급된 것은 사도행전 18장에서입니다. 사도행전 18장의 기록을 토대로 사도 바울과 이들 부부와의 연관을 살펴보면 이러합니다. 사도 바울이 아덴을 떠나 고린도에 갔을 때 거기서 그들 부부를 만나게 됩니다. 사도 바울은 거기서 천막을 만드는 일로 선교비를 보충하고 있었는데, 그 아내와 함께 이탈리아에서 온 아굴라도 역시 천막 만드는 일을 생업으로 삼고 있었습니다. 그로 인하여 바울이 그들과 함께 기거하면서 안식일마다 회당에서 강론하며 유대인과 헬라인들을 복음으로 권면하고 있었습니다. 바울이 1년 6개월 동안 고린도에 머물며 복음을 증거하였고 그로 인하여 고린도교회가 세워졌습니다. 1년 6개월 동안 고린도에 있다가 유대인들의 훼방 때문에 수리아로 가게 되었는데 그때도 이들 부부는 바울과 함께 하였습니다. 그 후 에베소에 가게 되었을 때에도 이들은 바울을 떠나지 않고 동행하였습니다. 그 후 가이사랴와 갈라디아와 부르기아로 이어지는 바울의 선교 행로에도 이들은 동행하였습니다. 사도행전 18:24 이하에서 보면, 구약성경에는 능하나 세례 요한까지만 아는 아볼로의 강론을 듣고 따로 불러 성경을 풀어 예수 그리스도를 가르쳐 준 이들이 바로 이들 부부였습니다. 그 일로 인하여 아볼로가 아가야로 가서 주님의 은혜 중에 많은 이들에게 성경을 풀어 예수 그리스도를 증거함으로 유대인들의 항변을 이겨 많은 이들이 그리스도 안에 서게 하는데 큰 유익을 줍니다. 이로 보면, 이들 부부는 복음안에서 사도 바울에게 큰 신임을 얻고 동역한 신실한 주님의 일꾼들로 여러 사람들을 주님 안에 세우는데 크게 쓰이심을 받은 이들이었습니다. 그래서 이들에 대하여 사도 바울은 더 이상 할 수 없을 정도로 그들의 충성을 묘사하고 있습니다. "그들은 내 목숨을 위하여 자기들의 목까지도 내놓았나니 나뿐 아니라 이방인의 모든 교회도 그들에게 감사하느니라." 사도 바울의 세 편의 서신들에서 이들의 이름이 기념되고 있습니다(롬 16:3 ; 고전 16:19 ; 딤 4:19). 성령께서는 아무나 당신의 말씀인 성경에 기록되는 영예를 주실

리가 없습니다. 주님께서 보시기에 착하고 충성된 복음과 교회의 일꾼들이었습니다.

"16:5또 **저의 집에 있는 교회에도 문안하라 내가 사랑하는 에배네도에게 문안하라.**" "저의 집에 있는 교회"라고 한 것을 보면 그들 부부는 자기들의 거처를 교회가 모이는 처소로 드렸다는 것을 쉽게 짐작하게 됩니다. 정말 누구나 그들을 보면 '복음과 하나님 나라와 주님 사랑하시는 영혼들을 위해서라면 자기의 목숨을 조금도 귀한 것으로 여기지 않던 사도 바울과 같은 심령의 소유자들이라'고 느꼈을 것입니다. 그 교회의 "에배네도"를 가리켜 사도는 "내가 사랑하는 에배네도"라고 합니다.

"**그는 아시아에서 그리스도께 처음 맺은 열매니라.**" 그는 사도 바울의 '그리스도를 위한 아시아 사역의 첫 열매'였습니다. 칼빈은 여기 '첫 열매'란 표현에 대하여 이렇게 수석합니다. "여기서 사도가 '첫 열매'라고 한 것은 구약의 율법의 규례에 비추어 한 말로서, 믿음으로 말미암아 하나님께 구별되어 드려진 이들은 처음 자신들을 하나님께 드린 자들이니 그렇게 불렀다. 사도 바울은 누구든지 정하신 때에 믿음을 갖도록 부르심을 받은 이들은 존영을 얻도록 특권을 받은 자들로 부른다. 처음 믿음을 끝까지 견지하는 한에서는 이 존영을 보유하고 있는 것이다. 하나님께서 첫 열매로 택하신 이들이 받은 존영은 결코 보통이 아니다. 지상의 시간 세계 속에서 더 크고 더 확장된 믿음의 장구한 시련이 있을 것이지만 처음 시작한 것을 끝까지 견지하는 데 곤비하지 않으면 그 존영이 지속된 것이다."

"16:6**너희를 위하여 많이 수고한 마리아에게 문안하라** 16:7**내 친척이요 나와 함께 갇혔던 안드로니고와 유니아에게 문안하라.**" 사도는 복음을 위하여 자기와 동역자들에게 친절과 자비를 베푼 이들을 크게 여기고 있습니다. 마리아를 가리켜 "너희를 위하여 많이 수고하였다"고 한 것을 보면, 그녀가 로마에 있는 교회를 위한 사도의 기도와 열심과 선교 비전을 공유하며 헌신한 여종이었음을 짐작할 수 있습니다. 그리고 '안드로니고와 유니게'는 사도 바울과 함께 복음을 위하여 옥에 갇히기를 불사한 신실한 이들이었습니다.

"그들은 사도들에게 존중히 여겨지고 또한 나보다 먼저 그리스도 안에 있는 자라." 사도들에게 존중히 여겼다는 것은, 그들이 '사도가 증거한 복음과 하나님 나라를 위하여 자신들을 드리는 일에 얼마나 열심이고 수고하였는지'를 보여줍니다. 그래서 사도들이 모이면 신실한 복음의 동역자들과 돕는 자들을 주님 안에서 자랑하였습니다. 그들 중에서 사도 바울 보다 먼저 믿음을 가진 자들도 있었습니다. 그럼에도 사도 바울이 주님의 뜻을 따라 사도가 된 것을 매우 존중히 여김으로 사도에게 복종하는 이들이었습니다.

"16:8또 주안에서 내 사랑하는 암블리아에게 문안하라 16:9그리스도 안에서 우리의 동역자인 우르바노와 나의 사랑하는 스다구에게 문안하라 16:10그리스도 안에서 인정함을 받은 아벨레에게 문안하라 아리스도불로의 권속에게 문안하라 16:11내 친척 헤로디온에게 문안하라 나깃수의 가족 중 주 안에 있는 자들에게 문안하라 16:12주 안에서 수고한 드루배나와 드루보사에게 문안하라 주 안에서 많이 수고하고 사랑하는 버시에게 문안하라." 여기서 사도가 열거하는 신실한 일꾼들을 묘사하는 수식어들이 아름답습니다. "주안에서 내 사랑하는," "그리스도 안에서 우리의 동역자," "그리스도 안에서 인정함을 받은," "주 안에 있는 자들," "주 안에서 수고한, 주 안에서 많이 수고하고 사랑하는" - 어느 사람의 이름을 위하여 붙여지는 수식어들 중에서 이 보다 더 귀하고 영예로운 것이 세상에 있을까요? 우리 각자는 주님께서 우리 이름 앞에 무슨 수식어를 붙이실지 자문해 봅시다.

"16:13**주 안에서 택하심을 입은 루포와 그 어머니에게 문안하라 그 어머니는 곧 내 어머니니라.**" 성경학자들 중에는 여기에 소개된 '루포'가 '구레네 시몬'(마 27:32)이 아닌가 하는 이들도 있습니다. 하여간 이들이 사도 바울의 복음 사역과 관련하여 얼마나 큰 헌신을 하였던지 사도는 '루포의 어머니는 내 어머니라'고 말합니다. 바울 사도가 아무나 '내 어머니'라 말할 사람이 아닙니다. 그들이 얼마나 사도 바울을 위하여 보호자로, 또 필요한 것을 공급하는 주님의 그릇으로 사용되었던지요! 주님께서 그들을 위하여 예비하신 상이 얼마나 컸을까요!

"16:14**아순그리도와 블레곤과 허메와 바드로바와 허마와 및 그들과 함께 있는 형제들에게 문안하라** 16:15**빌롤로고와 율리아와 또 네레오와 그의 자매와 올름바와 그들과 함께 있는 모든 성도에게 문안하라** 16:16**너희가 거룩하게 입맞춤으로 서로 문안하라 그리스도의 모든 교회가 다 너희에게 문안하느니라.**" "거룩하게 입맞춤으로 서로 문안하라." 입맞춤은 유대인들이 서로 간에 나누는 친밀한 교제를 상징하는 관습이었습니다. 칼빈은 "초대교회 그리스도인들이 성찬에 참여하기 전에 서로 입맞추는 일이 있었다"고 하였습니다. 하여간 '입맞춤'은 '중간에 막힌 담을 두지 않고 서로 하나됨을 상징하는 몸짓'입니다. 그러나 그런 관습의 외형적인 몸짓은 절대적인 것은 아닙니다. 시대에 따라 달라질 수 있습니다. 어느 시대나 그리스도 안에 있는 모든 이들은 몸으로 그런 모습을 보이지 않는다 하여도 심령으로는 그리해야 합니다. ‘거룩한 입맞춤’은 ‘복음의 은혜와 진리 안에서’ 친밀한 교제를 보여주는 표현입니다.

“16:17**형제들아 내가 너희를 권하노니 너희가 배운 교훈을 거슬러 분쟁을 일으키거나 거치게 하는 자들을 살피고 그들에게서 떠나라** 16:18**이같은 자들은 우리 주 그리스도를 섬기지 아니하고 다만 자기들의 배만 섬기나니 교활한 말과 아첨하는 말로 순진한 자들의 마음을 미혹하느니라.**” 아직 주님의 충성된 일꾼들을 소개하는 일을 다 마친 것은 아니나 이 대목을 기록할 즈음에 성령께서 사도의 마음을 주장하시어 양날의 칼을 가진 ‘그리스도의 군사’(딤 2:3)로서의 역할을 감당하게 하십니다. 그래서 ‘교회 안에서 복음을 위하는 동역자들의 존재를 주님의 존귀한 자들로’ 여기고 보호하고 추천하는 일에 인색하지 않습니다. 그러나 ‘복음을 대적하는 악의 세력에 대하여’는 단호하고 무서운 ‘성령의 검인 말씀’으로 그 궤적을 추적하여 탄핵합니다. 로마에 있는 교회의 형편에 대하여 자세하게 듣지는 못하였지만 사도는 알고 있었습니다. 지상에 있는 눈에 보이는 ‘지역 교회(local churches)’에서는 어느 교회나 복음을 대적하는 ‘가라지와 같은 사탄의 일꾼들’이 있음을 알았습니다. 그래서 사도는 에베소에서의 3년의 사역을 마감하면서 거기 교회 장로들을 불러 고별설교를 하면서 경고하였습니다. “내가 떠난 후에 사나운 이리가 여러분에게 들어와서 그 양 떼를 아끼지 아니하며 또한 여러분 중에서도 제자들을 끌어 자기를 따르게 하려고 어그러진 말을 하는 사람들이 일어날 줄을 내가 아노라 그러므로 여러분이 일깨어 내가 삼 년이나 밤낮 쉬지 않고 눈물로 각 사람을 훈계하던 것을 기억하라.”(행 20:30,31)

그래서 사도는 로마에 있는 교회에도 분명 사탄이 파송한 ‘가라지들’

이 있을 것을 분명하게 내다보면서 그 표지를 지적합니다. '가라지'는 싹이 나 아주 어릴 적에는 곡식과 차이가 거의 없어 보입니다. 그러나 제법 커지면 그때부터 나타나고 열매가 달리고 익어갈 즈음에는 곡식과 아주 다른 모습을 보입니다. 그처럼 사도는 '사탄의 사자들'의 표지를 여기서 분명하게 지적하고 있습니다. 여기 본문에 나타난 대로 그들의 표지는 무엇입니까? "너희가 배운 교훈을 거슬러 분쟁을 일으키거나 거치게 하는 자들"로 나타납니다. 물론 여기서 '교훈'은 '사도의 복음의 교리 체계'를 말합니다. 그들은 '거스르고 사람들 중에 이간질을 하여 분쟁을 일으키고 하나님께서 교회에 세운 정당한 지도력을 대항하는 자들'로 나타납니다. 이스라엘의 광야생활의 과정 속에서 조그만 어려움이 있어도 모세와 아론을 대적하며 '애굽으로 돌아가자'고 하며 백성들을 선동하며 악을 도모하던 '고라와 다단과 아비람 일당'과 이들의 모습과 같지 않습니까?(민 16:1,12 ; 16:25,26 ; 26:9) 이들은 평소에는 아무 일도 하지 않는 자들로 있다가 교회에 어떤 일이 논란의 대상으로 떠오르면 앞에서 나타나 성도들을 선동하여 자기들의 뜻을 펼치려 합니다. "이같은 자들은 우리 주 그리스도를 섬기지 아니하고 다만 자기들의 배만 섬기나니 교활한 말과 아첨하는 말로 순진한 자들의 마음을 미혹하느니라." 이들에 대한 사도의 주문은 "그들에게서 떠나라"는 것입니다. 그 말은 교회 안에 그런 이들이 있으면 '그들과 교제하거나 상종하는 일을 끊고 단호하게 대처하여 치리하라'는 말입니다. 그래서 교회의 권징 중에 '수찬정지'를 주문하는 경우는 '성도의 교제권에서 제외시키는 규례'입니다. 회개의 열매를 분명하게 보이기까지는 그들을 해벌해서는 안됩니다. 그것이 '교회의 거룩성을 보호하고 성도들을 지키는 방식'입니다.

그리고 아직 분명하게 사탄의 일꾼들로 드러나지는 않았지만 기회만 있으면 그런 조짐을 보일 자들을 경계하는 사도의 교훈들이 다른 서신들에서 발견됩니다. "경건의 모양은 있으나 경건의 능력은 부인하는 자니 이 같은 자들에게서 네가 돌아서라."(딤후 3:5) "형제들아 우리 주 예수 그리스도의 이름으로 너희를 명하노니 게으르게 행하고 우리에게서 받은 전통대로 행하지 아니하는 모든 형제에게서 떠나라."(살후 3:6)

"16:19**너희의 순종함이 모든 사람에게 들리는지라 그러므로 내가 너희로 말미암아 기뻐하노니 너희가 선한 데 지혜롭고 악한 데 미련하기를 원하노라** 16:20**평강의 하나님께서 속히 사탄을 너희 발아래서 상하게 하시리라 우리 주 예수의 은혜가 너희에게 있을지어다.**" 그러나 사도는 앞의 경고의 말씀을 들을 때에 위축될 수 있는 성도들을 아끼는 마음을 이 대목으로 표현합니다. 이는 당신의 신실한 백성들을 아끼는 성령님의 섬세한 배려입니다. 우리는 성경의 여러 곳에서 그런 하나님의 자비하심을 만납니다. 히브리서 6장과 10장에는 '배도하여 영원한 파멸의 길로 내처 가는 이들'에 대한 하나님의 추상같은 엄위를 만나게 됩니다. "한 번 빛을 받고 하늘의 은사를 맛보고 성령에 참여한바 되고 하나님의 선한 말씀과 내세의 능력을 맛보고도 타락한 자들은 다시 새롭게 하여 회개하게 할 수 없나니 이는 그들이 하나님의 아들을 다시 십자가에 못 박아 드러내 놓고 욕되게 함이라 땅이 그 위에 자주 내리는 비를 흡수하여 밭 가는 자들이 쓰기에 합당한 채소를 내면 하나님께 복을 받고 만일 가시와 엉겅퀴를 내면 버림을 당하고 저주함에 가까워 그 마지막은 불사름이 되리라."(히 6:4-8) 그러나 히브리서 기자는 이내 어조를 바꿉니다. "사랑하는 자들아 우리가 이같이 말하나 너희에게는 이보다 더 좋은 것 곧 구원에 속한 것이 있음을 확신하노라 하나님이 불의하지 아니하사 너희 행위와 그의 이름을 위하여 나타낸 사랑으로 이미 성도를 섬긴 것과 이제도 섬기고 있는 것을 잊어버리지 아니하시느니라 우리가 간절히 원하는 것은 너희 각 사람이 동일한 부지런함을 나타내어 끝까지 소망의 풍성함에 이르러 게으르지 아니하고 믿음과 오래 참음으로 말미암아 약속들을 기업으로 받는 자들을 본받는 자 되게 하려는 것이니라." 히브리서 10장에서 역시 같은 흐름입니다. 처음에는 단호하게 경고합니다. "우리가 진리를 아는 지식을 받은 후 짐짓 죄를 범한 즉 다시 속죄하는 제사가 없다… 살아 계신 하나님의 손에 빠져 들어가는 것이 무서울진저."(히 10:26,31) 그러면서 다시 금방 위로와 격려의 말로 신실한 자들의 믿음과 소망을 북돋아 줍니다. "전날에 너희가 빛을 받은 후에 고난의 큰 싸움을 견디어 낸 것을 생각하라… 그러므로 너희 담대함을 버리지 말라 이것이 큰 상을 얻게 하느니라 너희에게 인내가 필요함은 너희가 하나님의 뜻을 행한 후에 약속하신 것을 받기 위함이라."(히 10:25,26)

그와 같이 사도는 로마에 있는 교회의 참된 지체된 자들의 '믿음의 신실성'을 위하여 배려하면서 믿음의 계속적인 정진을 요청합니다. "너희의 순종함이 모든 사람에게 들리는지라 그러므로 내가 너희로 말미암아 기뻐하노니 너희가 선한 데 지혜롭고 악한 데 미련하기를 원하노라." 이미 로마서 서두에서 그들의 믿음의 순전성에 대하여 언급한 바 있습니다. "먼저 내가 예수 그리스도로 말미암아 너희 모든 사람에 관하여 내 하나님께 감사함은 너희 믿음이 온 세상에 전파됨이로다."(롬 1:8)

그리고 그들의 믿음으로 말미암아 하나님께서 은혜로 하나님의 나라가 확장되고 사탄의 악한 모략이 실패로 돌아가게 하실 비전을 말합니다.

그럼으로써 그들을 격려합니다. "평강의 하나님께서 속히 사탄을 너희 발 아래서 상하게 하시리라 우리 주 예수의 은혜가 너희에게 있을지어다."

"16:21나의 동역자 디모데와 나의 친척 누기오와 야손과 소시바더가
너희에게 문안하느니라 16:22이 편지를 기록하는 나 더디오도 주 안에
서 너희에게 문안하노라 16:23나와 온 교회를 돌보아 주는 가이오도 너
희에게 문안하고 이 성의 재무관 에라스도와 형제 구아도도 너희에
게 문안하느니라." '디모데'는 사도 바울이 그리스도 안에서 낳은 아들로 충성된 주님의 일꾼이었음이 바울 사도의 서신들에서 여실히 드러납니다. 그는 복음을 위하여 바울의 수종자로, 동역자로, 아들로 하나님께서 붙여주신 신실한 이름입니다. 그는 예수님의 말씀대로라면, '사도는 아니나 사도의 상'을 받았을 것입니다. "선지자의 이름으로 선지자를 영접하는 자는 선지자의 상을 받을 것이요 의인의 이름으로 의인을 영접하는 자는 의인의 상을 받을 것이요."(마 10:41) 로마에 있는 교회를 위한 그의 관심은 사도 바울과 같았을 것입니다. 그러므로 이 로마서를 작성하는 일에도 동일한 관심을 가지고 기도하였을 것입니다. '더디오'는 이 로마서를 작성할 때 옆에서 바울 사도의 지시를 따라서 대서(代書)하는 일에 직접 참여한 영예를 안았습니다. '야손'은 사도행전 17장에 언급되는 사람일 것입니다. 사도의 데살로니가의 사역 속에서 주님의 인도하심을 따라 선한 일꾼으로 사도와 그 일행들을 보호한 사람입니다. 그 밖에 '소시바더'와 '가이오'와 '에라스도'와 '구아도'는 우리에게 별로 알려지지 않았으나 주님께서 인정하는 신실한 일꾼들로 사도 바울과 함께 복음을 위하여 협력한 자들임에 틀림없습니다. 자기가 받은 은사와 자기들에게 주어진 역량과 지위를 따라 복음을 위한 하나님의 섭리가 요청할 때에는 서슴없

이 자신을 드리는 이였습니다.

여기에 소개되지 않은 신실한 일꾼들이 많았을 것입니다. 하나님께서 당신의 이름과 나라를 위하여 일하실 때 쓰시려고 친히 사랑하시는 각 사람에게 각양 은사와 역량과 지위를 주시어 적재적소에 있게 하시어 섬기게 하시는 일이 정말 아름답습니다. 우리 주님 오실 때까지 먼저 복음 안에서 구원하시고 주님의 교회들과 복음의 전파와 선교를 위하여 섬기는 일들을 위하여 예비하신 이들은 복되고 복됩니다. 사람들은 다 몰라주나 하나님께서는 다 그들을 압니다. 이런 점에서 우리 모두 주님께 알려진 자들이기를 바랍니다.

"16:25**나의 복음과 예수 그리스도를 전파함은 영세 전부터 감추어졌다가** 16:26**이제는 나타내신 바 되었으며 영원하신 하나님의 명을 따라 선지자들의 글로 말미암아 모든 민족이 믿어 순종하게 하시려고 알게 하신 바 그 신비의 계시를 따라 된 것이니 이 복음으로 너희를 능히 견고하게 하실** 16:27**지혜로우신 하나님께 예수 그리스도로 말미암아 영광이 세세 무궁하도록 있을지어다. 아멘**" 사도는 역사 속에서 사람들 간에 주고받았던 '편지들 중에서 가장 위대하고 사람을 살리시는 하나님의 말씀 그 자체의 권위를 가진 능력의 편지'를 마무리 하려고 합니다. 사도는 '구원하는 능력의 복음 편지 로마서' 전체에서 줄기차게 외쳤던 '하나님의 복음'의 영광을 이 대목에서 집약하고 있습니다.

"**나의 복음과 예수 그리스도를 전파함은…**" 사도는 여기서 다시 한 번 강조하여 자기가 전하는 복음의 핵심이 "예수 그리스도를 전파하는 것"임을 밝히고 있습니다. 로마서는 바로 성경 전체가 말하는 바, 그리스도와 그 은혜를 통하여 당신의 백성들을 구원하시는 하나님의 영광스러운 방식의 집대성(集大成)이 아니면 무엇입니까? 그래서 사도는 늘 자기의 여러 서신들에서 그 점을 노골적으로 밝혔습니다. "우리가 우리를 전파하는 것이 아니라 오직 그리스도 예수의 주 되신 것과 또 예수를 위하여 우리가 너희의 종 된 것을 전파함이라."(고후 4:5)

"나의 복음과." "모든 믿는 자들을 구원하시는 하나님의 능력의 복음"을 '하나님의 복음'(롬 1:1), '아들의 복음'(롬 1:9), '나의 복음'(롬 2:16 ; 롬 16:21)이라고 칭합니다. 이것은 사도가 자기 위신을 위한 것이 아니라 '하나님의 복음 계시의 정통 노선'을 강조하기 위함이었습니다. 당시 이 로마서를 쓸 당시 벌써 '참된 복음의 정통성'에 대한 시비가 있었고, 바울의 사도권(apostleship)을 의심하게 하는 거짓 교사들이 있었습니다. 갈라디아서와 고린도후서에 바로 그런 시비를 넌지시 비추어 내는 진술이 보입니다. 갈라디아서 1:6-9에서 "다른 복음은 없으며 다른 복음을 전하면 천사라도 저주를 받는다"고 논리로 단호하게 말하고 있는데, '진정한 복음'과 '다른 복음'과의 차이를 가늠하는 기준을 8절에서 제시합니다. "우리나 혹 하늘로부터 온 천사라도 우리가 너희에게 전한 복음 외에 다른 복음을 전하면 저주를 받을지어다." 오직 '우리가 너희에게 전한 복음'이 '참된 하나님과 예수 그리스도의 복음이라'는 것입니다. 그리고 자기가 전하고 전파하는 복음은 사람에게서 받거나 배운 것이 아니라 오직 그리스도 예수님으로 직접 받았음을 명시합니다. "형제들아 내가 너희에게 알게 하노니 내가 전한 복음은 사람의 뜻을 따라 된 것이 아니니라 이는 내가 사람에게서 받은 것도 아니요 배운 것도 아니요 오직 예수 그리스도의 계시로 말미암은 것이라… 내 어머니의 태로부터 나를 택정하시고 그의 은혜로 나를 부르신 이가 그의 아들을 이방에 전하기 위하여 그를 내 속에 나타내시기를 기뻐하셨을 때에 내가 곧 혈육과 의논하지 아니하고 또 '나보다 먼저 사도 된 자들을 만나려고 예루살렘으로 가지 아니하고' 오직 아라비아로 갔다가 다시 다메섹으로 돌아갔노라."(갈 1:11,15-17) 자신의 사도권과 자신이 전한 복음이 참 복음 됨을 강력하게 방호하는 의지가 서려 있는 진술입니다. 아울러 고린도후서 3장에서의 그의 말을 들어 보십시오. "우리가 다시 자천하기를 시작하겠느냐 우리가 어찌 어떤 사람처럼 추천서를 너희에게 부치거나 혹은 너희에게 받거나 할 필요가 있느냐 너희는 우리의 편지라 우리 마음에 썼고 뭇 사람이 알고 읽는 바라 너희는 우리로 말미암아 나타난 그리스도의 편지니 이는 먹으로 쓴 것이 아니요 오직 살아 계신 하나님의 영으로 쓴 것이며 또 돌 판에 쓴 것이 아니요 오직 육의 마음 판에 쓴 것이라 우리가 그리스도로 말미암아 하나님을 향하여 이같은 확신이 있으니 우리가 무슨 일이든지 우리에게서 난 것 같이 생각하여 스스로 만족할 것이 아니니 우리의 만족은 오직 하나님께로부터 나느니라 그가 또한 우리를 새 언약의 일꾼 되기에 만족하게 하셨으니 율법 조문으로 하지 아니하고 오직 영으로 함이니 율법 조문은 죽이는 것이요 영은 살리는 것이니라."

오늘날 사도가 이 로마서 마지막 대목에서 말하는 것을 유념해야 합니다. 오늘날 많은 교회들의 강단 메시지가 '사도의 복음과 방식'에서 벗어난 것은 실로 우려할 일입니다. 사도의 설교는 항상 예수 그리스도를 증거하고 그 안에 사람들을 완전한 자로 서게 하는 것이었음을 사도행전의 기록과 그 서신들의 진술에서 분명하게 배웁니다. "내가 교회의 일꾼 된 것은 하나님이 너희를 위하여 내게 주신 직분을 따라 하나님의 말씀을 이루려 함이니라 이 비밀은 만세와 만대로부터 감추어졌던 것인데 이제는 그의 성도들에게 나타났고 하나님이 그들로 하여금 이 비밀의 영광이 이방인 가운데 얼마나 풍성한지를 알게 하려 하심이라 이 비밀은 너희 안에 계신 그리스도시니 곧 영광의 소망이니라 우리가 그를 전파하여 각 사람을 권하고 모든 지혜로 각 사람을 가르침은 각 사람을 그리스도 안에서 완전한 자로 세우려 함이니 이를 위하여 나도 내 속에서 능력으로 역사하시는 이의 역사를 따라 힘을 다하여 수고하노라."(골 1:25-29) "형제들아 내가 너희에게 나아가 하나님의 증거를 전할 때에 말과 지혜의 아름다운 것으로 아니하였나니 내가 너희 중에서 예수 그리스도와 그의 십자가에 못 박히신 것 외에는 아무것도 알지 아니하기로 작정하였음이라 내가 너희 가운데 거할 때에 약하고 두려워하고 심히 떨었노라 내 말과 내 전도함이 설득력 있는 지혜의 말로 하지 아니하고 다만 성령의 나타남과 능력으로 하여 너희 믿음이 사람의 지혜에 있지 아니하고 다만 하나님의 능력에 있게 하려 하였노라."(고전 2:1-5) 교회사를 추적하면 '사도의 복음과 그 방식'에 충실한 시대가 가장 '찬란한 영적 각성과 부흥의 시대'였습니다. 그래서 초대교회와 16세기 종교개혁 시대와, 그에 이어지는 16,17세기의 청교도 시대와, 18세기의 영적 각성시대와 19세기 말과 20세기 초엽의 영적 부흥의 시대의 교회들과 그 메시지들을 우리가 주목하고 배워야 하는 것입니다. 그 시대의 강단 메시지들은 여러 시대를 거쳐, 아니 주님 재림 시까지 지상에 있는 하나님의 교회에 속한 성도들이 읽어야 하는 '영적 고전들'입니다.

"영세 전부터 감추어졌다가 이제는 나타내신 바 되었으며 영원하신 하나님의 명을 따라 선지자들의 글로 말미암아 모든 민족이 믿어 순종하게 하시려고 알게 하신 바 그 신비의 계시를 따라 된 것이니."

사도는 지금 전파되는 하나님의 구원의 복음의 기원과 계시와 그 효력을 구속사(救贖史)적인 관점에서 축약하고 있습니다. 복음은 "영원하신 하나님의 명을 따라 선지자들의 글(구약성경)"에 예언되고 명시되었습니다. 그리고 이제 그 복음은 그리스도 예수님으로 말미암아 성취되고 전파되도록 나타난 "신비의 계시를 따라" 된 것입니다. 복음이 휴머니즘과 조화를 이룰 수 없는 이유가 거기에 있습니다. 휴머니즘은 사람의 본성에서 출발한 것입니다. 죄 가운데 있는 사람의 본성에서 '선한 것'이 나올 수 없습니다. 복음은 '순전하게 영원하신 하나님의 명'을 따라 된 것입니다. 중세교회는 '신학과 철학의 조화'를 이루려는 발상에 빠져 복음의 능력을 상실하였습니다. 종교개혁은 '오직 성경의 절대 권위'로 회귀한 것인데, 그것은 '사도가 본래 전파하던 그 복음으로의 회귀'를 말하는 것입니다. 그런데 오늘날 교회 강단에서 사도가 말하는 '복음의 실체와 죄로 인하여 하나님의 진노 아래 있는 인간의 참상, 그리고 거기서 구원하시어 그리스도의 형상을 본받게 하시려는 하나님의 영광의 소망'을 덮어 두고 '사람들이 세상에서 겪고 있는 애환을 달래는 해결자들'의 말이 쏟아져 나오고 있습니다. 물론 모든 설교자마다 '설교의 근거가 되는 성경본문을 정하고 제시하고 거기서 제목도' 뽑습니다. 그러나 내용은 '읽은 본문의 내용'과 일치하지 않으면 그 일의 정당성을 무엇으로 주장하겠습니까?

"모든 민족이 믿어 순종하게 하시려고 알게 하신 바…" 우리가 여기서 한 가지 더 짚고 넘어가야 할 것이 있습니다. 현대 선교의 현주소가 어디인지를 살펴 여기에 비추어 보아야 합니다. 선교가 타 문화권에 가서 사역해야 하는 상관 문화적(intercultural)인 요소를 충분하게 고려할 사역임에 분명합니다. 그러나 그 요소는 '선교의 옷'과 같은 것이지 '몸' 자체는 아닙니다. '몸'은 사도의 복음입니다. 사도가 "모든 민족이 믿어 순종하게 하시려고"하고 할 때 '문화 간 갈등이나 차이'를 전혀 고려하지 않은 채 말한 것이 아닙니다. 사도 바울은 당시 유대의 문화와 헬레니즘, 그리고 로마의 제국주의적인 기류 속에서 자라온 로마의 독특한 의식과 그에 따른 문화적인 조류에 대하여 문외한이 아니었습니다. 그는 유대인으로서 철저하게 유대교 교육을 받아 왔으면서도 어릴 적부터 로마 시민권을 가지고 있었던 사람이었습니다. 그러므로 인종이나 민족의 차이에서 발생하는 문화적 문제를 전혀 모르는 사람이 아니었습니다. 그는 유대인이었지만 로마의 도시 '다소(Tarsus)'에서 낳고 자란 사람이었습니다. 그럼에도 불구하고 여기만 아니라 그의 서신들 전체에서 '복음의 본질'에 대해서만 강조합니다. 그 말은 어떤 문화권 속에서도 '복음, 곧 그리스도와 그 대속의 비밀'을 주저하지 않고 들이댔습니다. 이로 보건대 주님께서는 오늘도 여전히 '참된 사역자와 선교사는 사도의 복음이 곧이곧대로 전파되고 설교되고 그 복음대로 믿고 섬기는 교회'를 통하여 부르신다고 말하면 과언일까요? 교회가 사도의 복음에 충실하지 못하면, '복음에 충실한 선교사'를 배출하지 못할 것이고, 설령 어찌하여 선교사가 나온다 할지라도 참된 선교 사역은 기대하기 힘들 것입니다. 우리 한국교회가 선교사적(宣教史的) 면에서 기념비적인 부흥과 성장을 한 것의 동인들을 여러 측면에서 분석할 수 있을 것입니다. 그 중에서 단연 한국에 온 초기 선교사들이 '사도의 복음에 충실한 청교도적 경건과 신학을 견지하는 전통'에서 나온 이들이었기 때문이라고 해도 결코 과언이 아닐 것입니다.

"이 복음으로 너희를 능히 견고케 하실 지혜로우신 하나님께 예수 그리스도로 말미암아 영광이 세세 무궁토록 있을지어다 아멘."

하나님께서 당신의 백성들을 사랑하시고 택하시고 구원하시고 견고하게 하시어 그 영화로운 목적에 이르게 하시는 일은 오직 "이 복음, 사도가 전한 복음으로"만 말미암습니다. '이 복음' 밖에는 오직 '하나님의 공의로운 영원한 진노'만 있을 뿐입니다. "너희는 하나님께로부터 나서 그리스도 예수 안에 있고 예수는 하나님으로부터 나와서 우리에게 지혜와 의로움과 거룩함과 구속(救贖)함이 되셨으니 기록된바 자랑하는 자는 주 안에서 자랑하라 함과 같게 하려 함이니라."(고전 1:30,31-개역한글)

오직 '복음의 진수이신 예수 그리스도의 이름을 통하여 하나님께서는 당신의 영광을 나타내시고, 또 이 복음으로 말미암아 사랑하시는 백성들에게 영원히 은혜를 베푸시는 것입니다.'

"내가 복음을 부끄러워하지 아니하노니 이 복음은 모든 믿는 자에게 구원을 주시는 하나님의 능력이 됨이라 첫째는 유대인에게요 또한 헬라인에게로다 복음에는 하나님의 의가 나타나서 믿음으로 믿음에 이르게 하나니 기록된 바 오직 의인은 믿음으로 말미암아 살리라 함과 같으니라."(롬 1:16,17) 아멘.

은혜의 방식 *The Method of Grace in Gospel Redemption*

존 플라벨 지음 | 서문강 옮김 | 신국변형 양장 648면 | 값 27,000원

이 책은 존 플라벨의 저작들 중에 가장 유명하고 가장 많이 읽혀진 책으로 19세기 프린스톤 신학대의 거장 아취벌드 알렉산더(Archibald Alexander)가 회심하는 데 이 책이 결정적 역할을 하였다. 목양적인 저자의 영적 지각과 충정으로 성도들의 마음속을 들여다보며, 그들의 마음을 움직여 구원하시는 하나님의 방식으로 데리고 가서 죄의 각성과 구원의 은혜와 그 확신에 이르게 한다.

영의 생각, 육신의 생각 *On Spiritual Mindedness*

존 오웬 지음 | 서문강 옮김 | 신국변형 양장 360면 | 값 16,000원

로마서 8장 6절의 "육신의 생각은 사망이요 영의 생각은 생명과 평안이니라."를 기초 본문으로 저자가 당시 목양하던 회중들에게 진정한 '영적 생각의 방식'을 연속 강론한 것이다. 저자는 '마음의 생각과 그 방식'이 구원받은 이후 그리스도인의 성화 생활을 지로하는 결정적 방향타임을 역설한다. 이 책을 다 읽고 나서 독자마다 성령께서 마태로 하여금 예수님의 산상설교를 마무리하게 하던 그 진술의 능력을 반드시 음미하게 될 것이다.

고린도전서 13장 사랑 *Charity and Its Fruits*

조나단 에드워즈 지음 | 서문강 옮김 | 신국변형 양장 456면 | 값 20,000원

조나단 에드워즈는 자신의 정체성을 진정한 설교자로서 헌신하는 데서 보여주었는데, 본서가 바로 그에 대한 가장 좋은 예증일 것이다. 성령님께 사로잡힌 사도 바울이 고린도전서 13장에 진술해 놓은 '사랑'의 진면모를 그가 가진 모든 신적 은사와 은혜의 촉수로 더듬어내어 자기 회중들에게 연속 강론한 것을 묶어 이 책을 펴냈다. 이 책은 여러 차례 반복하여 읽을수록 그 영적 진미를 더 느끼게 하며, 하나님의 복음의 은혜의 풍성함에 겨워 더욱 더 만족을 주기에 충분하다.

사망의 잠 깨워 거듭나게 하는 말씀 *Sermons in the Natural man*

윌리엄 쉐드 지음 | 서문강 옮김 | 신국변형 양장 336면 | 값 16,000원

"사람이 거듭나지 아니하면 하나님 나라를 볼 수 없느니라…물과 성령으로 나지 아니하면 들어갈 수 없느니라"(요 3:3)고 하신 말씀은 예수 그리스도를 믿음으로 말미암아 구원에 이르는 복음의 이치에 눈을 뜨는 일은 거듭난 사람에게만 가능하다는 의미이다. 아직 거듭나지 못한 상태에 있는 자연인들은 영적으로 죽은 자들로서 깊은 사망의 잠을 자는 자들이다. 교회를 다니거나 교회 밖에 있거나 자연인의 상태에 있으면 그 이치를 모른 채 사망의 잠에 빠져 있게 된다.

하나님의 열심을 품은 간절목회 *An Earnest Ministry*

존 에인절 제임스 지음 | 서문강 옮김 | 신국변형 양장 392면 | 값 18,000원

저자는 "하나님의 열심을 품어 사람들을 정결한 처녀로 그리스도께 중매하려 하던"(고후 11:2) 모든 사도들이 견지하던 사역의 본질과 실천을 '간절한 열심'이라는 개념 속에 응집시키고 있다. 그것을 분석하고 종합하고 적용하여 모든 사역자들에게 도전하고 격려한다. 실로 이 책은 리처드 백스터의 '참 목자상', 찰스 브릿지스의 '참된 목회'와 함께 나란히 '목회학'의 3대 고전이라 불려지기에 충분하다.

구원을 열망하는 자들을 위하여 *The Anxious Inquirer*

존 에인절 제임스 지음 | 서문강 옮김 | 신국변형 양장 256면 | 값 13,000원

빌립보 감옥의 간수가 바울과 실라에게 "선생들아 내가 어떻게 하여야 구원을 얻으리이까?"(행 16:30)라고 간절하게 물은 것과 같은 단계에 있는 이들을 가리켜 'Anxious Inquirer'(염려하여 묻는 자)라고 하는데, 이 책은 이 상태에 있는 이들을 구원으로 인도하시는 하나님의 성령님의 말씀이 담겨 있다. 이미 그리스도 안에 있다 여기는 이들도 이 책을 통해 자신의 믿음의 신적 기원 여부를 가늠할 수 있을 것이다.

고통 속에 감추인 은혜의 경륜 *The Crook in the Lot*

토마스 보스톤 지음 | 서문강 옮김 | 신국변형 양장 328면 | 값 16,000원

"하나님께서 행하시는 일을 보라 하나님께서 굽게 하신 것을 누가 능히 곧게 하겠느냐?"(전 7:13)를 주제로 지상 성도들의 단골 메뉴인 '고통'의 문제를 하나님의 은혜와 그 능하신 손 아래서 어떻게 접근해야 하는지를 가르치고 있다. 하나님께서는 지상의 자녀들 각자에게 분정(粉定)된 몫을 주시되, 그 속에 반드시 '굽은 것'을 넣어 주시어 그로 인해 '고통'을 느끼게 하신다. 그리하시는 하나님의 목적은 그들로 '고통 자체'가 아니라 그것을 방편 삼아 사랑하시는 자녀를 향해 그리스도 안에서 예정하신 그 하늘에 속한 신령한 '은혜의 경륜'을 이루고자 하심이다.

요한계시록 그 궁극적 승리의 보장

서문강 지음 | 신국변형 양장 320면 | 값 16,000원

이 책은 '요한계시록 바르게 깊이 읽기'를 선도할 개혁주의적 강해서다. 저자는 1:3의 말씀, "이 예언의 말씀을 읽는 자와 듣는 자와 그 가운데에 기록한 것을 지키는 자는 복이 있나니 때가 가까움이라." 하신 것에 착안하여, 성경의 다른 65권의 책들과 같이 동등하게 묵상하고 강론되어 섭취할 영적 양식임을 확신한다. 또한 현대의 그리스도인들은 요한계시록을 처음 받은 초대교회 성도들보다 그리스도의 재림에 더 가까이 서 있으니, 요한계시록의 메시지야말로 그 어느 때보다 절박하게 필요함을 저자는 역설한다.

믿음의 깊은 샘 히브리서 시리즈(전 6권 완간)

아더 W. 핑크 지음 | 서문강 옮김 | 신국변형 양장

오늘을 사는 우리에게 로마서가 믿음의 본질을 창조주 하나님과 인간의 관계에 기초하여 접근하게 한다면, 히브리서는 그리스도를 믿는 자들로 하여금 그 믿음의 절대성을 확신하게 하며, 어떤 이유로도 믿기 이전의 상태로 회귀하게 하려는 사탄의 간계를 물리치고 믿음의 경주를 완주하게 하는 능력과 위로의 깊은 샘을 제공한다. 이 강해서는 로이드 존스의 로마서 강해와 쌍벽을 이루며 한국교회와 그리스도인들을 받쳐줄 것이 틀림없다.

시편 119 말씀을 사모하여 헐떡이는 사람

찰스 브리지스 지음 | 서문강 옮김 | 신국변형 양장 820면 | 값 33,000원

스펄전 목사가 참된 신앙의 3요소로 줄기차게 강조한 '참된 성경 교리, 체험, 실천'의 실상을 이 책의 모든 지면에서 만난다. 주의 말씀과, 기도와, 은혜의 능력으로 순종하여 말씀을 실행하는 역동성은 지상에 있는 하나님의 자녀들의 선명한 표지다. "내가 주의 계명을 사모하므로 입을 열고 헐떡였나이다"(시 119:131). 하늘의 시민권을 가진 이는 이 책에서 더 큰 확신과 영적 진보의 영광을 맛보게 될 것이고, 영적 안일에 빠진 사람은 각성을 받아 '주의 말씀을 사모하여 헐떡임'의 행복을 회복할 것이다.

요셉의 섭리살이

도지원 지음 | 신국변형 500면 | 값 22,000원

하나님을 모르는 사람은 비인격적인 우연이나 운명을 믿는다. 그러기에 그 사람은 요행을 바라거나 운명에 맡기고 살아갈 뿐이다. 그렇지만 그리스도인은 인격적인 하나님의 섭리를 믿는다. 그래서 그는 자신을 다스리고 인도하시는 하나님의 선하신 뜻에 의지하여 살아간다. 요셉의 생애만큼 하나님의 섭리를 잘 보여주는 것은 없다. 이 책은 창세기 37장 2절부터 마지막 50장까지에 나타난 요셉의 생애를 다룬 연속 설교이다. 우리는 이 내용을 통해 요셉의 인생살이가 놀라운 섭리살이이듯이 우리의 인생살이도 그러함을 알게 될 것이다.

사도가 자랑한 복음의 진수

로마서 下

초판 1쇄 펴낸날 2018년 5월 23일

지은이 서문 강
펴낸이 전수빈
펴낸곳 청교도신앙사

주소 서울시 은평구 녹번로 3길 2(녹번동 98-3)]
전화 02-354-6985(Fax겸용)
전자우편 smkline@naver.com
등록 제8-75(2010.7.7)

디자인 백현아
출력,인쇄 예원프린팅

파본이나 잘못된 책은 구입처에서 바꾸어 드립니다.

ISBN 978-89-87472-41-6 94230
978-89-87472-39-3 (세트)

값 18,000원